ACCESO GRATIS *a la Lectura en la Nube*

Para visualizar el libro electrónico en la nube de lectura envíe junto a su nombre y apellidos una fotografía del código de barras situado en la contraportada del libro y otra del ticket de compra a la dirección:

ebooktirant@tirant.com

En un máximo de 72 horas laborables le enviaremos el código de acceso con sus instrucciones.

La visualización del libro en **NUBE DE LECTURA** excluye los usos bibliotecarios y públicos que puedan poner el archivo electrónico a disposición de una comunidad de lectores. Se permite tan solo un uso individual y privado.

INCIDENCIA DE LA LIBERTAD CONTRACTUAL Y DE LA AUTONOMÍA PRIVADA EN EL REMEDIO RESOLUTORIO

INCIDENCIA DE LA LIBERTAD CONTRACTUAL Y DE LA AUTONOMÍA PRIVADA EN EL REMEDIO RESOLUTORIO

PATRICIA VICEIRA ORTEGA

Consejería de Fomento,
Articulación del Territorio
y Vivienda

tirant lo blanch
Valencia, 2025

En caso de erratas y actualizaciones, la Editorial Tirant lo Blanch publicará la pertinente corrección en la página web www.tirant.com.

La aceptación de la presente obra ha tenido en consideración la evaluación y calificación otorgada por los expertos componentes del tribunal calificador de la tesis doctoral en la que se basa, cumpliendo con el criterio correspondiente de los revisores externos y ofreciendo la calidad debida a la presente edición.

© TIRANT LO BLANCH
EDITA: TIRANT LO BLANCH
C/ Artes Gráficas, 14 - 46010 - Valencia
TELFS.: 96/361 00 48 - 50
FAX: 96/369 41 51
Email: tlb@tirant.com
www.tirant.com
Librería virtual: www.tirant.es
DEPÓSITO LEGAL: V-4617-2024
ISBN: 978-84-1095-232-4

Si tiene alguna queja o sugerencia, envíenos un mail a: *atencioncliente@tirant.com*. En caso de no ser atendida su sugerencia, por favor, lea en *www.tirant.net/index.php/empresa/politicas-de-empresa* nuestro procedimiento de quejas.

Responsabilidad Social Corporativa: http://www.tirant.net/Docs/RSCTirant.pdf

Índice

Índice de siglas

ALCM	El Anteproyecto de Ley del Código Mercantil
AP	Audiencia Provincial
APDC	Asociación de Profesores de Derecho Civil
B2B	Business to business
B2C	Business to consumer
BGB	Bürgerliches Gesetzbuch (Código civil alemán)
C2C	Consumer to consumer
CC	Código Civil, de 24 de julio de 1889
CCom	Real Decreto de 22 de agosto de 1885, por el que se publica el Código de Comercio
CESL	Common European Sales Law (Normativa común de compraventa europea)
CV	Convenio de Viena.
DCFR	El Proyecto de Marco Común de Referencia.
DO	Diario Oficial
DOCE	Diario Oficial de las Comunidades Europeas
DOUE	Diario Oficial de la Unión Europea
ET	Real Decreto Legislativo 1/1995, de 24 de marzo, por el que se aprueba el Texto Refundido de la Ley del Estatuto de los Trabajadores
LAR	Ley 49/2003, de 26 de noviembre, de Arrendamientos Rústicos

LAU	Ley 29/1994, de 24 de noviembre, de Arrendamientos Urbanos
LCA	Ley 12/1992, de 27 de mayo, sobre Contrato de Agencia
LCGC	Ley 7/1998, de 13 de abril, de Condiciones Generales de la Contratación
LCon	Ley 22/2003, de 9 de julio, Concursal
LCS	Ley 50/1980, de 8 de octubre, de Contrato de Seguro
LCTTM	Ley 15/2009 de 11 de noviembre del contrato de transporte terrestre de mercancías
LEC	Ley 1/2000, de 7 de enero, de Enjuiciamiento Civil
LGDJ	Ley 7/1998, de 13 de abril, sobre condiciones generales de la contratación.
LNM	Ley 14/2014, de 24 de julio, de Navegación Marítima
OBJ	Objetivo básico financiero
P2B	Reglamento (UE) 2019/1150 del Parlamento Europeo y del Consejo, de 20 de junio de 2019
PECL	Principios del Derecho europeo de contratos.
PMCC	Propuesta de modernización del Código Civil
RJA	Repertorio de jurisprudencia Aranzadi
SAP	Sentencia de la Audiencia Provincial
SBA	Small Business Act.
SSTS	Sentencias del Tribunal Supremo.
TFUE	Tratado de Funcionamiento de la Unión Europea

TRLGDCU	Real Decreto Legislativo 1/2007, de 16 de noviembre, por el que se aprueba el texto refundido de la Ley General para la Defensa de los Consumidores y Usuarios y otras leyes complementarias

Resumen

El presente trabajo[1] analiza la jurisprudencia obrante en diversos ordenamientos jurídicos, con especial incidencia en el español, en torno a la naturaleza de la resolución por incumplimiento contractual, así como las consecuencias que de ella se derivan.

A lo largo de la investigación se pretende dar soluciones interpretativas al art. 1124 CC con el apoyo de lo dispuesto en los textos de *soft law*. Un enfoque que admite la jurisprudencia española cuando reconoce que el derecho español se puede interpretar a la luz del *soft law* contractual europeo[2]. De esta

---

1 Esta obra se ha desarrollado en el marco del proyecto I+D+I del Ministerio de Ciencia, Innovación y Universidades, titulado "El Derecho privado contractual ante la economía digital" Ref.: PID2020-115355RB-100.

2 La STS n.º 1092/2008 de 3 de diciembre (TOL1.413.595) trata sobre el incumplimiento de un contrato y la posibilidad de resolverlo o exigir su cumplimiento. La jurisprudencia ha entendido que los incumplimientos esenciales o sustanciales permiten la resolución del contrato o la exigencia de su cumplimiento. Aunque se ha exigido la "voluntad deliberadamente rebelde del deudor", sentencias recientes han introducido criterios más matizados para determinar cuándo se produce un caso de incumplimiento, como la frustración del fin del contrato. Los textos internacionales sobre obligaciones y contratos han recogido esta línea, y se considera que el incumplimiento es esencial si priva a la parte perjudicada de lo que tenía derecho a esperar como consecuencia del contrato o si otorga razones para no confiar en el cumplimiento efectivo de la otra parte. En España, la Convención de las Naciones Unidas sobre los contratos de compraventa internacional de mercaderías también contempla esta posibilidad de resolver el contrato en caso de incumplimiento esencial.
SAPM n.º 358/2012 de 31 mayo (TOL2.620.166). Es habitual también la invocación en la jurisprudencia de los Principios del De-

manera, se podría facilitar e incrementar la actividad de las empresas y la confianza en los consumidores, cuando suscriben contratos de venta tanto en sus países de origen como en otros países europeos, con atención especial a las microempresas, pequeñas y medianas empresas (pymes) que se ven especialmente afectadas por cuestiones no resueltas por la doctrina como ocurre en los supuestos de ejercicio unilateral, y presumiblemente oportunista, de la facultad resolutoria.

Desde esta perspectiva, se intentará analizar los grandes bloques de cuestiones que plantea la resolución: El incumplimiento esencial, el carácter objetivo o subjetivo del incumplimiento resolutorio (es decir, si se requiere culpa o no para resolver el contrato), la relación entre la indemnización de daños y la resolución, la resolución unilateral, la resolución anticipada (es decir, antes de que la otra parte haya incumplido cuando es evidente que no va a poder cumplir), así como las consecuencias de la resolución.

---

recho europeo de contratos (PECL), y su utilización como texto interpretativo de las normas vigentes en esta materia en nuestro Código Civil, y entre esos principios el artículo 8:103 PECL contempla como supuestos de incumplimiento esencial, "el caso en que la estricta observancia de la obligación forme parte de la esencia del contrato; el caso de que el incumplimiento prive sustancialmente a la parte perjudicada de aquello que tenía derecho a esperar de acuerdo con el contrato, y el caso del incumplimiento intencional que dé razones a la parte interesada para creer que no puede confiar en el cumplimiento". Otras; STS n.º 458/2014 de 8 septiembre (TOL4.522.484). Audiencia Provincial de Navarra. Sentencia n.º 10/2007 de 22 marzo (TOL1.153.896). AC 2007\1811.

Capítulo 1

Especial consideración histórica sobre los límites de la autonomía de la voluntad y la incidencia del Pacta Sunt Servanda

Amorós Guardiola, mencionando a Federico de Castro nos recuerda que los límites a la autonomía de la voluntad vienen siendo un problema práctico constante y un tema clásico de la dogmática jurídica[3].

Federico De Castro señalaba que la libertad real de los económicamente débiles exige que no se conceda eficacia jurídica a los contratos cuya aceptación se les imponga abusando de su debilidad económica[4]. Este autor mantenía una continua preocupación acerca de la autonomía privada y la necesidad de sus limitaciones intrínsecas. La ilimitación o limitación de la autonomía y el control de los pactos establecidos al amparo de la libertad contractual.

En este sentido, el Derecho Canónico ha operado como una de las influencias más férreas en el desarrollo de la libertad de contrato; el reconocido *pacta sunt servanda* proviene de él. Y aun cuando el Derecho romano incorporaba la expresión

---

3 Amorós Guardiola, M. "Las limitaciones de la autonomía de la voluntad según el pensamiento de Federico de Castro" *Anuario de Derecho Civil*: 15-12-1983, vol. 36 n.º 4, p. 1129.

4 Amorós Guardiola, M. *Op. cit.*, p. 1142.

pacta conventa servabo[5] –asociada al pretor–, tal acuerdo no implicaba un acto, sino únicamente una *exceptio*; adicionalmente, y de manera inicial, el pacto solo tenía que ver con la remisión de lo adeudado, o bien con una prórroga de algún pago. Con el paso del tiempo, este tipo de *pacta* se extendió hacia los *contractus bonaefide.*

En la Edad Media, más allá del Derecho Canónico, hubo otras fuentes que influyeron en la evolución de la libertad contractual. En particular, durante la Edad Media tardía, los mercaderes utilizaron los contratos que se caracterizaban por ser consensuados. Estos contratos ejercieron una gran influencia en la materia contractual y no es sorprendente que los mercaderes prefirieran una forma informal de contrato, lo que les permitía ajustar el contenido según sus necesidades y conveniencia.

Grotius apunta a que es la *custodia societatis* la idea matriz, relacionable a la perspicacia y la intelectualidad humana, sobre la que se erige el Derecho Natural; el propósito central del Derecho es resguardar a la sociedad[6].

Ya hemos señalado de manera sencilla que la protección de la sociedad, que se logra gracias al ingenio humano, es la base del derecho propiamente dicho, al que nos referimos con ese nombre.

---

5 Lenel, O. (1889). Palingenesia iuris civilis : iuris consultorum reliquiae quae Iustiniani Digestis continentur, ceteraque iuris prudentiae civilis fragmenta minora secundum auctores et libres. Ex officina Bernhardi Tauchnitz.

6 Filmer, Robert. (1652). *Observations concerning the originall of government* [electronic resource] : upon Mr. Hobs Leviathan, Mr. Milton against Salmasius, H. Grotius De Jure belli. Printed for R. Royston, at the Angel in Ivie-Lane.

En definitiva, son variados los aspectos que influyen sobre la evolución de la libertad en el contrato: Derecho Canónico, la práctica de los mercaderes y los modos feudales. En ese sentido, el Derecho romano no podía ser considerado (contractualmente) como "libre", con sus *pacta* y *contractus*, no obstante el paso del tiempo lo llevó hacia esa tendencia. Sería en el siglo xvi cuando es realmente plausible hablar de libertad contractual como tal; Grotius, ya en el siglo xvii, sostenía que la raíz fundante de todo acuerdo del Derecho Natural era su perfil vinculante, armando un robusto cuerpo teórico en función del peso jurídico que tenía el compromiso verbal.

Actualmente, y mirando también hacia lo venidero, es observable que la libertad en los contratos es menor que hace unos cien años; son muchas las modificaciones que hoy tienen los preceptos relacionados a los arreglos contractuales y que los contratantes deben advertir, como lo es la adhesión, las condiciones generales e incluso las más novedosas disposiciones europeas, más particularmente las referidas al amparo de los consumidores. El contrato y su libre ejercicio es, todavía, un asunto en constante evolución.

Capítulo 2

Influencias del liberalismo económico

Comenzamos este capítulo reflexionando sobre la influencia del liberalismo económico en los principios del moderno derecho europeo de contratos. Para ello es importante destacar que los principios del moderno derecho europeo de contratos se han desarrollado a lo largo del tiempo y han sido influenciados por una variedad de factores, incluyendo la teoría económica del liberalismo[7].

El liberalismo económico, que sostiene la idea de la libertad contractual y la primacía de la economía de mercado, ha tenido una influencia significativa en el derecho europeo de contratos. En particular, los principios de autonomía de la voluntad, libertad contractual y cumplimiento de los contratos han sido considerados como fundamentales para el derecho de contratos. En este sentido, aludiendo a las reflexiones de Díez-Picazo recordando a su maestro De Castro, acerca de lo que él consideraba como la amenaza que suponía el más reciente neoliberalismo que abandera la nueva *lex mercatoria*. Conside-

---

7 Los principales exponentes del liberalismo económico incluyen a Adam Smith, David Ricardo, Friedrich Hayek y Milton Friedman. La teoría ha sido aplicada en diferentes contextos y ha influido en la política económica de muchos países a lo largo de la historia. El liberalismo económico es una teoría económica que sostiene que la economía debe ser libre de regulaciones y restricciones gubernamentales. Los liberales económicos creen que la competencia en un mercado libre es la mejor manera de asignar recursos y producir bienes y servicios de manera eficiente. Esta teoría también defiende la idea de que la propiedad privada y los derechos de propiedad son fundamentales para el funcionamiento de la economía, ya que incentivan a las personas a invertir y producir.

raba que debido a las características del liberalismo económico y al auge del positivismo en el Derecho, había tenido lugar el ocultamiento de ciertas consideraciones éticas en torno a la contratación[8].

En la actualidad, con la expansión del liberalismo económico a través de acuerdos y tratados internacionales, donde intervienen múltiples gobiernos, se presenta como el modelo predominante en la economía globalizada, y es apoyado por diversas instituciones de origen supranacional. Por lo tanto, la *lex mercatoria* se vuelve especialmente importante y se convierte en un componente crucial de los textos que buscan establecer un derecho uniforme de contratos.

Simultáneamente, sin embargo, decía este autor, "se notifica la presencia de discursos con recelo sobre la capacidad de intervención de los estados, en aras de mantener sostenido un estado de bienestar capaz de mantener firmes los logros en materias sociales. Debido a esto se torna probable que la libertad de contratos sea, hoy por hoy, un asunto de máxima relevancia en virtud de la capacidad que ella tiene (institucionalmente hablando) para determinar el flujo de ciertos impulsos"[9].

1. EL ORDEN PÚBLICO ECONÓMICO COMO LÍMITE AL PRINCIPIO DE AUTONOMÍA DE LA VOLUNTAD

El concepto de orden público económico se origina como una extensión del orden público y las buenas costumbres, y su función es proteger los intereses de comerciantes, industria-

---

8 Extraído de la ponencia Contrato y Libertad contractual de Luis Díez-Picazo publicada en la compilación del Congreso de Academias Jurídicas Iberoamericanas. Madrid. Centro de Estudios Ramón Areces 1998.

9 *Idem.*

les y financieros. Sin embargo, después de la Segunda Guerra Mundial, el surgimiento de movimientos totalitarios interrumpió la ideología liberal y la concepción del libre mercado. A pesar de esto, resurgió una dirección mercantilista que llevó a la sociedad de cambio a convertirse en una sociedad de consumo, en la que los empresarios dominaban la contratación y aparecían contratos de adhesión y contratos con condiciones generales, lo que se traducía en injusticias para los consumidores. Como respuesta a esta práctica, surgieron reacciones doctrinales, y una de las medidas adoptadas para prevenir estos abusos e injusticias fue la implementación del orden público económico[10].

Mientras el orden público económico se manifiesta a través de mandatos legales imperativos que son ejecutados y exigidos por la Administración, y tienen el poder de imponer ciertos comportamientos para lograr una ordenación económica prevista. La relación entre la moral y las buenas costumbres y cada tipo de orden público manifiesta su distinta naturaleza y función.

El orden público jurídico está estrechamente relacionado con las buenas costumbres. Se enfoca en lo que la Administración considera más conveniente para su plan económico, sin tener en cuenta consideraciones de moral o justicia conmutativa. Por esta razón, sería peligroso confundir este concepto con el orden público jurídico, así como confundir las limitaciones intrínsecas de la autonomía de la voluntad mencionadas en el artículo 1255 CC con las restricciones a la libertad de contratar impuestas por el intervencionismo económico de la Administración.

---

10 Extraído de la ponencia Contrato y Libertad contractual de Luis Díez-Picazo publicada en la compilación del Congreso de Academias Jurídicas Iberoamericanas. Madrid. Centro de Estudios Ramón Areces 1998.

La argumentación de las buenas costumbres y del nuevo orden público se ha utilizado para invalidar cláusulas leoninas (que implican exención de responsabilidad o ruptura de la equivalencia de las prestaciones).

En los análisis que estamos revisando sobre el principio de autonomía de la voluntad y los riesgos de su falta de límites, se presentan algunas ideas valiosas sobre el papel de los juristas al confrontar la realidad socioeconómica y la importancia de evaluar esta realidad con criterios de justicia.

Ya decía, por los albores del siglo xxi Díez-Picazo que, en los momentos de crisis de la justicia, de desconfianza social hacia su efectiva encarnación, el trabajo de los juristas no siempre está a la altura de su elevada misión; pues muchas veces se busca más el fraude a la ley que el cumplimiento de sus normas y de sus principios inspiradores, y que colaboran en esa actividad no pocos profesionales del Derecho[11].

También puede resultar oportuno recordar aquellas palabras de De Castro y Bravo[12] que decía: "El teórico del Derecho juega de intermediario y buen componedor entre la ley y la jurisprudencia, está al servicio de ambas, para que ley y sentencia, regla general y mandato concreto, se ajusten mejor, sean más exactas y más justas".

En este sentido, los juristas tienen una gran obligación: velar por que las circunstancias del momento no nos hagan olvidar que lo jurídico pierde esta condición al apartarse de la jus-

---

11 Díez-Picazo, L. (1956). "La autonomía privada y el derecho necesario en la Ley de Arrendamientos urbanos". *Anuario de Derecho Civil*. Vol. 9, n.º 4, pp. 1149-1182.

12 Extraído de la ponencia Contrato y Libertad contractual de Luis Díez-Picazo publicada en la compilación del Congreso de Academias Jurídicas Iberoamericanas. Madrid. Centro de Estudios Ramón Areces 1998.

ticia. Su concepción del Derecho se basa en la persona, como realidad primaria y básica, en su valor especial como centro del Derecho, en su especial dignidad; y en la subordinación del mundo jurídico a la idea de justicia que lo justifica e inspira. Esa visión de personalización y humanización del Derecho Civil[13] se manifiesta también en el ámbito del Derecho Patrimonial. En los estudios de De Castro y Bravo, se evidencia su esfuerzo por moralizar el Derecho Patrimonial. En varias ocasiones, se enfatiza la importancia fundamental de la justicia en contraposición a criterios egoístas de organización económica o beneficios injustificados[14].

La perspectiva de De Castro y Bravo respecto al Derecho lo lleva frecuentemente a censurar algunas prácticas sociales que se han arraigado debido a su uso, ya que estas pueden generar situaciones abusivas o causar daños injustificados. En resumen, y tal como se ha mencionado previamente, esto se traduce en una posición donde la economía se subordina a la ética.

Ha de considerarse, entonces, el poder simbólico y emotivo de la idea de contrato y las concepciones morales que encierra[15].

En todas las épocas de la historia, para la mayoría de las personas, existe una convicción innata de la importancia del *pacta sunt servanda*, un imperativo moral que establece que las obligaciones asumidas voluntariamente deben ser respetadas y cumplidas.

---

13 Castán, Contestación a su discurso de ingreso en la Real Academia de Jurisprudencia y Legislación, p. 63.

14 De Castro y Bravo, Federico. (1982) "Notas sobre las limitaciones intrínsecas de la autonomía de la voluntad". *Anuario de Derecho Civil*, vol. 35, n.º, pp. 987-1086.

15 Jessup, P. C. (1979). *Jus et societas: essays in tribute to Wolfgang Friedmann*. G. M. Wilner, 1.ª ed., pp. 170-171.

La manifestación en nuestra cultura occidental de esta máxima tiene su origen en la noción hebrea del deber religioso, el cual surge de un pacto entre Jehová y su pueblo. Este pacto es solemnemente renovado de generación en generación y en él, ambas partes están perpetuamente vinculadas. En este sentido, sostiene este autor, "cuando el pueblo de Israel en el desierto adoró a los pies del becerro de oro, ellos fueron culpables de pecado, pero aún peor, fueron culpables de incumplir el contrato que exima a Jehová de su actuar en la parte del sagrado pacto"[16].

La idea de que la obligación política se basa en un contrato social, es decir, en un acuerdo histórico o hipotético como fundamento de un gobierno consensuado, es presentada por primera vez en el *Critón* de Platón. En este diálogo, Sócrates, al rechazar la oferta de escapar de la celda donde lo esperaba la muerte por envenenamiento con cicuta, habla de manera elocuente sobre el pacto que existe entre los ciudadanos y la ciudad de Atenas[17]. Entonces, Sócrates, habiendo disfrutado de los beneficios de ese contrato civil de por vida, se ve ahora obligado a aceptar la correlativa carga, incluso aunque eso implique una pena injusta.

El jurista Hugo Grotius[18], consideró que el "pacta sunt servanda" era la base fundamental del Derecho Internacional. Tres siglos después, Kelsen, también recurrió al mismo antiguo concepto, es decir, al hecho de que los acuerdos deben ser honrados, como la primera norma esencial para los sistemas

---

16 Extraído de la ponencia Contrato y Libertad contractual de Luis Díez-Picazo publicada en la compilación del Congreso de Academias Jurídicas Iberoamericanas. Madrid. Centro de Estudios Ramón Areces 1998.

17 Platón. (2004). *Critón* [recurso electrónico]. El Cid Editor, p. 31.

18 Considerado por algunos como el padre del Derecho internacional.

jurídicos internacionales. O, como dijo Tomás de Aquino siglos atrás, debe ser obra misma de la razón[19].

De acuerdo con Federico de Castro[20], recae en los jueces el poder de censura de dar desprotección a los contratos que sean opuestos al orden público y a las buenas costumbres. En este sentido, sectores doctrinales, reaccionan y objetan la perspectiva liberal del contrato debido al uso excesivo y abusivo de algunas disposiciones, como las cláusulas generales de los negocios, pues perjudican tanto a consumidores como a pequeños empresarios en el tráfico jurídico, quedando patente, como intentaremos dilucidar en este estudio, en el uso oportunista de ciertos remedios frente al incumplimiento, en especial, el remedio resolutorio.

Ciertos eventos sociales como las guerras, las causas sociales, las revoluciones o las crisis económicas ejercen una importante injerencia en materia de relaciones contractuales. En este sentido Friedmann[21] observó que antes de la Primera Guerra Mundial existía un fuerte respeto por los compromisos adquiridos en los contratos, y la única manera de liberarse de una obligación era presentando una imposibilidad material o legal que hiciera imposible su cumplimiento. Esta situación dio lugar a una nueva interpretación de la relación contractual a través por ejemplo de la doctrina de la imprevisión en el Derecho francés, denominada *frustration* en el derecho inglés.

Estas situaciones inesperadas e impredecibles ponían en tela de juicio la validez de las obligaciones contractuales, especialmente aquellas que resultaban excesivamente gravosas, lo que llevaba a los tribunales a tomar decisiones para resolver los contratos o modificar sus términos.

---

19 Tomás de Aquino, *Suma Theologiae,* I-II, q. 90, a1.

20 De Castro y Bravo, F. *Notas sobre las… op. cit.*, pp. 987-1086.

21 Jessup, P. C., *op. cit.*, pp. 170-171.

Estas disrupciones, dice Friedmann[22], se presentaban como una sintomatología socioeconómica de un proceso general de concentración industrial y comercial, en el que el desarrollo urbano se tornaba galopante, la vida social se volvía estandarizada y en suma, se creaba un ambiente propicio para un "Estado de bienestar", de tendencia política socialdemócrata y en ocasiones, de economía definitivamente socializada.

Se admite por la doctrina jurídica y económica el fenómeno que tiende a la concentración del capital, que favorece el ascenso y éxito de grandes empresas. Es evidente que una gran parte de la economía global va quedando bajo su control lo que origina inevitablemente situaciones de abuso de poder y la aparición de acuerdos y contratos en contra del principio económico de libre participación, afectando a la libre competencia entre las empresas. Siendo otro factor determinante en este marco, como desarrollaremos en capítulos posteriores, el concepto de violencia o coacción económica. En este sentido, decía Díez-Picazo, si bien la libre participación implica una libertad para la contratación, su propósito no puede ser la desfiguración del libre mercado[23].

El principio de facilitación de la contratación, en concordancia con la *bona fide*, está a la cabeza de la reglamentación de normas contractuales. Hoy en día tanto la doctrina como la jurisprudencia tienden a inclinarse a preservar el contrato con prioridad a la resolución, y son reticentes en adoptar posturas que consideren que el contrato jamás se efectuó y deviene inválido, lo que suele provocar más costes e inconvenientes.

Una perspectiva similar se adopta en relación con las posturas restrictivas sobre la nulidad de ciertas cláusulas. Al exami-

---

22 *Idem.*

23 Díez-Picazo, L. s.f. "Figura de abuso de posición dominante". *THEMIS Revista de Derecho* n.º 49, p. 12.

nar cuidadosamente los principios contractuales en el ámbito internacional, se puede observar que, por ejemplo, la coacción solo se considera como tal cuando no está justificada, o que la imposibilidad inicial no conduce a la nulidad, o que los acuerdos se consideran legítimos sin necesidad de examinar la presencia del requisito de la causa contractual (*consideration* en el derecho anglosajón).

El contrato, visto así, se considera más como un artefacto económico que distribuye y hacer circular mercancías y servicios, proveniente del seno de las iniciativas privadas, y donde las partes interesadas fijan de manera autónoma sus propias rutas de acción, lo cual en sí mismo puede suponer un gran riesgo para los operadores más pequeños, como las pymes, pues ni son considerados consumidores, ni les ampara ninguna protección específica.

Esta perspectiva sirve para explicar las tendencias del derecho más actual: el Código de Comercio Uniforme[24] de Estados Unidos, las disposiciones del Convenio de Viena, los principios Unidroit y demás principios del *soft law* que actualmente pretenden uniformar el Derecho en materia contractual comercial.

La idea central detrás de estos textos es fomentar la celebración de contratos y su permanencia, ya que esto es preferible a declarar su inexistencia o invalidez; se prefiere que las partes

24 El Uniform Commercial Code (UCC), también conocido como Código de Comercio Uniforme, es un conjunto de leyes modelo que unifican el derecho comercial en los Estados Unidos. Fue desarrollado por la Conferencia Nacional de Comisionados sobre Leyes Uniformes y la Asociación Nacional de Abogados de Comercio en el año 1952, y desde entonces ha sido adoptado, en todo o en parte, por los 50 estados del país. El UCC aborda temas como la venta de bienes, los documentos de título, las garantías, la banca y las transferencias de fondos electrónicas, entre otros asuntos comerciales.

involucradas realicen actos contractuales, incluyendo posibles violaciones, antes de optar por la invalidez.

De Castro tenía una postura crítica y dura hacia lo que él llamaba "la concepción liberal del contrato", inspirada en la tradición humanista-cristiana y su genuina preocupación por la defensa de los individuos frente a las grandes organizaciones como los Estados, las grandes empresas e incluso los sindicatos[25].

Esta concepción liberal vinculada a la autonomía de la voluntad presupone que, en principio, existen "cotos de caza" para los intereses privados; existirían zonas de protección (prohibidas) para el poder estatal, no teniendo más opción que permitir que ocurra.

Sin embargo, De Castro[26] veía que la tendencia inconsciente a dejar hacer decaía en función de la pérdida de respeto hacia los fundamentos liberales; en tanto el terreno público se mantuviese intocado, la zona de prohibición también se mantendría fuera del alcance estatal.

Pero los particulares, eventualmente, buscarían el servicio de lo público al solicitar el alivio de las autoridades en casos de incumplimiento contractual; saldrían, entonces, de su zona de confort para pedir a los servicios públicos que apliquen la fuerza de la ley en el cumplimiento de los contratos, y eso los pondría en una situación en la que ya no podrían comportarse de manera indiscriminada.

---

25 De Castro y Bravo, Federico. (1958) "Las leyes nacionales, la autonomía de la voluntad y los usos en el proyecto de Ley Uniforme sobre la venta". *Anuario de Derecho Civil.* Vol. 11, n.º 4, pp. 1004-1041.

26 *Idem.*

La dogmática civilista[27], pivota en torno a dos ideas. La primera, la idea de contemplar a la autonomía privada como un fundamento connatural a la composición del derecho privado, otorgando a las personas la posibilidad de dar una normatividad a las relaciones que establecen. Y dentro de esta concepción se les otorga plena autonomía con el fin de que las personas conformen sus relaciones en función de acuerdos[28].

Y en contraposición, contra una concepción liberal del contrato, estaría la segunda idea: la concepción que se podría llamar social, socializadora o socialista, estando el debate en si procede tutelar jurisdiccionalmente el otorgarle fuerza de ley a los contratos y cláusulas o adoptar posturas más cercanas a una justicia material y moral, como decía de Castro.

2. LA BUENA FE

El Tribunal Supremo ha hecho una distinción constante en sus sentencias modernas entre la buena fe subjetiva y objetiva[29]. Las sentencias de 16 de febrero de 1981 (TOL1.740.193), 6 de abril de 1988 (TOL1.733.126), 23 de enero de 1989 (TOL1.732.397); sentencia n.º 572/1996 de 12 de julio (TOL1.658.897) y sentencia n.º 213/1998 de 12 de marzo (TOL5.157.315), hacen hincapié en que la buena fe a la que se refiere el artículo 1258 no se refiere a la creencia subjetiva de una persona, sino a un comportamiento honrado y justo

---

27 Vázquez de Castro, Eduardo. (2002). *Determinación del contenido del contrato, presupuestos y límites de la libertad contractual.* Tirant lo Blanch. 1.ª ed., p. 43.

28 Ripert, George (2001). *Aspectos jurídicos del capitalismo moderno*; traducción de José Quero Morales. Granada Comares.

29 Manuel García Amigo Catedrático de Derecho Civil de la Universidad Complutense. "Consideraciones a la buena fe contractual" *Actualidad Civil*, Sección Doctrina, 2000, n.º 1, p. 1.

que se considera como un principio general en el artículo 7 del Código Civil. La distinción entre la buena fe subjetiva y objetiva ya se encuentra en los primeros comentarios al Código Civil, como el de M. Scevola en 1904 en el comentario al artículo 1258, en el que se explica que el concepto de buena fe se presenta desde un punto de vista doble o mixto, externo a los contratantes y objetivamente.

Es evidente cuál es el significado de buena fe en el contexto del artículo 1258, ya que su aplicación es normativa y por lo tanto, objetiva en lugar de subjetiva, como ocurre en los derechos reales. Este concepto sirve como parámetro normativo para determinar el comportamiento adecuado de las partes en una relación contractual. Su función es garantizar la efectividad del contrato y cumplir con su propósito, incluyendo en las estipulaciones cualquier otra condición necesaria para eso ocurra.

Se relaciona el concepto de buena fe en el art. 1258 con la doctrina de los *bonae fidei iuditia en* el derecho romano, que implicaba la existencia de deberes no escritos en las relaciones contractuales, más allá de lo estipulado en el contrato o la ley aplicable. Estos deberes eran necesarios para lograr el fin contractual deseado por las partes al contratar. Aun así, el carácter normativo de la buena fe tiene un límite la interpretación permitida por el art. 1283 CC[30]. En definitiva, esta buena fe en sentido objetivo implica lealtad hacia la consecución del fin propuesto y protección de la confianza depositada en el comportamiento de cada parte.

De este modo, la conducta ejemplar establecida por el sistema jurídico como norma se convierte en un parámetro para la aplicación en situaciones concretas, generando deberes jurídicos específicos en las relaciones contractuales particulares según la naturaleza de cada contrato. La jurisprudencia del

---

[30] STS de 3 de diciembre de 2021.

Tribunal Supremo es amplia en cuanto a las obligaciones jurídicas que surgen de la buena fe[31].

Sobre la buena fe contractual, también conviene hacer mención de la importante mención que hace el CESL[32]. La define como "una norma de conducta caracterizada por la honradez, la franqueza y la consideración de los intereses de la otra parte de la transacción o de la relación en cuestión".

Según Ataz López Y Salelles Climent[33], esta función de la buena fe, como limitadora de la libertad contractual, es relativamente novedosa, y se introduce a partir de dos textos procedentes del ámbito europeo: los Principios del Derecho Europeo de los Contratos y la Directiva 13/93 CE sobre Cláusulas Abusivas en Contratos realizados con Consumidores, que en España se ha implementado en el TRLGDCU.

El término "autonomía" implica capacidad normativa o de autorregulación, lo cual se ajusta a su significado etimológico. Aunque existen límites a la libertad contractual, estos se establecen de manera negativa, lo que significa que los particulares tienen un amplio margen de actuación siempre y cuando no esté expresamente prohibido, lo que se convierte en la regla general[34].

Esto implica, como sostiene Navarro Fernández, que los términos acordados por los contratantes en un contrato no solo son

---

31 García Amigo, M., *op. cit*.

32 Art. 2 (B) CESL Propuesta de Reglamento de Compraventa europea.

33 Ataz López, J. & Salelles Climent, J. R. (2020) "La libertad contractual y sus límites" en Bercovitz Rodríguez-Cano, R., *et al. Tratado de Contratos.* Vol. 1. Tirant lo Blanch, p. 196.

34 Díez-Picazo, L. *La autonomía privada…, op. cit.*

obligatorios entre ellas, sino que también obligan al juez[35], cuyas facultades para intervenir en el contenido del contrato quedan muy limitadas. Es posible que esta sea una de las razones por las que la doctrina española ha tenido dificultades para justificar teóricamente la posibilidad de que las obligaciones pactadas puedan ser modificadas judicialmente en caso de una alteración de las circunstancias en las que se celebró el contrato[36].

A lo largo del tiempo, la libertad contractual ha sido concebida de diferentes maneras según la ideología política predominante en cada momento lo que demuestra su gran importancia desde el punto de vista ideológico y político[37].

Durante el periodo de codificación del siglo xix, la corriente de pensamiento predominante era el liberalismo, el cual consideraba que la libertad de celebrar contratos era el fundamento del sistema económico y legal. En la base de esta concepción estaba la consideración de que nadie mejor que uno mismo para defender los propios intereses; y sobre todo, la idea de que los contratantes se moverían en un plano de igualdad.

Pero la igualdad necesaria para que el sistema previsto en los códigos civiles pudiera funcionar era algo más que la mera igualdad formal ante la ley. Se necesitaba una igualdad material; porque si una de las partes se veía precisada a contratar, la otra podría imponerle cuantas condiciones quisiera; lo cual solo podría impedirse por el procedimiento de proteger legalmente al contratante más débil, algo que resultaba contrario a la filosofía con la que se habían redactado los códigos civiles.

---

35 Pasquau Liaño, M. (2000). *Jurisprudencia civil comentada: Código Civil.* Árbol académico, vol. 1, (arts. 1 a 1087), p. 67.

36 Ataz López, J. & Salelles Climent, J. R. *La libertad contractual…, op. cit.* p. 147.

37 *Ibidem* p. 148.

A partir de aquí las nuevas concepciones económicas (estatismo, intervencionismo, economía dirigida o planificada, etc.) produjeron que en los ordenamientos jurídicos positivos fueran aflorando una masa ingente de limitaciones a la autonomía privada y a la libertad de contratación[38].

En los años treinta del pasado siglo, el principio de libertad contractual ya compartía con el derecho de propiedad el más alto puesto en el *ranking* de principios jurídicos objeto de crítica doctrinal. Parecía que la libertad contractual era cosa del pasado.

Los autores argumentaban la existencia de un nuevo socialismo jurídico o de una socialización del contrato, en la que la libertad contractual era considerada obsoleta y debía ceder ante el interés social. Los excesos y abusos cometidos en su nombre habían conducido a su desaparición o, según Royo Martínez[39], a su propio suicidio. Según Quero[40], cualquier sistema jurídico que se basara en ese principio estaría en conflicto con la vida misma, que hoy se rige por ideales más nobles, justos y humanos[41].

---

38 Ossorio Morales, J. (1952). "Crisis de la dogmática del contrato". *Anuario de Derecho Civil,* vol. 5, n.º 4, pp. 1176-1186.

39 Royo Martínez, M.A. (1949). "Contratos de adhesión". *Anuario de Derecho Civil,* vol. 2, n.º 1 pp. 55-71.

40 Ripert, G. Aspectos jurídicos..., *op. cit.,* pp 1-488.

41 En relación al término "socialismo", se ha utilizado en diferentes contextos y no siempre vinculado a la doctrina política que lo define. Por ejemplo, Duguit lo emplea para señalar el predominio de la sociedad por encima del individualismo del siglo anterior. Además, en algunos casos se ha utilizado en referencia al nacional-socialismo, como en Siebert en 1942. No fue hasta más tarde cuando se empezó a hablar de "socialización", cuando el término "socialismo" ya había adquirido connotaciones políticas diversas. En España, la idea de socialización del contrato fue mencionada por Santos Briz en 1966, Hernández Gil en 1972 y Gordillo Cañas en 1975, mien-

En términos generales, a pesar de que ha habido momentos en los que la intervención legislativa ha retrocedido, durante los últimos cincuenta años se han incrementado tanto la cantidad como la calidad[42] de las restricciones a la autonomía privada en general y a la libertad contractual en particular.

En el caso de España, esta intervención ha sido llevada a cabo por leyes especiales, dejando en gran medida el Código Civil sin cambios y reflejando el sistema y los valores de la codificación. Para lograr esto, se ha tenido que disminuir gradualmente el ámbito de aplicación del Código Civil[43].

Proliferaron los estudios y referencias a la crisis del contrato, aunque en realidad lo único que había entrado en crisis era una determinada forma de entenderlo, basada en una libertad no acompañada de igualdad. Pero hoy es pacífico decía, hace más de cincuenta años Gordillo, que la misma disciplina solo puede llevar a resultados justos si el Derecho emprende una acción socialmente correctora y reequilibradora[44].

De Castro diferenciaba, respecto de las limitaciones a la autonomía privada, dos razones que podían motivarlas: la primera era el intervencionismo desmesurado de la Administración que llevaba a limitaciones injustificadas; pero otras limitaciones se infieren de medidas y doctrinas que limitan el ámbito de la autonomía para conservar su significado sustantivo. Y tal vez esa diferencia es la que hace que la doctrina civilista, que

---

tras que Castán ya había expuesto una noción precisa de la idea de socialización en 1965. Otros autores como Royo Martínez en 1945 y Quero en 1932 también han abordado el tema en sus respectivos escritos.

42 Ataz López, J. & Salelles Climent, J. R. *La libertad contractual... op. cit.* p. 150.

43 *Idem.*

44 Gordillo Cañas, A. (1975) "La nulidad parcial del contrato con precio ilegal". *Anuario de Derecho Civil*, vol. 28, n.º 1, pp. 101-204.

en general cree en la autonomía privada, dé, no obstante, la bienvenida, a ciertas limitaciones de la autonomía privada dirigidas a impedir que la gran empresa imponga su voluntad a la pequeña.

3. DIFERENTES ESTÁNDARES DE PROTECCIÓN EN LAS RELACIONES B2B Y B2C

Si las partes de un contrato se consideran iguales, según lo establecido por el Código Civil, entonces la determinación del contenido del contrato, especialmente en contratos onerosos, se logra a través de negociaciones previas. En este sentido, ciertas empresas no deberían imponer un contenido de contrato específico al contratar con otras empresas o particulares en el ámbito de su actividad. No obstante, si una empresa ejerce una posición predominante de hecho o de derecho, la igualdad entre las partes desaparece, ya que el contratante pequeño se ve obligado a contratar para no perder una oportunidad de negocio[45]. Además, el problema es incluso más grave, y no es preciso que la empresa predisponente ejerza ningún monopolio ya que, el fenómeno está tan generalizado que la mayor parte de las empresas, al menos en ciertos sectores, lo hacen[46]. En este sentido la llamada ley del contrato no es ya ciertamente lo convenido por las partes, sino lo impuesto por una de ellas a la otra.

Aunque la Ley de competencia desleal también alude a esta cuestión, llama la atención que casi todas las referencias que se hacen al control de las desigualdades, o según la denominación moderna, a la asimetría entre contratante fuerte y débil

---

45 Ataz López, J. & Salelles Climent, J. R. *La libertad contractual…, op. cit.* p. 153.

46 *Idem.*

como manifestación y control del principio de autonomía de la voluntad, están referidas, al ámbito de los consumidores en relación a las cláusulas predispuestas en contratos de adhesión o contratos con condiciones generales de la contratación, y por ello las consideramos insuficientes, pues creemos que no son el único ámbito de desigualdad, no son el único ámbito donde haciendo uso de la libertad y autonomía, se ejerce una influencia económica de un contratante sobre otro, y no son el único ámbito donde se imponen cláusulas que benefician a una parte en detrimento de la otra.

Es por ello precisamente que justificamos nuestra teoría de los estratos de la contratación según el perfil del contratante, que desarrollaremos más ampliamente en el capítulo 6. Según esta teoría que proponemos, se establecerían diferencias y presupuestos que clasifiquen a los distintos empresarios en atención a ciertos criterios, evolucionando por tanto a otros estándares de protección de los cuales hasta ahora solo se podían beneficiar los consumidores en las relaciones B2C.

Aunque el análisis de los contratos de adhesión y contratos con condiciones generales entre empresarios no sea el objeto de este estudio, conviene recordar, pues es un ámbito donde queda patente la desigualdad entre empresarios y los diferentes estándares de protección. En este sentido, en los contratos entre dos profesionales (B2B), en el que uno de ellos usa condiciones generales que impone al otro tendrá lugar el control de la LCGC[47], pero no el TRLGDCU[48].

A partir de esta ley, y de lo dispuesto en el TRLGDCU, puede decirse que en nuestro país la predisposición del conteni-

---

[47] Ley 7/1998, de 13 de abril, sobre condiciones generales de la contratación.

[48] Real Decreto Legislativo 1/2007, de 16 de noviembre, por el que se aprueba el texto refundido de la Ley General para la Defensa de los Consumidores y Usuarios y otras leyes complementarias.

do contractual genera dos tipos de controles diferentes, uno, previsto en la LCGC, al que podríamos llamar control de la existencia de consentimiento formal, o control de inclusión, y otro, previsto en el TRLGDCU.

Estas son las posibilidades: Si se trata de un contrato entre un profesional y un consumidor y se utilizan condiciones generales, entonces se someterá a ambos controles.

Si se trata de un contrato entre dos profesionales y uno de ellos impone condiciones generales al otro, entonces solo se someterá al control de la Ley de Condiciones Generales de la Contratación (LCGC), pero no al control del Texto Refundido de la Ley General para la Defensa de los Consumidores y Usuarios (TRLGDCU).

Si se trata de un contrato entre un profesional y un consumidor, y el profesional impone el contenido del contrato pero no utiliza un clausulado diseñado para ser utilizado en varias ocasiones, entonces solo se someterá al control del TRLGDCU, pero no al control de la LCGC.

Si se trata de un contrato entre dos profesionales y uno de ellos impone ciertas cláusulas al otro, pero estas cláusulas no fueron diseñadas para ser utilizadas en múltiples ocasiones sino exclusivamente para ese contrato en particular, entonces no se someterá a ninguno de los dos controles[49].

En este sentido, según Ataz López, nuestro Tribunal Supremo dejó pasar la oportunidad de ubicar el requisito de la transparencia en el control de incorporación y lo ha reconducido al control de abusividad, lo que tiene la consecuencia de que este control desaparece en la contratación entre profesionales.

---

49 Ataz López, J. & Salelles Climent, J. R. *La libertad contractual…*, *op. cit.* p.155.

No hay "una modalidad especial de protección al adherente no consumidor" (STS n.º 367/2016 de 3 de junio [TOL5.745.035]): "Ni el legislador comunitario, ni el español, han dado el paso de ofrecer una modalidad especial de protección al adherente no consumidor, más allá de la remisión a la legislación civil y mercantil general sobre respeto a la buena fe y el justo equilibrio en las prestaciones para evitar situaciones de abuso contractual.

No correspondiendo a los tribunales la configuración de un "tertium genus" que no ha sido establecido legislativamente, dado que no se trata de una laguna legal que haya que suplir mediante la analogía, sino de una opción legislativa que, en materia de condiciones generales de la contratación, diferencia únicamente entre adherentes consumidores y no consumidores".

Aun así no es objeto de este trabajo centrarse en los contratos de adhesión, ni en la vulnerabilidad del contratante adherente empresario y de los abusos que se producen al contratar con empresas de mayor tamaño y predisponentes, pues es materia ya ampliamente tratada en otros estudios. Nuestro objetivo será apreciar otras desigualdades y abusos en prácticas contractuales entre empresarios, supuestamente amparadas en la libertad y autonomía contractual. Especialmente nos centraremos en cláusulas de resolución expresa que benefician manifiestamente a uno de los contratantes y en el uso oportunista del remedio resolutorio fuera del ámbito de los contratos de adhesión. Pues en este escenario contractual, dejando al margen los contratos de adhesión o con condiciones generales, según nuestro criterio, también suceden influencias y coacciones de carácter económico que influyen en el consentimiento del profesional débil, así como determinan las consecuencias del incumplimiento.

La tesis es compleja y somos conscientes de que en situaciones mucho más desiguales aún no hay avances legislativos significativos. Por eso lo que se propone más que un cambio legislativo son unos criterios interpretativos.

Según la LCGC las cláusulas por las que las partes se remiten a un condicionado que no se incluye, se tienen por no puestas. Antes de la aprobación de la LCGC, solo se podía llegar a tal conclusión en los casos en los que la remisión implicara dejar la validez y el cumplimiento de los contratos al arbitrio de uno de los contratantes, en contra, por tanto de lo dispuesto en el artículo 1256[50].

Por lo que será precisamente la base del art. 1256 CC, la justificación del método de control fuera del ámbito de LCGC, es decir, será la base del control de las cláusulas injustas que queden al arbitrio de uno de los contratantes, en todos los demás tipos contractuales que no sean contratos de adhesión o contratos con condiciones generales concertados entre dos empresarios.

Como se ha dicho antes, la admisibilidad *in genere* de los pactos atípicos, obliga al legislador a establecer criterios dotados de flexibilidad que permitan al juez denegar la fuerza obligatoria de ciertos acuerdos que, según en el sentir social común, no deberían estar protegidos por el derecho. Estos criterios incluyen la buena fe, la moral y el orden público[51].

De acuerdo con De Castro y Bravo, la inclusión de referencias a la moral, el orden público y las buenas costumbres en el ordenamiento jurídico es de gran importancia ya que sirve como un medio de comunicación entre los valores morales y de justicia y el sistema jurídico positivo. Según este autor, esto autoriza expresamente al intérprete y al juez a desestimar la letra de la ley y en cambio, negar la protección legal a situacio-

---

[50] Véase en este sentido la STS nº 239/1981 de 30 de mayo (TOL1.740.176).

[51] De Castro y Bravo, F. (1985) *El negocio jurídico*, Civitas, pp. 314 y 315.

nes que vayan en contra de los criterios propios de la moral o de la *justicia*[52], teniendo en cuenta tanto el ordenamiento jurídico en su totalidad (leyes y principios generales del derecho) como la naturaleza del derecho. En este sentido, el Código Civil confiere a los jueces y la doctrina el control final sobre la autonomía privada.

4. LAS LIMITACIONES A LA AUTONOMÍA PRIVADA: LOS CONCEPTOS VÁLVULA

En este punto trataremos sobre algunos conceptos válvula que son empleados como método gradual para limitar en mayor o menor medida la autonomía privada. Unos conceptos válvula, o como dice Bercovitz, unas normas elásticas o de derecho equitativo, o cláusulas-válvula[53].

Son aquellas normas que tienen consecuencias jurídicas variables, y no poseen determinaciones concretas, sino más bien conceptuales. Su contenido depende del caso a caso, aun cuando responde a ciertos límites; es el juez quien tiene el deber de definir el tenor en relación a cada caso. Por ejemplo, la "justa causa" del artículo 1584 del Código Civil, la diligencia de un buen padre de familia del artículo 1903 final[54], y fundamentalmente el principio de buena fe.

---

52 De Castro y Bravo, F. *Notas sobre las limitaciones…*, *op. cit.*, pp. 987-1086.

53 Bercovitz Rodríguez-Cano, R. (dir.), Moralejo Imbernón, N. (coord.), & Quicios Molina, M. S. (coord.) (2020). *Tratado de Contratos* [Recurso electrónico] / Director, Rodrigo Bercovitz Rodríguez-Cano ; 3.ª ed., Tirant lo Blanch, p.164.

54 Extraído desde la compilación del Congreso de Academias Jurídicas Iberoamericanas (1998), en el Centro de Estudios Ramón Areces de Madrid. La cesión de lo expuesto fue cedida por Luis Díez-Picazo.

4.1. Las limitaciones derivadas del orden público como concepto válvula

Según Espín, la definición del orden público, así como la de moral, resulta complicada debido a que el Código Civil pretende establecer criterios flexibles para que el juez pueda resolver problemas que no estén explícitamente contemplados en la ley[55].

En este sentido, se trata de conceptos que sirven como válvulas de escape y que, por tanto, poseen un cierto grado de vaguedad en su propia esencia.

Aunque de entre todas las nociones imprecisas posiblemente la de orden público se lleve la palma. Intentar precisarla ha sido calificado como de *suplicio para la inteligencia*[56], y las definiciones dadas por los distintos autores difieren sensiblemente unas de otras. A veces el orden público parece ser el núcleo de los valores en los que se fundamenta el ordenamiento jurídico; pero, otras veces, el orden público incluye cuestiones de mero detalle. Posiblemente la dificultad del concepto se deba a que en el ámbito jurídico-privado la idea de orden público se ha alejado sensiblemente de su significación original, identificable con la noción de "paz pública" o "paz social", la cual se mantiene, a veces, en el ámbito del Derecho público[57]. Según

---

55 Espín Cánovas, D. (1954) *Los límites de la autonomía de la voluntad en el derecho privado : discurso de apertura del curso académico 1954-55*. Universidad de Murcia. Extraído el 18 de enero de 2023 de http://hdl.handle.net/10201/4616.

56 Doral García, J. A. (1967). *La noción de orden público en el Derecho Civil español*. Pamplona: Universidad de Navarra, p. 54.

57 Fernández Ruiz-Gálvez, E. (2017) "Rebus sic stantibus y crisis económica. Orden público económico versus especulación". *Anuario de Filosofía del Derecho*, Universitat de València, pp. 63-98. Extraído 3 de marzo de 2023 de https://app.vlex.com/#vid/rebus-sic-stantibus-crisis-693098077.

Orti Vallejo, el orden público actualmente debe entenderse referido a los grandes principios establecidos en la Constitución y por extensión, a los Tratados fundacionales de la Unión Europea, incluyendo las Cartas internacionales sobre Derechos humanos[58].

4.2. Otros conceptos válvula

La STS n.º 1013/2004 de 14 de octubre (TOL514.231), a propósito de lo anterior, dicta que la doctrina acerca del abuso de derecho es un concepto jurídico "indeterminado", o "concepto válvula", y no puede ser conceptualizado *a priori* (se debería definir en función de cada caso peculiar). Por lo mismo, el órgano que juzga deberá ser minucioso en la resolución de cada disputa en que se trate este tipo de conceptos[59].

Otro concepto válvula podría ser el enriquecimiento injusto, aunque si bien es cierto que el Tribunal Supremo viene siendo reticente en hacer una interpretación omnicomprensiva de todos estos conceptos válvula, y restringe su aplicación por ser contrarios a lo convenido convencionalmente y pretender eludir el cumplimiento de ciertas obligaciones contractuales. Esta interpretación restrictiva se aprecia por ejemplo en la STS (Sala de lo Civil, Sección1.ª) Sentencia n.º 197/2007 de 1 marzo (TOL1.053.705), donde una de las partes denunciaba la fijación de unos precios desorbitados por la otra y aludía a la finalidad de evitar un enriquecimiento injusto. Determina el TS en este caso que no era injusta la determinación del precio bajo la fórmula empleada, pues no rige en nuestro sistema un

---

58 Orti Vallejo, A. (3-5-2023), conversaciones mantenidas acerca del contenido de este trabajo.

59 Extraído desde la compilación del Congreso de Academias Jurídicas Iberoamericanas (1998), en el Centro de Estudios Ramón Areces de Madrid. La cesión de lo expuesto fue cedida por Luis Díez-Picazo.

mecanismo de equivalencia de las prestaciones que responda a parámetros objetivos, ni siquiera existe la posibilidad de una lesión por precio desorbitado. Recuerda el tribunal el art. 1293 CC, y recuerda sentencias ya antiguas (9 de abril de 1947, 29 de septiembre de 1971, etc.), que manifiestan que la falta de reciprocidad económica de las obligaciones convenidas y la consiguiente lesión para alguna de las partes no determina, en nuestro Derecho, ni la ilicitud de la causa ni siquiera la posibilidad de rescisión. Ni cabe utilizar conceptos válvula como el enriquecimiento injusto, figura que considera el tribunal, forzosamente residual y subsidiaria en nuestro sistema[60]. En este sentido se excluye la consideración del enriquecimiento sin causa como un concepto-válvula para poder introducir elementos valorativos y decidir sobre la justificación de las atribuciones patrimoniales realizadas, y en este sentido, como sostiene el tribunal, basta que concurra un convenio válidamente establecido para que no se pueda acudir a esta institución ni para fundar una pretensión de restitución ni para impedir la realización de la prestación en los términos convenidos[61].

A pesar de que los tribunales son restrictivos en el uso de los conceptos válvula por ser fórmulas "residuales y subsidiarias en nuestro sistema", proponemos una recuperación de los mismos, pues permiten soluciones más equitativas a cada caso. Estos conceptos válvula suponen desde nuestro punto de vista una herramienta muy útil, para la valoración de los diferentes estándares de protección en relación con los estratos según el perfil del contratante, ya que precisamente este es un ámbito, donde la función valorativa del juez es determinante para valorar por ejemplo el incumplimiento grave o esencial, justifican-

---

60 Sentencias n.º 121/1999 de 19 de febrero (TOL5.120.224), nº 195/2003 de 28 de febrero (TOL4.929.075), 3 de marzo de 1990 (RJ 1990\1664).

61 Sentencia n.º 472/1993 de 19 de mayo (TOL1.663.110).

do dejar en un segundo plano lo convenido en el contrato, en aras del orden público económico.

4.3. Orden público y la facultad de exclusión voluntaria de la ley aplicable

Es importante tener presente el artículo 6.2 del Código Civil, el cual establece que la renuncia a la ley aplicable y a los derechos que esta reconoce solo tendrá efecto si no perjudica el orden público, el cual tiene un alcance más amplio.

Lo mismo recoge el artículo 6 del Código Civil francés, país donde surgió esta doctrina, que establece que las leyes que afectan al orden público no pueden ser derogadas mediante acuerdos particulares[62].

En relación a las restricciones de la autonomía privada en razón del orden público como concepto válvula[63], se indica por la doctrina que deben deducirse del Derecho positivo, pero no tienen por qué estar previstas en el mismo. De hecho apenas hay sentencias en las que se declare nulo un pacto, o un contrato, exclusivamente por ser contrario al orden público[64].

En este sentido es más frecuente la jurisprudencia que declara que cierta materia forma parte del orden público y en consecuencia, queda excluida de la autonomía privada.

---

62 Article 6 "On ne peut déroger, par des conventions particulières, aux lois qui intéressent l'ordre public et les bonnes moeurs".

63 Si bien es cierto que esta noción amplia puede llevar a que el orden público se convierta en una especie de comodín para justificar según qué resultados, riesgo contra el que nos advierte De Castro en ADC 1982, p. 1032, nota 158.

64 Ataz López, J. & Salelles Climent, J. R. *La libertad contractual…*, *op. cit.* p.166.

La STS n.º 54/2002 de 5 de febrero (TOL2.476.744) establece que la actuación del Estado en el ámbito económico tiene como consecuencia la existencia del orden público, el cual se expresa mediante normas de carácter imperativo y principios básicos del orden económico. Aunque estos principios no estén plasmados en normas jurídicas específicas, deben limitar la autonomía de las partes para que no puedan actuar en contra de ellos. En consecuencia, el orden público económico se refiere al acervo de reglas obligatorias que se aplican en las relaciones contractuales relacionadas con la organización económica, las relaciones sociales y la economía interna de los contratos.

Nuestra jurisprudencia también ha hecho uso del concepto de orden público para justificar las normas de defensa de la competencia (STS, entre otras, n.º 631/2006 de 22 de junio [TOL984.839]). Si bien, como antes se ha señalado, hoy se admite la existencia de varios grupos de principios que constituyen diferentes clases de órdenes públicos, parece claro que de entre todos los grupos que se admiten, el del orden público económico es el que más interés puede tener en el campo del Derecho de los contratos.

La noción de orden público ha sido empleada por la jurisprudencia no solo para justificar las normas de defensa de la competencia, como se puede ver en la sentencia del Tribunal Supremo antes citada, sino también para ampliar los principios expresados en las leyes a través de los cuales el Estado interviene en la vida económica.

Por lo tanto, el orden público económico desempeña una función positiva que difiere del orden público clásico, el cual tenía como propósito principalmente limitar la autonomía privada. Este nuevo enfoque se lleva a cabo mediante una variedad de técnicas de intervención, que se pueden agrupar en dos categorías generales: la intervención estatal para la dirección de la economía y la protección de ciertos sectores o contratantes. Como resultado, cada vez se observa una mayor intervención del derecho público en el ámbito del derecho privado[65].

Y en este sentido se justifica la vacilación por parte de la jurisprudencia sobre la validez o no de ciertos acuerdos que van en contra de alguna disposición legal que no tenga una redacción explícitamente prohibitiva[66].

En situaciones de crisis donde ciertos sectores de la población necesitaban una protección intensa, era común que la intervención legislativa fuera más frecuente en este sentido, en cambio, actualmente, se ha vuelto en cierta medida a la protección de la autonomía privada y por lo tanto, la intervención legislativa es mucho menor.

La sentencia del TS de 12 de noviembre de 1987 (TOL1.738.115) destaca el principio de autonomía de la voluntad, el cual es un principio fundamental en la contratación, tal como lo establece el artículo 1255 del Código Civil. Este principio significa que las normas legales que establecen criterios supletorios de la voluntad de los interesados no se contradicen cuando las partes utilizan su facultad de manera libre y voluntaria, sin infringir la ley.

Sin embargo, el enfoque tradicional sobre la autonomía de la voluntad en la contratación fue alterado por el fenómeno de la contratación en masa, dado que la posible imposición del contenido contractual por una de las partes, junto con el hecho de que gran parte de la regulación en materia de contratos es de naturaleza dispositiva, conduce a resultados injustos.

En este sentido De Castro y Bravo, influenciado por la doctrina alemana, sostenía que las normas dispositivas "no son

---

65 Ataz López, J. & Salelles Climent, J. R. *La libertad contractual...*, *op. cit.* p.169.

66 *Idem.*

una especie de ayuda legal para desmemoriados"; unas normas cuya única virtualidad sea la de estar ahí por si las partes olvidan pactar algún aspecto de su relación. Decía este autor, que si bien puede ocurrir que las soluciones legales no sean totalmente satisfactorias para las partes y se les permite pactar algo distinto a lo previsto por la ley, ello no quiere decir que cualquier pacto contrario a las normas dispositivas deba ser válido: solo lo serán aquéllos que se basen en una justa causa[67].

De acuerdo con este autor, en relación al uso de condiciones generales en los contratos, estas podrían ser objeto de impugnación si se considera que van en contra de la buena fe y las buenas costumbres, si constituyen un abuso de derecho o si implican la renuncia a ciertas leyes. Además, según los pactos que van en contra de las normas de derecho dispositivo también pueden ser considerados contrarios a la buena fe[68].

Y en este sentido, en relación con la abusividad de ciertas cláusulas y aunque los artículos 82 y 83 del TRLGDCU pueden resolver el problema en muchos casos restringiendo la eficacia de dichas cláusulas, al encontrarse en la legislación de protección de consumidores y usuarios, ocurre que solo son aplicables en los casos en los que el contratante al que se le impone el contenido contractual es un consumidor[69].

Por todo ello, las reflexiones y propuestas ofrecidas en este estudio no deban ignorarse, pues aun contando con la legislación protectora de consumidores y legislación de competencia desleal, al margen de las mismas existen múltiples escenarios

---

67 De Castro y Bravo, F. (1961) "Las condiciones generales de los contratos y la eficacia de las leyes" *Anuario de Derecho Civil.* Vol. 14, n.º 2, pp. 295-342.

68 *Idem.*

69 En este sentido la SAP de Mallorca, n.º 211/2006 de 17 de mayo (TOL963.234). En este caso como ni el deudor ni el fiador eran consumidores.

de asimetría y desprotección, sobre todo en la contratación entre empresarios, donde hay un déficit de protección por parte del contratante más débil, ámbitos donde pudieran proceder aplicaciones analógicas de los artículos 82 y 83 del TRLGDCU.

En relación a si la autonomía privada justifica la exclusión de las normas que establecen obligaciones que aunque no son esenciales, tienen una importancia particular en la composición de intereses y derivan de la naturaleza de cada tipo contractual, podría aceptarse la existencia de un acuerdo en contra de estas de las mismas, pero igualmente, como sostiene De Castro y Bravo, la renuncia a facultades, acciones o excepciones sin una justificación válida, sin reciprocidad, contraprestación o especificidad del contrato no puede tener efectos, ya que implica una renuncia a la ley sin una causa justa[70].

5. RESPECTO A LA PROTECCIÓN DE LA COMPETENCIA: EL DEBER DE COOPERACIÓN

En el ámbito de la competencia, la buena fe actúa como fuente de deberes contractuales, además de fuente de deberes de cooperación. Estos deberes lo que pretenden es defender a algo o a alguien, reconociendo su vulnerabilidad ante una determinada circunstancia[71].

En cuanto a los deberes de cooperación entre las partes, la buena fe es determinante, en cuanto que obliga a dar al contrato cumplida efectividad y por ello genera determinados deberes de cooperación. En general, puede afirmarse que cada parte tiene un deber de "contribuir a mantener el *statu quo* subyacente al tiempo de contratar y que es una condición de

---

[70] De Castro y Bravo, F. *Las condiciones…*, *op. cit.* pp. 295-342.

[71] Ataz López, J. & Salelles Climent, J. R. *La libertad contractual…*, *op. cit.* p. 202.

posibilidad para que la ejecución del contrato resulte operativa". Ahora bien, algún autor considera, aunque no lo compartimos, que ese deber no implica la imposición al obligado, de emplear sus mejores esfuerzos para optimizar el resultado del contrato para la otra parte[72]. Este deber de cooperación, en nuestra opinión, y dentro de la clasificación por estratos según el perfil contratante, estaría justificado exigírsela a los contratantes en situación predominante, los cuales deberían velar por el mantenimiento del *statu quo* del pequeño contratante en el desarrollo del contrato (nos referiremos más en profundidad a estas ideas en el capítulo 6).

Asimismo, si el vendedor o suministrador conoce que un retraso en el cumplimiento de su obligación puede agravar la situación del comprador en atención a los compromisos de financiación adquiridos y omite toda acción al respecto (*v.gr.* indicando un calendario alternativo de entrega para que este pueda renegociar la financiación), incurre en mala fe según el art. 57 CCom, precepto de donde cabe deducir el deber de cooperación que también reconoce el art. III.1:104 DCFR. Relación entre ambos preceptos que establece la STS n.º 348/2016 de 25 de mayo (TOL5.736.266) en relación a un contrato de suministro de locomotoras[73].

La cooperación del acreedor puede resultar precisa para que el deudor pueda cumplir exactamente la prestación debida. De este modo, si el acreedor negara su auxilio al deudor, actuaría de mala fe y podría incurrir en mora[74].

---

72 Carrasco Perera, Á. (2017). *Derecho de contratos* (2.ª ed.). Cizur Menor: Aranzadi Thomson-Reuters, p. 532.

73 Díez García, H. & Gutiérrez Santiago, P. (2020) "Interpretación e integración del contrato" en Bercovitz Rodríguez-Cano, R., *et al. Tratado de Contratos*. Vol. 1. 3.ª ed. Tirant lo Blanch, p. 1227.

74 *Ibidem*, p. 1242.

En otras palabras, la buena fe puede exigir que se incluyan o que se consideren implícitos en el contrato, ciertos deberes especiales de protección o conservación, con el fin de salvaguardar no solo el interés de la prestación en sí, sino también la integridad personal y patrimonial de las partes. Estos deberes se basan en lo que se espera legítimamente de la parte responsable en términos de buena fe y obligación.

De esta forma, la infracción de ese deber de protección que se integra como parte del contenido del contrato en razón de la buena fe, podrá dar lugar, en su caso, a una responsabilidad contractual[75] (arts. 1101 y ss. CC).

Esta infracción del deber de protección, también se puede observar en casos de ejercicio de resolución unilateral sin mediar un plazo de aviso, incluso aunque exista un incumplimiento manifiesto, situaciones en las que si bien no es procedente mantener el vínculo obligacional, quizás si lo sería una indemnización fundada en la responsabilidad contractual que se generara por el incumplimiento del deber de cooperación, o por el incumplimiento del plazo de preaviso, al que posteriormente nos referiremos.

6. EL ARTÍCULO 1258 CC Y LOS ARTS. 2 Y 50 CCOM (INTEGRACIÓN DEL CONTRATO CONFORME A LAS LEYES, USOS Y BUENA FE)

Recordamos al lector que el incumplimiento de un contrato de forma unilateral o extrajudicial puede dar lugar a responsabilidad contractual, en virtud de los deberes de buena fe establecidos en el artículo 1258 del Código Civil. Este precepto

---

75 Debe existir una estrecha conexión entre el daño y el cumplimiento del contrato. Fuera de ella, se entrará en la órbita de la responsabilidad extracontractual.

impone reglas de conducta imperativas que no dependen de la voluntad de las partes y que reflejan un pensamiento social de la función del contrato. Estos deberes de conducta amplían el contenido obligacional pactado y pueden incluir aquellas otras consecuencias que sean acordes a la buena fe, al uso y a la ley, en función de la naturaleza del negocio[76].

Como sostiene Díez García[77] la incardinación de la infracción de los deberes de protección en la órbita de la responsabilidad contractual puede resultar cuestionable en algunos casos. Si la protección no se refiere en sentido estricto al interés prestacional propio, nadie duda de que, llegado el caso, el daño debe ser resarcido, pero su reparación responde al dogma que prohíbe causar daño a otro a través de la responsabilidad civil extracontractual.

6.1. La buena fe como lealtad

Es importante tener en cuenta que el ejercicio de un derecho subjetivo puede ser considerado como actuación de mala fe si se lleva a cabo de forma desleal, en contravención con las normas que la sociedad establece en el ámbito jurídico[78]". En consecuencia, cualquier acción contraria a la buena fe se convierte en antijurídica[79].

Considera la jurisprudencia que no se atenta a la buena fe porque se incluya la resolución unilateral libre, como parte del

---

76 Tribunal Supremo (Sala de lo Civil, Sección1.ª) Sentencia n.º 1193/2004 de 20 diciembre (TOL528.636).

77 Díez García, H. *Interpretación e integración…*, *op. cit.*, p. 1213.

78 Díez-Picazo, L. & (1963) *La doctrina de los actos propios.- Un estudio crítico sobre la Jurisprudencia del Tribunal Supremo.* Extraído el 17-02-2023 de http://www.distribucionesjuridicas.es/ p. 141.

79 Díez García, H. *Interpretación e integración…*, *op. cit.*, p. 1214.

contenido de un contrato atípico de colaboración otorgado por tiempo indefinido, porque esta resulta ser una derivación natural del contrato, ya que, en otro caso, se admitirían relaciones contractuales perpetuas, lo que es contrario al orden público.

Y es que, no conviene obviar que, como viene declarando el TS, aunque se admita que las relaciones contractuales tengan una duración indefinida, dado que las partes no pueden permanecer indefinidamente vinculadas, hay que estimar que los contratantes puedan liberarse mediante la resolución unilateral.

Así las cosas, el desistimiento unilateral no constituye incumplimiento contractual, por lo que no generaría por sí efectos indemnizatorios, salvo que el que lo ejercite hubiera actuado de mala fe o con abuso de derecho[80], o cuando el mismo dé

---

80 SSTS 16.12.2003 (TOL348.313); 9.2.2004 (TOL346.985); 16.11.2016 (TOL5.892.466). Igualmente, y, respecto de un contrato de exclusiva de duración indefinida, *vid.* STS 21.11.2005 (TOL759.113). Asimismo, *vid.* STS 9.10.1997 (TOL5.156.613) que se refiere a un contrato por el que una empresa cedía a otra la utilización gratuita de sus marcas. En igual sentido, para un contrato de distribución en exclusiva, *vid.* STS 10.3.2000 (TOL4.926.940). Para un contrato de distribución sin exclusiva, *vid.* STS 30.4.2008 (TOL1.311.968). La STS de 27.11. 2006 (TOL1.022.984), en relación a un contrato de distribución en exclusiva, señala que considerar la resolución unilateral como abusiva o contraria a la buena fe no implica necesariamente la obligación de justificar una causa, ya que la confianza y la lealtad son elementos fundamentales en las relaciones comerciales. Por lo tanto, la decisión de poner fin al contrato no genera automáticamente un daño indemnizable, a menos que exista mala fe o abuso de derecho, lo cual depende de otras circunstancias como las operaciones en curso, el aprovechamiento de ventajas, la frustración de beneficios, etc. Para un contrato de mediación o corretaje, STS 25.5.2009 (TOL1.547.702). En relación con un contrato de sociedad civil, *vid.* STS 16.6.1995 (TOL1.657.873) que estima que

lugar a un enriquecimiento injusto a su favor[81] no siendo necesario un preaviso razonable, salvo que la otra parte necesite de un tiempo razonable para deshacerse de sus compromisos con terceros o para reestructurar sus activos[82].

Por consiguiente, en los contratos de distribución de duración indefinida en los que el concedente ejerce la resolución del contrato, el Tribunal Supremo ha establecido que en aquellos casos en los que los contratos hayan estado en vigor por un largo período de tiempo, el preaviso se considera una obligación derivada de la buena fe y de la lealtad que debe regir en las relaciones comerciales[83]. El deber de comunicación se incardinaría en el artículo 57 del CCom en consonancia con el art. 1258 CC, salvo que haya una causa razonable para omitirlo.

---

la existencia de mala fe no condiciona que opere el desistimiento, pero genera la obligación de indemnizar los daños y perjuicios que se hubieran generado.

81 Díez García, H. *Interpretación e integración…*, *op. cit.*, p. 1217.

82 Carrasco Perera, Á., *op. cit.*, p. 480. *Vid.* STS 25.5.2009 (TOL1.547.702). Aun así, la STS del 11 de diciembre de 2014 (TOL4.680.994) en relación con un contrato de distribución exclusiva, admite la posibilidad de resolver unilateralmente el contrato, pero establece que la ausencia de preaviso que impidió a la distribuidora reorientar su actividad comercial constituye una violación de los deberes de lealtad y buena fe que rigen las relaciones contractuales. Debido a que el contrato en cuestión tenía una larga duración de veinte años, se consideró que el preaviso debería haber sido de al menos seis meses, en línea con el Artículo 25 de la Ley de Competencia Desleal (LCA), que aunque no se aplica directamente en este caso, sirve como referencia para establecer un plazo prudencial para el preaviso en situaciones similares. En idéntica línea, *vid.* STSS 20.7.2015 (TOL5.550.143), 19.5.2017 (TOL6.113.226). Sobre la resarcibilidad del lucro cesante en tales casos, *vid.* STS 8.10.2013 (TOL3.984.931). Asimismo, *vid.* STS 9.7.2015 (TOL5.503.581).

83 *Vid.* STS 19 de mayo de 2017 (TOL6.113.226).

Aunque puede ser innecesario, la falta de preaviso puede ser considerada abusiva o desleal y constitutiva de mala fe en el ejercicio de los derechos, lo que puede dar lugar a una indemnización por daños y perjuicios. Esto se debe a la aplicación del artículo 1258 del Código Civil y a principio de buena fe, según el artículo 1101 del mismo cuerpo legal.

En determinadas situaciones, puede existir la obligación de llevar a cabo una evaluación puntual y diligente de la prestación realizada por el deudor. Por ejemplo, en la compraventa de cosa futura, se podría entender que la buena fe, según el artículo 1258 del Código Civil, implica que el vendedor "tiene la obligación de hacer lo posible para que la cosa tenga realidad"[84], obligaciones y deberes de observancia para uno de los contratantes que también se pueden interpretar derivados de la buena fe que está incluida en el contenido del contrato.

6.2. La buena fe como estándar de consideración del cumplimiento/incumplimiento.

Díez García sostiene que el Tribunal Supremo ha establecido que la buena fe en el ámbito contractual implica actuar de manera justa, adecuada y leal para lograr el objetivo del contrato[85]. La buena fe se convierte en un estándar normativo para el comportamiento adecuado en una relación contractual[86].

---

84 *Vid.* STS 17 de enero de 2014 (TOL4.096.071).

85 Díez García, H. *Interpretación e integración..., op. cit.*, p. 1217, que cita al respecto las SSTS 11.12.1987 (TOL1.737.139); 9.10.1993 (TOL5.127.153); 22.3.1994 (TOL1.665.389); 12.7.2002 (TOL4.975.859) y 15.6.2009 (TOL1.547.675).

86 García Amigo, M., *op. cit.*, p. 8. Esa naturaleza normativa puede observarse en la STS 9.6.2006 (TOL963.450).

Además, considera el TS que el incumplimiento esencial, que está estrechamente relacionado con la satisfacción de las obligaciones contractuales, se refiere a los intereses principales que justificaron la relación contractual. Estos intereses se definen como las expectativas razonables y de buena fe que se derivan de las características y relevancia del contrato en cuestión, siguiendo la concepción establecida por los artículos 8:103 y 9:301 del PECL y el artículo 87 del CESL[87].

Según los Principios de Unidroit (artículo 7.3.1 [2.b]) existe incumplimiento cuando una parte tiene motivos para creer que la otra parte no cumplirá efectivamente con sus obligaciones contractuales. Esta situación tiene lugar cuando se priva de forma sustancial al contratante de lo que tenía derecho a esperar en virtud del contrato. Por ejemplo, cuando se determina o se mide la inhabilidad del objeto de una obligación contractual en cumplimiento de la buena fe[88].

Como veremos en los capítulos sucesivos, la resolución de un contrato se considera un recurso excepcional en comparación con el principio de conservación del negocio. La jurisprudencia en reiterada doctrina ha establecido que, además de cumplir con las obligaciones correspondientes, quien solicita la resolución del contrato debe tener un "interés jurídicamente atendible".

Este término se refiere a la posibilidad de que se considere el ejercicio de la facultad de resolución del contrato como abusivo, contrario a la buena fe o incluso doloso, cuando está basado en un incumplimiento aparente que no refleja la realidad de la situación. Esto tiene lugar cuando el incumplimiento

---

87 STS 16.11.2016 (TOL5.892.467). Asimismo, *vid.* SSTS 15.7.2013 (TOL3.853.277); 25.10.2013 (TOL3.988.256); 17.1.2014 (TOL4.096.071); 19.2.2014 (TOL4.124.518); 22.4.2014 (TOL4.365.558) y 3.11.2016 (TOL5.871.276).

88 Díez García, H. *Interpretación e integración…*, *op. cit.*, p. 1217.

que se alega no afecta sustancialmente al interés del acreedor, o cuando se utiliza la resolución del contrato como una oportunidad para celebrar un nuevo negocio y obtener mayores beneficios.

En este sentido, se ha defendido la operatividad de la buena fe del art. 1258 CC en relación con una alteración sobrevenida de las circunstancias. Como es sabido y aun proclamado el principio *pacta sunt servanda* en el art. 1091 y en el mismo 1258 CC, puede acontecer, en los contratos de ejecución diferida, que, de forma absolutamente imprevisible, exista una modificación de las circunstancias que las partes tuvieron presentes en su nacimiento y que, en esa medida, sirvieron para modular el contenido de sus prestaciones[89].

Dice Díez García que esa modificación no prevista (o que no se pudo prever) puede incidir en una alteración en el equilibrio de las prestaciones de las partes colocando a una de ellas en situación de extraordinaria dificultad para cumplir lo que le incumbe. Como sostiene Díez García desde esta óptica, puede parecer contrario a la buena fe exigirle un esfuerzo más allá de la medida implícita en la propia economía del contrato; sobre todo, cuando la contraprestación que recibió se ha vaciado de perjuicios derivados de la crisis económica cuando no se acredite una alteración de la base negocial y/o de la conmutatividad de las prestaciones de las partes; lo que exige entonces valorar su incidencia causal en el marco de la relación contractual de que se trate[90].

En el ámbito de los contratos de obra el TS aborda el tema y establece que es contrario a la buena fe que el cliente retenga el pago de la obra ejecutada debido a defectos que se consideren de "insuficiente entidad". También que, por razones

---

89 Díez García, H. Interpretación e integración..., *op. cit.*, p. 1217.

90 *Idem.*

de buena fe, no se debe condicionar la excepción de contrato no cumplido o la facultad resolutoria del dueño de la obra a que los defectos sean de cierta importancia o trascendencia en relación con la finalidad perseguida y la dificultad de subsanación, de modo que hagan la obra inapropiada para satisfacer el interés del cliente[91].

En contra, según Carrasco Perera por esta vía también puede ocurrir que se llegue a utilizar de forma excesiva e innecesaria el art. 1258 CC y en concreto, este criterio integrador, para sancionar lo que en sí supone un claro incumplimiento contractual[92].

7. EL PRINCIPIO PACTA SUNT SERVANDA

En España, el carácter vinculante de los contratos y pactos se extrae de lo recogido en los artículos 1089, 1091, 1256 y 1258 del Código Civil. El artículo 1091 CC establece que las obligaciones que derivan de los contratos tienen la misma fuerza que la ley entre las partes contratantes, y por lo tanto, deben ser cumplidas en su totalidad. Esto significa que los contratos tienen un valor legal similar a las leyes y que deben cumplirse según lo acordado por las partes contratantes.

En relación con los *pacta sunt servanda,* cuyo significado no es otro que el de que los pactos deben honrarse, o sea deben cumplirse, consideramos, que cobra especial relevancia tendencias doctrinales que ponen el foco en el interés económico del contrato como así analizamos en sucesivas páginas.

---

91 Díez García, H. *Interpretación e integración..., op. cit.*, p. 1214.

92 Carrasco Perera, Á., *op. cit.*, p. 486 y pp. 527-528. A su entender, en la mayoría de los casos, no hay laguna que integrar, sino que lo que se discute es el estándar de diligencia exigible.

Los principios inspiradores del contrato deben ser dogmáticos o deben ser económicos. Y debe también decidirse, en especial atendiendo a los diferentes estándares de diligencia y colaboración exigibles en razón del estrato del contratante que proponemos, si los principios inspiradores de los contratos y el bien jurídico protegido en cada caso, debe atender a cuestiones de justicia social o cuestiones de justicia económica.

El artículo 1258 del Código Civil español establece que los contratos se consideran válidos por el mero hecho de haber sido acordados por ambas partes y por lo tanto, son vinculantes y obligatorios. El artículo en cuestión establece que los contratos no solo implican el cumplimiento de lo específicamente acordado, sino también de todas las repercusiones que sean coherentes con la buena fe, las costumbres y la ley, según la naturaleza del contrato. Y esta máxima es de vital importancia y continua en la doctrina del TS, pues en caso de duda, este tribunal suele actuar de forma conservadora, ateniéndose a lo estrictamente pactado, sin entrar en mayores valoraciones, con las nefastas consecuencias que este modo de operar pueda tener en los contratantes pequeños, pues puede ocurrir que existiera cierta falta de libertad en la voluntad de vincularse[93].

En nuestra opinión, este precepto no solo se refiere a la ejecución de la acción, sino también a los casos de incumplimiento contractual. Los contratos no solo obligan a la ejecución de la prestación según los términos del contrato en conformidad con la buena fe, los usos y la ley, sino que también hay que aplicarlo a los casos de inejecución de la acción y al uso de los remedios frente al incumplimiento, en especial, a la resolución.

Por ello, no resultaría adecuado hacer un uso de los remedios con objetivos contrarios a la ley, a los usos y a la buena fe.

---

93 *Vid.* capítulo 6. La doctrina de la *undue influence* y de la *duress* en el derecho anglosajón.

No sería, por lo tanto, de buena fe pretender una resolución unilateral con el único objetivo de un interés económico.

Por tanto, dependiendo del "plano de contratación en razón de los estratos según el perfil del contratante" en el que nos encontremos, "planos" y "estratos" que en lo sucesivo iremos definiendo y proponiendo, sería, por ejemplo, contrario a la buena fe pretender una ejecución anticipada de un contrato si no está conforme con cuestiones sociales, del mismo modo, que sería contrario a la buena fe, resolver unilateralmente un contrato, aun estando estipulada dicha facultad en el contrato, por parte de una empresa consolidada sin observar distintos deberes de diligencia, colaboración, cooperación, incluso, aunque exista un incumplimiento por parte de la empresa pequeña.

En definitiva, teniendo en cuenta que en nuestro sistema económico, donde no impera, de momento, un liberalismo económico, como ocurre en los países de corte anglosajón, no sería procedente hacer uso de los remedios resolutorios ni de las cláusulas que convencionalmente se incluyen en los contratos, en contra de la buena fe e incluso en contra de los usos y costumbres.

Aunque en los textos de *soft law* se extienda una aplicación ágil y sistemática de la resolución con el claro objetivo del *favor creditoris* y del fomento del comercio, creo que sería un error, generalizar su uso, sin poner el foco en los distintos estratos y planos de contratación y en las características socio-económicas de cada una de las partes contratantes.

Por último, según recoge el Convenio de Viena (sobre el Derecho de los Tratados), en relación al principio *pacta sunt servanda,* se indica que todo tratado en vigor obliga a las *partes y debe ser cumplido por ellas de buena fe*[94]. *A sensu* contrario, todo contrato obliga a las partes, en caso de incumplimiento, al deber de ejercer los remedios de buena fe, pues los *pacta sunt servanda* no son el único elemento a tener en cuenta.

94 Convención de Viena sobre el derecho de los tratados U.N. Doc. A/CONF.39/27 (1969), 1155 U.N.T.S. 331, entered into force January 27, 1980. Viena, 23 de mayo de 1969.

Capítulo 3

La naturaleza de la resolución

En atención al tenor literal del art. 1091 CC y a su interpretación gramatical, "las obligaciones deben cumplirse al tenor" de los contratos, y de acuerdo con la RAE, "tenor" podría interpretarse como el "contenido literal de un escrito u oración", y también "según, conforme a" (en este caso, a sus obligaciones contractuales). En este sentido, incumplimiento, podría ser cualquier contravención al tenor de las obligaciones contractuales. Por lo tanto, atendiendo a la interpretación gramatical del precepto, podría suponerse erróneamente que existe una amplia admisión del remedio resolutorio, pues fácilmente se puede contravenir el *tenor* de una obligación y por lo tanto, incumplir[95].

En primer lugar, queremos señalar que no debemos confundir términos. Aunque en la doctrina aparezcan referenciados de forma confusa, rescisión, resolución, desistimiento, denuncia unilateral, vencimiento anticipado de la obligación de entrega en la ley de venta a plazos de bienes muebles[96], redhibición y saneamiento, todos ellos son términos con significado propio.

Según lo expuesto, en ausencia de incumplimiento, el recurso contractual adecuado es el "desistimiento", aunque en algunas ocasiones el legislador utilice el término "resolución". En cuanto al término "denuncia", este no es tampoco claro, ya que se puede utilizar para referirse tanto a un desistimien-

---

95 Bercovitz Álvarez, G., (2009) Comentario al art. 1124 del CC, *Comentarios al Código Civil*, Aranzadi, Pamplona, pp. 1-3, 2.

96 Ley 28/1998, de 13 de julio, de Venta a Plazos de Bienes Muebles.

to como a una declaración de oposición a una prórroga en un contrato de duración determinada[97] (según lo establecido en los artículos 12.3 de la Ley de Arrendamientos Rústicos y 49.3.c del Estatuto de los Trabajadores). Por lo tanto, si se produce un incumplimiento, se recurre a la "resolución" del contrato, mientras que si no hay incumplimiento, se recurre al "desistimiento"[98].

Con una evidente falta de tecnicismo, provocada en parte por lo que se aprecia en los textos legales, en la práctica se utilizan indistintamente los términos resolución y rescisión del contrato[99]. Y el Tribunal Supremo corrige en numerosas ocasiones dicha incorrección[100].

En cuanto a la diferencia entre ambos y entendida la rescisión como causa de ineficacia[101], cuando se habla de ineficacia funcional, se hace referencia a un negocio jurídico, que, por su sola aparición, produce una lesión o un perjuicio. No es este, evidentemente, el caso del incumplimiento contractual que no se produce por el hecho mismo de la celebración del negocio y con el cual el negocio no tiene nada que ver[102].

---

97 Véanse los arts. 12.3 de LAR y 49.3.c) del Estatuto de los Trabajadores.

98 Carrasco Perera, Á., *op. cit.*, p. 1208.

99 Orti Vallejo, A. (2002). *Los defectos de la cosa en la compraventa civil y mercantil : el nuevo régimen jurídico de las faltas de conformidad según la Directiva 1999/44/CE.* Comares. P. 21.

100 Montés Penadés, V. L. en *Comentarios al Código Civil y Compilaciones forales*, Edersa, p. 1224.

101 Díez-Picazo, L., *Fundamentos..., op. cit.*, pp. 902-903. Para este autor, las causas de ineficacia sobrevenida, son distintas, son la imposibilidad sobrevenida de la prestación y la resolución contractual, por cualquiera de sus causas.

102 Díez-Picazo, L., *Fundamentos...,op. cit.*, p. 815.

En este sentido, las causas de uno y otro tipo de ineficacia están bien delimitadas: la rescisión debiera reservarse para supuestos de lesión y fraude, mientras que la resolución permite desligarse de un contrato a quien lo ha cumplido, y no ha obtenido la misma respuesta de la otra parte, o a quien la ley o el contrato se lo permiten.

De modo semejante, Quicios Molina, considera la resolución como una categoría general distinta de las nulidades y de la rescisión, denominando "resolución" a toda ineficacia sobrevenida, aparición, repentina e imprevista de algo negativo, de un contrato, producida por circunstancias que, con tal trascendencia extintiva, pueden aparecer a lo largo de su vida. Y como sostiene esta autora, el contrato se extingue, dejando de producir efectos para el futuro e incluso, salvo los contratos de tracto sucesivo, hacia el pasado[103]. En lo sucesivo abundaremos sobre estas circunstancias con trascendencia extintiva, al ser este precisamente - el deber de reintegrar o de restituir las prestaciones- uno de los efectos, que afectan de forma más trascendente a la economía del contrato.

En relación a la eficacia de la resolución, no debe considerarse este remedio como una supuesta ineficacia sobrevenida ocasionada por una anomalía funcional del negocio jurídico constituido de la relación obligatoria que se resuelve, sino que es un medio de defensa del contratante leal frente al incumplidor[104].

En cambio, Quicios Molina considera esta ineficacia sobrevenida, porque no deriva de un defecto estructural que acompaña

---

103 Quicios Molina, S. (2020). "La ineficacia contractual" en Bercovitz Rodríguez-Cano, R., *et al. Tratado de Contratos.* Vol. 1. 3.ª ,Tirant lo Blanch, p 1695.

104 Díez-Picazo, L., *Fundamentos..., op. cit.*, p. 871.

al contrato desde su nacimiento y se da en diversos casos, que cabe agrupar en dos grandes bloques[105], que paso a exponer.

Por un lado, los supuestos de resolución fundados exclusivamente en la libre voluntad de una de las partes o de ambas. Véanse aquí incluidos la resolución por desistimiento unilateral del contrato por una de las partes y la resolución por mutuo acuerdo, por mutuo disenso, sin alegar ninguna causa, por tanto.

Por otro, los supuestos de resolución basados en hechos que permiten, por ley, dar por finalizado un contrato, también llamados supuestos de resolución por justa causa. Estos serían la resolución del contrato por incumplimiento de la otra parte, por imposibilidad sobrevenida o por modificación sobrevenida y extraordinaria de las circunstancias, en definitiva, resolución por justa causa.

Adicionalmente, como sostiene esta autora, existen otro tipo de resoluciones, como son las que acaecen si se cumple la condición resolutoria expresa establecida por las partes o la que ocurre si se ejerce el retracto convencional del art. 1506 CC, a las que nos referiremos en epígrafes posteriores.

Continuando con los expresados al inicio de este epígrafe, dentro del enrevesado mundo de las ineficacias contractuales, no es contradicente la utilización, en un sentido más limitado o estricto, de la palabra resolución para identificar sobre todo la ineficacia derivada del incumplimiento de una de las partes.

En lo referente al saneamiento por vicios ocultos de la cosa vendida, cabe indicar que igualmente puede consistir, en dar por resuelto el contrato, aunque el art. 1486 CC aluda a esta posibilidad utilizando los términos "desistir" y "rescisión" considerando inválida la resolución por justa causa al carecer de

---

105 Quicios Molina, S. *La ineficacia…, op. cit.*, p. 1690.

un fundamento suficiente pero convertible en un desistimiento *ad nutum* válido[106].

En cuanto al concepto de resolución, el simple intento de conceptuarlo, ya es aventurarse demasiado. Según Rodríguez-Rosado:

Quien tenga la tal vez peculiar costumbre de leer Sentencias del Tribunal Supremo, habrá advertido con cuánta frecuencia las cuestiones referidas a la resolución de los contratos ocupan la atención de nuestra jurisprudencia. Si el incumplimiento en general constituye una de las patologías jurídicas de más complejo tratamiento, la aplicación de la resolución se torna numerosas veces un remedio aún más problemático, pues sobre ella se concentran razones y argumentos a menudo contrapuestos: desde el principio de conservación del contrato, a la necesaria liberación de la parte perjudicada, y desde el *favor debitoris*, a la protección integral del crédito[107].

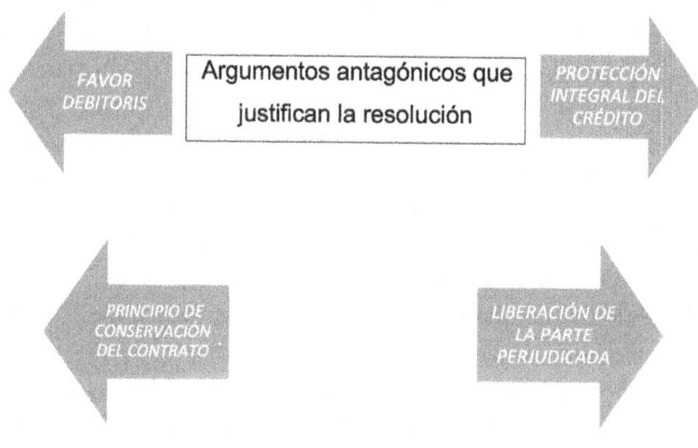

[106] Díez-Picazo, L., *Fundamentos…, op. cit.*, p. 815.

[107] Rodríguez-Rosado, B. (2013). *Resolución y Sinalagma Contractual*, Marcial Pons Ediciones, p.7.

Son frecuentes las cuestiones antagónicas en la doctrina acerca de la naturaleza de la resolución, por lo que cabe preguntarse: ¿la resolución es una sanción para la parte incumplidora?, y en este caso, ¿sería imprescindible la existencia o no de culpa en el deudor? [108], o tal vez, hay que considerar que la resolución ¿es un método de reparación? ¿Es quizás una condición resolutoria tácita? y en este sentido, ¿lo único relevante sería que el cumplimiento quedara supeditado a que la otra parte cumpliera?, y si no lo hiciera, ¿se resolvería el contrato automáticamente?[109]

Sobre esta última tesis, oportunamente matizada por el TS[110], el cual ha manifestado que la resolución no opera *ipso iure,* sino a solicitud de la parte cumplidora, es decir, la resolución, además, aunque se estipule expresamente no opera de manera automática.

Díez-Picazo se refiere también a la resolución como un mecanismo de defensa útil –según entendemos– de defensa del crédito y del sinalagma, del mismo modo, según entiende este autor, sería un mecanismo útil la excepción de contrato no cumplido, cuando el que la ejerce aún no ha cumplido su parte, y no hay por tanto un desplazamiento patrimonial, manteniendo el *statu quo,* algo que es totalmente distinto en aquellos casos en los que el interesado haya ejecutado su propia prestación.

Según este autor, en los casos en los que una parte haya perdido un valor patrimonial sin haber recibido una compensación correspondiente, la defensa de su patrimonio solo puede

---

108 Clemente Meoro, M. E. (1998). *La facultad de resolver los contratos por incumplimiento.* Valencia: Tirant lo Blanch, pp. 75-77.

109 *Ibidem* pp. 53-58 y Álvarez Vigaray, R. *La resolución de los contratos bilaterales por incumplimiento.* Granada: Comares.

110 STS de 27 de abril de 1988 (TOL1.733.142).

lograrse a través de la recepción de una contraprestación que equilibre su patrimonio o mediante la terminación del contrato y la recuperación de lo que se haya entregado.

Por otra parte, el art. 1124 podría hacer pensar que el remedio resolutorio tiene carácter de sanción a la parte incumplidora, siendo preciso por tanto un elemento importante: la culpa. Interpretación que según matiza no debe hacerse ya que, como se observa en otras normas que permiten la resolución, no se exige en ningún momento la culpa que aventura el art. 1124 CC.

En definitiva, y así lo consideramos, la idea de esta norma, es proteger tanto al contratante cumplidor como al *statu quo* de la contratación en general, lo que se aparta de consideraciones más cercanas al remedio resolutorio como sancionador en caso de culpa del contratante incumplidor.

Entendemos que la resolución es un medio de protección y defensa de una de las partes de la relación obligatoria, la que *sufre*[111], no un mecanismo oportunista más cercano al abuso de derecho que a la defensa de un interés. Y en este sentido debería ser interpretado. La resolución si hay razones que la justifican, lo que pretende es el no tener que ejecutar las prestaciones no realizadas, así como el poder recuperar la atribución patrimonial realizada. Cualquier otro objetivo no estaría amparado por esta norma.

En cuanto al ejercicio de la acción resolutoria si procede, la STS 2103/1991 de 16 de abril sienta doctrina en la admisión de la misma y afirma que la interpretación de los contratos es responsabilidad exclusiva de los tribunales de instancia, cuyas decisiones deben ser respetadas en casación a menos que se muestren ilógicas, arbitrarias o contradictorias con las normas

---

[111] Díez-Picazo, L., *Fundamentos...*, *op. cit.*, p. 815.

legales de hermenéuticas establecidas en los artículos 1281 a 1289 del Código Civil.

La jurisprudencia reiterada establece los requisitos necesarios para que sea viable la acción resolutoria, que son los siguientes:

1. Que exista un contrato vigente entre las partes involucradas.
2. Que las prestaciones estipuladas sean recíprocas y exigibles.
3. Que el demandado haya incumplido gravemente sus obligaciones, cuya apreciación queda a libre arbitrio de los tribunales de instancia.
4. Que dicho incumplimiento haya sido causado por una conducta indudable, absoluta, definitoria e imparable por parte del demandado.
5. Que el demandante no haya incumplido sus propias obligaciones, excepto cuando esto ocurra como resultado del incumplimiento anterior del demandado, ya que es su conducta la que motiva el derecho a la resolución *y libera al demandante de sus compromisos.*

La resolución es un remedio aplicable a la parte afectada por el incumplimiento en un contrato[112], no es necesariamente consecuencia de un incumplimiento culpable, sino que se trata de un recurso razonable o incluso necesario ante la falta de cumplimiento[113]. Según este autor, la culpabilidad del incumplimiento solo es determinante para la fijación de una indemnización posteriormente, conforme al artículo 1101 del Código Civil.

---

[112] Díez-Picazo, L., *Fundamentos..., op. cit.*, p. 819.

[113] *Ibidem*, p. 821.

Continuando con el expositivo anterior, nos indica el 1124 que la resolución es una facultad *para el caso de que uno de los obligados no cumpliere lo que le incumbe*; tiene que haber pues un no cumplimiento. Circunstancias esta que no decide el perjudicado, tendrá que decidirlo una parte externa y una vez determinado el incumplimiento, el perjudicado podrá hacer uso de esta facultad, uso del *ius variandi* que le otorga el 1124.

En relación con lo anterior cabe indicar que el *ius variandi* del acreedor no es enteramente libre[114], y en este sentido no cabe el ejercicio simultáneo de ambas acciones, aunque sí el ejercicio subsidiario de la resolución.

Se establece como norma aceptada que el acreedor que ha optado por la acción de cumplimiento solo puede escoger la resolución si el cumplimiento se vuelve imposible, y también en caso de frustración económica para el acreedor debido a la deficiencia, anormalidad, tardanza, resistencia o demora excesiva del deudor en el cumplimiento, lo que ya no se puede remediar mediante la desaparición del interés en la contraprestación originalmente pactada, lo que se convierte en inútil o perjudicial debido a la conducta o resistencia del deudor a cumplir, lo que constituye una ruptura real de la confianza mutua en el contrato, y este sentido la STS n.º 149/1983 de 18 de noviembre (TOL3.915.309).

Si solo se ejerciera la acción de resolución, se podría declarar por el Tribunal que procede el cumplimiento en un plazo determinado, transcurrido el cual sin éxito quedaría, ya sí, resuelto el contrato.

Además, como sostiene Álvarez Vigaray, si el cumplimiento puede todavía decretarse por el órgano judicial, se defiende que también cabe que el deudor evite la resolución del contrato cumpliendo la obligación fallida pues se considera equi-

---

114 Así lo indica la STS de 14 de febrero de 2007 (TOL1.037.959).

tativo que "el deudor puede purgar la mora mientras dure el juicio de resolución del contrato y no haya recaído sentencia firme decretándola"[115].

1. EVOLUCIÓN DEL CONCEPTO DE RESOLUCIÓN EN LA DOCTRINA

En un primer momento, nos planteamos cuál sería el mejor cauce para abordar la cuestión a través del análisis pormenorizado de la doctrina, pues las sentencias referidas a la resolución son cuantiosas y variadas, tan variadas como relaciones atípicas se crean por voluntad de las partes.

La evolución doctrinal parte del criterio del *incumplimiento manifiestamente rebelde* hasta otras más modernas e influenciadas por los textos de *soft law,* que abordan el concepto de incumplimiento esencial, donde no cabe cualquier contravención de la obligación, por mínima que sea atendiendo al tenor literal del art.1124, siendo el criterio moderno, considerar el incumplimiento resolutorio como aquel que frustra el interés del acreedor o aquel que conlleva la frustración del fin del contrato.

Específicamente hasta los años 80 del siglo pasado, se requería formalmente que el deudor hubiera demostrado una clara intención de *oposición al cumplimiento, constitutiva de un hecho obstativo*[116].

Este requisito específico ha sido hoy formalmente derogado por el TS, aunque ello no ha supuesto en el fondo un cambio en los criterios reales de decisión. En la fórmula actual, se postula por los tribunales que la exigencia de frustración del fin del contrato ha venido a suplir la función de la antigua regla

---

115 Álvarez Vigaray, R., *op. cit.*, pp. 94-103

116 Carrasco Perera, Á., *op. cit.*, p. 1219.

de la voluntad rebelde. Es muy ilustrativa la STS 9 de marzo de 2005 –entre otras muchas–, donde se admite la procedencia de la resolución por incumplimiento del vendedor al entregar cosa diferente a lo convenido o con defectos con trascendencia resolutoria *(aliud pro alio),* pues entrega una maquinaria de fabricación de calzado inservible para el fin propio de su destino[117]. Se pone de manifiesto que no es necesaria una resistencia obstativa al cumplimiento, pues basta que el incumplimiento frustre las legítimas aspiraciones de los contratantes para que sea resolutorio.

Ya no es necesario demostrar que el incumplimiento es imputable al deudor. Para que la resolución sea procedente, no es necesario que el deudor haya actuado con dolo o culpa, simplemente, no puede trasladar al acreedor los riesgos de la tardanza que hace que el cumplimiento ya no tenga interés para el acreedor"[118].

La resolución del contrato puede ser viable incluso en el caso de que no proceda una indemnización por daños y perjuicios debido a circunstancias imprevistas que no sean responsabilidad de ninguna de las partes. Lo que se requiere es un incumplimiento sustancial y grave que impida la finalidad del contrato y que el acreedor haya sufrido antes de que se le haya transferido el *riesgo*[119].

En este orden de cosas y tal y como se observa en las numerosas sentencias consultadas, lo que sí se exige para declarar la resolución, es el requisito de bilateralidad, así como que el acreedor que pretende resolver, a su vez no haya incumplido

---

117 En materia de *aliud pro alio vid*: Orti Vallejo, A. (1996). "Los vicios en la compraventa y su diferencia con el 'aliud pro alio'': jurisprudencia más reciente. *Aranzadi civil*: revista quincenal, n.º 1, pp. 41-60.

118 Carrasco Perera, Á., *op. cit.*, p. 1219 y Orti Vallejo, A., *Concepto de incumplimiento…*, *op. cit.*, p.47.

119 Carrasco Perera, Á., *op. cit.*, p. 1220.

su prestación, cuestión esta última, que en nuestra opinión es demasiado rigurosa en relación con la protección del incumplidor empresario "débil", pues deja al margen y no entra a valorar el porqué de su actitud incumplidora.

La jurisprudencia más antigua, acorde con la doctrina anterior, y con el sentido literal del texto legal, situaba el fundamento de la resolución en la idea de una voluntad tácita o sobreentendida de los contratantes. A pesar de ello, como indica este autor, con el trascurso del tiempo, esta jurisprudencia, haciendo una interpretación exegética, pasó de considerar a la resolución como una condición tácita, a considerarla como un remedio exigido por la "equidad contractual".

En periodos más antiguos era manifiesto el entronque de la resolución con el deber de fidelidad y con el acatamiento de la palabra dada y con la idea misma que inspira el principio *pacta sunt servanda.*

En cambio en los últimos tiempos esta consideración ha evolucionado: actualmente se puede observar la idea de defensa de los intereses del contratante cumplidor que se ven frustrados con el incumplimiento *y se enlaza* la resolución por incumplimiento con la frustración de los fines perseguidos.

En consecuencia, a lo anteriormente expuesto, consideramos que la tendencia actual está más próxima a líneas de liberalismo económico, conllevando por ello cierto desamparo del principio de legalidad, del principio de equidad e incluso del principio de buena fe, ya que no es desorbitado considerar que la función de los tribunales debe ir mucho más allá, constituyendo una labor mucho más compleja que la simple búsqueda de la satisfacción del interés del contratante cumplidor.

En este sentido, consideramos que los tribunales quizás deban trascender en su cometido, y realizar un análisis más pormenorizado de las causas del incumplimiento y no solo centrarse en el tipo de incumplimiento. Quizás, deban trascender en la valoración de otras circunstancias, y en la consideración del remedio más adecuado o incluso, obligar a la permanencia del contrato, actuando así de forma más armoniosa con la equidad contractual según el plano de la contratación en la que se produzca el incumplimiento, teniendo en cuenta que los empresarios intervinientes puedan pertenecer a estratos diferentes.

Se pueda apreciar aquí, en la evolución histórica de la doctrina sobre la resolución, cómo la búsqueda de satisfacción del interés del acreedor o la evitación de la frustración del fin del contrato, como único fin protegible, desencadenan un uso muy frecuente (presumiblemente oportunista) tanto de la resolución unilateral como de los amplios clausulados que otorgan amplias facultades resolutorias a una de las parte, lo cual origina situaciones de inseguridad jurídica, como se puede observar en numerosos casos donde tiene lugar un ejercicio de la resolución unilateral de forma extrajudicial y anticipada, sin las garantías adecuadas, sin los plazos de preaviso adecuados, sin la supervisión judicial necesaria.

Será continuo en este trabajo, nuestro interés en pretender que la función de los tribunales, no solo deba velar por la protección del contratante cumplidor y por el plano satisfactivo del mismo, sino que considere otras circunstancias que puedan proteger al contratante tanto cumplidor como incumplidor, más en armonía con los principios de conservación del contrato, principio de buena fe y principio de cooperación. Analizando de este modo las circunstancias que implican el incumplimiento por parte del contratante incumplidor, para preservar el principio de legalidad y seguridad jurídica, de vital importancia en situaciones de fuerte volatilidad económica como las que vienen sucediéndose en los últimos años. Este control del uso volátil del remedio resolutorio, exigiendo un uso honesto del mismo, no puede sino aumentar la estabilidad económica, instaurando de nuevo la confianza en la palabra y en la honestidad de los pactos y de los contratantes.

Esta idea nos conecta con una doctrina clásica del TS, hoy relegada a un segundo plano, que considera con cierta excepcionalidad el remedio resolutorio, justificándose en que el "principio de equidad a que corresponde el art. 1124, revela el inequívoco homenaje y respeto que los contratos lícitos y válidamente celebrados merecen "[120]. Además, este uso excepcional del remedio resolutorio, debe responder a esa idea de equidad que impide un cierto abuso en el ejercicio de acciones resolutorias[121].

De acuerdo con esta doctrina, y en relación a lo más relevante para nuestra teoría de los estratos en la contratación, la resolución protegería por tanto, al contratante que cumple con sus obligaciones en caso de incumplimiento, y que puede acreditar que sufre y padece el incumplimiento de la otra parte, una vez observados los pretendidos deberes que se le exigen, teniendo que demostrar más requisitos, en razón del estrato al que pertenezca, y no solo el acreditar la frustración del propósito del contrato.

Díez-Picazo explica que cuando la jurisprudencia ha mencionado la "marcada tendencia al mantenimiento del vínculo contractual", se refiere al deber de fidelidad y cumplimiento de la palabra dada, que es un principio fundamental en la contratación basado en el *pacta sunt servanda*[122]. Sin embargo, esto no significa que la resolución sea una medida excepcional y que el principio general sea la conservación de los contratos. La resolución no se puede aplicar a cualquier incumplimiento contractual, sino que requiere un incumplimiento cualificado. Es importante tener en cuenta las características del "incumplimiento resolutorio", pero esto no debe confundirnos acerca

---

120 STS de 5 de julio de 1941.

121 Ver en más detalle el epígrafe: resolución con antesis al principio *pacta sunt servanda.*

122 Díez-Picazo, L., *Fundamentos...*, *op. cit.*, p. 813.

de la excepcionalidad de la resolución en comparación con la conservación de los contratos.

Sobre esta idea de la consideración de la aplicación excepcional del remedio resolutorio, incluso aunque se haya pactado, por ser procedente aplicar unos criterios que atiendan a otros principios preponderantes, principios sobre los que volveremos en sucesivos epígrafes. Y especialmente abordaremos este antagonismo en nuestra teoría de los estratos, pues dependiendo del estrato o del plano de contratación, consideramos que adquiere mayor relevancia un criterio u otro. Pues dependiendo del estrato y del tipo de contratante, el bien jurídico protegido podría ser distinto y por lo tanto, serían distintos los presupuestos que justifican una mayor o menor excepcionalidad en el ejercicio de la resolución en relación a los distintos planos que pueden darse entre contratantes pertenecientes al mismo o a diferente estrato.

2. REQUISITOS DOCTRINALES PARA LA RESOLUCIÓN

La jurisprudencia viene exigiendo varios requisitos para la resolución de un contrato bilateral (ya sea recíproco o sinalagmático). En este sentido, es necesario que la obligación incumplida sea esencial, que el incumplimiento sea grave, que el acreedor no haya incumplido su propia obligación, que el incumplimiento frustre la finalidad del contrato Estos requisitos son ampliamente aceptados en la doctrina y en la jurisprudencia.

Tras un análisis minucioso, observamos como los requisitos necesarios para la resolución del contrato pueden solaparse o redundar entre sí, lo que se puede observar en la gran cantidad de resoluciones disponibles. Aunque el lenguaje utilizado para expresar estos requisitos puede ser variado y polimorfo, en esencia todos expresan la misma idea: que el incumplimiento debe ser real y significativo en términos económicos para las partes, que impida la satisfacción de sus intereses y expectativas legítimas. El incumplimiento debe afectar al objeto principal del contrato y ser lo suficientemente importante para justificar su resolución.

Durante más de treinta años, el TS ha ido tejiendo en este punto una confusísima maraña en torno a la llamada voluntad deliberadamente rebelde al cumplimiento, aunque luego haya tenido que suavizar este tópico porque un incumplimiento deliberadamente rebelde es doloso o cuasi doloso, con lo que se produciría la donosa consecuencia de que los incumplimientos meramente culposos quedarían fuera de la resolución, sin saber por qué. Y esta es precisamente una de las diversas razones que justifican la necesidad de establecer un sistema múltiple –por estratos de contratación– que analice separadamente y aplique diversas consideraciones y presupuestos sobre el incumplimiento exigido, así como para determinar el remedio más adecuado[123], en razón del interés atendible a cada caso.

En este sentido, considera Bercovitz, que el conocido requisito de la voluntad deliberadamente rebelde al cumplimiento, que venía a exigir una actitud dolosa al deudor cuando no se había hecho imposible objetivamente la prestación, ha sido abandonado por la más reciente jurisprudencia, pues actualmente basta el impago, considerándose este un incumplimiento objetivo[124], siempre que sea grave; y en este sentido, es muy

---

123 Ver teoría de los estratos de la contratación, capítulo 6.

124 SSTS 3 de febrero de 2006 (TOL827.059), 9 de marzo 2005 (TOL603.820). En algunas sentencias posteriores, la jurisprudencia suavizó el requisito de la voluntad dolosa deliberadamente rebelde al cumplimiento, pidiendo en su lugar una voluntad renuente de cumplimiento (STS 4.4.1991 [TOL1.728.922]). No obstante, algunos autores cuestionaron si la voluntad deliberadamente rebelde era realmente un requisito específico para la resolución del contrato, ya que de la jurisprudencia analizada se deducía que la resolución no procedía cuando no había un incumplimiento que justifi-

relevante como se da más importancia a las consecuencias del incumplimiento que a las posibles causas que lo originan [125].

Los dos primeros presupuestos enunciados, así como el problema de la incidencia de la culpa del deudor en la facultad de resolución, se abordarán con más detalle en el epígrafe de este capítulo dedicado al estado de la cuestión sobre los incumplimientos que permiten resolver el contrato.

En definitiva, del análisis anterior, se observan las discrepancias doctrinales que, en mi opinión, se deben al intento de dar respuesta a un mismo problema, pero en contextos muy diferentes, lo cual no puede sino derivar en una crisis de doctrina. Se pone el foco en los tipos de incumplimiento, pero no se pone el foco en las características del sujeto (deudor) incumplidor, ni en su contexto.

Los defectos leves no parecen, sin embargo, merecedores de una sanción como la resolución del contrato. Procedería solo la reparación, o en su caso la reducción del precio pagado[126]. Existen multitud de sentencias que se pronuncian sobre

---

cara la resolución, cuando el acreedor también había incumplido sus obligaciones, estaba en mora accipiendi o porque la acción de resolución del contrato se consideraba un abuso de derecho. (Jordano Fraga, La resolución…, 1992, pp. 63 y ss., citado por Carrasco, Derecho de Contratos, 2017, p. 1079, nota 40, quien también duda de que el viraje terminológico de la jurisprudencia suponga un cambio en los criterios reales de decisión, *ob. cit.*, p. 1080).

[125] STS 4.2.2007 (RJA 567). El criterio de la frustración del fin del contrato, enfrentado al de la voluntad deliberadamente rebelde al cumplimiento, empezó a menudear en varias resoluciones de los años ochenta sobre cumplimiento defectuoso o retraso en el cumplimiento. Se contiene un recordatorio de la superación de la doctrina de la voluntad deliberadamente rebelde al cumplimiento, con abundantes citas, en la STS 17.3.2011 (TOL2.092.168).

[126] Lacruz Berdejo, J. L. et al. (2011): *Elementos de Derecho Civil: derecho de obligaciones, vol. I: Parte general. Teoría general del contrato,* 5.ª ed.,

este extremo, siendo una por ejemplo la STS 1 de octubre 1991 (TOL1.729.086), donde se razona que el producto adquirido para pavimentar, algo distinto al pactado pero que pudo ser utilizado por el comprador, no fue totalmente inútil respecto al fin destinado, ni produjo, por tanto, una absoluta insatisfacción a la entidad compradora.

3. LA EXCEPTIO DOLI

De la lectura de la evolución doctrinal en cuanto a la resolución, se observa un claro *arbitrio judicial* y aunque en el origen histórico del instituto de la resolución haya habido siempre un amplio margen para la discreción del juez, la valoración de los intereses que el demandante pueda tener, se ha ido objetivando, relegando de este modo, a un segundo plano, la función valorativa y moderadora del juez[127].

Esta objetivación, se justifica en el intento por *vetar* o impedir resoluciones que, tomando pretexto de una apariencia de incumplimiento, trataban de realizar una nueva ganancia a través de un nuevo negocio, es decir, suponían un uso oportunista del remedio.

Esta circunstancia se vuelve sustantiva a través de la admisión de la *exceptio doli,* según la cual, en algunos casos y frente a una demanda de resolución, se pueda oponer una *exceptio doli.* Debido a que el ejercicio de la facultad resolutoria se pueda producir en contra de los dictados de la buena fe o resultar abusiva. Excepción que vemos plausible como una vía más equitativa a la que parece englobar la idea del "interés atendible".

Dykinson, Barcelona, p. 202.

127 Díez-Picazo, L., *Fundamentos..., op. cit.*, p. 817.

4. CONSIDERACIONES

En relación al análisis de los presupuestos doctrinales para la admisión de la resolución contractual, observamos, como acertadamente determinan algunos autores, que puede ser motivo de resolución tanto la completa ejecución de la prestación debida como la inejecución simplemente parcial, la ejecución defectuosa y el retraso en la ejecución[128].

Por todo ello resulta, permítanme la expresión, un tanto inútil centrarse en analizar los presupuestos del incumplimiento resolutorio, con el objetivo de unificarlos ya que incumplimiento resolutorio puede ser todo, cualquier contravención que se aleje de lo estrictamente pactado.

Consideramos oportuno y de mayor utilidad atender a otros criterios de análisis para actuar en equidad: como podrían ser el establecimiento de diferentes estratos en la contratación, dejando al margen los contratantes que reciban la consideración de consumidor, pues estos últimos ya se encuentran plenamente protegidos en leyes especiales.

Nos resulta llamativo cómo la doctrina continuamente intenta unificar criterios en cuando a la consideración del incumplimiento esencial, cuando tal vez debería considerar que dependiendo del estrato de contratación en el que se esté hay que aplicar unos presupuestos u otros.

En este sentido, y dentro de la contratación entre operadores que no reciben la consideración de consumidores, entendemos que también hay estratos. De hecho, como hemos mencionado anteriormente, la propia jurisprudencia admite la posibilidad de oponer la llamada *exceptio doli*, cuando la reclamación contra la garante resulte abusiva o contraria al estándar de buena fe, siendo esta excepción una herramienta

---

128 *Fundamentos..., op. cit., p. 817.*

muy interesante en aquellos supuestos en los que intervienen dos empresarios (imaginemos, pertenecientes a dos estratos económicos diferentes con distinto poder de negociación), y aun existiendo un incumplimiento por parte de alguno de ellos, y habiéndose pactado las consecuencias del incumplimiento, no haya claridad en la consideración de la frustración del interés del contrato o en el interés del contratante afectado por el incumplimiento, el cual pueda estar haciendo uso del remedio justificándose en ciertos incumplimientos (supuestamente esenciales), pero con otras intenciones más encaminadas a librarse de un mal negocio y por lo tanto, contrarias a la buena fe.

En el mismo orden de cosas, reiteramos al analizar la doctrina obrante sobre esta cuestión, determinamos que la resolución no depende de que exista un incumplimiento total, parcial, defectuoso o retrasado ni siquiera depende de que el deudor esté constituido en mora[129]. Es decir, no hay unos parámetros uniformes sobre el incumplimiento que justifiquen la resolución, y en este sentido, consideramos que no debe haberlos, pues cada caso merece una especial consideración, si bien, en el marco de algunos contratos sea más adecuado atender a lo pactado, en cambio en otros, sea más adecuado atender a la conservación del contrato y a la protección del contratante débil.

En definitiva, en cuanto a la resolución de un contrato, es importante destacar que tanto el incumplimiento total como el parcial, así como el incumplimiento defectuoso o retrasado, pueden justificar una acción resolutoria. El Tribunal Supremo ha admitido que cualquier tipo de incumplimiento puede ser considerado resolutorio, incluyendo el incumplimiento parcial. En este sentido, se ha establecido que la ejecución parcial

---

[129] Díez-Picazo, L., *Fundamentos...*, *op. cit.*, p. 828.

de cada obligación no impide el ejercicio de la acción resolutoria, ya que el artículo en cuestión no hace distinción entre la ejecución total o parcial de las obligaciones[130].

El único criterio unificador para poner orden en el uso indiscriminado del remedio resolutoria es el principio de buena fe. En casos donde se justifica que la buena fe deba estar presente, el derecho del acreedor a resolver el contrato puede ser moderado, especialmente si la parte de la prestación pendiente es mínima en comparación con el total adeudado y si el objetivo del demandante no se alinea con la función económica y el interés protegido a través de la acción de resolución. Por ejemplo, cuando el demandante busca recuperar un bien que ha sido vendido y pagado en su mayor parte con el fin de aprovechar una revalorización que el bien haya experimentado en el mercado. En estos casos y otros similares, se puede aplicar el concepto de *exceptio doli* o abuso del derecho de resolución.

¿Qué ocurre entonces?, que quizás en ocasiones el estándar de buena fe exigido deba ser más estricto en unos estratos de contratación respecto a otros. No olvidemos que la buena fe es un concepto válvula[131]. Habrá contextos contractuales, donde las partes, por ser empresas de un tamaño considerable, quizás puedan encajar de forma más óptima una resolución contractual en la que la otra parte esté más interesada, aunque tenga que indemnizar a la contraparte, pues lo que le interesa económicamente es desvincularse del contrato. En este contexto quizás no sea lo más equitativo acudir al principio de buena fe, en razón a que las partes se sitúan en el mismo estrato de contratación, y la incumplidora pueda sobreponerse de mejor forma, por ejemplo, a los efectos, de las cláusulas de resolución expresas y por tanto, a la resolución contractual, constituyendo

---

[130] STS 21 de abril de 1951 (TOL4.449.620).

[131] Ver epígrafe "conceptos válvula".

este precisamente el interés atendible del contrato en este plano de contratación.

Fuertes exigencias y restricciones en relación a las consecuencias de lo pactado, a la consideración del incumplimiento como esencial y en definitiva a la resolución, atendiendo a la buena fe y a la permisibilidad en el uso de la *exceptio doli,* solo tendrían sentido en contextos donde las partes contratantes se encontrasen en una situación de desigualdad económica, o de asimetría en el poder de negociación, siendo este estrato más vulnerable a los efectos extintivos de la resolución y donde quizás sea más interesante proteger a ambos contratantes, incluido al incumplidor, por razones de equidad.

Capítulo 4

Consideraciones sobre el incumplimiento

1. UNA POSIBLE CLASIFICACIÓN DEL INCUMPLIMIENTO SEGÚN SU TRASCENDENCIA RESOLUTORIA

El concepto de incumplimiento de la obligación suscita controversia en la doctrina en cuanto a su delimitación.

Un primer grupo de autores lo identifican tanto con la falta de ejecución de cualquiera de las obligaciones contractuales como con su defectuosa ejecución ya se produzcan por culpa o sin culpa del deudor. Si se acepta este concepto, el incumplimiento de la obligación se articula sobre dos caracteres definitorios: su amplitud y su carácter objetivo o neutro[132], teniendo en cuenta que el primer carácter supone que es susceptible de subsumir cualquier supuesto concreto de incumplimiento de

---

132 Díez-Picazo, L., Roca Trías, E & Morales Moreno, A M., *Los principios del derecho europeo de contratos,* Civitas, Madrid, 2002, p. 317. Fenoy Picón, N., "La modernización del régimen de incumplimiento del contrato: Propuestas de la Comisión General de Codificación. Parte primera: Aspectos generales. El incumplimiento", *ADC,* 2010, p. 70. Gómez Calle, E., "Los remedios ante el incumplimiento del contrato: Análisis de la Propuesta de Modernización del Código civil en materia de obligaciones y contratos y comparación con el borrador del marco común de referencia", *ADC,* vol. 65, n.º 1, 2012, p. 37.

las obligaciones derivadas de un contrato[133]. ¿Y el segundo u ulterior grupo de autores sobre el concepto de incumplimiento?

En efecto, es difícil dar una definición exacta de los casos que permiten la resolución de un contrato, ya que cada incumplimiento se compone de circunstancias específicas que pueden variar de un caso a otro, y además están sujetas a las pruebas disponibles en cada situación[134].

En resumen, aunque se reconoce que es difícil definir de forma precisa los supuestos que dan lugar a la resolución de un contrato debido a la variedad de hechos y la falta de criterios objetivos, se considera necesario establecer perfiles jurídicos que conformen el incumplimiento resolutorio y una tipología de sus variantes fundamentales. Esto permitiría homogeneizar las respuestas jurisprudenciales y evitar valoraciones arbitrarias. Para lograr esto, se propone la elaboración de un estándar homogéneo y flexible para analizar las circunstancias que surgen en el momento del incumplimiento, lo que sería útil para la teoría de los estratos de la contratación entre empresarios y para restringir el uso oportunista del remedio resolutorio.

2. LA CONSIDERACIÓN DEL INCUMPLIMIENTO COMO INCUMPLIMIENTO ESENCIAL

Siempre que se aborda el remedio de la resolución, llegamos a la misma conclusión, se precisa de un incumplimiento con trascendencia resolutoria, es decir el incumplimiento debe ser esencial.

---

133 Orti Vallejo, A. (2016). "Concepto de incumplimiento del contrato, exoneración e incumplimiento justificado (de los textos decimonónicos a los de *soft law*)". *Revista Doctrinal Aranzadi Civil–Mercantil*, n.º 7, p. 5.

134 Rodríguez-Rosado, B., *op. cit.*, p. 216.

Como venimos observando, el TS en sus innumerables sentencias adapta la calificación de la gravedad del incumplimiento a la frustración del fin del contrato, pero no se plantea en profundidad las circunstancias personales que rodean al caso. Es por ello que nos resulta conveniente ver qué circunstancias son relevantes y cuales no por la jurisprudencia en la calificación del incumplimiento como grave o esencial.

Del mismo modo, resultará de gran relevancia, una vez determinado el incumplimiento como esencial o no, examinar la procedencia de consecuencias resarcitorias, ya se considere la resolución justificada o no pues, en definitiva, siempre será este modo de prestación equivalente el que equilibre de forma más óptima el impacto de la resolución en la economía del contrato, y mejor responda al interés pretendido por la parte afectada por la resolución.

Algunos criterios sobre la esencialidad del incumplimiento incluyen; la importancia y trascendencia del mismo para la economía de las partes, la entidad suficiente del incumplimiento para impedir la satisfacción económica, la falta de obtención de la finalidad perseguida, la frustración de las expectativas y aspiraciones de las partes, la quiebra de la finalidad económica del contrato y la importancia del incumplimiento en la economía global del contrato. Estos criterios pueden ayudar a determinar si el incumplimiento es suficientemente grave como para justificar la resolución del contrato.

Y en cuanto a la importancia y trascendencia para la economía resulta que a veces la resolución no prospera porque se han hecho ciertas prestaciones defectuosas o insuficientes que *per se,* ya no justifican la resolución.

Existe una falta de armonía entre las obligaciones sinalagmáticas y las obligaciones principales, y la definición de incumplimiento esencial que se basa en la privación de lo que se podía esperar de acuerdo con la finalidad del contrato. Es decir, en ocasiones, ciertas obligaciones que pueden parecer accesorias en abstracto, pueden tener una especial importancia para la consecución de los objetivos del contrato. Esta falta de armonía genera dificultades para determinar qué obligaciones son esenciales y cuáles no, y dificulta la aplicación homogénea del concepto de incumplimiento esencial en la resolución de conflictos contractuales.

El problema podría contemplarse desde otra óptica: preguntándose si el carácter principal o accesorio se mide objetivamente y en abstracto, de acuerdo con la característica del tipo contractual o si por el contrario, el carácter principal o accesorio deriva de la trascendencia o importancia que para las partes pudiera tener el deber u obligación que esté en cuestión.

En otros sistemas jurídicos, como el alemán, se permite al deudor la posibilidad de remediar un incumplimiento no esencial, incluso si es tardío. Asimismo, si la resolución del contrato se produce como resultado de una declaración extrajudicial, se requiere un plazo razonable (conocido como *nachfrist* en Alemania) para permitir la subsanación del incumplimiento o el cumplimiento tardío antes de que se inicie la resolución del contrato.

El problema es con qué mimbres se puede tejer esa necesidad desde el derecho español. Una posible respuesta a este problema, sería el establecimiento de estratos de contratación entre empresario, según los perfiles de los contratantes.

En resumen, como se ha expuesto en los párrafos anteriores, el juez que tiene que determinar si el plazo es o no esencial termina haciendo juicios subjetivos y arbitrarios. Es cierto que en algunas situaciones, como en la confección de un vestido de novia, el plazo puede ser esencial, pero no lo es en un contrato de compraventa de un inmueble que se construirá en dos años y para el que se necesita la obtención de dos permisos administrativos. En este caso, no se cumplen las condiciones de esencialidad del plazo, tal como se resumió en la STS n.º 104/2011 de 8 de marzo (TOL2.063.333).

La sentencia menciona que el carácter esencial de un plazo se puede determinar a través de las circunstancias materiales del contenido de la prestación que se va a realizar. Es decir, se debe analizar el momento en el que se espera que la prestación se lleve a cabo para determinar si el incumplimiento del plazo impedirá la satisfacción del interés del acreedor. Si es así, el plazo será esencial y cualquier prestación realizada después de ese momento será rechazada.

En relación con lo anterior, el artículo 1504 del Código Civil nos recuerda que la fijación de un término de cumplimiento en un contrato de compraventa de inmuebles o la inclusión de una condición resolutoria expresa no hace necesariamente que el plazo sea esencial. Esto significa que no se puede considerar automáticamente que un incumplimiento en el plazo sea esencial en estos casos, sino que se deben analizar las circunstancias concretas de cada caso para determinar si el plazo es esencial o no.

De la lectura de la reciente jurisprudencia[135], a pesar de sus esfuerzos por reconocer el incumplimiento de carácter esencial y grave para poder proceder a la resolución, lo que es de relevancia realmente, es si el incumplimiento reviste de la gravedad suficiente que frustre las expectativas o la finalidad perseguida por el acreedor, o la posibilidad de seguir obteniéndola en un futuro.

Teniendo en cuenta, la gravedad del incumplimiento en comparación con los gastos que implicaría la resolución del contrato, debe atenderse a las inversiones realizadas hasta el momento del incumplimiento y la posibilidad de realizar una restitución completa a un costo razonable.

---

[135] Sobre la misma cuestión y en opinión de Carrasco Perera el juez de la STS n.º 198/2014 de 1 de abril (TOL4.183.441) se basa en decisiones arbitrarias para calificar si el plazo era esencial o no.

En relación al incumplimiento esencial en el ámbito financiero, nos llama la atención como hay multitud de sentencias que establecen que no procede la resolución del contrato de inversión financiera cuando la entidad no cumplió sus deberes de información frente al cliente, porque solo da lugar a la resolución el incumplimiento de los deberes de ejecución, no los precontractuales. Esta jurisprudencia puede tener una explicación en la consideración de que los incumplimientos de esta clase nunca son graves, o dicho de otra forma, que la información a suministrar en cumplimiento de una obligación sectorial nunca será determinante de la prestación de un consentimiento[136], justificación que en nuestra opinión no queda exenta de polémica. Pues en el ámbito bancario y financiero, es frecuente la existencia de contratos entre empresarios que se encuentran en distintos planos de igualdad.

En el ámbito de la compraventa, también existe una variabilidad de las respuestas jurisprudenciales a la cuestión de si se trata de un incumplimiento esencial el no otorgamiento por el vendedor de la escritura pública correspondiente.

Por todo lo expuesto, según la jurisprudencia actual, el requisito de la esencialidad de la obligación incumplida es improcedente y prescindible. No importa si es principal o accesoria la obligación del vendedor de hacer reparaciones en la cosa vendida, la obligación de obtener licencia de edificabilidad, la obligación de asegurar al comprador unas condiciones determinadas de utilidad posterior, la obligación del arrendador de hacer reparaciones necesarias, la obligación del transportista

---

136 Pertiñez Vilchez, F. (2018) "Las consecuencias del incumplimiento de los deberes precontractuales de información y evaluación en la contratación de productos de inversión. La improcedencia de la resolución por incumplimiento contractual comentario a la STS de 13 septiembre 2017 (TOL6.341.883)", *Cuadernos Civitas de Jurisprudencia Civil*, n.º 106, pp. 103-115.

de custodiar la cosa o de hacerse cargo de la mercancía, la obligación de garantizar las cantidades adelantadas en la compra de vivienda, la obligación de exclusiva en favor del distribuidor, etc.

No importa si es esencial o accesoria alguna de las específicas obligaciones asumidas por el organizador que vende un paquete turístico, la obligación del promotor de multipropiedad de gestionar intercambios de los derechos de uso. Tampoco importa si la entrega de documentación (y liberación de cargas) precisa para que el camión vendido pueda ser económicamente utilizado por el comprador es una obligación accesoria o principal del vendedor.

En este sentido la calificación de la obligación como esencial o accesoria no es determinante en el caso de obligaciones como obtener un mínimo de ventas para el agente, distribuidor o franquiciado, o suministrar y mantener actualizado el *know how* cedido al franquiciado para el franquiciante. Por otro lado, el impago del precio en una compraventa es la obligación esencial del comprador, aunque a veces no se considera un incumplimiento esencial para efectos de resolución del contrato.

Reiteramos por tanto que lo que resulta relevante es que el incumplimiento sea lo suficientemente grave como para frustrar los intereses del acreedor o su objetivo principal, o bien, impedir que se alcance ese objetivo en un futuro. Al considerar si se debe proceder a la resolución, se debe evaluar también los costes que ello implicaría, considerando las inversiones ya realizadas y la posibilidad de que la restitución de las prestaciones ya cumplidas sea económica.

Por eso hay tanta variedad de pronunciamientos judiciales: en la consideración o no del incumplimiento esencial, haciendo que el juez, en aplicación de su criterio moderador sea más estricto en considerar un incumplimiento esencial cuando los efectos de la resolución son más gravosos, y más espléndido en autorizar la resolución cuando los efectos de la misma no son muy costosos.

Esto se observa muy bien, en el caso de la compraventa de finca con cargas ocultas del art.1483 CC, la cual será o no esencial en función del grado de afectación de la carga al goce pacífico de la cosa por parte del comprador como así lo determina la STS n.º 1062/2006 de 31 octubre (TOL1.006.905).

Un incumplimiento es esencial si resulta de tal clase que al acreedor no le sea ya exigible seguir vinculado y obligado a su vez frente al sujeto incumplidor[137].

La abundante fraseología jurisprudencial en palabras de Carrasco Perera que exige que la obligación incumplida no sea una obligación accesoria, entendiendo por accesoria la obligación que no es recíproca e interdependiente de la obligación de la que el acreedor pretende liberarse mediante la resolución[138]. En otras palabras, el acreedor no puede resolver si la obligación incumplida por la otra parte es de tal suerte que su incumplimiento no justifica la libración del propio acreedor ni la recuperación hecha por este, ni los costes de la resolución, y más bien es indicativa de la voluntad del acreedor de aprovechar una oportunidad para escapar de un negocio que no le interesa ya.

No es esencial el incumplimiento cuando no pone en cuestión el sentido del contrato, la finalidad perseguida por las partes, hasta el punto de no haber desaparecido ni haberse frustrado la causa en cuya virtud el acreedor mismo se obligó y sigue obligado.

---

137 Carrasco Perera, Á., *op. cit.*, p. 1234.

138 STS n.º631/2007 de 31 de mayo (TOL1.081.753), STS n.º 658/2016 de10 de noviembre (TOL5.877.391), STS n.º 367/2019 de 27 de junio (TOL7.355.194), entre otras muchas.

Además, si el contrato puede dividirse en partes y las distintas prestaciones pueden tratarse por separado, no hay obstáculo para que se produzca una resolución parcial del mismo.

3. LAS FALTAS DE CONFORMIDAD

El legislador muestra una actitud moderada y flexible en el artículo 119 del Texto Refundido de la Ley General para la Defensa de los Consumidores y Usuarios, en el que se dispone que el consumidor y usuario podrá elegir entre una reducción del precio o la resolución del contrato cuando no pueda exigir la reparación o sustitución del bien o estas no se hayan llevado a cabo en un plazo razonable o sin mayores inconvenientes para el consumidor y usuario o cuando la falta de conformidad sea de extrema gravedad. En casos de falta de conformidad de poca importancia, no se permitirá la resolución del contrato (art. 119 ter.2 TRLGDCU).

Relevante en este punto, como transita el concepto imperante en el ordenamiento jurídico español en la consideración de los defectos de la cosa como incumplimientos contractuales, con la nueva denominación de faltas de conformidad, desde la Directiva (hoy derogada) 1999/44/CE[139].

Lo que en palabras de Orti Vallejo, supuso un *giro copernicano*[140] dentro de nuestro ordenamiento. Situando el foco no en el tipo de incumplimiento si no nuevamente en la conformidad del comprador. Algo similar a lo que ocurre con la paulatina incorporación del incumplimiento esencial en la jurisprudencia de nuestro Tribunal Supremo.

---

139 Orti Vallejo, A. *Los defectos de la cosa…*, *op. cit.* p. 11.

140 *Ibidem,* p. 15.

4. LA TRASCENDENCIA DEL INCUMPLIMIENTO ESENCIAL EN LA ECONÓMICA DEL CONTRATO

No hay que olvidar, la importancia de considerar el incumplimiento esencial como resolutorio y en consecuencia el impacto económico de la resolución en el contrato no debe ser subestimado, como destaca Gómez Pomar[141]. En este sentido, el artículo 1124 del Código Civil es claro en que la resolución suele ir seguida de una indemnización por daños y perjuicios y la interacción entre ambos mecanismos puede generar inconvenientes en la evaluación anticipada de los efectos globales que tendrán en las determinaciones de las partes. Esto depende del tipo de prestación, de la forma en que se ha llevado a cabo la ejecución, de las inversiones realizadas por las partes y de las variaciones en el comportamiento de los contratantes una vez que se ha producido el incumplimiento.

La complejidad de la resolución como remedio se ve agravada por factores aún más significativos. Su naturaleza misma como remedio de ineficacia que implica desbaratar el contrato se enfrenta directamente al carácter dinámico y altamente variable de cualquier relación contractual de cierta entidad.

---

141 Gili Saldaña, M. & Gómez Pomar, F. (2014). "La complejidad económica del remedio resolutorio por incumplimiento contractual. Su trascendencia en el derecho español de contratos, en la normativa común de compraventa europea (CESL) y en otras propuestas normativas ". *Anuario De Derecho Civil, Tomo LXVII, fasc. IV,* p. 1202.

5. EL INCUMPLIMIENTO ESENCIAL (CUANDO SE FRUSTRA EL INTERÉS DEL ACREEDOR) VS. INCUMPLIMIENTO PRESTACIONAL, OTRA POSIBLE CLASIFICACIÓN SEGÚN LA STS N.º 638/2013 DE 18 DE NOVIEMBRE

Una clasificación que nos parece muy interesante, es la que sostiene el TS en su sentencia n.º 638/2013 de 18 de noviembre (TOL4.259.380). En este caso, el TS esquematiza una estructura del incumplimiento, diferenciando por un lado el incumplimiento de carácter prestacional y por otro, el incumplimiento de carácter esencial.

En cuanto al incumplimiento prestacional, entiende el TS que es relevante la prestación defectuosa (*aliud pro alio*), el término temporal como elemento esencial y la *exceptio non adimpleti contratus.*

Y en cuanto al incumplimiento esencial, sería relevante analizar el plano satisfactivo del acreedor, la teoría de la base del negocio, la causa concreta, la naturaleza del contrato y en última instancia, de acuerdo con los Principios del Moderno Derecho Europeo de Contratos y también derivado de la propia naturaleza del contrato, habría que atender a las expectativas creadas o esperadas de buena fe de acuerdo con la celebración del contrato.

A nuestro parecer, esta es la sentencia que mejor clasifica el estado de la cuestión en la doctrina moderna del incumplimiento. Esta sentencia sintetiza la nueva doctrina sobre los incumplimientos esenciales y por lo tanto, sobre los incumplimientos resolutorios. A lo largo de esta interesante sentencia, el TS aborda la configuración del incumplimiento esencial de la obligación como una categoría específica. Y recupera la interpretación contractual de la teoría de la base del negocio.

Esta sentencia establece una digresión doctrinal, de tal forma que a través de su contenido se pueden ir diferenciando los distintos elementos que se irán tratando a lo largo de la misma, ofreciendo un resultado muy pedagógico.

A lo largo de sus fundamentos, el TS diferencia los incumplimientos prestacionales del incumplimiento esencial, entendiendo este como fundamento primordial del incumplimiento resolutorio. El objeto de la controversia era un contrato de arrendamiento de servicios en el que tiene lugar una resolución unilateral de contrato. Un ámbito, el de los contratos de prestación de servicios, que ha resultado bastante sensible respecto al incumplimiento esencial que expone esta sentencia.

En esta sentencia se separa de la doctrina tradicional del Tribunal Supremo que mantiene una consideración restrictiva del concepto incumplimiento. Doctrina tradicional, que es sostenida por el juez de primera instancia.

El fallo de primera instancia, con un contenido doctrinal muy tradicional, donde el juez no diferencia entre el incumplimiento esencial del no esencial y directamente incide en el ámbito del incumplimiento, niega que este se haya producido y da por buenos ciertos comportamientos realizados por el deudor que, si bien no satisfacían al acreedor, sí consistían en acciones suficientes que pudieran considerarse como cumplimiento.

Según la sentencia de primera instancia se consiguieron algunos resultados por parte de la empresa prestadora de servicios, que, si bien no eran los esperados por el acreedor (en aplicación de la muy rígida doctrina tradicional y estricta del incumplimiento), llevaban a determinar que no se había incurrido en un incumplimiento grave, el cual, aplicando la doctrina tradicional del art. 1124 CC, debía dar lugar, en consecuencia, a la resolución del contrato, y en su caso, al no derecho a recibir indemnización por una resolución justificada, y siguiendo esta tradicional y férrea argumentación, la sentencia de primera instancia no considera que en este caso exista un incumplimiento grave.

En contraposición, la sentencia del Supremo, con una argumentación más moderna, ya atisba la aplicación de los principios de Derecho contractual europeo, fundamentalmente desde el punto de vista del incumplimiento esencial manifestado en la perspectiva concreta de alcanzar las expectativas contractuales que informaron fundamentalmente el contrato cuando se celebró.

Esta sentencia llega a la conclusión de que efectivamente, en atención a las actuaciones realizadas por la empresa prestadora de servicios, ninguna de ellas determinaba un mínimo consolidable conforme a las expectativas del contrato, expectativas que fueron determinantes para la celebración del contrato. Es precisamente por esta cuestión que el tribunal consideró ajustada a derecho la resolución sin haber lugar a una indemnización por daños y perjuicios.

Lo más relevante de este caso es que, hasta esta sentencia, no encontramos una jurisprudencia tan clara en cuanto a la diferenciación entre el incumplimiento resolutorio de carácter prestacional y el incumplimiento de carácter esencial.

El apartado n.º 4, del fundamento tercero de la sentencia ha corroborado lo que la jurisprudencia del TS ya venía diferenciando, determinando algunos elementos que servían para hacer esta diferenciación y creando una relación entre el incumplimiento esencial y la frustración de la finalidad o del objeto del contrato o el fracaso de las expectativas, en contraposición a los incumplimientos prestacionales.

La STS nos recuerda, del mismo modo, que esta tendencia al diferenciar estos dos conceptos está cobrando cuerpo en los principios de Derecho contractual europeo, si bien es cierto que, a diferencia de nuestro sistema codificado, el sistema de los principios de Derecho contractual europeo lo que hace es invertir el proceso, es decir, sienta como elemento conceptual prioritario, no los incumplimientos prestacionales (el no cumplir la prestación debida), sino fundamentalmente el incumplimiento esencial, siendo esta una característica que se produce con frecuencia debido a que se adoptan perspectivas anglosajonas del incumplimiento contractual. En contraposición al caso español, donde el incumplimiento esencial engloba al incumplimiento prestacional. Aunque ambos tienen acogida en los principios de Derecho contractual europeo.

En el punto n.º 5, la STS hace referencia al plano satisfactorio del acreedor. La STS viene a decir que desde el ángulo doctrinal se observan unos incumplimientos que tienen trascendencia resolutoria por ellos mismos y que esta trascendencia resolutoria les viene porque hay un desajuste con la prestación debida. Bien en términos generales o bien porque la prestación debida no se ha ejecutado.

En estos casos se produce una vulneración de la perspectiva central del cumplimiento, fundamentalmente como prestación debida, y por tanto hay un efecto resolutorio, que tiene como referencia un incumplimiento prestacional grave, dentro de la económica del contrato o del carácter sinalagmático del contrato, lo que se conoce habitualmente como las obligaciones principales.

La STS viene a decirnos que estos incumplimientos resolutorios de carácter prestacional derivan, como no puede ser de otra forma, de la propia prestación defectuosa que en su caso nos puede llevar a un ámbito resolutorio, del *aliud pro alio*, es decir, de la prestación distinta que recibe el acreedor; también derivan del término temporal como elemento esencial, cuando el factor tiempo es configurado por las partes como un elemento esencial; y por ultimo también pueden derivar de la *exceptio non adimpleti contratus:* excepción del contrato no cumplido, excepción que se sitúa como contraste de la prestación realizada.

Frente a este ámbito conceptual, hoy es posible delimitar otra categoría del incumplimiento que se distancia de esta variante de prestación, donde cobra especial relevancia el posicionamiento de la satisfacción del interés acreedor. Por lo tanto, hay otra categoría de incumplimiento que se aleja de la anterior tradicional, que es la que se centra en el plano satisfactivo del cumplimiento, que, aunque nuestro Código Civil no es generoso en cuanto a su definición, la doctrina la reconoce y en especial se viene revalorizando en los últimos tiempos por el TS.

En cuanto al análisis del cumplimiento satisfactorio del plano satisfactivo del acreedor, hay tres doctrinas, las cuales se desarrollan jurisprudencialmente motivadas por la complejidad de nuestro sistema económico, derivada de la multitud de contratos atípicos y complejos, fuente de conflictos, lo que ha obligado a los jueces a desarrollar nuevas formas de interpretar el contrato con el objetivo de encontrar una solución justa, más centrada en el plano satisfactivo del acreedor, alejándose paulatinamente del concepto estricto de incumplimiento contractual.

La sentencia entiende que en determinados casos, independientemente de que se deba tener en cuenta el programa de prestación debida, hay que poner en aplicación varias técnicas de interpretación contractual.

En primer lugar, hay que aplicar la técnica de la base del negocio: doctrina alemana del s. xix, que se desarrolla con el fin de justificar la cláusula *rebus sic stantibus*, y que nuestro tribunal utiliza, de forma más extendida, en cuanto a la consideración del plano satisfactivo del acreedor.

Otra técnica a la que alude esta sentencia es la de poner atención a la causa concreta del contrato que motivó su celebración, que el profesor De Castro ya en su teoría sobre el negocio jurídico[142] la desarrolló de manera esplendida.

---

142 De Castro y Bravo, F. *El negocio…*, *op. cit.*

Y por último, otra técnica derivada de la propia práctica negocial sería la de analizar la propia naturaleza o característica del tipo contractual llevado a cabo. La propia tipicidad o atipicidad del contrato también nos informa de lo esencial que requiere el contrato a la hora de entender si el cumplimiento programado cumple o no con las expectativas satisfactivas del acreedor.

Esta sentencia, nos recuerda, que este es un ámbito muy frecuente en la jurisprudencia, y por ello es muy abundante y variada la propia terminología jurídica. Así encontraremos referencias al plano satisfactivo del acreedor que hacen mención a la frustración del fin práctico perseguido, a la quiebra de la finalidad perseguida, o incluso al poco éxito de las legítimas expectativas estipuladas.

Estas expresiones, este lenguaje, viene a decirnos, que en multitud de contratos atípicos ya no se pone tanto el acento en el programa de prestación, sino que se plantea si se cumplió el porqué de dicho programa de prestación y ese porqué es el que se debe perseguir responder a través de estos cauces de interpretación.

Ese porqué, al que se debe encontrar respuesta, ya no se plantea tanto en el ámbito de los incumplimientos resolutorios prestacionales, porque no es necesario para alcanzar la resolución, pero sí debe plantearse en el ámbito del incumplimiento esencial. En este ámbito sí es imprescindible encontrar respuesta a esta cuestión para alcanzar la resolución del contrato.

En este sentido, el efecto práctico evidente que se puede extraer de esta consideración, no es otro que el de que no todos los contratos se prestan por igual al análisis de este cumplimiento esencial. Es lógico que aquellos contratos que están claramente definidos desde la perspectiva de su tipicidad, y por tanto, desde el punto de vista de la reglamentación típica de los mismos, difícilmente, salvo que las partes hayan incluido una causa concreta o que la base del negocio sea tan importante que haya referenciado otros ámbitos satisfactivos del acreedor, tengan cabida en lo que sería directamente un incumplimiento esencial.

Aun así, en la práctica jurídica y en consecuencia, en nuestro complejo sistema económico, se desarrollan multitud de contratos atípicos, complejos, principalmente contratos de prestación de servicios, donde el programa de prestación por sí mismo no nos informa acerca del total éxito del ámbito satisfactivo del acreedor, el cual también forma parte del cumplimiento exigible y no solo es exigible el programa prestacional, sino ambos.

La STS viene a señalar, la conveniencia de aplicar en estos casos, estas técnicas de interpretación, estas expresiones, como la expresión de la base del negocio, la del plano satisfactivo del acreedor etc. Todas ellas se han tenido en cuenta por la reciente doctrina del TS como criterios de interpretación contractual en ámbitos tan importantes como el de la delimitación del carácter esencial del término establecido.

Es decir, en numerosas ocasiones, la base del negocio, aunque las partes hubieran determinado expresamente que ese término era esencial, nos ha informado que precisamente ese término puede ser esencial o no, incluso la base del negocio ha sido tenida en cuenta a la hora de la propia calificación del contrato celebrado, no solo de la tipicidad, cuando son atípicos o complejos, sino también del objeto contractual proyectado, con el fin de delimitar concretamente en qué consistía el contrato. Estableciendo una diferencia necesaria entre si nos encontramos, por ejemplo, ante un contrato de aprovechamiento urbanístico determinado o ante un contrato de compraventa de metros cuadrados. Consideración que influye en el programa de prestación y también en la propia base, en el objeto. Del mismo modo que la base del negocio, informa directamente, en la posible utilización de la cláusula *rebus sic stantibus.*

Igualmente, esta sentencia, nos viene a decir que el plano de satisfacción se tiene en cuenta a la hora de definir el cumplimiento contractual y la posible resolución, pero también en el posible supuesto de retardo y de determinabilidad del plazo de entrega.

El retraso no siempre es justificativo de la resolución; el mero retraso en la ejecución de la cosa no atenta al interés o a la finalidad del contrato ni al plano satisfactivo del acreedor, en este caso el mero retraso será susceptible de una indemnización, pero no de una resolución contractual.

Por último, establece una serie de consideraciones de orden práctico, que vienen contempladas en el punto n. 7 de la sentencia al hablar de directrices, ya que, entendemos que con ello el TS no pretende comprometer a los operadores jurídicos, es decir, no pretende que sean criterios fijos o estables. Aun así, no podemos negar que estas directrices son de gran utilidad para jueces y tribunales, así como para el resto de operadores jurídicos, pues permiten entender en qué medida se puede aplicar esta diferenciación.

Continuando con el análisis de la sentencia, el TS menciona un segundo criterio, también de gran relevancia, nos viene a decir que desde la aplicación de la doctrina jurisprudencial ya podemos diferenciar lo que sería el concepto de gravedad y el concepto de esencialidad, que actualmente son alegados de forma indistinta cuando realmente se deberían diferenciar.

El concepto de gravedad es más apropiado para los incumplimientos prestacionales, con trascendencia resolutoria, ya que fundamentalmente lo que determina la resolución no es simplemente un mero desajuste con el programa de prestación debida, el desajuste de una prestación accesoria o meramente complementaria, sino que va a ser fundamentalmente una falta de realización o un desajuste en una prestación principal. Por tanto, la gravedad será el concepto que mide la diferencia entre el programa de prestación y una obligación principal del contrato, de ahí que lo apliquemos más propiamente en el ámbito de los incumplimientos esenciales.

Por otro lado, tenemos el concepto de esencialidad. La esencialidad puede recaer sobre elementos de obligaciones principales y también sobre elementos de obligaciones accesorias, en la medida en que la base del negocio, la causa concreta o la propia naturaleza del contrato derivada de las expectativas generadas hayan hecho recaer la importancia en esas prestaciones accesorias o en esos elementos añadidos, los cuales para la satisfacción del acreedor resultan absolutamente necesarios. Sin embargo, en cuanto a los principios prestacionales tendremos que ir necesariamente a las obligaciones principales. Por lo tanto, gravedad y esencialidad no son elementos asimilables directamente sino más bien, el concepto de gravedad sería aplicable al incumplimiento prestacional, mientras que el de esencialidad sería aplicable al incumplimiento esencial.

La tercera coordenada sería el ámbito del incumplimiento prestacional que guarda una mayor relación con el ámbito de los contratos bilaterales y sinalagmáticos, donde realmente este ámbito prestacional rompe esa bilateralidad produciendo la resolución, mientras que en los incumplimientos esenciales ya no es tan importante la razón de sinalagma o de reciprocidad. Es decir, estaremos siempre en contratos bilaterales, pero en el sentido de que el incumplimiento de una obligación no principal o accesoria y por lo tanto, no metida en el ámbito de la reciprocidad también puede dar lugar a la resolución.

Esta última observación, entendemos que es de gran importancia, ya que como se observa, el incumplimiento esencial lo que hace es "ensanchar" el ámbito de aplicación del art.1124 CC, lo que obedece a una moderna interpretación del propio artículo que en su origen y como se pone de manifiesto en este trabajo, fue de aplicación muy restrictiva, al considerarse que la resolución era un efecto un tanto *desnaturalizador* de la eficacia del contrato, en contra del principio *pacta sunt servanda*[143], en contraposición con la concepción moderna, que entiende que la resolución es un elemento natural del contrato, de hecho tiene la propia eficacia derivada de que el propio contrato es eficaz. No es, por tanto, un elemento antinatural y se encuentra dentro de la propia dinámica contractual, no resulta pues un elemento extraño.

En este sentido, es cierto que esa visión primigenia de ruptura de la eficacia se veía por la doctrina tradicional como un elemento extraño, como si el incumplimiento y en consecuencia la resolución, fueran algo anormalmente considerado por el ordenamiento jurídico, dando lugar a una interpretación muy restrictiva de la facultad resolutoria, de forma tal, que la doctrina tradicional se precisaba que el incumplimiento resolutorio fuera rebelde, como así hemos expresado en los epígrafes anteriores.

En ese tenor, se venía requiriendo por parte de los jueces requisitos muy exhaustivos para la admisión de la resolución, y en este sentido, no se precisaba únicamente que la voluntad del deudor fuera rebelde, sino que se requerían muchos otros que a término desvirtuaban el remedio resolutorio, ya que cabía preguntarse: ¿qué debe hacer el acreedor para poder resolver?, o incluso plantearse ¿hasta qué punto tenía que esperar para que el cumplimiento se considerara rebelde?

Y este contexto, todo ello consecuencia de una interpretación restrictiva, de una visión muy peyorativa de la conceptualización de la resolución. Esta interpretación estricta también podía verse reflejada en la *reciprocidad,* como un elemento de engarce absolutamente necesario para todo efecto resolutorio.

---

143 Ver epígrafe de este trabajo, respecto a la crítica al uso restrictivo del remedio resolutorio por ser contrario al principio *pacta sunt servanda* de Carrasco Perera.

En este sentido, Rodríguez-Rosado[144] afirma que la jurisprudencia evoluciona constantemente, y aunque a corto plazo puede ser difícil de percibir, sí es notoria en el largo plazo. Al inicio del siglo pasado, la resolución era vista como un recurso excepcional que solo se aplicaba en casos de incumplimiento voluntario y productor de graves consecuencias. Sin embargo, en la actualidad, la figura de la resolución es ampliamente aceptada en nuestro sistema legal y su aplicación se extiende más allá de los límites que se le atribuían en un principio[145].

En suma, esta sentencia viene a decir que es lógico ser exigente en relación con los motivos que facultan la solución en los ámbitos prestacionales donde hay un sinalagma y una clara reciprocidad, pero ya no es tan lógico en un concepto bien entendido del incumplimiento resolutorio que pueda tener cabida también a través de otros cauces donde baste la obligatoriedad del contrato para justificar otro tipo de consideraciones.

Por último, esta sentencia, destaca de acuerdo con los principios del Derecho contractual europeo, el papel general, o el papel de caja de fondo o de *desiderátum*, del incumplimiento esencial derivado del incumplimiento de las expectativas que generaron la celebración o la configuración del contrato.

6. DIFERENCIAS ENTRE NUESTRA DOCTRINA Y EL *SOFT LAW* EN LA CONSIDERACIÓN DEL INCUMPLIMIENTO ESENCIAL, GRAVE Y SUSTANCIAL

El concepto "sustancial" en relación con el incumplimiento se incorpora del *soft law* internacional a través del art. 25 del

---

144 También otros autores como B. Monfort Ferrero o San Miguel Pradera.

145 Rodríguez-Rosado, B., *op. cit.*, p.7.

Convenio de Viena que nos habla de un *fundamental breach*[146]. El incumplimiento debe ser esencial, grave y sustancial. Es decir, debe tener un grado de intensidad. Hay que diferenciar entre el incumplimiento de la obligación contractual, es decir, el incumplimiento prestacional del incumplimiento que produce una insatisfacción del interés del acreedor[147].

En la jurisprudencia española no se utiliza el término "incumplimiento sustancial" de la misma forma que se utiliza en el Convenio de Viena y en otros instrumentos internacionales de Derecho. Tampoco se equipara el "incumplimiento esencial" de la doctrina española con el "material breach" del Derecho angloamericano en todos sus aspectos.

La construcción de nuestro sistema es más complicada que la de otros, ya que la jurisprudencia requiere que la obligación incumplida sea esencial en lugar de que el incumplimiento en sí sea esencial.

Para que un incumplimiento sea considerado esencial en un contrato, debe ser de importancia significativa y grave, del mismo modo que debe impedir al acreedor alcanzar el objetivo legítimo que esperaba obtener del acuerdo. Esto puede suceder incluso si el cumplimiento aún es técnicamente posible, pero ya no satisface los intereses del acreedor.

Como ya hemos señalado, la regla española se equipara al concepto de "incumplimiento sustancial" establecido en los instrumentos normativos internacionales, lo cual implica que el incumplimiento irrelevante de una obligación esencial –como por ejemplo, el retraso en el pago de una compra– no se considera sustancial. Sin embargo, el incumplimiento de una obligación accesoria –como el no otorgamiento de la escritura

---

146 Para ver más sobre este término en relación con la compraventa internacional: SAP Barcelona de 13 de noviembre 2018 (TOL6.961.328).

147 STS 10 de julio 2003, comentario de Fenoy Picón.

de venta o la falta de licencia de ocupación– puede ser considerado sustancial si frustra la finalidad legítima esperada. Esto es un ejemplo clásico de cómo el incumplimiento sustancial se aplica en el derecho español.

En España, la doctrina permite la resolución del contrato según lo establecido en el artículo 1124 del Código Civil siempre que el incumplimiento sea considerado sustancial o esencial. Se considera que el incumplimiento es esencial cuando priva al acreedor de la finalidad esperada del contrato y frustra su interés en el mismo.

Cuando la doctrina utiliza el término *grave* se refiere precisamente a la frustración del interés del acreedor en las expectativas de la relación contractual.

Por lo que se podría sustituir la palabra grave por "frustrante". El incumplimiento frustrante del derecho español en comparación con el *breach of contract* del derecho anglosajón. El incumplimiento esencial a veces es denominado "verdadero incumplimiento" ya que la doctrina intenta diferenciarlo del incumplimiento derivado por vicios ocultos, que a *sensu contrario* no se considera un incumplimiento esencial frente al cual se pueda hacer uso del remedio resolutorio[148].

Y es con la sinergia de estas características donde se alcanza una concepción similar a la que tiene el Convenio de Viena sobre el incumplimiento fundamental o incumplimiento sustancial, así como a los demás textos del *soft law* y en los PECL[149].

---

148 STS de 22 de abril de 2004 (TOL408.725).

149 Para abundar en esta materia ver las sentencias: STS n.º 705/2005 de10 de octubre (TOL725.250), n.º 1062/2006 de 31 de octubre (TOL1.006.905), 1348/2006 de 29 de diciembre (TOL1.036.542) y n.º 18/2008 de 17 de enero (TOL1.036.542).

7. LA LEY NO DICE CUÁNDO OPERA EL REMEDIO RESOLUTORIO Y HAY QUE OPERAR CON PONDERACIÓN

En el marco de un contrato de compraventa, la opción de resolver el contrato en caso de falta de conformidad puede ser muy costosa para ambas partes. Tanto el vendedor como el comprador pueden enfrentar gastos significativos en estos casos. Un ejemplo podría ser que el vendedor se vea obligado a hacer gastos extra para recuperar los bienes defectuosos que ya había entregado al comprador, y luego intentar venderlos en un mercado secundario. Estos gastos podrían incluir costos de transporte, contratación de seguros, honorarios de abogados en caso de conflicto, y otros gastos administrativos. Por su parte, el comprador podría tener que incurrir en gastos para encontrar bienes sustitutivos en el mercado que cumplan con sus necesidades.

En este tipo de situaciones, la opción más favorable y económica a largo plazo podría no ser la de resolver el contrato, sino la de corregir el incumplimiento a través de la subsanación o el cumplimiento específico del contrato. Por ejemplo, en caso de falta de conformidad, reparar los bienes no conformes podría ser una opción más barata y deseable en comparación con la resolución del contrato. Esto permitiría a ambas partes continuar con el cumplimiento del contrato y evitar costos adicionales asociados con la resolución.

La existencia de asimetría en la información acerca del estado actual de los bienes después de la entrega (problema de selección adversa), puede hacer que los bienes sean más valiosos para sus actuales poseedores, incluso si se ha identificado un defecto en ellos.

En situaciones donde los bienes tengan un mayor valor para el comprador que para el vendedor, es probable que la rebaja del precio o el pago de indemnización por daños y perjuicios resulten ser soluciones más efectivas que la resolución del contrato y la devolución de los bienes.

Si la parte que puede suministrar bienes acordes con el contrato a un menor costo sigue siendo la parte que incumple, el mismo razonamiento se aplicará. Puede ocurrir que la parte mejor situada para sustituir el bien o la prestación no conforme siga siendo la parte inicial que desempeñó la prestación de forma insatisfactoria. En estas situaciones, la resolución del contrato en lugar de la sustitución por otro bien puede resultar en un remedio "socialmente ineficiente ex post". Por lo tanto, es importante considerar alternativas como la sustitución por otro bien o la reducción del precio para lograr una solución eficiente que beneficie a ambas partes.

En este sentido, Gómez Pomar argumenta que el remedio resolutorio en los casos mencionados conducirá a un resultado poco óptimo para ambas partes y por lo tanto, supondrá una pérdida de recursos económicos[150]. Además, no se debe asumir que el incumplimiento siempre es intencional y atribuible al incumplidor, ya que puede ser causado por otros factores no controlables. También es importante destacar que estas conductas ineficientes *ex post* pueden ser anticipadas por la otra parte al momento de contratar, lo que puede llevar a peores términos contractuales. Si el vendedor observa de forma anticipada que sufrirá costos por la conducta ineficiente a posteriori de la parte compradora los considerará un costo del contrato y los reflejará en los precios, lo que afectará a todos los compradores.

---

150 Gili Saldaña, M. & Gómez Pomar, F., *op. cit.* p. 1203.

Capítulo 5

La autonomía de la voluntad de los contratantes o cómo eludir las restricciones en el ejercicio del remedio resolutorio

En esta sección exploraremos cómo la autonomía de la voluntad de las partes puede influir en el remedio resolutorio, es decir, cómo pueden las partes usar su libertad para evitar las restricciones impuestas por la jurisprudencia en cuanto al uso de este remedio. También discutiremos cuestiones relacionadas con el abuso de derecho en este contexto.

Recordamos aquí todo lo expuesto en capítulos anteriores, sobre la interferencia continua entre los principios de autonomía de la voluntad de las partes (art. 1255 CC), el principio de buena fe, el principio *pacta sunt servanda,* el principio de conservación de los contratos, la prohibición de que los contratos, y su clausulado, queden al arbitrio de uno de los contratantes (art. 1256 CC), y en general, las influencias que recibe nuestro sistema de obligaciones y contratos de los principios del moderno derecho europeo de contratos más cercanos a concepciones más próximas al liberalismo económico.

La jurisprudencia viene aceptando ampliamente la posibilidad de utilizar el remedio resolutorio en virtud de una cláusula contractual, lo que se evidencia en sentencias clásicas como la del Tribunal Supremo n.º 657/1984 de 19 de noviembre (TOL1.737.254). Esto se debe a la incidencia del principio de autonomía de la voluntad de las partes, que permite ejecutar la resolución derivada del cumplimiento de una condición resolutoria.

Estas circunstancias pueden generar situaciones donde es patente un desequilibrio entre las partes, las cuales, aun haciendo uso de la libertad contractual que nuestro sistema les otorga, terminan consintiendo un contrato que les obliga a someterse a condiciones manifiestamente favorables para la otra parte, en caso de que se incumpla una amplia gama de supuestos.

Esta situación ha sido recientemente calificada por un sector de la doctrina, sobre todo francesa, como una posible existencia de vicio en el consentimiento de la empresa que sucumbe en cierta manera, al contratar con una empresa que ostente un mayor poder económico, o como dicen algunos autores, una empresa que pudiera ejercer cierta violencia económica sobre la otra. Situación esta última que podría llevarnos a considerar la existencia de un consentimiento viciado en el momento de contratar, manifestado en la aprobación de cláusulas manifiestamente injustas.

En este sentido, expondremos en el capítulo 6, estas nuevas consideraciones sobre la *violencia económica*, en relación con las cláusulas que incluyen la posibilidad de resolución unilateral en caso de cumplirse determinadas circunstancias por considerarse estas, incumplimiento esencial del contrato, pero que en realidad no lo son. Procediendo en este epígrafe a centrarnos únicamente en la naturaleza de dichas cláusulas, así como en la posibilidad de establecerlas dentro de un contrato.

Podríamos plantearnos por tanto, la siguiente cuestión: ¿Qué ocurre si las partes pactan en el contrato que una determinada prestación es esencial, y resulta que esta se incumple? Pues es precisamente en este interrogante donde reside una de las cuestiones principales de este estudio.

En este sentido, la jurisprudencia española entiende que si las partes consideran, y así está pactado, que un incumplimiento es resolutorio, es porque han querido manifestar que es esencial, así lo afirma la STS n.º 599/2010 de 1 de febrero (TOL1.991.774).

Carrasco Perera adopta una postura crítica con respecto a esta doctrina y sugiere que fue el colapso del mercado inmobiliario y la disminución en la demanda de compradores que habían adquirido propiedades con anticipación lo que ha llevado a una exageración de esta doctrina y la ha convertido en una herramienta para el oportunismo jurídico más evidente[151].

1. LA RESOLUCIÓN JUDICIAL Y EXTRAJUDICIAL

La naturaleza judicial de la resolución ha sido matizada progresivamente. Aunque el artículo 1124 del Código Civil establece que la resolución es una medida judicial, la jurisprudencia ha permitido que las partes puedan hacer declaraciones de voluntad extrajudiciales para llevar a cabo la resolución, como una forma de facilitar la vida jurídica y económica. No obstante, se puntualiza que, en última instancia, son los tribunales quienes deben determinar si la resolución extrajudicial fue válida y cuáles son sus consecuencias[152].

Del examen anterior se advierte que la resolución puede producirse extrajudicialmente, como consecuencia de una declaración de voluntad del acreedor insatisfecho y no de una sentencia[153].

---

151 Carrasco Perera, Á., *op. cit.*, p. 1237.

152 Díez-Picazo, L., *Fundamentos...*, *op. cit.*, p. 817.

153 Lo que no cabe es que el incumplimiento del deudor provoque la resolución automática del contrato, ni siquiera cuando el cumplimiento es ya improcedente, o por transcurso del término esencial establecido o por imposibilidad sobrevenida de la prestación no imputable al deudor. Solo habría dos excepciones a esta regla: se prevé la resolución automática del contrato de obra por muerte o

Esa resolución extrajudicial, sobre la que se ha pronunciado la STS n.º 478/2011 de 27 de junio (TOL2.175.075), en principio solo es posible sin necesidad de sentencia por acuerdo entre las partes, pues es jurisprudencia consolidada que la resolución comunicada por una de las partes, si no es aceptada por la otra, debe ser declarada judicialmente[154].

La facultad de resolución de los contratos es plenamente aceptada por el Tribunal Supremo no solo en la vía judicial, sino también a través de la declaración unilateral de voluntad dirigida a la otra parte, sin necesidad de seguir ningún procedimiento especial. Sin embargo, la decisión de resolver el contrato mediante esta vía debe ser examinada y sancionada por los tribunales en caso de impugnación, ya sea desmintiendo el incumplimiento o declinando la oportunidad de extinguir el contrato. Por lo tanto, aunque existen problemas de prueba, el ejercicio extrajudicial de la facultad de resolución es plenamente admitido.

Según este autor, la jurisprudencia no ha dejado claro si la facultad resolutoria puede estar condicionada por parte del que emite la declaración a la falta de cumplimiento en un plazo determinado u otra condición similar. Sin embargo, opina que no habría inconveniente en que la declaración de resolución extrajudicial esté sujeta a una nueva fecha límite para el cumplimiento, tal como lo permite el artículo 1504 en el caso

---

incapacidad no imputable del contratista en los contratos *intuitu personae* (art. 1595 CC, que sería aplicable también si el contrato es de servicios), y la extinción del contrato de arrendamiento urbano en caso de pérdida de la cosa arrendada no imputable al arrendador (art. 28 LAU). *Vid.* San Miguel Pradera, L. P. (2004): *Resolución del contrato por incumplimiento y modalidades de su ejercicio*, Colegio de Registradores de la Propiedad y Mercantiles de España, Centro de Estudios, Madrid, pp. 34–36; 73, 77 y ss.; 174-177.

154 Entre las más recientes, STS n º 716/2011 de 21 de octubre (TOL2.271.437).

de la compraventa. Desde una perspectiva legal, en este caso no sería obligatorio demostrar posteriormente la falta de cumplimiento del contrato ni tener que volver a resolverlo, aunque en la práctica podría ser aconsejable hacerlo.

Por lo que respecta a la acción de resolución (que puede interponerse si la resolución extrajudicial es discutida o si la resolución se insta directamente en el proceso), esta se configura como alternativa a la de cumplimiento, aunque el ejercicio de esta no excluye el de aquella, si el cumplimiento resultase imposible. Y finalmente, el Tribunal decretará la resolución solicitada a no ser que haya causas justificadas que le autoricen para señalar plazo.

A pesar de ello, de la lectura de la jurisprudencia reciente, no queda claro, en qué situación se produce extrajudicialmente la resolución del contrato, aunque se admita en cualquier caso que el control judicial de la resolución operada será necesario solo si hubiera conflicto[155].

Porque hay quien defiende, y es la doctrina mayoritaria, que la resolución extrajudicial puede ser unilateral –bastaría la declaración del acreedor–, debiendo valorar el juez si se ha ejercido correctamente el derecho potestativo a resolver, siendo dicha sentencia declarativa de la resolución extrajudicial correctamente practicada. Otros sectores sostienen que solo es admisible la resolución bilateral[156], es decir, la que goza del acuerdo de ambas partes, pudiendo acudirse a juicio si tal

---

155 Quicios Molina, S. *La ineficacia..., op. cit.* p. 1727.

156 Clemente Meoro, M. E., (2011). "Artículo 1124. Facultad de resolver las obligaciones" en Cañizares Laso, A. *et al. Código Civil comentado, vol. 3, libro IV* (artículos 1088 a 1444), Thomson Reuters-Civitas, pp. 229-239.

acuerdo diera lugar a controversia, y en tal caso la sentencia sería constitutiva[157].

La jurisprudencia, es ampliamente favorable a la consideración de que la resolución puede operar extrajudicialmente por voluntad del acreedor insatisfecho, dejando a la labor judicial, en su caso, el control de la misma cuando se impugne por algún interesado (la sentencia será, por tanto, declarativa y no constitutiva). Dando lugar, por ejemplo, a que el acreedor pueda negarse válidamente a recibir el pago de la obligación una vez haya declarado resuelto el contrato. Y lo que es más llamativo, a que el juez no pueda conceder un plazo[158] para el cumplimiento, como le permite el art. 1124.III CC.

Lo que nos sorprende es que una vez que se notifica el plazo para el pago, o después de que transcurra dicho plazo (si se ha establecido, aunque no sea obligatorio), ninguna de las partes puede exigir el pago. Ni el acreedor, aunque en un momento posterior le resulte más conveniente la resolución, ni el deudor tienen la posibilidad de hacerlo.

En este sentido, se viene exigiendo que para que la resolución extrajudicial se produzca es imprescindible que se den los requisitos generales sobre la gravedad del incumplimiento del deudor y no incumplimiento del acreedor.

Si no se diera alguno de ellos, hay alguna sentencia que sostiene que la determinada declaración de voluntad que se pre-

---

157 La sentencia STS n.º 245/2001 de 19 de marzo (TOL4.964.779) sostiene que es importante tener en cuenta la naturaleza constitutiva de la sentencia al resolver un contrato para lograr la solución más adecuada al caso. El TS, al aceptar el recurso de casación, declaró que la falta de pago de la renta de julio era solo una razón para el desahucio, y no la resolución real del contrato, que solo ocurriría cuando se dictara una sentencia firme por la Audiencia Provincial.

158 STS n.º 445/2011 de 22 de junio (TOL2.169.848).

tendió en lugar de ser resolución por incumplimiento sirviera como declaración de voluntad de desistimiento, por ejemplo en el marco de un contrato de obra, solo que no habría entonces derecho a una indemnización de daños y perjuicios[159]. Y lo que resulta más interesante, en estos casos, sería el declarante el que tendría que indemnizar por lo ya ejecutado (art. 1594 CC), pero la falta de realización de su prestación con posterioridad a la declaración de voluntad discutida no podría calificarse de incumplimiento resolutorio.

En este sentido de acuerdo con San Miguel, con quien coincidimos plenamente, defendemos que el acreedor que resuelve, al menos, ha de comunicar al deudor el incumplimiento en el que sostiene su declaración, como exigencia de un comportamiento honrado y leal[160]. Porque además puede ocurrir que no haya ninguna intervención judicial en la resolución si es acordada sin conflicto por las partes del contrato, en base al art. 1255 CC, y en este sentido los efectos serán los que las partes, a su vez, fijen. La diferencia esencial entre esta resolución convencional y el mutuo disenso radica en la causa de la extinción del contrato: el incumplimiento de una de las partes en el primer caso, la voluntad libre de las partes en el segundo.

Continuando con esta cuestión y en relación con el principio de conservación de los contratos, cabe plantearnos: ¿podría cumplir el deudor una vez declarado resuelto el contrato por el acreedor o interpuesta la demanda de resolución por el acreedor, que ha decidido hacerlo sin pedir a su vez el cumplimiento?

En respuesta a esta pregunta y de la lectura de la jurisprudencia reciente, el cumplimiento, una vez interpuesta la de-

---

159 STS n.º 474/1993 de 13 de mayo (TOL1.662.993).

160 San Miguel Pradera, L. P., *op. cit.*, p. 427.

manda de resolución, ya no se podría exigir por el acreedor[161]. Pero sería discutible si el deudor tendría la facultad de cumplir después de recibir la notificación de la resolución extrajudicial o mientras no haya sentencia que declare resuelto el contrato en caso de ser judicial.

En este sentido, según Quicios Molina[162], en cuanto a esta posibilidad, habrá que estar al momento en que se produce la resolución, y con ello la extinción del contrato, pues a partir de entonces procederá derivar los efectos de la resolución (restitución de las cosas objeto del contrato e indemnización de daños) y no los de la existencia del contrato, como sería su cumplimiento. Salvo que el juez conceda el plazo previsto por el art. 1124.III CC.

En este sentido y en relación a la incidencia que podría tener en relación con el uso oportunista de la resolución unilateral y extrajudicial, y encontrándonos en este supuesto de resolución extrajudicial, el cumplimiento posterior a la declaración unilateral del acreedor no sería válido y no se podría obligar al acreedor a recibirlo, aunque todavía no haya sentencia que declare tal resolución, lo cual es, sin duda, una consecuencia claramente *favor creditoris, y* en detrimento del principio de conservación de los contratos. Doctrina que, en nuestra opinión, desprotege en cierto modo al deudor que –aun tarde– pretende cumplir porque la prestación aún es posible, del mismo modo que desprotege el cumplimiento del contrato en sí mismo, pues detrás de esta situación –no lo olvidemos– puede haber un contrato con numerosas cláusulas que facultan la resolución unilateral para una de las partes, en caso de acaeci-

---

161 Como si ocurre en otros sistemas que son más benevolentes en el uso del *ius* variando antes y después de la interposición de la acción. Véase el francés y el italiano.

162 Quicios Molina, S. *La ineficacia..., op. cit.* p. 1727.

miento de ciertos incumplimientos cuya consideración como graves no está muy clara.

Además, y lo que en nuestra opinión resulta más gravoso, en estos casos, la consignación del pago por el deudor no serviría para liberarle y permitirle la reclamación de la obligación recíproca, porque el cumplimiento ya no es posible. Y en este mismo sentido, ocurre que si se reclama en juicio únicamente la resolución y no el cumplimiento, a partir de la fecha de interposición de la demanda el deudor no podría pagar válidamente.

En este mismo sentido, y como sostiene la doctrina, el hecho de que una condición contractual fuera nula por vicio del consentimiento, como cláusula, negociada individualmente, no impide el ejercicio del remedio resolutorio, aunque el TS indique que uno de los requisitos para aplicar el remedio es que el vínculo esté vigente[163]. Resulta que si ninguna de las partes promueve la acción o excepción de nulidad la cuestión de nulidad sería prioritaria[164], aunque nada dice Díez-Picazo de que se declare nula solo la cláusula de resolución anticipada. Pero entendemos que, en este caso, sería de aplicación la doctrina que se aplica a la conservación de los contratos bancarios con consumidores, donde la nulidad de una cláusula la excluye, pero se conserva la relación contractual.

2. LA RESOLUCIÓN EXTRAJUDICIAL DENTRO DE LA LEY DEL CONTRATO DE AGENCIA (LCA)

Dentro de la normativa que establece la Ley del Contrato de Agencia, concretamente en su art. 26.1.a) LCA se prevé un su-

---

[163] STS de 27 de abril 1991 (TOL1.728.872).

[164] Díez-Picazo, L., *Fundamentos...,op. cit.*, p. 817.

puesto de resolución extrajudicial al establecer que cualquiera de los contratantes vinculados por un contrato de agencia puede darlo por finalizado, sin necesidad de preaviso[165], cuando la contraparte hubiese incumplido, total o de forma parcial, las obligaciones legales o contractualmente establecidas. Como reiteramos en múltiples epígrafes de en este trabajo, los tribunales acuden por analogía a lo dispuesto en la LCA, pues atendiendo al déficit que supone nuestro CC, ofrece soluciones más equitativas atendiendo a las cuestiones de resolución, plazo adicional, preaviso e indemnización.

3. LAS CLÁUSULAS CON CONDICIÓN RESOLUTORIA EXPRESAN:

Existe la posibilidad, por tanto, de renunciar de forma anticipada, a la facultad resolutoria, salvo en los contratos con consumidores. Siendo aquí interesante analizar cómo afectaría el incumplimiento doloso a la posible eficacia de esta exclusión, pero para no ser demasiado exhaustivos, no nos detendremos en esta cuestión.

Es posible incluir en un contrato una condición resolutoria expresa o una cláusula de vencimiento anticipado de origen convencional, ya que el artículo 1129 del Código Civil es de carácter dispositivo, lo que significa que las partes pueden acordar cláusulas distintas a las contempladas en ese precepto. De acuerdo con el artículo 1255 del Código Civil, estos pactos son válidos, siempre y cuando no quede a la discreción de uno de

---

165 Álvarez Vigaray, R. (1993) *Comentario...*, p. 97. Carrasco, Derecho de Contratos, 2017, p. 1068, nota 3, informa de que en contratos de ejecución compleja y difícilmente reversible, como las adquisiciones de empresas, es común que las partes pacten la no resolubilidad por incumplimiento, siendo dudoso si un incumplimiento doloso no permitiría, en todo caso, la resolución.

los contratantes (lo que, recordemos prohíbe el artículo 1256) y exista una justa causa objetiva que lo justifique. Estos mismos criterios podrían aplicarse a la admisión de la facultad de cláusulas de resolución unilateral en caso de incumplimiento.

Por tanto, en uso de la autonomía de la voluntad (art. 1255 CC), pueden las partes convenir la resolución en supuestos que legalmente no procedería, o reglamentar sus intereses de la manera que entiendan más oportuna (por ejemplo, conviniendo una verdadera condición resolutoria dependiente del incumplimiento de alguna obligación contractual, aunque el art. 1504 CC parece excluir esta posibilidad. Son posibles, así, los pactos resolutorios en contratos de los que nacen obligaciones unilaterales, o para el caso de incumplimiento de cualquier obligación derivada del contrato, sea el que sea este y sea cual sea la gravedad del incumplimiento, con los interrogantes que ello plantea, pues sin duda pueden devenirse ámbitos, donde ocurre un abuso de derecho, que en cierto modo pase desapercibido, camuflado bajo la máxima de la libertad contractual.

Aun en supuestos donde se ha pactado una condición resolutoria expresa, y se ha cumplido con el presupuesto que faculta la resolución en razón de la misma, encontramos algunas posturas doctrinales más conservadoras y en armonía con el principio de conservación del contrato, en especial tras la situación de grave crisis económica sufrida en España desde 2008. Pronunciamientos judiciales que han entendido que procede la aplicación del art. 1124 CC incluso cuando entra en juego una cláusula contractual de resolución por incumplimiento de alguna obligación[166].

Esto es, en casos en que se ha pactado claramente el incumplimiento que produce la resolución del contrato, la aplicación del art. 1124 CC (en su interpretación judicial) ha llevado

---

166 Quicios Molina, S. *La ineficacia...*, *op. cit.* p. 1727.

a los tribunales a exigir el requisito de la voluntad deliberadamente rebelde –cuando se mantenía esta doctrina– o, más recientemente, el de la frustración del fin del contrato (STS n.º 538/2006 de 6 de junio [TOL952.740]).

En cambio, el Tribunal Supremo viene admitiendo, en varias sentencias recientes, la eficacia inmediata de cláusulas convencionales de resolución en caso de no entrega a tiempo del inmueble que debía construirse, y lo que resulta más llamativo, sin importar la gravedad del incumplimiento (cláusulas, por tanto, que desplazan la aplicación del art. 1124 CC). Se trataba de cláusulas tipo en las que se daba la opción al comprador de pedir el cumplimiento o la resolución del contrato[167]. Consideramos que esta argumentación sería inadmisible en según qué estrato de contratación nos encontremos, en relación con la teoría de los estratos de la contratación que proponemos en el capítulo 6. No sería admisible, por tanto, obviar si el incumplimiento que faculta la condición resolutoria fuera grave o no, pues en el estrato de la contratación en el que intervenga una empresa de cierto tamaño contratante con una empresa inferior, o incluso con un autónomo, queda claro que este último se vería mucho más afectado que en la situación donde la contratación tuviera lugar entre empresas en igualdad de condiciones. Entendemos que, en este caso, esta doctrina es desafortunada ya que debería ser más restrictiva en la conside-

---

167 Desde la STS n.º537/2012 de 10 de septiembre (TOL2.694.990), STS n.º 292/2016 de 4 de mayo (TOL5.716.366), en un caso en que el retraso era de un mes, STS nº 322/2016 de 18 de mayo (TOL5.733.028) o STS n.º 637/2017 de 23 de noviembre (TOL6.441.204). Una cláusula con una mera remisión al art. 1124 CC no convierte en automática la resolución en caso de retraso (STS n.º 72/2015 de 20 de febrero [TOL4.751.761]) y si se han salvado en la cláusula los retrasos en la obtención de licencia de primera ocupación no imputables al vendedor, un leve retraso no permite la resolución (STS 53/2014 de 5 de febrero [TOL4.100.972]).

ración y aplicación de este tipo de cláusulas, precisamente por los efectos que tendría la resolución para esa parte, presumiblemente más débil.

En relación con esto y dentro del ámbito contractual de las compraventas de bienes inmuebles por falta de pago del precio aplazado, se haya pactado o no la resolución inmediata por tal motivo (pacto comisorio), indicar que se estará al régimen especial que establece el art.1504 CC, que a su vez la doctrina registral ha extendido a otros contratos traslativos de dominio como la permuta de solar por edificación futura sometida a condición resolutoria.

El art.1504 exige, a diferencia del art. 1124 CC, un requerimiento de resolución para que esta se pueda producir, sin que deba darse al deudor un plazo para cumplir. Excluye, una vez realizado tal requerimiento, la posibilidad de que el juez conceda al deudor un plazo de cumplimiento en lugar de declarar la resolución procedente (lo que no obsta para admitir que el vendedor sí pueda aceptar válidamente el pago con posterioridad al requerimiento de resolución)[168].

Sobre el pacto comisorio volveremos en epígrafes sucesivos.

En principio, pues, pueden ser resueltos por incumplimiento todos los contratos de los que nacen obligaciones recíprocas, esto es, los contratos bilaterales sinalagmáticos en los que cada obligación es causa de la otra (art. 1274 CC).

El Tribunal Supremo establece como requisito para que se puedan considerar obligaciones recíprocas en un contrato que cada una de las partes haya querido que su obligación sea equivalente a la de la otra, es decir, que no se conciba una sin la otra.

Debe entenderse aplicable el precepto contenido en el art. 1124 CC a los contratos de los que en puridad no nacen obliga-

---

168 Quicios Molina, S. *La ineficacia...*, *op. cit.* p. 1699.

ciones recíprocas, porque no nacen de ellos obligaciones para ambas partes, pero sí tienen por objeto mutuas prestaciones condicionadas entre sí.

Si del contrato novatorio no nacen prestaciones diversas, sino que solo se reordenan las ya pactadas (por ejemplo, se concede un nuevo plazo de cumplimiento), el incumplimiento de alguna facultará para resolver el contrato originario y no el novatorio. En este caso es defendible que el contrato modificado o superado por la transacción pervivirá tras la resolución del posterior[169].

La resolución es alternativa al cumplimiento, pero el acreedor no puede elegir libremente una u otra opción. La resolución puede considerarse como excepcional, de ahí que no cualquier incumplimiento faculte para extinguir el contrato (en alguna sentencia se acusa al actor, entonces, de actuar en contra de las exigencias de la buena fe)[170].

Ello explica también que la falta de ejercicio de la facultad de resolución, durante un período largo de tiempo se entienda como expresiva de la opción por el cumplimiento, además de contraria a la buena fe. Efectivamente, como el efecto natural de todo contrato debiera ser el cumplimiento, la resolución pretendida se califica a veces como incursa en abuso de derecho.

Así ocurrió en compraventas de inmuebles con condición resolutoria expresa y cláusula penal que facultaba al vendedor para quedarse con todas las letras de cambio ya pagadas, cuan-

---

[169] Díez-Picazo, L., *Fundamentos..., op. cit.*, p. 708. STS 4.4.1991 (TOL1.728.922).

[170] STS nº. 301/1985 de 13 de mayo (TOL1.735.947). Argumenta que no es posible acusar una infracción del artículo 1124 del Código Civil cuando lo que se ha hecho incorrectamente o se ha omitido carece de la suficiente importancia en comparación con lo que se ha realizado correctamente y el interés del cliente.

do después de cobrar la última vencida (y prácticamente casi todo el precio) se insta la resolución por el impago de algunas letras de cambio anteriores.

Excepcionalmente se prevé la resolución anticipada al vencimiento de la obligación en el caso de compraventas de bienes inmuebles, cuando el vendedor tuviese fundado motivo para temer la pérdida de la cosa vendida y el precio (art. 1503 CC), esto es, porque se ha entregado ya el inmueble y hay riesgo de que la obligación de pagar el precio, todavía no vencida, no se cumpla cuando llegue el momento. Y si el contrato ya se ha ejecutado, o ha dejado de estar en vigor, no podrá resolverse, pues no habrá entonces incumplimiento ninguno achacable al deudor (si se hubiera cumplido defectuosamente, por supuesto procederá la resolución).

4. LOS EFECTOS PERVERSOS DEL USO DE LA CONDICIÓN RESOLUTORIA EXPRESA

Como consecuencia de las amplias facultades que otorga la libertad contractual y el principio de autonomía de la voluntad, viene ocurriendo, que en los contratos B2B, dentro de nuestro sistema y cada vez con más frecuencia en el ámbito negocial, ocurren efectos indeseados derivados de prácticas de lo que algunos califican como *ingeniería jurídica*.

En consecuencia del interés, paulatinamente más frecuente, de ciertos contratantes por resolver los conflictos de forma ágil y preferentemente, extrajudicial, así como, del interés de evadir doctrinas y criterios jurisprudenciales poco favorables a los intereses contractuales, se vienen concertando en la práctica, contratos –en su mayoría atípicos– que suelen ir pertrechados de un clausulado denso, muy detallado y que contiene un gran número de condiciones resolutorias expresas, normalmente previstas a favor de una de las dos partes, que la facultan a resolver el contrato por un incumplimiento de la otra parte, incumplimiento que no siempre es esencial, de acuerdo con la tesis sostenida en este trabajo, quedando en realidad la eficacia del contrato al arbitrio de una de las dos partes, y por lo tanto, contrario al art. 1256 CC.

Además en este contexto ocurre, que una de las partes contratantes, que normalmente coincide con el contratante que mayor poder negocial tiene en el ámbito de la economía del contrato, el cual, frecuentemente, se reserva además, algún medio de interpretación del *factum,* acerca de la existencia o no del incumplimiento.

Esta circunstancia viene siendo una constante en los contratos de obra, franquicia, agencia, distribución comercial y en general, en todos aquellos en los que existe una disparidad de poder negocial o en el que las inversiones específicas realizadas por una de las dos partes (franquiciado, agente, contratista) en el cumplimiento del contrato, le dejan a merced de la otra parte.

Esta situación, unida a una jurisprudencia muy restrictiva a la hora de valorar la ineficacia de condiciones resolutorias excesivas, así como las penalizaciones asociadas a tales resoluciones, hace indispensable traer a colación el principio de buena fe en el cumplimiento de las obligaciones, además de que estas situaciones puedan suponer, previsiblemente, un abuso de derecho o ser contrarias a la prohibición de que el contrato quede al arbitrio de una de las dos partes (art. 1256 CC). Cuestiones todas ellas desarrolladas ampliamente en los capítulos sucesivos, pues pretendemos encontrar alguna solución o criterio interpretativo presumiblemente más justo a través de la *teoría de los estratos de contratación* que proponemos en esta tesis que, si bien no dé respuesta a toda la casuística que se pueda plantear, pueda ser relevante en algunos casos.

5. HEREDEROS DEL PAÍS DE "RINCONETE Y CORTADILLO"

En relación con las cuestiones planteadas en los epígrafes precedentes y tras el análisis de la jurisprudencia más reciente en materia de condición resolutoria y plazo esencial, se puede observar como en los últimos años se ha establecido una jurisprudencia inaceptable, la cual en palabras de propio Carrasco Perera: "se ha entronizado y en virtud de la cual cuando las partes han expresado una fecha de cumplimiento y han incorporado una condición resolutoria expresa en contratos de enajenación de vivienda futura" [171], se permite la resolución en la fecha de cumplimiento aunque el incumplimiento no sea esencial en términos materiales y el demandado esté en condiciones de cumplir. Esta doctrina considera que la fijación de un plazo inequívoco es equivalente a un plazo esencial y que la inclusión de una condición resolutoria expresa libera de la necesidad de demostrar otros requisitos adicionales para la resolución[172].

La jurisprudencia mencionada a menudo está relacionada con la presencia de una garantía bancaria o seguro que cubre los pagos anticipados realizados por el comprador en un contrato de enajenación de vivienda futura. En estos casos, se entiende que la reclamación de la garantía o el seguro no debería

---

171 Dice Carrasco Perera que la doctrina jurisprudencial es superflua en este sentido Ej. STS n.º 699 /2012 de 29 de noviembre (TOL2.709.677).

172 Para ampliar esta cuestión Ver estas sentencias: STS n.º 661/2012 de 8 de noviembre (TOL2.690.795), 673/2012 de 15 de noviembre (TOL2.709.964), 401/2013 de 13 de noviembre (TOL4.015.348), 364/2015 de 28 de junio (TOL5.438.834) (comentario de Busto Lago), 292/2016 de 4 de mayo (TOL5.716.366) (comentario de Plana Arnaldos). Según Carrasco Perera esta sentencia se equivoca. Carrasco Perera, Á., *op. cit.*, p. 1231.

estar sujeta a plazos de espera relacionados con la obligación principal del contrato.

En las STS n.º 218/2014 de 7 de mayo (TOL4.388.219), STS n.º 778/2015 de 20 de enero (TOL4.733.341), incluso se llega a una situación paradójica que parece solo se puede resolver mediante el abandono de la regla del incumplimiento esencial. En efecto, si se concede espera al promotor, se corre el riesgo de perder el aseguramiento o el aval, tanto por la perentoriedad del plazo de vigencia como por el riesgo que tiene para el comprador conceder prórrogas al promotor.

En consecuencia, o se prescinde del incumplimiento esencial (el plazo no es de esencia en los contratos de promoción inmobiliaria) o se da por buena la reclamación contra el garante sin entrar en más detalles sobre si el contrato de compraventa está resuelto.

Siendo, todos estos claros ejemplos de la inversión de la necesidad de esencialidad para declarar la resolución por parte del TS, aquí ocurre un automatismo de la condición resolutoria, como se aprecia en estas sentencias, en palabras de Carrasco Perera, ha dado lugar a una jurisprudencia desgraciada, y lo que es peor, innecesaria y destructiva del andamiaje histórico de la resolución por incumplimiento. Para más desgracia, promueve el ejercicio oportunista y abusivo de la facultad de resolución, cuando se llega hasta el extremo de permitir que el comprador resuelva el día después de la llegada del plazo y se dé curso a esta resolución, aunque el vendedor ofrezca inmediatamente el cumplimiento en la contestación al requerimiento resolutorio.

Como sostiene Carrasco Perera, la exigencia de sustancialidad o esencialidad en el incumplimiento no se ha forjado en la jurisprudencia antigua (y buena) como una regla supletoria a la falta de declaración expresa, sino como una regla material instaurada para neutralizar las estrategias oportunistas y la destrucción innecesaria del surplus bilateral creado en el contrato, cuando ocurre simplemente que el acreedor quiere salirse de un mal negocio porque su contrato se ha hecho más caro que el mercado, Si no es una regla supletoria, entonces tampoco podrá ser apartada en su aplicación por la simple aposición de una condición resolutoria que tenga al incumplimiento como su supuesto de hecho; si la cosa pudiera ser así, entonces también habría que acceder a la resolución cuando el comprador hiciera valer la condición resolutoria (cumplida) después de que el vendedor le ofrece el cumplimiento, aunque retrasado, lo que solo con mucha mala fe se puede defender[173].

Además, si el ordenamiento impone una regla material de protección de un determinado interés, es ridículo que se pueda hurtar su aplicación mediante la práctica de un expediente formal cuya instauración no tiene coste alguno. En efecto, si tal cosa pudiera conseguirse, de nada habría servido la consagración de esfuerzo regulatorios para la defensa de aquel interés, que puede ser eliminado sin un esfuerzo compensatorio correspondiente.

Y es evidente, no solo, que no tiene ningún coste adicional al contrato una condición resolutoria, sino que de hecho es algo que se hace ya por rutina en todo contrato, simple o complejo.

Su misma universalidad revela la carencia de significado real en la económica contractual", por demás, incluso si ello fuera posible, sería contrafáctico sostener que cuando las partes han pactado una condición resolutoria han querido derogar toda otra suerte de exigencias materiales para que proceda la resolución.

---

[173] Y de hecho no se defiende nunca, como así pone de manifiesto la STS n.º 781/2013 de 4 diciembre (TOL4.041.901), 5 de mayo de 2014 (TOL4.357.235) , STS n.º 77/2018 de 14 de febrero (TOL6.516.435), STS n.º 736/2015 de 30 de diciembre (TOL5.625.161).

No menos ridículo es afirmar que la determinación de un plazo de cumplimiento (que es esencial para la validez de todo contrato) equivale a convertir ese plazo en un término esencial de cumplimiento.

Si así fuera, todo contrato estaría de hecho sujeto a plazo esencial, cuando la realidad es que hoy como ayer los plazos de cumplimiento (especialmente en contratos inmobiliarios, en los cuales evidentemente *term is not of essence*) casi nunca revelan un interés esencial, lleven o no adosada como cláusula de estilo una condición resolutoria expresa, como se comprueba por la cláusula de esencialidad que formula el art. 66 bis. 2 II TRLGDCU[174] y porque el transcurso del plazo adicional del apartado 1 de la norma tampoco basta para hacer esencial el plazo de cumplimiento, pues de hecho, mientras no se resuelva, el vendedor puede todavía cumplir.

6. APLICACIÓN DE LAS REGLAS DEL ABUSO DE DERECHO A CLÁUSULAS DE RESOLUCIÓN EXPRESAS

Existe una jurisprudencia del Tribunal Supremo que convalida formalmente las cláusulas de resolución expresa por causa

---

174 Art. 66 bis.II TRLGDCU Si el empresario no cumple su obligación de entrega, el consumidor o usuario lo emplazará para que cumpla en un plazo adicional adecuado a las circunstancias. Si el empresario no cumple con la entrega de lo prometido, el consumidor tendrá derecho a pedirle que cumpla en un plazo adicional adecuado. En el caso de que el empresario no cumpla con el suministro de contenidos o servicios digitales, el consumidor podrá solicitar que se le proporcionen sin demora indebida o en un período adicional acordado por ambas partes.

de un incumplimiento que no son suficientes para catalogarse como incumplimiento esencial[175].

Además, no está claro en qué medida la jurisprudencia reinstaura las exigencias generales de la resolución del 1124 mediante la aplicación de las reglas del abuso de derecho[176]. Y en este sentido, como sostienen los autores, sería contradictorio establecer requisitos esenciales para hacer uso de la facultad de resolver un contrato si los contratantes pudieran evitarlos mediante la inclusión de una cláusula de estilo que establezca la condición resolutoria expresa por impago[177].

Distinto en nuestra opinión es que el incumplimiento resolutorio se construya contractualmente de forma tal que la condición resolutoria deje de ser propiamente el incumplimiento y pase a serlo, acaso, una decisión potestativa de la parte adversa[178].

---

175 Según Carrasco Perera, de forma muy crítico con esta jurisprudencia, en el mismo sentido, Bercovitz Rodríguez-Cano, R. (1984) "Condición resolutoria explícita; ejercicio contrario a la buena fe; abuso de derecho. Incongruencia". *Cuadernos Civitas de Jurisprudencia Civil*, n.º 4, pp. 1303-1314.

176 Carrasco Perera, Á., *op. cit.*, p. 1215.

177 *Idem.*

178 *Ibidem*, p. 1214.

Capítulo 6

Nuevos planteamientos en torno a la resolución

1. CONDICIONANTES QUE INFLUYEN EN LA LIBERTAD CONTRACTUAL Y EN LA EFICACIA DE LAS CLÁUSULAS RESOLUTORIAS EXPRESAS MANIFIESTAMENTE VENTAJOSAS PARA UNA DE LAS PARTES

Tras la lectura de los capítulos anteriores, y con especial atención en la influencia que recibe nuestro sistema de los principios del *soft law*, de inspiración *neoliberalista*[179], estimamos necesario recordar el concepto de contrato que se presenta clásicamente como el resultado equilibrado del encuentro entre dos contratantes con intereses antagónicos, pues *quien dice contractual dice justo*[180].

Sin embargo, en una economía globalizada como la nuestra, donde se multiplican las relaciones entre desiguales, este desequilibrio económico a veces conduce a un desequilibrio en la propia convención. El consentimiento ya no se refiere a una manifestación de voluntad, sino que se convierte, como lo califican algunos, en un instrumento de vasallaje, un objeto en el mercado que debe conquistarse a toda costa.

---

179 Harvey, D. (2013). *Breve historia del neoliberalismo* (3.ª ed.). Tres Cantos, Madrid: Akal.

180 Fouillée, A., & Laloux. (1878). *L'idée moderne du droit*, s.l.

La doctrina que reconoce esta desigualdad como fuente de conflictos es escasa, aun así, se ha indicado que no es suficiente asimilar el poder de negociación superior debido a las condiciones del mercado cuando hay una dependencia de una parte respecto de la otra. Esto sugiere que se empieza a tener en cuenta la idea de "dependencia económica". Cuestión que en el derecho inglés se resuelve bajo la institución de la *economic duress* y en el francés (tras la reforma de 2016) bajo la *violence de dépendence.*

En España, podemos encontrar tímidas manifestaciones de estos condicionantes en nuestra jurisprudencia. Un ejemplo sería la STS del 29 de julio de 2013 (TOL3.888.102)[181]. En este caso, el Tribunal tuvo la oportunidad de abordar un caso de arrendamiento de obra donde se le encarga la fabricación de material (para un puente grúa automático) a la contratista, aceptando la comitente una modificación del contrato originario en la que agrava su posición contractual con ciertas renuncias para obtener su entrega que debía cargar en un avión ya fletado para una fecha inminente, por existir, según el TS una coacción de un perjuicio comercial y económico coloquialmente llamado chantaje.

Se renegocia un contrato de obra, tras la amenaza del contratista, tratándose, por tanto, de un ejemplo claro de contrato novatorio viciado por la intimidación. En la actualidad, este tipo de contratos novatorios son cada vez más comunes en situaciones de crisis económica y se consideran uno de los escenarios más propicios para la aparición de la intimidación como un vicio del consentimiento.

Esta idea que sostiene la sentencia, se inspira en la doctrina y legislación francesa, la cual ampliaremos en el epígrafe siguiente. Según esta concepción, la intimidación siempre ha

---

181 STS del 29 de julio de 2013 (TOL3.888.102).

tenido una dimensión como un defecto de la voluntad del contratante (que se ve afectado al momento de contratar por el temor causado por amenazas). La STS de 29 de julio de 2013 en su fundamento 3.°, establece que para que se pueda considerar la existencia de intimidación, es necesario que uno de los contratantes o una persona relacionada con él, emplee un acto injusto en lugar del ejercicio correcto y no abusivo de un derecho y ejerza sobre el otro una coacción o fuerza moral tan significativa que influya en su estado de ánimo, llevándolo a emitir una declaración de voluntad no deseada y contraria a sus intereses. En otras palabras, se refiere a una amenaza racional y fundada de un mal grave, considerando las circunstancias personales y ambientales del sujeto intimidado, y no un temor leve, del mismo modo que establece que debe haber un nexo causal efectivo entre la amenaza y el consentimiento otorgado.

2. EL EJEMPLO DE FRANCIA

En el siglo XIX se originó el movimiento que impulsó la codificación de varias materias legales, entre las cuales se encontraba el Derecho Civil. En particular, el Código Civil francés promulgado por Napoleón en 1804 fue una fuente de inspiración para la mayoría de estas codificaciones tempranas y, en especial para nuestro Código Civil vigente desde el año 1889.

Partiendo de este antecedente, nos resulta muy relevante el movimiento de reforma en materia civil que tiene lugar en el país vecino, especialmente, desde el año 2006, pues, creemos que supone la antesala de las pretendidas reformas del Código Civil español.

En el año 2006[182] tuvo lugar una profunda reforma del *Code Civil* francés, en la que se regularon cuestiones relativas a obligaciones y contratos bajo la inspiración del moderno derecho europeo de contratos y demás principios de soft law, siendo algunas de estas reformas especialmente relevantes para este trabajo, y en concreto para este capítulo.

En este sentido, el *Code Civil* francés define y sanciona en sus artículos 1142, 1143[183] y siguientes el "vicio de violencia". Lo diferencia del error y del engaño, que más bien apuntan a una voluntad engañada e introducen un matiz y una hipótesis que sanciona lo que denomina una "voluntad forzada".

En tiempos de reflexión sobre una posible reforma del derecho de obligaciones y contratos español e incluso sobre una armonización europea en esta materia, el desafío sería comprender, cada vez mejor, la dimensión económica que puede tener la violencia y la coacción como circunstancia que afecta, de forma forzada, a la adopción de acuerdos en sede contractual.

---

182 Reforma introducida por Ordonnance 2016-131 du 10 février 2016 portant réforme du droit des contrats, du régime général et de la preuve des obligations.

183 Art. 1143 Code: "Il y a également violence lorsqu'une partie, abusant de l'état de dépendance dans lequel se trouve son cocontractant à son égard, obtient de lui un engagement qu'il n'aurait pas souscrit en l'absence d'une telle contrainte et en tire un avantage manifestement excessif." Traducción mía: "También hay violencia cuando una parte, abusando del estado de dependencia en que se encuentra su cocontratante con respecto a ella, obtiene de ella un compromiso que no habría suscrito en ausencia de tal coacción y obtiene un precio manifiestamente excesivo. ventaja." El art. 1143 Code fue recientmenete modificado por LOI n.º 2018-287 du 20 avril 2018 ratifiant l'ordonnance n.º 2016-131 du 10 février 2016 portant réforme du droit des contrats, du régime général et de la preuve des obligations.

Tal como hemos mencionado con anterioridad, en el año 2006 se llevó a cabo una reforma significativa del Código Civil de Francia. El objetivo principal de dicha reforma fue adaptarse a las nuevas realidades económicas y lograr un equilibrio justo entre la libertad y la justicia. La reforma hacía referencia a las "necesidades económicas y sociales de los contratos", lo que implicaba una mayor flexibilidad en los acuerdos, junto con una protección especial para la parte más vulnerable (independiente del concepto de consumidor) y la aplicación de la teoría de la imprevisión[184].

Bajo la influencia del pensador alemán Rudolf Von Ihering[185], se considera que las negociaciones crean una expectativa, de forma que si una parte la rompe, incurre en la denominada responsabilidad contractual. Ruptura abrupta, que en nuestro sistema, influenciado por el alemán, recibe el nombre de culpa *in contrahendo.*

En este sentido consideramos que esta frustración también puede ocurrir una vez se ha concertado la relación obligatoria, pues estas expectativas legítimas creadas por la contraparte se pueden ver frustradas por la ejecución de la facultad de resolución unilateral estipulada en el contrato, incluso, aunque exista un incumplimiento.

Como indicábamos en el primer capítulo, en el derecho anglosajón, el principio es la total libertad contractual, es decir, cada parte, dentro del ámbito de las negociaciones puede romper el contrato, cuándo y cómo quiera, sin pagar daño alguno a la otra.

---

184 Doctrina de la cláusula *rebus sic stantibus* en España.

185 Jhering, R. v. (2018). *La lucha por el derecho;* Edición de Luis Lloredo Alix. Universidad Carlos III de Madrid. Extraído el 3 de marzo de 2023 de http://hdl.handle.net/10016/27845 P. 11.

Desde una perspectiva económica, la propuesta anglosajona resulta atractiva ya que otorga a las partes la libertad de elegir el contrato que mejor se ajuste a sus intereses, sin embargo, en términos de justicia contractual, como sostienen algunos autores, esta solución resulta insuficiente[186].

La reforma del *Code* francés incluye un aspecto que resulta de mucho interés en este trabajo: la flexibilidad contractual en las sanciones por falta de ejecución del contrato.

Tal como hemos mencionado previamente, si una de las partes involucradas en un contrato no cumple con sus obligaciones, la otra parte tiene el derecho de pedir la resolución del contrato. Si no se ha incluido una cláusula de resolución en el contrato, el juez es quien determina su resolución sin establecer un plazo específico, siempre y cuando no existan razones justificadas para ello.

El artículo 1184 del Código Civil francés de 1804 establecía un procedimiento similar, pero este enfoque no era justo para el acreedor, ya que se le exigía que acudiera al juez antes de poder resolver el contrato, lo que le impedía celebrar otro acuerdo inmediatamente.

Además, esta solución tampoco beneficiaba al deudor ya que no se le permitía limitar el daño y la cuantía que debía pagar al acreedor en concepto de indemnización. Del mismo modo que al acreedor no se le daba la posibilidad de resolver el contrato libremente, sin observar ningún deber de protección frente al deudor, como sí permite el derecho inglés.

Es por este motivo que la reforma adoptó una solución de compromiso influenciada por la jurisprudencia. El artículo

---

186 Cabrillac, R. (2016). "El nuevo derecho francés de los contratos". *THEMIS Revista De Derecho,* n.º 70, p. 56.

1226[187], del actual *Code*, indica que el acreedor puede resolver el contrato por su cuenta y riesgo, siempre y cuando medie notificación previa y exista falta de cumplimiento de la otra parte.

Antes de resolver el contrato, el deudor debe haberse constituido en mora y el acreedor debe darle un plazo razonable para cumplir con sus obligaciones. Siendo así, y si el incumplimiento persiste, el acreedor notifica al deudor sobre la resolución del contrato y las razones que la justifican y en cualquier caso el deudor tiene la opción de presentarse ante el juez en cualquier momento para apelar la decisión de resolución, en este caso, el acreedor en caso de que se impugne, tendría que probar la gravedad de dicho incumplimiento.

El art. 1226 permite la resolución del contrato después de que el deudor haya incurrido en mora, lo que faculta al acree-

---

187 Art. 1226 Le créancier peut, à ses risques et périls, résoudre le contrat par voie de notification. Sauf urgence, il doit préalablement mettre en demeure le débiteur défaillant de satisfaire à son engagement dans un délai raisonnable. La mise en demeure mentionne expressément qu'à défaut pour le débiteur de satisfaire à son obligation, le créancier sera en droit de résoudre le contrat. Lorsque l'inexécution persiste, le créancier notifie au débiteur la résolution du contrat et les raisons qui la motivent. Le débiteur peut à tout moment saisir le juge pour contester la résolution. Le créancier doit alors prouver la gravité de l'inexécution.
Traducción propia: Art. 1226 El acreedor puede, por su cuenta y riesgo, rescindir el contrato mediante notificación. Excepto en caso de emergencia, primero debe dar aviso formal al deudor moroso para que cumpla su compromiso dentro de un tiempo razonable.
El aviso formal menciona expresamente que si el deudor no cumple con su obligación, el acreedor tendrá derecho a rescindir el contrato.
Cuando persiste el incumplimiento, el acreedor notifica al deudor la terminación del contrato y las causas de la misma.
El deudor podrá en cualquier momento recurrir al juez para impugnar la resolución. El acreedor debe entonces probar la gravedad del incumplimiento.

dor para celebrar un nuevo contrato con otra parte sin demora. Además, este artículo establece un plazo para que el deudor cumpla con sus obligaciones, lo que evita que sea privado del contrato de inmediato.

El nuevo texto del *Code* que se refiere a la resolución unilateral del contrato en caso de incumplimiento, brinda una mayor flexibilidad en las relaciones contractuales, lo que sugiere que el espíritu de la reforma del Código Civil todavía está influenciado por los principios filosóficos y económicos de los redactores originales de 1804, por el liberalismo económico y el conservadurismo social.

No obstante, la reforma del *Code* también refleja el compromiso de proteger al contratante más vulnerable, al reconocer que la violencia puede ser considerada un defecto o vicio del consentimiento y no se limita únicamente a la violencia física o moral como se establecía en el Código de 1804[188].

Se trata de una confirmación del abuso de la vulnerabilidad que puede aplicarse en casos de violencia económica, lo que puede suceder, por ejemplo, entre una pequeña empresa y una más grande[189].

En este sentido, desde finales del siglo XIX, algunos autores habían puesto de manifiesto que la libertad y la igualdad que sirven de base para la teoría general de los contratos con frecuencia eran únicamente conceptos teóricos, pues se apreciaba que seguía existiendo una disparidad en el poder económico entre las partes involucradas. Y de esa forma aquella con mayor poder era capaz de dictar las condiciones del contrato a la otra parte.

---

188 Fages, B. (2016). *Droit des obligations.* 6.ª ed. París: Lgdp, p. 115.

189 Cabrillac, R., *op. cit.*, p. 59.

Así, como apuntaba Lacordaire[190], un autor francés del siglo xix[191], "entre el fuerte y el débil, entre el rico y el pobre, entre el amo y el siervo, es la libertad que oprime y la ley que libera".

2.1. La violence economique-violence de dépendence

En 1705[192], Bernard de Mandeville[193] publicó la "Fábula de las abejas", en la que argumentaba de manera radical que una sociedad no puede ser moral y próspera al mismo tiempo, y

---

190 Lacordaire, H. s.f. *Conférences de Notre-Dame de París.* (Nouvelle éd.) Garnier, p.193.

191 Demogue, R. (1923). Traité des obligations en général. I, Sources des obligations. París: Arthur Rousseau.

192 *La fábula de las abejas y otros ensayos* es una obra del filósofo y economista holandés Bernard de Mandeville, publicada en 1714. El libro consta de dos partes. La primera es la fábula de las abejas, un poema satírico que presenta una sociedad de abejas como una alegoría de la sociedad humana. La fábula es un ataque a la hipocresía y la moralidad convencional, y defiende la idea de que la búsqueda individual del placer y la satisfacción personal puede conducir al bien común. La segunda parte del libro contiene varios ensayos filosóficos sobre temas como la moralidad, la política y la economía. Mandeville argumenta que el egoísmo es una motivación natural en los seres humanos, y que el sistema económico basado en la competencia y el comercio libre beneficia a la sociedad en su conjunto. Además, sostiene que las instituciones sociales y políticas que restringen la libertad individual y buscan imponer una moralidad artificial son inútiles y contraproducentes. En resumen, *La fábula de las abejas y otros ensayos* es una obra que defiende una visión polémica y controvertida de la naturaleza humana y la sociedad, cuestionando muchas de las ideas y valores convencionales de la época en la que fue escrita.

193 Mandeville, B., Sales i Boguñà, J., & Flaquer i Vilardebó, L.F. (1988). *La faula de les abelles i altres assaigs;* traducció de Josep Sales i Boguñà ; ediciò a cura de Lluís Flaquer. Edicions 62.

que el vicio, entendido como la búsqueda del propio interés, es la condición para la prosperidad.

Unas reflexiones que doscientos años después nos hacen pensar sin duda, porque sintetizan de forma muy gráfica las prácticas negociales liberales que desde la revolución industrial se han venido desarrollando, con el único objetivo de conseguir negocios prósperos lo que, a su vez, como apuntó Mandeville, pudiera ser incompatible con prácticas negociales basadas en criterios éticos y honestos.

En este sentido, ¿se justifica la intervención del Estado en sacrosanto mundo de la autonomía contractual? o ¿es preponderante la contratación libre y espontánea entre empresas?

Entre los juristas, el debate entre el liberalismo y las doctrinas más intervencionistas, que llegan hasta el "solidarismo contractual", está latente. Aun así en el derecho francés la noción de violencia económica es tardía, mucho más aún en el derecho español.

Nuestra época ha visto nacer un sistema de condicionamiento psicológico y social de los individuos, un edificio de "violencia apacible", casi desapercibida, que se conoce como violencia económica, y que surge ante nuestros ojos distraídos.

Esto es, la violencia económica entendida, en un enfoque general, como la explotación o la amenaza ejercida sobre los intereses puramente económicos de una persona para obtener un consentimiento que no habría dado espontáneamente otra.

Se busca proteger al contratista en situación de vulnerabilidad dentro del contexto de una economía liberal. Sin embargo, surge el interrogante de cómo justificar esta protección, aunque sea palpable la existencia de un contratante del cual, en cierto modo, se aprovecha aquel que tiene una ventaja en términos de experiencia, estatus consolidado, posición jurídica o económica.

La voluntad de cualquier contratante en un entorno capitalista y liberal, soporta de manera constante diversas presiones inherentes a las relaciones económicas y sociales, por lo que podemos decir que no hay consentimiento que sea completamente libre.

Por lo tanto, la admisión de un vicio de violencia económica parece atentar contra la seguridad de los negocios y la estabilidad de las relaciones contractuales, ya que la concertación de ciertos contratos pudiera ser el resultado de un estado de necesidad económica que vicia la voluntad libre de uno de los contratantes.

¿Cuál debería ser el bien jurídico protegido preponderante?, ¿el fomento de los negocios y la protección de la libertad contractual o la protección de los contratantes económicamente débiles?

Autores, sostienen que los operadores económicos -a través de determinadas prácticas contractuales y contratos atípicos-, están creando "nuevos híbridos" que reactivan mediante el vínculo contractual "maneras feudales de vinculación social". Véase, por ejemplo, en los contratos de distribución, en los contratos de franquicia, en los contratos de agencia, en las subcontrataciones, etc.

En este contexto es donde opera este nuevo concepto de *violencia económica* que propone el modelo francés, pues pretende preservar un espacio de libertad para la parte débil en el contrato, dándole al juez el medio de sancionar los abusos de poder económico.

En contra de esta doctrina autores como Josserand no han dejado de denunciar esta "singular psicosis colectiva que tiende a ver tanto en el acreedor como en el propietario, más generalmente en todos aquellos que ocupan una situación dominante, jurídica y moralmente, enemigos de la sociedad…"[194].

Si bien los sistemas de *Common Law* y el derecho francés presentan profundas diferencias, la comparación de los mecanismos de protección de las partes económicamente en situación de debilidad revela una cierta convergencia entre las soluciones de ambos sistemas, a medida que el derecho francés y el derecho inglés encuentran dificultades similares en el ámbito de los contratos entre empresarios.

2.2. El "solidarismo contractual"

De esta forma, ha surgido el nuevo enfoque, el denominado "solidarismo contractual[195]" como alternativa al liberalismo, siendo René Demogue[196] en el siglo XIX uno de sus principales fundadores. Desde los inicios del siglo XXI, este enfoque ha tenido una notable influencia en la evolución del derecho francés.

---

194 Josserand, L. *et al.* (2012). *El espíritu de los derechos y su relatividad*: teleología jurídica. Comares.

195 La doctrina del solidarismo contractual surge en Francia en el siglo XIX como respuesta a los abusos que se cometían en la autonomía de la voluntad. Esta corriente busca establecer un equilibrio en los contratos mediante una interpretación distinta de los mismos. Según esta doctrina, las partes deben tomar en cuenta el interés de la otra parte para lograr conciliar la estabilidad y seguridad jurídica con valores como la solidaridad, la colaboración, la lealtad y la coherencia, entre otros. A pesar de sus orígenes hace más de un siglo, la concepción solidarista está adquiriendo una renovada importancia en el ámbito jurídico francés, y algunos la consideran como un nuevo fundamento de la teoría general del contrato, y un nuevo orden contractual.

196 Bernal Fandiño, M. (2007) "El Solidarismo contractual -especial referencia al derecho francés-". *Universitas* n.º 114, p. 5.

El solidarismo contractual pone en entredicho el dogma de la autonomía de la voluntad, el cual sostiene que el individuo es el mejor defensor de sus intereses. Este enfoque cuestiona la idea de que las partes sean las únicas responsables de establecer la idoneidad del contrato y que la negociación implique necesariamente un equilibrio entre las partes[197].

Como explica Christophe Jamin, aunque la voluntad sigue siendo la fuente del efecto de las obligaciones, su validez debe estar sujeta a las demandas del solidarismo.

La doctrina solidarista ha dado lugar al surgimiento del deber de cooperación, que se define claramente en los textos del *soft law*[198]. Según esta concepción, aunque las partes de un contrato deben hacer todo lo posible por cumplir con sus obligaciones, si una de ellas no cumple, bajo la óptica solidarista, es responsabilidad del juez moderar las demandas del acreedor de acuerdo con las circunstancias. Si bien el acreedor tiene derecho a presionar al deudor que no ha podido cumplir su obligación debido a factores externos a su voluntad, es un derecho que debe ejercerse con prudencia. Se recomienda, por ejemplo, establecer una norma que establezca que el acreedor no cumple con su deber de cooperación o tolerancia si rechaza una oferta de negociación que el juez considera adecuada según las circunstancias del caso.

El solidarismo contractual se fundamenta en principios como la buena fe, la lealtad y la coherencia contractual, lo que implica rechazar actitudes contradictorias por parte de los contratantes. El deber de lealtad, muy utilizado en la jurisprudencia francesa, prohíbe la ruptura intempestiva e injusta de la relación contractual, especialmente en los contratos de agencia,

---

197 Bernal Fandiño, M., *op. cit.*, p. 5.

198 Demogue. R., *op. cit.*

distribución y franquicia, tal como lo establece el artículo 1.7 de los Principios Unidroit.

Además, la toma de conciencia de los intereses de la otra parte se manifiesta en los casos de terminación unilateral del contrato.

La doctrina del solidarismo también ha recibido críticas por considerarla ingenua, ya que algunos argumentan que esta doctrina idealiza las obligaciones[199] al darles un tinte de amor, amistad y fraternidad. Por otro lado, algunos se sorprenden de que en una época en la que el matrimonio se ha convertido en un contrato, algunos quieran convertir cada contrato en un matrimonio[200]. A pesar de estas críticas, la cita de Denis Mazeaud es especialmente relevante, ya que se refiere a la buena fe como un requisito mínimo de honestidad y moralidad que obliga a cada parte del contrato a comportarse de manera civilizada en el ámbito contractual[201].

Desde hace más de medio siglo, el derecho del consumidor ha adoptado estas medidas para salvaguardar a los consumidores frente a los profesionales, mientras que el derecho laboral ha implementado medidas para proteger a los trabajadores contra los empleadores.

La jurisprudencia francesa ha permitido ciertas evoluciones en el derecho de las obligaciones mediante la utilización de estándares como la equidad, el abuso y la buena fe. Sin embargo, debido a la fragilidad del equilibrio entre las fuentes del derecho, el poder del juez no es suficiente. La reforma francesa

---

199 Cédras, J. (2003). "Le solidarisme contractuel en doctrine et devant la Cour de cassation". *Rapport annuel de la Cour de cassation, p.* 4.

200 Carbonnier, J. (2004). *Droit civil: Les biens et les olbigations.* Presses Universitaires de France. Vol. 2, p. 4.

201 Jamin, C., Mazeaud, D., & Ancel, P. (2003). *La nouvelle crise du contrat.* Dalloz.

de 2006 busca introducir más justicia contractual en los textos legales.

Antiguamente, en el *Code* de 1804, el único artículo referente a los efectos del contrato era el 1134, apartado 3, que afirmaba que "los acuerdos deben ser cumplidos de buena fe". Sin embargo, actualmente, el principio de la buena fe es considerado un principio general de los contratos en conjunción con la libertad contractual y el *pacta sunt servanda.*

El artículo 1104 del Código Civil establece que los contratos deben ser negociados, formados y ejecutados de buena fe, lo que lo convierte en un principio general. Este artículo se encuentra en el primer capítulo de las Disposiciones Preliminares, lo que indica su importancia. Con la reforma, el principio de la buena fe debe ser respetado en todas las etapas del contrato, desde su creación hasta su extinción.

3. LA DOCTRINA DE LA *UNDUE INFLUENCE* Y DE LA *DURESS* EN EL DERECHO ANGLOSAJÓN

En este punto trataremos la doctrina del abuso de autoridad *undue influence* y la doctrina del *duress* o de la coacción, contenidas ambas en el derecho anglosajón.

El derecho de contratos moderno se caracteriza por la inclusión de ciertos vicios del consentimiento, como el de *undue influence* inspirados claramente en el *Common Law* que son novedosos para el *civil law.*

La doctrina de la *undue influence*[202] que se divide a su vez en dos ramas (actual *undue influence* y *presumed undue influen-*

---

202 Conaglen, M. D. (1999). Duress, undue influence, and unconscionable bargains: The Theoretical Mesh. *New Zealand Universities Law Review,* 18(4), p. 479.

ce) y la de *unconscionability*. Ideas que pretenden proteger a los contratantes cuya posición de debilidad es explotada por sus cocontratantes en posición dominante.

Esta tendencia es patente en los nuevos instrumentos internacionales de *soft law* y se traslada a nivel interno a nuestro derecho en el contexto de la modernización del Código Civil.

En todos estos textos la configuración de estas doctrinas se basa en la excesiva desproporción, apuntando al desequilibrio existente en el contenido del contrato[203].

Estas doctrinas se desarrollaron principalmente gracias al principio de la *Equity*, el cual remedió las deficiencias de los abusos en la contratación dentro de la *Common Law*[204]. El abuso de autoridad, como estamos viendo, ocurre cuando una parte, en posición dominante, ya sea intelectual o económica, se aprovecha de tal situación.

La doctrina considera que esta forma de abuso de autoridad es el equivalente en la *Equity* a la doctrina de la coacción económica, debiendo la víctima demostrar que su consentimiento fue influido de manera determinante por la parte dominante, sirviendo como prueba el propio desequilibrio manifiesto en el contrato.

En el caso de la *duress* o coacción económica, en cambio, tiene lugar debido a la urgente necesidad de los contratantes de concertar o renegociar contratos. En la apreciación de la *duress*, los jueces no solo deben evaluar el comportamiento de la parte susceptible de ser el autor de la violencia, sino también determinar si el contrato es el resultado de un encuentro libre de voluntades.

---

[203] Infante Ruiz, F. J. (2022). *El aprovechamiento injustificado como vicio del consentimiento: Análisis desde la doctrina de la undue influence del derecho inglés*. Valencia: Tirant lo Blanch, p. 187.

[204] Conaglen, M. D., *op. cit.*, p. 479.

Por lo tanto, las presiones comerciales no pueden ser suficientes para invalidar el contrato si el demandante no puede demostrar que estas eran de tal naturaleza como para afectar su consentimiento.

En cuanto la doctrina del *duress*, el estudio del derecho inglés y la evolución de la jurisprudencia revelan las tensiones permanentes que este concepto genera entre los defensores del liberalismo y aquellos para quienes la libertad contractual no puede ser verdadera sin un consentimiento libre e informado.

En un primer momento, los jueces pretendían distinguir claramente la doctrina de la *duress* económica de la concepción tradicional de la violencia, que hacía hincapié en el carácter delictivo o criminal de los actos de la parte que resultaba culpable.

Se hace hincapié en la apreciación del carácter coercitivo, incluso ausente, del consentimiento. El juez Kerr afirmó con fuerza en The Siboen and The Sibotre que los tribunales deben estar convencidos en cada caso de que el consentimiento fue dominado por la coerción hasta el punto de privarlo de todo *animus contrahendi*. Esta es la doctrina del *overborne will*. El consentimiento no solo está viciado, sino que se considera casi inexistente.

En dos decisiones recientes, DSND Subsea v. Petroleum Geo-Services[205] y Carillion Construction Limited v Felix (UK) Ltd, el juez Dyson confirmó la importancia del criterio de ilegitimidad, definiendo la *economic duress* como el resultado de presiones ilegítimas cuyo efecto es la ausencia de elección posi-

205 DSND Subsea Ltd v Petroleum Geo Services ASA 2000 B.L.R. 530 (QBD (TCC)). https://www.lawteacher.net/cases/dsnd-subsea-v-petroleum.php

ble para la víctima, siendo determinante para la conclusión del contrato por parte de la víctima de la coacción[206].

El estudio del ámbito de aplicación de la doctrina de la *duress* revela que en principio es mucho más pequeño que el del abuso de posición dominante en el derecho francés.

En efecto, esta doctrina se refiere, en principio, solo a modificaciones contractuales. Incluso se considera que la doctrina se ha convertido en la principal herramienta para la política de renegociación de contratos. La amenaza de romper un contrato preexistente aparece la mayoría de las veces en las decisiones fundamentales expuestas anteriormente como ilegítima en sí misma. A este respecto, algunos proponen que la ley debería reconocer que la amenaza de romper un contrato puede ser legítima siempre que se acepte una modificación contractual y esta modificación sea razonable en vista de las circunstancias no anticipadas por las partes que deben ejecutar el contrato.

La cuestión aquí es la flexibilidad contractual y un reconocimiento demasiado amplio de la doctrina de la *duress* puede impedir cualquier adaptación del contrato a las circunstancias externas, ya que una de las partes puede obtener la anulación del mismo (con la condición de haber expresado ciertas reservas en el momento de la renegociación del contrato).

Sin embargo, la solución está claramente en contra, y las víctimas de la coacción económica disfrutan de cierta presunción de ilegitimidad de la modificación contractual.

En contra Corte de Apelaciones de Pau del 27 de junio de 2006 que reproduce palabra por palabra el considerando de la Corte de Casación: la presión es inherente a toda negociación comercial y el banco actuó de buena fe al exigir solo una garan-

---

206 Tan, D. S. (2002). "Constructing a doctrine of economic duress". *Construction Law Journal, 18*(2), pp. 87-96.

tía limitada en el tiempo y en cuanto al monto de los reembolsos requeridos. Las exigencias de la Corte de Casación parecen ganar las jurisdicciones de fondo.

Por el contrario, a diferencia de la noción de coacción económica, el derecho francés solo retiene la violencia económica en la etapa de formación del contrato y rechaza este fundamento para todas las modificaciones contractuales. La solución puede ser entendida por la importancia dada a la buena fe y al juego del artículo 1134, párrafo 3, del Código Civil, que, imponiendo una "cierta corrección", prohíbe amenazar a su contratante con una falta de cumplimiento y exigirle beneficios adicionales no fundamentados. La extensión del vicio de la violencia en este terreno lo hace de alguna manera redundante y su naturaleza de vicio del consentimiento teóricamente lo hace imposible; aquí se debe respetar un equilibrio entre la imposibilidad de admitir la legitimidad de una amenaza de incumplimiento motivada únicamente por el objetivo de enriquecerse a expensas del acreedor colocado en una situación restrictiva y la voluntad de preservar cierta flexibilidad contractual para permitir la ejecución de los contratos y el libre juego de la competencia.

El derecho estadounidense propone en este ámbito una solución interesante, dentro del *Restatement (Second) of Contracts*, estableciendo que la modificación del contrato solo es válida si aquel que anuncia que no cumplirá con sus compromisos se adhiere al deber de buena fe.

El inconveniente es que en el derecho francés, la simple amenaza de violación de las obligaciones contractuales no constituye incumplimiento, ya que no puede ser anticipada legalmente. En doctrina, se observa que la amenaza de cometer una falta intencional debería ser suficiente para caracterizar la ilegitimidad de la coacción.

En cuanto a las sanciones aplicables, víctima tiene la opción de declarar la nulidad relativa del contrato o reclamar daños y perjuicios debido a la doble naturaleza de la violencia como vicio del consentimiento y posible delito.

Mientras algunos ven en la amenaza de nulidad la mejor solución para disuadir cualquier práctica que entre en el ámbito de la violencia económica, otros la utilizan como uno de sus principales argumentos para rechazar la noción, entendida como vicio del consentimiento. La existencia de un vicio del consentimiento conlleva la nulidad del contrato irregularmente formado y por lo tanto, su anulación retroactiva. La cuestión de las restituciones plantea verdaderas dificultades tanto para las partes del contrato como para terceros. La restitución a menudo no aporta mucha satisfacción a los contratantes y el retorno al *statu quo ante* es particularmente difícil en muchos acuerdos, especialmente en los servicios.

El desarrollo de la noción de *duress* económica en el derecho inglés y su progresiva ampliación en la *Common Law* plantea la cuestión de su superposición con la noción de equidad de influencia indebida actual.

El otro desarrollo espectacular, debido a la frecuencia de su utilización por los litigantes, de la teoría de la *undue influence* a partir de los años 80 pone de manifiesto la necesidad de una racionalización con la doctrina de *unconscionability*, que subsiste en la equidad. El derecho inglés siente la necesidad de crear directrices claras para los jueces y operadores jurídicos[207].

En definitiva, como sostiene Infante Ruiz[208], la amenaza debe ser injusta (o ilegítima) en casi todos los sistemas jurídicos (*violence, drohung- en alemán-, duress*). Pero no todos los sistemas coinciden en el grado de antijuridicidad necesario.

---

207 Piollet, F. (2008). *La réception de la violence économique en droit comparé.*

208 Infante Ruiz, F. J., *op. cit.*, p. 189.

En los sistemas más rígidos, la amenaza, la violencia o la coacción debe coincidir con conductas contrarias al derecho positivo, lo que deja fuera de esta consideración una serie de casos en los que la conducta del contratante es más sutil por no manifestar una amenaza, coacción o violencia explícita, pero que también resulta contraria a derecho por cuanto un contratante se aprovecha del estado de debilidad, dependencia o confianza del otro, siendo que el derecho no puede consentir el abuso del derecho o el ejercicio antisocial del mismo (art. 7.2 CC).

Sin embargo, la amenaza también puede consistir en algún tipo de conducta "socialmente inaceptable" y no solo en la infracción de una norma jurídica de derecho positivo. El derecho anglosajón, como es sabido, soluciona estos casos tradicionalmente bajo la figura de la *undue influence*, de acuerdo con la cual se tratan los casos en los que la rigidez de los requisitos de la *duress at Common Law* no concedería una protección adecuada al contratante afectado, extendiéndose a aquellos casos en los que no existe un específico acto de presión[209].

El razonamiento desarrollado por el juez Mocatta en la sentencia North Ocean Shipping Co. Ltd. V. Hyundai Construction Co. Ltd. (más conocido como The Atlantic Baron)[210], dictada en 1979, marca un paso decisivo en la recepción de la coacción económica por parte del derecho inglés. La coacción en este caso fue constituida, según los demandantes, por la amenaza del contratista que era parte en el contrato de terminar el contrato si estos no aceptaban un aumento en el precio.

---

209 Infante Ruiz, F. J., *op. cit.*, p. 190.

210 North Ocean Shipping Co Ltd v Hyundai Construction Co Ltd [1979] QB 705 (Duress; contract validity; economic pressure) https://www.lawteacher.net/cases/north-ocean-shipping-v-hyundai.php.

Es importante destacar que, en este caso, los demandantes no estaban en una situación económicamente desfavorable y, por el contrario, estaban negociando un contrato particularmente lucrativo con otras partes, pero dependían de la realización del contrato en disputa.

La coacción no provenía así de las circunstancias económicas o de la situación delicada de los demandantes, sino únicamente de la amenaza por parte de una de las partes de terminar el contrato si no aceptaban la modificación contractual.

En otras palabras, no se estableció que un rechazo de los demandantes los hubiera puesto en una gran dificultad económica, sino simplemente que los hubiera privado de un contrato particularmente interesante.

Es a partir de esta situación que el juez Mocatta reconoció que la coacción podía adoptar la forma de una coacción económica (*economic duress*) y extendió la opinión del juez Kerr en cuanto a la posibilidad de anular los contratos resultantes de ataques a los bienes de uno de los contratantes a los contratos celebrados bajo la presión de coacciones económicas. Por lo tanto, dichos contratos pueden ser anulados y las sumas indebidamente pagadas, restituidas a la víctima de la coacción. El efecto de esta decisión es abrir un amplio campo para la coacción económica, siempre y cuando las víctimas puedan invocarla en caso de modificación contractual, sin tener que demostrar la fragilidad de su situación económica.

La originalidad del derecho inglés radica en presentar una pluralidad de nociones que cumplen a primera vista la función común de proteger a los contratantes cuya posición de debilidad es explotada por sus cocontratantes en posición dominante.

A diferencia de la doctrina de la *undue influence* actual, la doctrina de la *presumed undue influence* se basa en una apreciación del abuso en relación con la naturaleza desequilibrada de la transacción, cuando se demuestra que existe una desventaja manifiesta.

Este factor no es el único criterio, sino que en este ámbito, es necesario tener en cuenta tanto el proceso que llevó a la parte más débil a contratar como la sustancia del contrato resultante.

En los comentarios oficiales se señala que, en el caso de la naturaleza y el propósito del contrato, hay situaciones donde una ventaja excesiva no puede ser justificada, incluso si el contratante no ha explotado la debilidad de la otra parte en la negociación. Por ejemplo, en un contrato donde se establece un plazo muy corto para informar sobre defectos de conformidad de bienes o servicios, o cuando se fija la tarifa del agente comercial en un porcentaje del precio de los bienes o servicios.

El derecho inglés aparece, con el recurso a la teoría del abuso de autoridad, enriquecido con una técnica efectiva de protección de la parte débil y permite abordar formas de presión más sutiles que comparten con la doctrina de la coacción económica la misma preocupación por proteger a la parte débil frente a las presiones ejercidas sobre sus intereses económicos.

En este sentido los Principios Unidroit contemplan dos posibles soluciones para un contrato que resulte viciado por una ventaja excesiva. En primer lugar, se puede proceder a la anulación del contrato o de alguna de sus cláusulas, lo cual se encuentra regulado en los artículos 3.2.11 a 3.2.16. En segundo lugar, la parte afectada puede solicitar la adaptación del contrato, que implica que el tribunal puede ajustar los términos del contrato para que se ajusten a los estándares razonables del comercio.

El remedio de la adaptación también puede operar a instancia de la otra parte, si tras recibir la notificación de la anulación informa inmediatamente a la otra parte que desea la adaptación y antes de que esta actúe en coherencia con la notificación de anulabilidad.

Por otra parte, el artículo 4:109 de los PECL se ocupa de la noción de "beneficio excesivo" o "ventaja injusta", la cual incluye diversas situaciones en las que una de las partes contratantes se encuentra en una situación de debilidad o dependencia. Estos casos son similares a los contemplados en los Principios Unidroit, como la dependencia, la relación de confianza, la dificultad económica o necesidad urgente, la imprevisión, la ignorancia, la inexperiencia y la falta de habilidad en la negociación.

En los PECL se destaca la relación de confianza que se suma a una interpretación amplia de la relación de dependencia. Estos aspectos son similares a la noción de *undue influence* en el derecho inglés.

Para que la norma de ventaja excesiva se aplique, es necesario que la parte beneficiada tenga conocimiento o debiera haber conocido la situación de debilidad o dependencia de la otra parte en la negociación, y que, dadas las circunstancias y la finalidad del contrato, obtenga un beneficio desproporcionado o injusto en relación con la contraprestación que ofrece[211].

Los PECL establecen que los contratos viciados por ventaja excesiva pueden ser anulados o ajustados a petición de la parte afectada. En este sentido, los PECL introducen una modificación al incluir el criterio de la buena fe contractual como base para adaptar los términos del contrato. Este criterio es más coherente con el derecho continental, en el cual la buena fe es una parte fundamental de la integración contractual. Al igual que en los Unidroit, la otra parte también puede solicitar la adaptación o ajuste del contrato si es notificada y actúa sin dilación.

---

211 Infante Ruiz, F. J., *op. cit.*, p. 190.

El DCFR incluye la figura de la *unfair exploitation*, la cual es similar a la ventaja excesiva de los PECL. Para que se configure, se necesita que una de las partes se aproveche de la situación de debilidad, necesidad o falta de habilidad de la otra para obtener un beneficio o ventaja desproporcionada.

El contrato puede ser anulable o ajustado a petición de la parte perjudicada si se cumplen ciertos requisitos objetivos y subjetivos. Entre ellos se encuentran la necesidad especial de una de las partes y el conocimiento de la situación del otro contratante por parte de la parte beneficiada. En resumen, tanto los PECL como el DCFR buscan proteger a las partes vulnerables de contratos injustos y abusivos.

El artículo 1301 de la PMCC incluye la ventaja excesiva como un defecto autónomo que puede llevar a la anulación del contrato si una de las partes se ha aprovechado de forma injusta de la debilidad, dificultades económicas, necesidad urgente, ignorancia, inexperiencia o falta de previsión de la otra parte. El juez puede ordenar las modificaciones necesarias para adaptar el contrato a la buena fe y a los estándares usuales del tráfico jurídico si la parte afectada lo solicita.

Este artículo tiene dos elementos distintos, uno objetivo y otro subjetivo, según se ha explicado. A diferencia de los textos internacionales de armonización, hay dos aspectos que difieren en este artículo. En primer lugar, el elemento objetivo no incluye la situación de "relación de confianza", que sí está presente en los PECL y el DCFR. Sin embargo, se podría interpretar ampliamente el concepto de "relación de dependencia" para incluirlo. En segundo lugar, a diferencia de los textos de armonización (como Unidroit, PECL y DCFR), no se requiere que el contratante que se aprovecha de la situación de dependencia de la víctima conozca dicha situación, sino que simplemente se exige que se aproveche injustamente de ella.

3.1. La unequal bargaining power-la unconscionability

La *unequal bargaining power* del *Common Law*, es un concepto omnicomprensivo de las diversas figuras de desequilibrio contractual junto con la *duress* y la *undue influence*[212] repudiado en el derecho inglés pero sí considerado en otras jurisdicciones de *Common Law* (en especial, en el derecho norteamericano[213]).

Si las aplicaciones en el derecho inglés de la doctrina del *unconscionable bargain*, es decir, del contrato moralmente reprobable, son muy escasas, la *unconscionability* procede del mismo espíritu y tiene como objetivo castigar el comportamiento reprobable de aquel que se aprovecha de una situación de debilidad para obtener una ventaja excesiva.

En este sentido como apuntan algunos autores[214], la fuerza, la superioridad y debilidad consideradas en el *Common Law* bajo la institución de la *undue influence* deberían separase de las cuestiones relativas a los abusos de superioridad en el proceso de negociación, la explotación injusta y otras cuestiones afines que son tratados en el *Common Law* en el contexto de la *unconscionability*.

El artículo 3.2.7 de los principios Unidroit[215] hace referencia a la *unconscionability* y permite que una de las partes anule el contrato o alguna de sus cláusulas si estas otorgan a la otra parte una ventaja excesiva e injustificada. Para ello, se deben

---

212 Hacen hincapié en esto último, Gómez Calle, E. (2018), Desequilibrio contractual y tutela del contratante débil, p. 153, Barceló Compte, R. (2017), "La ruptura del equilibrio inicial del contrato: la ventaja injusta", en Gramunt. Fombuena, M. & Florensa i Tomás, C. *Codificación y reequilibrio de la asimetría negocial*. Dykinson, Madrid, p. 274.

213 Infante Ruiz, F. J., *op. cit.*, p. 187.

214 *Ibidem*, p. 188.

215 Principios Unidroit (versión 2016).

cumplir dos requisitos: en primer lugar, que exista una ventaja excesiva y en segundo lugar, que esta ventaja sea injustificada. Para evaluar si la ventaja es injustificada, se considerarán factores como la posición desigual de las partes en la negociación (*unequal bargaining position*), incluyendo la dependencia de una de ellas, la dificultad económica o necesidad urgente, la imprevisión, la ignorancia, la inexperiencia o la falta de habilidad en la negociación. Además, se tomará en cuenta la naturaleza y finalidad del contrato.

En la *unequal bargaining position* de los Unidroit se recoge la dependencia de una parte, lo que podría inducir a pensar que es una entrada de la figura de la *undue influence* en la *gross disparity*.

El control de los tribunales no se resuelve en este ámbito con un control objetivo, y el derecho inglés impone la reunión de tres condiciones acumulativas, introduciendo también una parte de subjetivismo. Estas son las siguientes: una de las partes debe estar en una situación de debilidad en relación con su cocontratante, debido a su pobreza o ignorancia, falta de asesoramiento o por cualquier otra razón. Esta debilidad debe ser explotada por la otra parte de manera moralmente reprobable y finalmente, el contrato debe presentar un desequilibrio extremo.

Esta doctrina está oficialmente reconocida y codificada en los Estados Unidos[216], pero da lugar a una jurisprudencia poco unitaria, a pesar de que se invoca con frecuencia. La ley no proporciona ninguna definición de la *unconscionability* y gran parte de la jurisprudencia articula esta doctrina en torno a dos criterios: una desigualdad importante entre las partes que ha privado a una de ellas de una elección real en el momento en que se comprometió y un desequilibrio manifiesto en el contenido del contrato.

---

216 §2-302 de l'UCC, puis §208 du Restatement (Second) of Contracts.

4. LA TEORÍA DE LOS ESTRATOS SEGÚN EL PERFIL DEL CONTRATANTE

Comenzaremos este epígrafe con la afirmación de Jamin: "Un juez solidarista no se limita a la sanción de los comportamientos, pues tiene una labor más activa, puede reorganizar el contrato"[217].

Siendo así, un juez puede considerar como no escrita una cláusula de resolución unilateral que califique determinados incumplimientos como esenciales; vigilar que la cláusula resolutoria sea aplicada de buena fe; obligar a la renegociación del contrato según las circunstancias o incluso diferenciar a los contratantes por estratos según sus características socio-económicas o poder de negociación.

Si partimos de una concepción amplia de contratos atípicos donde la autonomía de las partes juega un papel importante, principalmente en su concepción y vinculación quizás haya que trazar unas reglas de juego limpio o *fair play*. Y resulta relevante esta relación con el juego deportivo, pues precisamente en este ámbito se diferencia en atención a la edad por categorías de juveniles, cadetes, infantiles y alevines.

Una de las características del empresario pequeño, emprendedor, es ese salto al vacío, esa salida de su zona de confort con el objetivo de crecer económicamente, aunque ello suponga tomar decisiones precipitadas, y en ocasiones, verse obligado a aceptar cláusulas impuestas por la otra parte como una opción para la concertación de un pacto que le permita crecer como empresa.

Estos presupuestos, en nuestra opinión, también son relevantes. Aunque, lógicamente, los tribunales no pueden entrar

---

[217] Jamin, C. (2001) *Plaidoyer pour le solidarisme contractuel. Le contrat au debut du XXIè siècle, J.Ghestin,* edit LDGJ, p. 450.

en el análisis, por déficit de tiempo, de todas y cada una de las circunstancias que pudieron influir en la consecución de un contrato.

Como venimos poniendo de manifiesto, el perfil del empresario contratante viene siendo una característica que no se tiene en cuenta como elemento valorativo por los tribunales a la hora de ponderar las causas que justifican la aplicación de unos principios generales del derecho sobre otros, para valorar, por ejemplo, la gravedad o esencialidad del incumplimiento, magnitud del retraso en el cumplimiento, la preferencia de un remedio u otro, así como el cálculo de las consecuencias indemnizatorias, con el objetivo de ser lo más inocuo y equitativo posible para la parte incumplidora.

Es por ello que se proponen utilizar criterios objetivos, a saber, volumen de ventas, empresa de reciente creación, condición de *start up*, condición de empresa consolidada, que distingan entre los distintos empresarios, pues en las relaciones B2B no se hace mayor distinción entre ellos y consideramos que sería adecuado estratificarlos, con el objetivo de fijar unos criterios más justos y equitativos, así como para determinar un mayor o menor nivel de estándar de diligencia, deberes de cooperación, deberes de soportar el mantenimiento del contrato o incluso, en el extremo opuesto, deberes de soportar una resolución contractual automática del contrato por ser preponderante en estos casos (donde intervienen contratantes de un mismo estrato) la defensa del interés contractual del acreedor y la satisfacción del mismo.

En este sentido, uno de los grandes avances conseguidos por los textos de armonización ha sido la especial consideración que recibe el consumidor como contratante vulnerable merecedor de una especial protección.

La teoría de los estratos pretende ir más allá, y propone una nueva clasificación entre empresario dentro de la consideración de empresario o Business en las relaciones B2B, según pertenezcan a un estrato[218] o a otro

La actual consideración como empresario y, por lo tanto, como no consumidor, quizás sea una horquilla demasiado amplia, siendo necesario que el legislador o los tribunales, consideren la existencia de ciertos estratos que dividan a los empresarios en razón de criterios de clasificación objetivos que permitan ponderar la solución más adecuada a cada caso.

La teoría de los estratos según el perfil del contratante pretende diferenciar entre tipos de empresarios, estableciendo diversos presupuestos para definir criterios de valoración objetivos, en atención a las características subjetivas de los contratantes. De este modo, si los contratantes se encuentran en un mismo estrato y, por lo tanto, se encuentran, presumiblemente, en un plano de igualdad en cuanto al poder negocial, tenga más sentido que el principio preponderante en la interpretación del contrato sea la libertad contractual y el respeto a la autonomía de la voluntad.

En cambio, en caso de encontrarse los contratantes en estratos diferentes y, por lo tanto, exista una desigualdad en los intereses y poder de negociación, se justifique la exigencia de ciertos límites y deberes adicionales a la parte más fuerte, así como mayores restricciones en el uso del remedio resolutorio, y restricciones en la inclusión y ejecución, por ejemplo, de condiciones resolutorias expresas y en las penalizaciones asociadas a tales resoluciones.

Siguiendo con el hilo argumental de lo expuesto en capítulos anteriores, la resolución contractual, así como el concepto

---

218 Conjunto de elementos que, con determinados caracteres comunes, se ha integrado con otros conjuntos previos o posteriores para la formación de una entidad o producto históricos, de una lengua, etc. https://dle.rae.es/estrato.

de incumplimiento (esencial o grave) que la faculta, reviste de una gran complejidad por varios factores:

Primer factor: Se hace imprescindible poner a la resolución en contexto.

Para ponerla en contexto es imprescindible analizar:

i. Las características de la gravedad del propio incumplimiento.

ii. Las características de los contratantes.

iii. La situación económica en la que se desarrolla el contrato.

Segundo factor: Derivado de su complejidad, se concluye que no sería adecuado crear soluciones uniformes, haciendo imprescindible analizar y diferenciar entre el tipo de relación contractual, la naturaleza del contrato y el tipo de contratante.

Tercer factor: En este sentido, se considera insuficiente la tradicional diferenciación entre:

- Empresa.
- Consumidor.

Cuarto factor: Se hace necesario determinar ante qué tipo de empresario nos encontramos

iv. Pyme

v. Autónomo

vi. Empresa de reciente creación.

vii. Empresa consolidada.

viii. Criterios de clasificación económicos: Volumen de facturación.

Aplicación del principio de la buena fe como concepto válvula para regular el principio de autonomía de la voluntad, que también actuaría como concepto válvula dependiendo del plano de contratación en el que interactúen los estratos, y evitar así el uso oportunista de los remedios, el abuso de derecho, en definitiva, el efecto del liberalismo económico exacerbado en las prácticas contractuales.

Todo ello, nos lleva a la necesidad de tener que diseñar y trazar un modelo de uso flexible del remedio resolutorio. Más que intentar armonizar los presupuestos de la resolución y trazar un concepto unitario, pretendemos flexibilizar sus presupuestos y sus efectos, en especial el indemnizatorio, debido al tipo de contratante y del estrato al que pertenezca, así como en razón de las circunstancias tanto personales como económicas que rodean al contrato.

De esta forma, se desvía la atención de consideraciones doctrinales del incumplimiento resolutorio y se centra en el tipo de contratante, así como en sus circunstancias, con el objetivo de encontrar soluciones más equitativas en relación con los efectos de la resolución en el marco de la economía del contrato.

4.1. Posibles parámetros de estratificación

Para diferenciar entre los estratos de la contratación, el criterio más objetivo podría ser el volumen de facturación o la antigüedad de la empresa. Y en este sentido, podrían emplearse como punto de partida los criterios que ya viene utilizando la UE, al diferenciar entre micro empresa, pequeña o mediana empresa.

En este sentido, tendríamos varios planos de contratación en razón de que los contratantes que intervienen pertenezcan al mismo o distinto estrato.

En primer lugar, tendríamos un primer plano donde interactúan empresarios que contratan entre ellos, perteneciendo a estratos diferentes, y por lo tanto, pudiendo presentar desigualdades en el poder de negociación;

1. Plano de desigualdad (A):

Interacción entre estrato fuerte y estrato débil (pyme): En este plano, el principio de buena fe es determinante junto con el principio *pacta sunt servanda* y el *favor debitoris* si el deudor es la parte débil. Se pretenden evitar abusos de derecho. Tiene sentido analizar la voluntad rebelde en caso de incumplimiento para determinar si procede la resolución. Se buscan criterios más subjetivos de valoración. Se restringe el uso de la resolución extrajudicial. Se atiende a posibles abusos de posición dominante, *duress, undue inlfuence* o, incluso, violencia económica en la inclusión de determinadas cláusulas y a su posible consideración como abusivas, así como a la aceptación de condiciones novatorias injustas.

En este plano se debe atender más a la opción del remedio del cumplimiento específico que a la resolución. Se debe poner énfasis en los actos de las partes, el contenido prestacional del contrato y no tanto en la frustración del fin económico del contrato. Aquí entraría en juego la valoración del "interés atendible del demandante de la resolución". Es necesario el examen del supuesto de hecho, y ver si es razonable que el demandante pida la resolución en atención a los principios de buena fe y la inexistencia del abuso de derecho. En este plano habría que ser restrictivos con la consideración del incumplimiento de las obligaciones accesorias con efectos resolutorios.

2. Plano de Igualdad (B):

Interacción entre dos estratos fuertes. En este plano prioriza el principio de autonomía de la voluntad sobre el principio *pacta sunt servanda*. En caso de duda se prioriza el principio *favor creditoris* cumplidor. Existe plena libertad entre las partes, aunque las cláusulas del contrato favorezcan a una de ellas, se acepta su vinculación pues se consideran que las partes voluntariamente aceptan el riesgo inherente en las operaciones comerciales. Se aplican criterios más objetivos de valoración, se atiende preferentemente a la frustración del interés del fin económico contractual para valorar una ágil resolución. También al plano del incumplimiento esencial, en el sentido de la frustración de la economía del contrato. Se admite la resolución extrajudicial y el derecho de desistimiento, aunque no se pacte, a cambio de la indemnización oportuna. Se podría valorar en este plano la posible exigencia de una conciliación o de un arbitraje previo a juicio. En este ámbito se admite más favorablemente la resolución con preferencia al cumplimiento. En este plano se debería atender únicamente al plano satisfactivo del acreedor y en este sentido, "el incumplimiento debe tener entidad suficiente para impedir la satisfacción económica de las partes, hasta el punto de obstar al fin normal del contrato, frustrando las legítimas expectativas". En este sentido, dentro de este plano, el incumplimiento de las obligaciones accesorias facultaría a la resolución. En este plano tendría sentido permitir una desvinculación ágil del contrato a través de la resolución, incluso aunque no exista un incumplimiento grave, siempre que se indemnice oportunamente a la otra parte.

Interactúan dos estratos pyme: En este ámbito habría que atender a criterios más objetivos de valoración. Se admitiría el pacto convencional que faculte a la resolución extrajudicial manifiestamente favorable para una parte, y se valoraría la exigencia de acudir a arbitraje previo antes del proceso. En este plano se preferirá el remedio del cumplimiento con preferencia al de resolución. Además, en este plano el incumplimiento de las obligaciones accesorias puede conllevar una resolución siempre y cuando frustre el fin del contrato, por alguna de las siguientes causas:

- Porque el incumplimiento de las accesorias suponga un incumplimiento esencial debido a la importancia y trascendencia que tienen dichas prestaciones para la economía de los interesados, y para el interés económico del contrato.
- Porque el incumplimiento de las accesorias revista la entidad suficiente para impedir la satisfacción económica.
- Porque el incumplimiento derive en una falta de obtención de la finalidad perseguida.
- Porque el incumplimiento de las accesorias conlleve la frustración de las expectativas de las legítimas aspiraciones de las partes o suponga la frustración del fin del contrato que a veces se califica como fin práctico.
- Porque el incumplimiento de las accesorias suponga la quiebra de la finalidad económica.

En definitiva, se trata de diferenciar el tipo de exigencia para la determinación del incumplimiento resolutorio según el *statu quo* económico de cada contratante. Más que una crítica de las corrientes jurisprudenciales clásicas, lo que se pretende es una armonización entre ellas, ya que todas se consideran adecuadas contextualizándolas como se propone.

En cuanto a la entidad suficiente para impedir la satisfacción económica de las partes en los distintos planos, será de especial relevancia que dicha insatisfacción pueda ser probada debidamente y de forma objetiva, pues el mismo tipo de incumplimiento no tiene por qué tener los mismos efectos en la contraparte, por ejemplo, si es una empresa de mayor tamaño o si es una pyme.

Recordemos la capacidad de resiliencia que tienen las grandes empresas cuando contratan con pequeñas. Pues el incumplimiento objetivamente puede constituir *per se* un perjuicio, un daño, una frustración en la economía de la contraparte o en su interés material o moral. Pero no todas las contrapartes tendrían la misma capacidad de sobreponerse a ellos, siendo el mismo tipo de incumplimiento causante de diferente grado de estragos según el tipo de empresa que conforme la contraparte. Extremos todos ellos que habrán de ser valorados y justificados para poder considerarlos como resolutorios.

En cuanto a la frustración de la finalidad perseguida, tendríamos que acudir a la causa del contrato que ya mencionara De Castro, a nuestro juicio, la más difícil de demostrar, porque puede ocurrir que la concertación de ciertos contratos sea imprescindible para la consecución de otros *a posteriori*. Además, en el caso de que sean empresas grandes las que aleguen la frustración derivada del incumplimiento, tienen un hándicap para acreditarla, pues pueden recurrir a otras alternativas para conseguir el fin último perseguido, y en este sentido tienen mayor capacidad de resiliencia y de adaptación a dicho incumplimiento porque les será más difícil acreditar dicha frustración que a un empresario pequeño.

Consideramos que en los planos donde interactúan estratos fuerte y débil, la parte débil, aunque incumpla, difícilmente será capaz de frustrar el interés de la fuerte, aun mediando un incumplimiento, pues el contratante fuerte en ese escenario podría volver a contratar inmediatamente en las mismas condiciones o incluso mejores con otro contratante de similares características. Como ocurre, recordemos, en el caso DB Schenker S.A.U, donde la multinacional no tiene inconveniente alguno en que se resuelva el contrato de transporte con D. José Antonio, es más, lo prefiere, pues fácilmente lo puede sustituir por otro transportista, algo que no ocurre a la inversa. Difícilmente D. José Antonio podría encontrar en el mismo espacio de tiempo breve, otra empresa que le permita no solo recuperarse de la inversión realizada para desempeñar el trabajo que le exigía DB Schenker, si no para subsistir como empresario autónomo.

Y es sentido frustración es algo que puede ocurrir en todo incumplimiento[219]. En la STS de 18 de noviembre de 1983 (TOL3.915.309), se habla "*de la frustración de las legítimas expectativas de la parte cumplidora en cuanto al fin del contrato implícito en la causa*" esa noción de imposibilidad no hace referencia, únicamente, a la física, objetiva o de hecho, sino también a la jurídica económica que se denomina específicamente "frustration".

En consonancia con lo anterior, serán más exigentes los motivos que se le pidan a una empresa de cierta dimensión para acreditar la existencia de una lesión en su interés derivada de un incumplimiento o retraso y en tal caso, no solo no podría resolver, sino que tendría la obligación de observar ciertos deberes de cooperación con el contratante débil.

Actualmente, el criterio mantenido en observancia del plano satisfactivo como determinante para considerar la existencia de incumplimiento esencial o no, establece un estándar de exigencia sin discriminar por tipo de empresa, ya que cualquier empresa o contratante por grande o pequeño que sean pueden ver insatisfecho su interés por cualquier incumplimiento, incluso puntual, de las múltiples empresas que le prestan servicio, aunque esa prestación no sea esencial para su actividad.

Entendemos que la capacidad de resiliencia[220], es decir, la respuesta que una empresa pueda tener frente al incumplimiento, debe ser una circunstancia a tener en cuenta para ponderar la "frustration", para valorar de este modo si procede una

---

219 Díez-Picazo, L., *Fundamentos..., op. cit.*, p. 861.

220 Del ingl. *resilience,* y este der. del lat. *resiliens, -entis,* part. pres. act. de *resilīre* 'saltar hacia atrás, rebotar', 'replegarse'.
1. f. Capacidad de adaptación de un ser vivo frente a un agente perturbador o un estado o situación adversos.
2. f. Capacidad de un material, mecanismo o sistema para recuperar su estado inicial cuando ha cesado la perturbación a la que había estado sometido. https://dle.rae.es/resiliencia.

aplicación automática del remedio resolutorio o si sería justo aplicarlo, pero indemnizando a la parte débil, incluso aunque su incumplimiento fuera culposo.

Y en este sentido podría considerarse como presupuesto un dolo manifiesto, un acto obstativo, *una* voluntad manifiestamente rebelde por parte del deudor débil e incumplidor, para poder hacer un uso tan contundente del remedio resolutorio sin consecuencias indemnizatorias[221].

En este contexto, es importante conectar la figura (posiblemente de una resolución o solución) con la equidad, el equilibrio, la justicia contractual[222] y la humanidad[223]. Esta relación entre la resolución y la interdependencia de las obligaciones, junto con la idea de equidad y equilibrio, ayudaría a fortalecer el argumento en contra de su carácter predominantemente dispositivo.

En el plano (B), a diferencia del (A), interactúan, contratantes que se encuentran en el mismo estrato y en donde la resolución cumpliría una función de protección y defensa de la parte cumplidora o que está dispuesta a cumplir en el sentido de que le otorga la facultad de liberarse del vínculo jurídico y poder recuperar la prestación ya realizada, en su caso[224].

---

221 Recuperando una doctrina tradicional que se ha ido perdiendo, el hecho obstativo ha desaparecido de la escena en sustitución de la voluntad deliberadamente rebelde. Lo que quizás le vuelva a dar sentido.

222 Ripert, G (1935). *La règle morale dans les obligations civiles* (3.ª ed.). Librairie générale de droit & de jurisprudence.

223 García Goyena, F. (1852). *Concordancias, motivos y comentarios del Código Civil español,* tomo III. Editorial Maxtor, p. 80.

224 Según Díez-Picazo (1995, p. 5892; 2008, p. 815), Montés Penadés (1989, p. 1188) y Clemente Meoro (1992, pp. 298-299), la resolución de un contrato tiene como función principal permitir que el contratante afectado por el incumplimiento recupere los recursos

En el plano (B), se involucran los contratantes que se encuentran en igualdad de condiciones y en este caso la resolución tendría el papel de proteger y defender a la parte cumplidora o dispuesta a cumplir, otorgándole la facultad de liberarse del vínculo jurídico y recuperar la prestación que ya ha realizado, si es necesario. En este contexto, prepondera el *favor creditoris.*

Esta concepción de los empresarios por estratos que interactúan entre sí en distintos planos hace que la numerosísima doctrina del TS en relación con el incumplimiento grave en general y con la consideración del incumplimiento esencial en especial, sea más ordenada, más uniforme, más práctica, más adecuada para el caso concreto, menos imprecisa, menos ambigua y en definitiva más justa.

Siendo este uno de los objetivos principales que se ha pretendido en esta investigación, conciliar las distintas posturas doctrinales en relación con el incumplimiento esencial, a la consideración o no del incumplimiento de las obligaciones accesorias con efecto resolutorio o las restricciones sobre la ineficacia de las cláusulas resolutorias expresas, restringiendo en este ámbito la autonomía de la voluntad de las partes.

La diferenciación entre estratos hace que, de algún modo, se concilien, las distintas posiciones doctrinales sobre el incumplimiento resolutorio en el derecho español.

Además, la tesis que se propone en este trabajo es la de llevar a cabo concreciones o concretizaciones, del mismo modo

---

invertidos para darles otro destino. Morales Moreno (2006, p. 43) también destaca esta función económica de la resolución, argumentando que permite al contratante insatisfecho recuperar los recursos utilizados en el contrato incumplido para darles otro uso. Esta afirmación se encuentra en línea con la posición que el mismo autor ha expresado en otra ocasión (Morales Moreno, 2004, p. 21).

que proponían Díez-Picazo y Gullón[225] en su Sistema de Derecho Civil, especificando en qué plano hay un mayor deber de moderar por parte del juez en razón de la incidencia de la buena fe y en qué planos opera en mayor medida el principio de libertad contractual y autonomía de las partes, para así no derivar en la amenaza que supone no especificar y llegar a un completo arbitrio judicial y crear confusión.

Una pregunta relevante en este binomio de los dos planos sería: ¿Cuál es el bien jurídico protegido en cada caso? ¿Qué interés se debe proteger? el interés protegido de la parte que ejercita la resolución en plano (A) no puede ser únicamente la búsqueda de una mejor oportunidad de negocio. Siendo más laxos en la admisión de ese interés en el plano (B).

En este sentido, en el plano (A) y aunque se persigan unas mejores oportunidades de negocio y con el único fin de desvincularse de un contrato que ya no resulta rentable, la parte que pretende la resolución debería acreditar un daño patrimonial efectivo y relevante, algo que no debe ser fácil en el caso de empresas de un tamaño considerable que tienen un amplio poder de reacción y maniobra.

En el primer ámbito de contratación (A), donde se involucran contratantes de diferentes estratos, se aplicarían criterios más estrictos en la interpretación del artículo 1124, ya que no cualquier incumplimiento sería suficiente para justificar la resolución del contrato. En este contexto, sería necesario delimitar los incumplimientos que son especialmente característicos, es decir, aquellos incumplimientos prestacionales que justificarían una pretensión de resolución. Aquí, tendría sentido aplicar la doctrina del Tribunal Supremo que sostiene que "el artículo 1124 del Código Civil debe interpretarse de

---

225 Díez Picazo, L., & Gullón, A. (1998). *Sistema de derecho civil.* (6.ª ed.). Madrid: Tecnos.

manera lógica, racional y moral, y no de forma automática" (SSTS de 25 de noviembre de 1983 y de 22 de marzo de 1993 [TOL5.126.995]), así como la idea de que debe también ser atendido en este punto, el principio de conservación de los contratos y, en atención al mismo, en este plano, la resolución presentaría un cierto carácter excepcional. Es posible que en este ámbito se produzca un incumplimiento justificado, ya que, puede haber una discrepancia entre las partes sobre el alcance y el contenido de las obligaciones contractuales, especialmente en contratos verbales o con cláusulas complejas.

Recordamos al *contratante perjudicado,* empleando literalmente los términos del 1124. Lo que hace intuir que quizás sea necesario demostrar un perjuicio, unos daños, para poder ejercitar la resolución y no centrar el foco únicamente en el incumplimiento y en la magnitud del mismo.

En este sentido, la jurisprudencia reiterada establece que el incumplimiento debe ser verdadero, grave y esencial y tener una importancia y trascendencia especial para la economía de las partes o ser lo suficientemente significativo como para impedir la satisfacción económica de sus intereses, lo que puede ocurrir cuando se rompe la finalidad económica del contrato. Sin embargo, nos parece improbable que esto suceda en caso de un incumplimiento por parte de una empresa pequeña en relación con una grande, por ejemplo, en caso de un retraso, ya que dicho incumplimiento puede resultar insignificante en el ámbito de la actividad de la empresa grande.

Esta jurisprudencia sugiere que el criterio principal para evaluar la gravedad del incumplimiento es objetivo, ya que se considera principalmente el resultado del incumplimiento en la relación contractual considerada de manera objetiva y la importancia objetiva del mismo.

En este plano (A), tampoco podría admitirse la resolución por el incumplimiento de las obligaciones accesorias, ya que la obligación incumplida debe ser siempre principal, más en armonía con el carácter recíproco de las prestaciones y con el carácter sinalagmático de las prestaciones al ser interdependientes entre sí.

De acuerdo con algunas sentencias, es importante interpretar el artículo 1124 del Código Civil no de manera automática, sino de manera racional, lógica y moral. En consecuencia, para aplicar este artículo, no es suficiente una infracción mínima, sino que se requiere que el principio de reciprocidad esté claramente caracterizado. Además, este principio no se aplica a obligaciones accesorias o complementarias incorporadas a un contrato unilateral o bilateral.

Lo que, rectamente entendido, significa que la determinación de si ha existido o no un incumplimiento requiere un conjunto de actuaciones valorativas del comportamiento de cada contratante que solo pueden ser tomadas en consideración en la obligación que las partes consideran presupuesto esencial o principal.

Para que un contrato pueda ser resuelto por el incumplimiento de obligaciones, dicho incumplimiento debe ser significativo o grave, lo cual a veces se justifica en la idea de preservar el contrato o mantener lo que se llama la fidelidad al mismo.

En el segundo plano (B), se aplicaría la línea jurisprudencial que requiere para la resolución que el incumplimiento sea esencial, es decir, que tenga una importancia y trascendencia en la economía del contrato tal que impida la satisfacción económica de las partes o la consecución de la finalidad perseguida por el negocio. Algunas sentencias hablan de la falta de contención de la finalidad pretendida, la frustración de las legítimas expectativas de las partes, la quiebra de la finalidad económica del contrato, la frustración del fin práctico perseguido por el negocio o interés atendible en la resolución o tal importancia en la economía del contrato que justifique la resolución.

En este plano (B) estrato fuerte–estrato fuerte o pyme-pyme: La resolución ya no debe atender al carácter bilateral o recíproco, aquí ya da igual que exista una equivalencia entre las prestaciones, ya que las partes no contratan debido a la igualdad de las prestaciones y de su carácter recíproco. Contratan con un fin económico perseguido. El objeto o la causa final no es la propia contraprestación sino otra causa superior. Por lo tanto el incumplimiento de una prestación accesoria también podría atentar contra el interés perseguido y en consecuencia tener efectos resolutorios. Más en sintonía con la reciente corriente que en los últimos años hace necesaria la consideración del incumplimiento como esencial, entendiendo por éste como *aquel que permite al contratante obtener aquello que se le debía, no permite alcanzar la finalidad perseguida por el contrato o la* finalidad o el fin económico y social del contrato[226].

En este segundo plano (B), lo relevante para la resolución del contrato no es solo el incumplimiento en sí mismo, sino la importancia y trascendencia que tiene para la economía de los involucrados. Es necesario que el incumplimiento sea lo suficientemente relevante como para impedir la satisfacción económica de la parte afectada. Además, se debe considerar si se ha logrado la finalidad pretendida con el contrato y si las expectativas y aspiraciones de las partes se han cumplido. A veces se habla de la "falta de contención de la finalidad pretendida mediante contrato", la "frustración del fin práctico" y la "quiebra de la finalidad económica", lo que justificaría la resolución del contrato en base a la importancia de estos factores en la economía del contrato.

Esta diferenciación entre estratos de contratación soluciona un problema constante en la jurisprudencia, y respondería a cuestiones tan frecuentes en la doctrina como las que plantea

---

226 Díez-Picazo, L., *Fundamentos...*, *op. cit.*, p. 818.

Díez-Picazo, *¿es lo mismo grave que esencial? si la esencialidad está determinada por la economía del contrato y por la insatisfacción, ¿puede estar en el incumplimiento como prestaciones accesorias?*[227]

Pues efectivamente, en este plano ya no es relevante si la obligación que se incumple es sinalagmática o recíproca materialmente hablando. Ya no sería necesario que fueran equivalentes. Con el mismo criterio de equivalencia que se podría esperar de la antigua operación de *trueque*.

En cambio, en el primer plano (A) sí sería relevante analizar las teorías de la causa o de equivalencia o simplemente por razones de equidad o por la presunta voluntad de los contratantes.

En el ámbito del plano A, se sostiene que existen ciertos deberes de conducta entre las partes que no están expresamente establecidos en el contrato, sino que se refieren a deberes de colaboración[228] que se imponen al acreedor para que el deudor pueda cumplir con sus obligaciones. En este contexto, la buena fe mencionada en el artículo 1258 del Código Civil no es meramente una directriz para la interpretación del contrato, sino que implica deberes para los contratantes, especialmente para el más fuerte, como el deber de actuar con honestidad subjetiva y de cooperar de manera objetiva. Según López López, el incumplimiento de estos deberes exigidos por la buena fe es siempre ilícito y por lo tanto, fuente de responsabilidades (según los artículos 1101 y 1902 del Código Civil) en la medida en que cause daño.

En todo caso, la resolución del contrato es una medida completamente excepcional que solo se aplica cuando existe un incumplimiento real y sustancial por parte de uno de los contratantes de las obligaciones que le corresponden. Este incumplimiento debe ser significativo y no simplemente un retraso

---

227 Díez-Picazo, L., *Fundamentos..., op. cit.*, p. 846.

228 *Ibidem*, p. 818.

en el pago, ya que el mero incumplimiento de una prestación en tiempo no siempre implica que se haya frustrado el fin práctico perseguido por el negocio ni que la otra parte tenga un interés legítimo en solicitar la resolución. El artículo 1124 del Código Civil concede una acción al "perjudicado", lo que sugiere que solo puede ejercerse en caso de que exista un perjuicio efectivo o potencial. Además, este artículo permite al juez otorgar un plazo para el cumplimiento en caso de que exista una causa justificada, lo que demuestra que el factor tiempo no es esencial en todos los casos.

En este sentido, el Código Civil italiano en su artículo 1455 establece que la resolución del contrato no puede llevarse a cabo si el incumplimiento de una de las partes no es de gran importancia teniendo en cuenta el interés de la otra parte.

Algo que en la jurisprudencia española también se acepta como incumplimiento de escasa importancia, donde la resolución no es el remedio más idóneo. Aquí también entra en juego la función valorativa del juez.

- En el primer plano (A), la valoración del incumplimiento se debe hacer atendiendo al carácter objetivo o prestacional: la función del contrato.
- En el segundo estrato (B), la valoración del incumplimiento debe hacerse atendiendo a caracteres subjetivos, teniendo en cuenta la presumible voluntad y el interés de las partes. Criterios que vienen del derecho inglés "*amount to a total failure of consideration*". Aquí sí influye la doctrina del incumplimiento esencial heredada del *Common Law*, donde es más interesante hablar de una indemnización por resolución anticipada, aunque el incumplimiento sea de escasa importancia, que de la conservación de los contratos.

Correcto, según esta tesis, el incumplimiento esencial se consideraría como parte del segundo plano de contratación

(B) y su evaluación se basaría en la importancia y trascendencia del incumplimiento para la economía de las partes. La jurisprudencia toma en cuenta factores como la falta de obtención de la finalidad perseguida, la frustración de las legítimas expectativas o aspiraciones, la quiebra de la finalidad económica o la frustración del fin práctico perseguido, para determinar si el incumplimiento es lo suficientemente grave como para justificar la resolución del contrato.

Cuestiones todas ellas que, en caso de resolución extracontractual, dependen de que las partes así lo consideren y no impugnen, o en su defecto, nombren a un perito acreditado que valore el incumplimiento en el seno de un arbitraje, siendo secundaria en este caso por innecesaria, la intervención judicial.

En este segundo plano (B) sería esencial la rapidez del cumplimiento si así resulta de la causa del contrato, y este sentido, indican los principios Unidroit, cuando se ha señalado que la entrega se ha de realizar rápidamente, y no se hace así, se facultad la resolución, no porque el temor fuera esencial en sentido estricto, sino porque la rapidez era necesaria para satisfacer el interés del acreedor.

En este plano (B) las conductas de las partes no supondrían un presupuesto del ejercicio del resolución del 1124, sino más bien manifestaciones del ejercicio del derecho de desistimiento unilateral de una de las partes, por ser esta solución más justa y rápida en atención a la económica del contrato. Quizás esta fórmula sea más justa en determinados estratos, por la premura que exige el mercado, donde ya no resulta interesante seguir vinculado a un mal negocio, siempre a cambio de una oportuna indemnización.

Por lo tanto, para que el incumplimiento esencial pueda ser considerado como un requisito jurídico aplicable en el primer plano de contratación (A), se deben tener en cuenta factores como la finalidad buscada, la frustración de las expectativas legítimas y la pérdida de la finalidad económica o el fracaso del objetivo práctico perseguido. Sin embargo, esto puede ser difícil de demostrar en casos en los que una de las partes es una pequeña empresa y la otra es mucho más fuerte, ya que incluso un retraso leve podría ser insignificante para una empresa de mayores dimensiones.

En este plano (A), el plazo solo será esencial si las partes así lo consideran y lo pactan justificadamente en el contrato por razones de índole económica, de la misma forma que la importancia que se le diera a este plazo debiera ser de indudable valor y justo, y siempre que en la consideración primordial de ese plazo como esencial, no se aprecie coacción o presiones por la parte fuerte.

En cuanto al *aliud por alio,* si lo entregado es diferente a lo pactado y rompe con el interés perseguido, también daría lugar a la resolución.

En este plano (A), si hay una exigencia en cuanto a la licitud de la causa que deben alumbrar los contratos, en el sentido de que el fin perseguido por las partes al vincularse en una relación contractual debe ser existente, lícito, veraz, en sintonía con la buena fe, con los usos y costumbres, podría entenderse que los mismos presupuestos deban ser exigidos cuando se pretende poner fin a la relación contractual mediante la resolución.

En definitiva, el efecto del contrato es la obligatoriedad y, en consecuencia, los contratos son irrevocables, con las excepciones de que concurra una causa de ineficacia, de que se ejerza un desistimiento unilateral, bien porque lo permita la ley bien porque se pacte en el contrato, sin existencia de presiones en la adopción de acuerdos.

Se deben establecer por tanto dos estándares en la consideración del incumplimiento con efectos resolutorios:

En el plano (A), se adoptaría un estándar más flexible en la consideración como indemnizables los casos de mora, de retraso, de incumplimiento relativo, defectuoso, inexacto, tardío, pero más estricto en la consideración de estas circunstancias con eficacia resolutoria, o incluso limitando la facultad resolutoria expresa, pues en este plano prima el fomento de las relaciones basadas en la confianza y la buena fe, por lo tanto más alejadas de concepciones liberalistas de la economía. Siendo fundamental en este plano el papel moderador del juez.

En este sentido, las empresas grandes tendrán la responsabilidad de fomentar la consolidación de las pequeñas, lo que sin duda redundará en el aumento del intercambio de bienes y servicios y en la creación de empleo y la economía en general.

Y en el plano (B) se establece un estándar menos riguroso, menos estricto con el uso de la facultad resolutoria, incluso con la aplicación de la cláusula *rebus sic stantibus*, pues se pretende fomento del tráfico jurídico, el fomento de las relaciones comerciales y la libre autonomía en la búsqueda de opciones más lucrativas.

En el plano (A) si el cumplimento aún es útil para el acreedor, debe fomentarse la conservación de la relación obligacional y del contrato, máxime en contrataciones donde una parte es más débil y depende su subsistencia de ese contrato En esto casos la *mora solvendi*, podría asumirse por la situación económica del acreedor, y buscarse soluciones más satisfactorias que la resolución o incluso que la indemnización, difícilmente soportable por el deudor, ya de por sí en una situación precaria, que le impide cumplir con el contrato.

En el plano (B) del contrato, que se refiere a contratación entre partes iguales, existen otros supuestos de resolución además del incumplimiento esencial que ya aparecen en el Derecho contractual europeo. Estos incluyen la resolución cuando el acreedor no puede confiar en el futuro cumplimiento del deudor (art. III.- 3:502, en relación con el art. III.-3:203 DCFR y arts. 116 y 109.4 Propuesta Reglamento Europeo), la resolución después de una notificación que establece un plazo adicional para cumplir (art. III.-3:503 DCFR y arts. 115 y 135 Propuesta Reglam. Europeo), la resolución por incumplimiento previsible (art. III.-3:504 DCFR y arts. 116 y 136 Propuesta Reglam. Europeo), la resolución por garantía inadecuada de cumplimiento (art. III.-3:505 DCFR) (véase aquí el art. 1129 CC) y. resolución por pacto (art. III.-:109 DCFR). El único supuesto que ya está establecido en el Código Civil en la compraventa de inmuebles es el pacto comisorio. A diferencia de los supuestos anteriores, el pacto comisorio ha sido objeto de muchos estudios doctrinales. Sería interesante considerar si debería extenderse el pacto comisorio a todos los contratos en una posible reforma del Código Civil.

4.2. La convivencia entre las diferentes doctrinas del TS en torno al incumplimiento con efectos resolutorios: la teoría de los estratos

En el plano (B), la protección que debe hacer el TS en contratos entre empresas en el mismo estatus económico quizás deba limitarse únicamente a observar que se cumple la legalidad y a permitir que entre ellas puedan vincularse o desvincularse de forma frugal, más orientada en el plano de la satisfacción del acreedor cumplidor que padece el incumplimiento.

Aquí serían de aplicación dos tópicos importantes: el interés jurídicamente atendible en que se decrete la resolución y la frustración del fin práctico perseguido por el negocio, unas máximas que atienden más a criterios económicos que de buena fe contractual y de conservación de las relaciones comerciales y contractuales.

En el plano (A) la protección que debe hacer el TS entre contratantes con desequilibrios quizás deba ir más encaminado a conservar las relaciones contractuales estables y a la búsqueda de soluciones alternativas para la solución de conflictos. Un escenario, donde tal vez sea necesario analizar si verdaderamente existe una voluntad rebelde al cumplimiento por parte del deudor incumplidor que faculte la ruptura en las relaciones contractuales, que tan gravosa resultaría para la parte deudora.

En la primera postura, si sería de aplicación ampliamente todo la reforma que plantea el *soft law*.

En la segunda postura, debiera ser más conservador y aplicar la doctrina tradicional sobre la aplicación de la resolución por incumplimiento, que en resumidas palabras precisaba de la existencia de:

- "Un verdadero y propio incumplimiento" y que ese incumplimiento fuera "imputable al deudor".
- "Una voluntad deliberadamente rebelde", "un hecho obstativo" que de un modo absoluto, definitivo e irreformable lo impida.
- El "mero retraso", no sería justificación para considerar la conducta como incumplidora, porque dicho retraso no siempre implica que se haya frustrado el fin práctico perseguido por el negocio, ni permite atribuir a la parte adversa un interés, jurídicamente protegible, en que se decrete la resolución, fundándose estas máximas en lo dicho en las sentencias de 5 de enero de 1935 (TOL5.025.857), 28 de enero de 1944 (TOL4.458.601) y 12 de abril de 1945 (TOL4.458.448).

Desde esta perspectiva, en el contexto del análisis de los retrasos que facultad la resolución, habría que analizar el tiempo como factor fundamental desde dos perspectivas también. El tiempo como factor determinante o sustancial, si fuera esencial, o si el tiempo era un factor importante pero sin ser esencial.

En el segundo plano de contratación sería suficiente demostrar una mera pérdida de oportunidad económica para determinar que el retraso y el plazo es esencial, lo cual frustra además el interés del acreedor.

En el primer plano en cambio en el segundo caso habría que ser más restrictivo, pues muy un mero retraso es muy probable que no frustre el fin práctico perseguido por el negocio.

En definitiva, tanto la postura tradicional y clásica que desde los años viene construyendo el TS, como los nuevos planteamientos que propone el *soft law*, tienen cabida en nuestro sistema. Ya que hay varios planos de contratación, y varios ámbitos, donde ambas posturas tienen encaje.

En este sentido, para hablar de esta frustración del fin práctico perseguido no estaría de más acordarse de la teoría de la base del negocio que sostenía De Castro, debiendo estudiar la causa del contrato para analizar la finalidad de ambas partes: "La hipótesis parece encontrarse en la idea de que la prestación abstractamente considerada, aislada en sí misma, es todavía posible, aunque su ejecución no permite ya alcanzar el fin al que al contratar se perseguía"[229]. Circunstancias que deberían ser tenidas en cuenta en ese estrato de contratación donde existe una igualdad entre las partes, pero que no tiene cabida en el estrato de contratación donde existe una desigualdad, donde la frustración del interés pasaría a un segundo plano.

Esta separación de estratos en la contratación entre empresarios se vuelve imprescindible, sobre en todo en cuanto a los interrogantes que plantea la protección del i*nterés atendible en la resolución*[230].

---

229 Díez-Picazo, L., *Fundamentos...*, *op. cit.*, p. 828.

230 *Idem.*

4.3. La conveniencia de asumir un sistema basado en el binomio incumplimiento definitivo-plazo adicional

Diferenciar entre planos de contratación según el estrato en el que se encuentra el contratante con el objetivo de proteger al más vulnerable, en cierto modo se aprecia en la intención del legislador en la redacción del art. 1504 CC.

El objetivo del legislador al redactar el artículo 1504 del Código Civil es diferenciar entre distintos niveles de contratación con el fin de proteger al contratante más vulnerable. A lo largo del tiempo el pacto comisorio ha perdido su eficacia original y muchos ordenamientos jurídicos intentan limitar su fuerza resolutoria, evitando cualquier tipo de automatismo. En este sentido, el artículo 1504 del Código Civil español es un ejemplo de esta tendencia, ya que exige la formalización de un requerimiento al comprador antes de iniciar cualquier proceso de resolución del contrato por impago del precio, independientemente de que exista o no una cláusula comisoria[231].

El complejo sistema del incumplimiento esencial debe dar paso a un sistema que permita dotar de máxima claridad al concepto de incumplimiento resolutorio.

Este sistema de estratificación según los niveles de contratación permitiría un uso más seguro del remedio resolutorio, integrándolo, pero no relegándolo, dentro del conjunto de remedios al incumplimiento.

De forma que, según el plano, se daría mayor preferencia por el cumplimiento especifico en detrimento de la resolución, sobre todo en sus modalidades de reparación y sustitución, sin excluir la aplicación del remedio resolutorio si la economía del contrato así lo aconseja.

---

231 Moll de Alba Lacuve, C. (2003). "El pacto comisorio en el Código Civil". *Revista De Derecho vLex*, n.º 10.

Con esta estratificación, la idea de que la resolución es un remedio excepcional o extraordinario que solo se ejerce cuando hay un incumplimiento de graves consecuencias, ha de abandonarse y dar paso a otra, donde será más habitual su uso en un plano donde intervengan contratantes con igual poder de negociación y pertenecientes por tanto al mismo estrato y será más excepcional en planos de contratación donde la asimetría entre las partes sea más evidente, ámbito donde se preferirá el cumplimiento en su diversidad de formas, realización de la prestación, reparación, sustitución, y donde la resolución será más excepcional, por ser un ámbito este donde se fomentaría el principio de conservación de los contratos *favor debitoris.*

Además, en los planos que interactúen contratantes pertenecientes a diferentes estratos, donde se justifique el uso del remedio resolutorio y con el objetivo de no dejar desprotegida a la parte deudora por las consecuencias de una abrupta resolución, se instará la necesidad de exigir un plazo adicional[232], a favor del cual se han alzado ya pluralidad de voces en nuestra doctrina[233].

En relación al plazo adicional, en los sistemas jurídicos que lo han adoptado, hay una divergencia entre aquellos que lo consideran fundamental en el sistema, como sucede en el BGB y aunque en menor medida, en la Propuesta de Modernización del Derecho de Obligaciones de la Comisión General de Codificación, que solo lo excluyen cuando existe un incumplimiento definitivo (como imposibilidad, plazo esencial o negativa al cumplimiento), y aquellos otros sistemas, representados por los textos y propuestas de Derecho unificado, en los que el uso

---

232 Rodríguez-Rosado; B., *op. cit.*, p. 231.

233 Pantaleón Prieto, Á F. (1993). "Las nuevas bases de la responsabilidad contractual". *Anuario De Derecho Civil, 46*(4), p. 210; Díez-Picazo, *Los incumplimientos resolutorios*, pp. 97 ss.; Álvarez Vigaray, *La resolución de los contratos bilaterales por incumplimiento*, p. 210.

del plazo adicional solo se aplica en caso de retraso, mientras que los demás casos se rigen por el modelo de incumplimiento esencial.

Conclusiones

PRIMERA.- El concepto de incumplimiento esencial resulta ser un concepto jurídico indeterminado. Determinar con exactitud la gravedad del incumplimiento es complejo, lo que se refleja a través de las distintas fórmulas utilizadas por la jurisprudencia (desde la obsoleta voluntad deliberada de no cumplir, a la moderna frustración del fin del contrato). No existe uniformidad en la doctrina, lo que nos lleva a pensar que existe una crisis en la doctrina y jurisprudencia española y la tendencia, después de casi cinco décadas de un enfoque similar, se aproxima a una mayor objetivación del concepto de incumplimiento.

SEGUNDA.- A pesar de los esfuerzos doctrinales por reconocer el incumplimiento de carácter esencial y grave con efectos resolutorios, todo se centra en la frustración de las expectativas o la finalidad perseguida por el acreedor. No importa la calificación de la obligación como principal o accesoria y puede ser motivo de resolución, tanto la completa ejecución de la prestación debida, como la inejecución simplemente parcial, la ejecución defectuosa y el retraso en la ejecución, siendo indiferente que el deudor esté constituido en mora. No resulta de utilidad centrarse en presupuestos del incumplimiento resolutorio con el objetivo de unificarlos. Lo relevante es que el incumplimiento sea lo suficientemente grave como para frustrar los intereses del acreedor o su objetivo principal o, bien, impedir que se alcance ese objetivo en un futuro.

TERCERA.- El incumplimiento esencial ensancha el ámbito de aplicación del art. 1124 CC, debido a su moderna interpretación, lo que se contrapone a la restrictiva doctrina tradicional española que consideraba la resolución como desnaturalizadora de la eficacia del contrato y contraria al principio *pacta sunt servanda.* El único criterio unificador para poner orden en el uso indiscriminado del remedio resolutorio es el principio de buena fe, adquiriendo relevancia la *exceptio doli* y el instituto del abuso de derecho.

CUARTA.- La valoración de los intereses del demandante que ejercita la resolución, se ha ido objetivando, relegando a un segundo plano la función moderadora del juez, aunque en el origen histórico del instituto de la resolución haya habido siempre un amplio margen para la discreción de este. La objetivación del incumplimiento ha derivado en una crisis de doctrina pues se pretende dar respuesta a un mismo problema, pero en contextos muy diferentes. Se pone el foco en los tipos de incumplimiento, pero no en las características del sujeto –deudor– incumplidor ni en su contexto. Se da más importancia a las consecuencias del incumplimiento que a las posibles causas que lo originan.

QUINTA.- A los actuales criterios (plano satisfactivo del cumplimiento: atendiendo a la causa del contrato, a la teoría de la base del negocio y a la propia naturaleza del contrato) les falta uno fundamental: el análisis de la asimetría en la relación contractual entre profesionales. La regla de la esencialidad no debe fundarse únicamente en la autonomía de la voluntad o en criterios objetivos. Quien solicita la resolución del contrato debe tener un interés jurídicamente atendible.

SEXTA.- La jurisprudencia española es más flexible calificando una obligación como principal o esencial si esta se ha pactado como tal en el contrato o si esta debiera cumplirla quien pretende la resolución, lo que supone un subterfugio para la ingeniería jurídica y origina dos escenarios totalmente opuestos, con el mismo *factum*, pero con consecuencias jurídicas distintas. Se establece una doble vara de medir; por un lado, una jurisprudencia conservadora, amable y permisiva con todo lo pactado convencionalmente (aunque se produzca una extinción del contrato); y por otro, una jurisprudencia más restrictiva a la hora de calificar el incumplimiento del contrato con efectos resolutorios. De esta forma, ciertos contratantes utilizan la libertad del art. 1091 CC para evitar las restricciones impuestas por la jurisprudencia en cuanto al uso de este remedio a través de cláusulas pactadas que estipulan numerosas contravenciones como incumplimientos esenciales con efectos resolutorios, situación que puede implicar un abuso de derecho o una contravención de la prohibición del art. 1256 CC pues se deja la validez y el cumplimiento de los contratos al arbitrio de uno de los contratantes, lo que hace necesario un control de contenido fuera del ámbito de LCGC.

SÉPTIMA.- Se constata la importancia de seguir modernizando nuestro Derecho de obligaciones y contratos a través del *soft law,* y de los principios del moderno derecho europeo de contratos. Pero debe hacerse con cautela ya que incorporan un concepto de incumplimiento esencial unitario y objetivo desligado de la culpa, negligencia o dolo del deudor y alejado del *favor debitoris,* que se contagia a nuestro sistema a través de prácticas contractuales desleales y oportunistas del remedio resolutorio en las relaciones B2B, donde consideramos a uno de los profesionales más débil, en relación a su poder de negociación al ser una pyme o un profesional autónomo. Esta nueva configuración del incumplimiento esencial se debe a una concepción mercantilizada de las relaciones obligatorias que busca una economía dinámica, rápida, en la que sea fácil desligarse del contrato para poder contratar de nuevo en mejores condiciones.

OCTAVA.- El *soft law* también aporta soluciones interpretativas que subsanan los desequilibrios que plantea la resolución por incumplimiento esencial y actúa como límite a la autonomía privada. El principio de buena fe es la piedra angular. Es la conexión entre el *soft law,* los principios del moderno derecho europeo de contratos y los nuevos planteamientos en torno a la resolución por incumplimiento que proponemos en este estudio. Según los principios del moderno derecho europeo de contratos es el parámetro normativo de la conducta debida en una relación contractual, considerando implícitos en el contrato unos deberes especiales que tendrían los contratantes en situación predominante, debiendo velar por el mantenimiento del *statu quo* del pequeño contratante en el desarrollo del contrato contrarrestando el principio de libertad contractual. Estos serían el deber de cooperación, protección o conservación del contrato, colaboración con el fin de salvaguardar el interés de la prestación en sí y la integridad personal y patrimonial de las partes, lealtad contractual, protección de la confianza razonable y de las expectativas. Del DCFR también se extrae el principio de justicia, el deber de protección de aquellos que se encuentran en una posición de desventaja, así como el déficit de protección del contratante débil, el deber del empresario fuerte de contribuir al *statu quo* subyacente, lo que lo convierte en responsable de los cambios disruptivos como la resolución unilateral imprevista.

NOVENA.- Estos deberes implícitos que atienden a las buenas costumbres y al nuevo orden público servirían como argumentos para invalidar las cláusulas leoninas que impliquen exención de responsabilidad o ruptura de la equivalencia de las prestaciones en las relaciones B2B. Flexibilizarían la declaración de ineficacia de ciertas cláusulas de resolución unilateral, ya que dan prioridad al cumplimiento del contrato y hacen hincapié en que la obligación de cooperar es fundamental para la seguridad contractual. Ayudarían, también, a cambiar una concepción jurisprudencial muy restrictiva a la hora de valorar la ineficacia de condiciones resolutorias excesivas y de las penalizaciones asociadas a dichas resoluciones.

DÉCIMA.- Se constata la interferencia continua entre los principios de autonomía de la voluntad de las partes (art. 1255 CC), el principio de buena fe, el principio *pacta sunt servanda,* el principio de conservación de los contratos y la prohibición de que los contratos (y su clausulado) queden al arbitrio de uno de los contratantes (art. 1256 CC). Aparecen nuevos condicionantes que actúan como vicios del consentimiento y son manifestaciones de la asimetría existente entre profesionales:

"violencia económica" o ciertas coacciones económicas (*duress* o *undue influence*).

UNDÉCIMA.- Dependiendo del estrato de contratación, interactúan operadores jurídicos diversos; unos con mayores recursos económicos, técnicos y jurídicos, con un asesoramiento más "estratégico" en la elaboración de contratos que salvaguarden los criterios que más les favorezcan eludiendo controles judiciales *a posteriori,* lo que evidencia una asimetría entre las partes. Este tipo de cláusulas tan específicas y de amplias facultades de desistimiento o resolutorias para una de las partes intervinientes –sin llegar a considerarse abusivas o sin pertenecer a un contrato de adhesión–, con frecuencia fueron aceptadas por la otra parte, por ejemplo, por estar esta última en un plano de menor poder negocial y desear concertar un negocio provechoso que le permitiera crecer.

DECIMOSEGUNDA.- Se evidencia que la figura del consumidor no es la que mejor identifica a las partes que necesitan una tutela especial, haciendo necesaria la configuración de un "tertium genus", siendo este uno de los principales objetivos del DCFR, y de los PECL, lo que justifica esta necesidad de clasificación por estratos según el perfil del contratante profesional que proponemos. Del CESL, del acervo comunitario y demás textos de *soft law* extraemos la importancia de reconocer la posición desfavorable de las pymes en los contratos B2B. Destacamos la iniciativa de la Comisión Europea "Small Business Act" (pensar primero a pequeña escala) que consiste en un plan de acción destinado a mejorar la competitividad para las pymes, ya que estas constituyen el 99 % de las empresas en la UE y son fundamentales para el desarrollo económico y la mejora de la competitividad en Europa.

DECIMOTERCERA.- Observamos una asimetría entre profesionales derivada de la concentración del capital, lo que origina usos oportunistas del remedio resolutorio, situaciones de abuso de poder y la aparición de acuerdos y contratos en contra del principio económico de libre participación que afectan a la libre competencia entre las empresas. El fenómeno está tan generalizado que la mayor parte de las empresas, al menos en ciertos sectores, y sin constituir formalmente un monopolio, lo son. En este sentido, la llamada ley del contrato no es ya ciertamente lo convenido por las partes, sino lo impuesto por una a la otra.

DECIMOCUARTA.- Resulta oportuno y de mayor utilidad atender a otros criterios de análisis para actuar en equidad. Uno sería el establecimiento de diferentes estratos en la contratación entre profesionales, dejando al margen a los contratantes que reciban la consideración de consumidor, y convirtiendo de este modo al incumplimiento esencial en un concepto válvula. Otro sería justificar un uso más restrictivo del remedio resolutorio, un preaviso más amplio, un mayor plazo adicional de cumplimiento o mayores restricciones en la autonomía privada. Aunque los jueces son restrictivos en el uso de los conceptos válvula por ser fórmulas residuales y subsidiarias en nuestro sistema, proponemos su recuperación, ya que permiten soluciones más equitativas en cada caso y son una herramienta muy útil para la valoración de los diferentes estándares de protección en razón de la asimetría.

DECIMOQUINTA.- Proponemos una teoría que consiste en la división entre estratos a los contratantes profesionales, lo que permitiría armonizar las líneas jurisprudenciales que existen en torno a la resolución. Y en este sentido, proponemos rescatar la doctrina jurisprudencial que mantenía la necesidad de un incumplimiento rebelde ya que, en razón de los distintos estratos, se establecen distintos grados de rigurosidad o laxitud en referencia al mayor o menor grado de tutela. De esta forma, la resolución protegería al contratante que cumple con sus obligaciones y que acredita que sufre y padece el incumplimiento de la otra parte (una vez observados los pretendidos deberes que se le exigen) y tendría que demostrar más requisitos en base al estrato al que pertenezca y no solo acreditar la frustración del propósito del contrato. Dependiendo del estrato y del tipo de contratante, el bien jurídico protegido podría ser distinto y, por lo tanto, serían distintos los presupuestos que justifican una mayor o menor excepcionalidad en el ejercicio de la resolución en relación a los distintos planos que pueden darse entre profesionales, así como para determinar el remedio más adecuado, en razón del interés atendible a cada caso.

DECIMOSEXTA.- Fuertes exigencias y restricciones en relación a las consecuencias de lo pactado, a la consideración del incumplimiento como esencial y en definitiva a la resolución. Atendiendo a la buena fe y a la equidad solo tendrían sentido en contextos donde las partes contratantes se encontrasen en una situación de asimetría en el poder de negociación, pues aparece en este plano un profesional más vulnerable a los efectos extintivos de la resolución, siendo más equitativo proteger a ambos contratantes, no solo al cumplidor.

DECIMOSÉPTIMA.- La admisión poco restrictiva de la pretensión resolutoria permitiría consagrar aspiraciones meramente oportunistas La resolución suele ser más costosa que el cumplimiento y la parte que la sufre puede perder su inversión en el contrato o en su cumplimiento. La liquidación de la restitución de las prestaciones es gravosa. La resolución entendida como un mecanismo de defensa útil –según entendemos– de protección del crédito y del sinalagma, es un medio de amparo y salvaguarda de una de las partes de la relación obligatoria, la que sufre el incumplimiento, no un mecanismo oportunista más cercano al abuso de derecho que al resguardo de un interés.

DECIMOCTAVA.- Debemos observar la capacidad de resiliencia económica de los profesionales, los diferentes estándares de diligencia y colaboración que son exigibles en razón del estrato al que pertenecen y analizar en cada caso si procede una justicia social o económica. Hay que obligar a la empresa consolidada a observar distintos deberes de diligencia, colaboración, cooperación, aunque exista un incumplimiento por parte de la empresa pequeña y buscar soluciones más subjetivas que centren el foco, no tanto en la gravedad o el tipo de incumplimiento, como en las circunstancias de los contratantes, así como en los motivos que desencadenaron su actitud incumplidora. Sería, por tanto, un presupuesto previo para el ejercicio del remedio resolutorio, la existencia de un padecimiento acreditado, y no solo a nivel crediticio, pues habrá supuestos de incumplimiento que no impliquen daño a la otra parte.

La capacidad de resiliencia económica de las partes influye en la incidencia de los conceptos válvula según el estándar de buena fe exigido, y en la posibilidad de desistir del contrato debiendo ser más restrictivos en unos estratos de contratación que en otros. Haciendo interpretaciones flexibles del remedio resolutorio considerándolo como un concepto válvula en atención al interés atendible del contrato en cada plano de contratación.

DECIMONOVENA.- En relación al ejercicio de la resolución extrajudicial sin preaviso en los supuestos de resolución fundados exclusivamente en la libre voluntad de una de las partes o de ambas (resolución por desistimiento unilateral del contrato por una de las partes, las que acaecen si se cumple la condición resolutoria expresa, o en la resolución intempestiva *ipso iure* por justa causa se observan prácticas abusivas. Se desprotege en cierto modo al deudor que –aun tarde– pretende cumplir porque la prestación todavía es posible, del mismo modo que se desprotege el cumplimiento del contrato en sí mismo, pues detrás de esta situación puede haber un contrato con numerosas cláusulas que facultan la resolución unilateral para una de las partes, en caso de acaecimiento de ciertos incumplimientos cuya consideración como graves no está muy clara.

VIGÉSIMA.- En la resolución extrajudicial debería evitarse que opere automáticamente e, incluso, concediendo un nuevo plazo de cumplimiento. Considerando en este contexto a la resolución como una facultad concedida por el ordenamiento jurídico, no una condición aceptada por la voluntad de las partes.

La aplicación de la resolución se torna numerosas veces un remedio aún más problemático, pues sobre ella se concentran razones y argumentos a menudo contrapuestos: desde el principio de conservación del contrato a la necesaria liberación de la parte perjudicada y desde el favor *debitoris*, a la protección integral del crédito.

VIGESIMOPRIMERA.- Es necesario reconsiderar el poder simbólico y emotivo de la idea de contrato y las concepciones morales que encierra, estableciendo límites a la autonomía de la voluntad en la contratación entre empresarios. La libertad real de los económicamente débiles exige que no se conceda eficacia jurídica a los contratos cuya aceptación se les imponga abusando de su debilidad económica, reconsiderando la amenaza que supone el más reciente neoliberalismo que abandera la nueva *lex mercatoria*. Imperando en ciertos planos según el estrato de los contratantes la protección de la autonomía privada, la validez de los pactos privados y en otros a una concepción más social.

VIGESIMOSEGUNDA.- En la contratación entre empresarios del mismo estrato y como resultado de la influencia del derecho anglosajón, la buena fe abre la puerta para que en los casos de disputa o reclamación se exija a las partes, previo al procedimiento judicial, métodos alternativos para la resolución de controversias como es el caso del arbitraje a través de peritos designados de común acuerdo o mediante el procedimiento de insaculación o las novedosas *friendly discusion*, favoreciendo las discusiones amigables de buena fe y reconduciendo a un estándar identificable como es el de *fair, honest and genuine discussions.*

Referencias bibliográficas

Libros y publicaciones

Álvarez Vigaray, R. (2010). *La resolución de los contratos bilaterales por incumplimiento.* Granada: Comares.

Amorós Guardiola, M. (1983). "Las limitaciones de la autonomía de la voluntad según el pensamiento de Federico de Castro". *Anuario de Derecho Civil*, vol. 36 n.º4, pp. 1129-1148.

Ataz López, J. & Salelles Climent, J.R. (2020). "La libertad contractual y sus límites" en Bercovitz Rodríguez-Cano, R., *et al. Tratado de Contratos.* Vol. 1. Tirant lo Blanch pp. 141-331.

Barceló Compte, R. (2017). "La ruptura del equilibrio inicial del contrato: la ventaja injusta", en Gramunt Fombuena, M. & Florensa i Tomás, C. *Codificación y reequilibrio de la asimetría negocial.* Dykinson, Madrid, p. 273-285.

Bercovitz Álvarez, G., (2009). "Comentario al art. 1124 del CC" en *Comentarios al Código Civil* de Bercovitz Rodriguez-Cano, R *(2021) 5.ª ed.*, Thomson Reuters Aranzadi, Pamplona, pp. 1-3, 2.

Bercovitz Rodríguez-Cano, R. (1984). "Condición resolutoria explícita; ejercicio contrario a la buena fe; abuso de derecho. Incongruencia". *Cuadernos Civitas de Jurisprudencia Civil*, n.º 4, pp. 1303-1314.

Bercovitz Rodríguez-Cano, R. (dir.), Moralejo Imbernón, N. (coord.), & Quicios Molina, M. S. (coord.) (2020). *Tratado de Contratos* [Recurso electrónico] / Director, Rodrigo Bercovitz Rodríguez-Cano ; 3.ª ed., Tirant lo Blanch.

Bernal Fandiño, M. (2007) *El Solidarismo contractual -especial referencia al derecho francés-.* Universitas n.º114, pp. 15-30.

Busto Lago, J. M. (2016). "Sentencia de 28 de junio de 2015. Resolución pactada y ejercitada por incumplimiento no esencial. Cláusulas abusivas y contratos entre empresarios". *Cuadernos Civitas de jurisprudencia civil*, n.º 100, pp. 487-514.

Cabrillac, R. (2016). "El nuevo derecho francés de los contratos". *THEMIS Revista De Derecho*, n.º 70, pp. 59-66.

Carbonnier, J. (2004). *Droit civil: Les biens et les olbigations.* Presses Universitaires de France. Vol. 2.

Carrasco Perera, Á. (2017). *Derecho de contratos* (2.ª ed.). Cizur Menor: Aranzadi Thomson-Reuters.

Cédras, J. (2003). "Le solidarisme contractuel en doctrine et devant la Cour de cassation". *Rapport annuel de la Cour de cassation.*

Clemente Meoro, M. E. (1998). *La facultad de resolver los contratos por incumplimiento.* Valencia: Tirant lo Blanch.

Clemente Meoro, M. E., (2011). "Artículo 1124. Facultad de resolver las obligaciones" en Cañizares Laso, A. *et al. Código Civil comentado, vol. 3, libro IV* (artículos 1088 a 1444), Thomson Reuters-Civitas.

Conaglen, M. D. (1999). Duress, undue influence, and unconscionable bargains: The Theoretical Mesh. *New Zealand Universities Law Review,* 18(4), pp. 509-545.

De Castro y Bravo, F. (1958). "Las leyes nacionales, la autonomía de la voluntad y los usos en el proyecto de Ley Uniforme sobre la venta". *Anuario de Derecho Civil.* Vol. 11, n.º 4, pp. 1003-1040.

De Castro y Bravo, F. (1961). "Las condiciones generales de los contratos y la eficacia de las leyes". *Anuario de Derecho Civil.* Vol. 14, n.º 2, pp. 295-342.

De Castro y Bravo, F. (1982). "Notas sobre las limitaciones intrínsecas de la autonomía de la voluntad". *Anuario de Derecho Civil.* Vol. 35, n.º 4, pp. 987-1086.

De Castro y Bravo, F. (1985). *El negocio jurídico.* Civitas, pp. 314 y 315.

Demogue, R. (1923). *Traité des obligations en général. I, sources des obligations (suite).* París: Arthur Rousseau. T 3, n.º 3.

Díez García, H. & Gutiérrez Santiago, P. (2020) "Interpretación e integración del contrato" en Bercovitz Rodríguez-Cano, R., *et al. Tratado de Contratos.* Vol. 1, 3.ª ed. Tirant lo Blanch pp. 985-1252.

Díez-Picazo, L. s.f. "Figura de abuso de posición dominante". *THEMIS Revista de Derecho* n.º 49, p. 12.

Díez-Picazo, L. (1956). "La autonomía privada y el derecho necesario en la Ley de Arrendamientos urbanos". *Anuario de Derecho Civil.* Vol. 9, n.º 4, pp. 1149-1182.

Díez-Picazo, L. (1963) *La doctrina de los actos propios.- Un estudio crítico sobre la Jurisprudencia del Tribunal Supremo.* Extraído el 17-02-2023 de http://www.distribucionesjuridicas.es/.

Díez Picazo, L., & Gullón, A. (1998). *Sistema de derecho civil* (6.ª ed.). Madrid: Tecnos.

Díez-Picazo, L., Roca Trías, E & Morales Moreno, A M. (2002). *Los principios del derecho europeo de contratos*, Civitas, Madrid.

Doral García, J. A. (1967). *La noción de orden público en el derecho civil español.* Pamplona: Universidad de Navarra.

Espín Cánovas, D. (1954). *Los límites de la autonomía de la voluntad en el derecho privado : discurso de apertura del curso académico 1954-55.* Universidad de Murcia. Extraído el 18 de enero de 2023 de http://hdl.handle.net/10201/4616.

Fages, B. (2016). *Droit des obligations.* 6.ª ed. París: Lgdp.

Fenoy Picón, N., (2005). "1811 Sentencia de 10 de julio de 2003: Ejercicio extrajudicial de la facultad resolutiva del artículo 1124; incumplimiento por inhabilidad del objeto y consiguiente insatisfacción del comprador; inexistencia de vicios ocultos; incumplimiento resolutorio: incumplimiento esencial". *Cuadernos Civitas de jurisprudencia civil*, n.º 68, pp. 509-556.

Fenoy Picón, N., (2010). "La modernización del régimen de incumplimiento del contrato: Propuestas de la Comisión General de Codificación. Parte primera: aspectos generales. El incumplimiento", *ADC*, vol. 63, n.º 1, pp. 47–136.

Fernández Ruiz-Gálvez, E. (2017). "Rebus sic stantibus y crisis económica. Orden público económico versus especulación" *Anuario de Filosofía del Derecho*, Universitat de València, pp. 63-98. Extraído 3 de marzo de 2023 de https://app.vlex.com/#vid/rebus-sic-stantibus-crisis-693098077.

Filmer, R. (1652). *Observations concerning the originall of government* [electronic resource] : upon Mr. Hobs Leviathan, Mr. Milton against Salmasius, H. Grotius De Jure belli. Printed for R. Royston, at the Angel in Ivie Lanc.

Fouillée, A., & Laloux. (1878). *L'idée moderne du droit*, s.l.

García Amigo, M. (2000). "Consideraciones a la buena fe contractual" *Actualidad Civil*, Sección Doctrina, n.º 1, pp. 1-15.

García Goyena, F. (1852). *Concordancias, motivos y comentarios del Código Civil español*, tomo III. Editorial Maxtor, p. 367.

Gili Saldaña, M. & Gómez Pomar, F. (2014). "La complejidad económica del remedio resolutorio por incumplimiento contractual. Su trascendencia en el derecho español de contratos, en la normativa común de compraventa europea (CESL) y en otras propuestas normativas". *Anuario De Derecho Civil, Tomo LXVII, fasc. IV,* pp. 1199-1252.

Gómez Calle, E. (2012). "Los remedios ante el incumplimiento del contrato: Análisis de la Propuesta de Modernización del Código civil en materia de obligaciones y contratos y comparación con el borrador del marco común de referencia", *ADC,* vol. 65, n.º 1, pp. 31–102.

Gómez Calle, E. (2018). *Desequilibrio contractual y tutela del contratante débil.* Aranzadi Thomson Reuters.

Gordillo Cañas, A. (1975). "La nulidad parcial del contrato con precio ilegal". *Anuario de Derecho Civil,* vol. 28, n.º 1, pp. 101-204.

Harvey, D. (2013). *Breve historia del neoliberalismo* (3.ª ed.). Tres Cantos, Madrid: Akal.

Infante Ruiz, F. J. (2022). *El aprovechamiento injustificado como vicio del consentimiento: Análisis desde la doctrina de la undue influence del derecho inglés.* Valencia: Tirant lo Blanch.

Jamin, C. (2001) *Plaidoyer pour le solidarisme contractuel. Le contrat au debut du XXIè siècle, J.Ghestin* edit LDGJ.

Jamin, C., Mazeaud, D., & Ancel, P. (2003). *La nouvelle crise du contrat.* En Colloque organisé par le Centre René-Demogue de l'Université de Lille II. Dalloz.

Jessup, P. C. (1979). *Jus et societas: essays in tribute to Wolfgang Friedmann.* G. M. Wilner, 1.ª ed., pp. 170-171.

Jhering, R. v. (2018). *La lucha por el derecho*; Edición de Luis Lloredo Alix. Universidad Carlos III de Madrid. Extraído el 3 de marzo de 2023 de http://hdl.handle.net/10016/27845 P. 11.

Josserand, L., *et al.* (2012). *El espíritu de los derechos y su relatividad : teleología jurídica*; traducción por Eligio Sánchez Larios y José M. Cajica ; edición y estudio preliminar "Teoría del abuso de derecho : El abuso de los derechos fundamentales" a cargo de José Luis Monereo Pérez.

Lacordaire, H. *s.f. Conférences de Notre-Dame de París.* (Nouvelle éd.) Garnier.

Lacruz Berdejo, J. L. *et al.* (2013): *Elementos de Derecho Civil II: derecho de obligaciones, vol. II: Contratos y cuasicontratos. Delitos y cuasidelitos,* 5.ª ed., Dykinson.

Lenel, O. (1889). *Palingenesia iuris civilis: iuris consultorum reliquiae quae Iustiniani digesti continentur ceteraque iuris prudentiae civilis fragmenta minora secundum auctores et libros.* Ex officina Bernhardi Tauchnitz.

Mandeville, B., Boguñà, J. S., Lluch, E., & i Vilardebó, L. F. (1988). *La faula de les abelles i altres assaigs*. Edicions 62.

Moll de Alba Lacuve, C. (2003). "El pacto comisorio en el Código Civil". *Revista De Derecho vLex*, n.º 10.

Montés Penadés, V. L. en *Comentarios al Código Civil y Compilaciones forales*, Edersa, XV-1.

Morales Moreno A. M. (2006). "Pretensión de cumplimiento y pretensión indemnizatoria", en *Libro-Homenaje al profesor Manuel Amorós Guardiola*, Colegio de Registradores de la Propiedad y Mercantiles de España, pp. 525-556.

Orti Vallejo, A. (1996). "Los vicios en la compraventa y su diferencia con el 'aliud pro alio'": jurisprudencia más reciente. *Aranzadi civil*: revista quincenal, n.º 1, pp. 41-60.

Orti Vallejo, A. (2002). *Los defectos de la cosa en la compraventa civil y mercantil : el nuevo régimen jurídico de las faltas de conformidad según la Directiva 1999/44/CE*. Comares. P. 21.

Orti Vallejo, A., (2016). "Concepto de incumplimiento del contrato, exoneración e incumplimiento justificado (de los textos decimonónicos a los de *soft law*)". *Revista Doctrinal Aranzadi Civil–Mercantil*, n.º 7, pp. 1-40.

Ossorio Morales, J. (1952). "Crisis de la dogmática del contrato". *Anuario de Derecho Civil*, vol. 5, n.º 4, pp. 1175-1186.

Pantaleón Prieto, Á F. (1993). "Las nuevas bases de la responsabilidad contractual". *Anuario De Derecho Civil*, vol.*46*, n.º 4, pp. 1719-1746.

Pasquau Liaño, M. (dir.), Albiez Dohrmann, K.J.(coord.)& López Frías, A. M. (2000). *Jurisprudencia civil comentada: Código Civil*. 2.ª ed. Comares p. 1969.

Pertiñez Vilchez, F. (2018). "Las consecuencias del incumplimiento de los deberes precontractuales de información y evaluación en la contratación de productos de inversión. La improcedencia de la resolución por incumplimiento contractual comentario a la STS de 13 septiembre 2017 (RJ 2017, 3756)". *Cuadernos Civitas de Jurisprudencia Civil*, n.º 106, pp. 103-115.

Piollet, F. (2008). *La réception de la violence économique en droit comparé*.

Plana Arnaldos, M. C. (2016). "Cláusula resolutoria pactada para el caso de retraso en la obligación de entrega en contrato de compraventa de inmueble futuro. Comentario a la sentencia del Tribunal Supremo de 4 de mayo de 2016 (RJ 2016, 2217)". *Cuadernos Civitas de jurisprudencia civil*, n.º 102, pp. 531-548.

Platón. (2004). *Critón* [recurso electrónico]. El Cid Editor, p. 31.

Quicios Molina, S. (2020). "La ineficacia contractual" en Bercovitz Rodríguez-Cano, R., *et al. Tratado de Contratos.* Vol. 1. 3.ª ed.Tirant lo Blanch pp. 1523-1787.

Ripert, G. (1935). *La règle morale dans les obligations civiles.* 3.ª ed. Librairie générale de droit & de jurisprudence.

Ripert, G. (2001). *Aspectos jurídicos del capitalismo moderno*; traducción de José Quero Morales. Granada Comares.

Rodríguez-Rosado, B. (2013). *Resolución y Sinalagma Contractual*, Marcial Pons Ediciones, pp. 1-323.

Royo Martínez, M.A. (1949). "Contratos de adhesión". *Anuario de Derecho Civil*, vol. 2, n.º 1, pp. 54-70.

San Miguel Pradera, L. P. (2004): *Resolución del contrato por incumplimiento y modalidades de su ejercicio.* Centro de Estudios del Colegio de Registradores de la Propiedad y Mercantiles de España, Madrid.

Tan, D. S. (2002). "Constructing a doctrine of economic duress". *Construction Law Journal*, vol. 18, n.º2, pp. 87-96.

Vázquez de Castro, E. (2002). *Determinación del contenido del contrato, presupuestos y límites de la libertad contractual.* Tirant lo Blanch. 1.ª ed., p. 43.

WEBS

ASALE, RAE-, y RAE. s.f. "Diccionario de la lengua española | Edición del Tricentenario". "Diccionario de la lengua española" - Edición del Tricentenario. *https://dle.rae.es/*. Recuperado el 22 de abril de 2023.

García-Trevijano, Carmen. s.f. El reverso de la utopía. Actualidad de "la fábula de las abejas" de Bernardo de Mandeville. *https://www.uv.es/garzon/psicologia%20politica/N9-1.pdf* . Recuperado el 12 de mayo de 2022.

Ghersi Silva, E. *(2011). El problema del sinalagma http://articulos.ghersi.com/2011/08/capítulo-7-el-problema-del-sinalagma/* . Recuperado el 4 de marzo de 2022.

North Ocean Shipping Co Ltd v Hyundai Construction Co Ltd [1979] QB 705 (Duress; contract validity; economic pressure), https://www.lawteacher.net/cases/north-ocean-shipping-v-hyundai.php. Recuperado el 25 de junio de 2022.

Tratado de contratos varios autores. s.f. Recuperado el 3 de abril de 2023. http://www.marcialpons.es/libros/tratado-de-contratos/9788413551838/.

LEGISLACIÓN

Anteproyecto de Ley del Código Mercantil.

Código civil (1975). (2.ª ed.). Pamplona: Aranzadi.

Código de Comercio Real Decreto de 22 de agosto de 1885.

Comisión General de Codificación: Propuesta de Modernización del Código Civil en materia de Obligaciones y Contratos, Boletín de información, Gobierno de España-Ministerio de Justicia, 2009.

Convención de las Naciones Unidas sobre los contratos de compraventa internacional de mercaderías, confeccionada en Viena el 11 de abril de 1980 (CISG).

Directiva 93/13/CEE del Consejo, de 5 de abril de 1993, sobre las cláusulas abusivas en los contratos celebrados con consumidores.

Directiva 2011/83/UE del Parlamento Europeo y del Consejo de 25 de octubre de 2011 sobre los derechos de los consumidores, por la que se modifican la Directiva 93/13/CEE del Consejo y la Directiva 1999/44/CE del Parlamento Europeo y del Consejo y se derogan la Directiva 85/577/CEE del Consejo y la Directiva 97/7/CE del Parlamento Europeo y del Consejo.

Directiva (UE) 2019/771 del Parlamento Europeo y del Consejo, de 20 de mayo de 2019, relativa a determinados aspectos de los contratos de compraventa de bienes, por la que se modifican el Reglamento (UE) 2017/2394 y la Directiva 2009/22/CE, y se deroga la Directiva 1999/44/CE.

Directiva (UE) 2019/770 relativa a determinados aspectos de los contratos de suministro de contenidos y servicios digitales.

Ley 7/1998, de 13 de abril, sobre condiciones generales de la contratación BOE A-1998-8789.

Ley 28/1998, de 13 de julio, de Venta a Plazos de Bienes Muebles. BOE A-1998-16717.

Ley 49/2003, de26 de noviembre de Arrendamientos Rústicos. BOE A-2003-21616.

Ley 15/2009 de 11 de noviembre, del contrato de transporte terrestre de mercancías. BOE A-2009-18004.

Ley 14/2014, de 24 de julio, de Navegación Marítima. BOE A-2014-7877.

Marco Común de Referencia (DCFR). Utilizamos la traducción del DCFR de Jerez Delgado coord., publicada en el año 2015 por la editorial del Boletín Oficial del Estado.

Mustapha Mekki. Ordenanza n.º 2016-131, de 10 de febrero de 2016, por la que se reforma el Derecho contractual, el régimen general y la prueba de las obligaciones. Recueil Dalloz, 2016, 09, pp.494. ⊠halshs-02215401⊠.

Principios de derecho europeo de los contratos Partes I y II (Revisadas) Preparadas por la Comisión de Derecho europeo de los contratos Presidente: Profesor Ole Lando. Traducción del texto de los artículos publicados en Lando, Beale, eds., Principles of European Contract Law, Kluwer Law International, La Haya, 2000, pp. 1-93. La versión inglesa de los principios es la versión original (PECL).

Principios Unidroit sobre los Contratos Comerciales Internacionales. Versión 2016.

Propuesta de Reglamento del Parlamento Europeo y del Consejo de 11 de octubre de 2011, relativa a una normativa común de compraventa europea (CESL).

Propuesta de Código Civil, Asociación de Profesores de Derecho Civil (2018)- Tecnos, Madrid.

Propuesta de Modernización del Código Civil en materia de Obligaciones y Contratos 2018 (PMCC).

Real Decreto Legislativo 1/2007, de 16 de noviembre, por el que se aprueba el texto refundido de la Ley General para la Defensa de los Consumidores y Usuarios y otras leyes complementarias (TRLGDCU).

Real Decreto Legislativo 2/2015, de 23 de octubre, por el que se aprueba el texto refundido de la Ley del Estatuto de los Trabajadores. BOE A-2015-11430.

Reglamento (CE) No 1/2003 Del Consejo de 16 de diciembre de 2002 relativo a la aplicación de las normas sobre competencia previstas en los artículos 81 y 82 del Tratado.

Tratado de Funcionamiento de la Unión Europea. DOUE-Z-2010-70002.

Presentación del manual

El **Certificado de Profesionalidad** es el instrumento de acreditación, en el ámbito de la Administración laboral, de las cualificaciones profesionales del Catálogo Nacional de Cualificaciones Profesionales adquiridas a través de procesos formativos o del proceso de reconocimiento de la experiencia laboral y de vías no formales de formación.

El elemento mínimo acreditable es la **Unidad de Competencia.** La suma de las acreditaciones de las unidades de competencia conforma la acreditación de la competencia general.

Una **Unidad de Competencia** se define como una agrupación de tareas productivas específica que realiza el profesional. Las diferentes unidades de competencia de un certificado de profesionalidad conforman la **Competencia General,** definiendo el conjunto de conocimientos y capacidades que permiten el ejercicio de una actividad profesional determinada.

Cada **Unidad de Competencia** lleva asociado un **Módulo Formativo,** donde se describe la formación necesaria para adquirir esa **Unidad de Competencia,** pudiendo dividirse en **Unidades Formativas.**

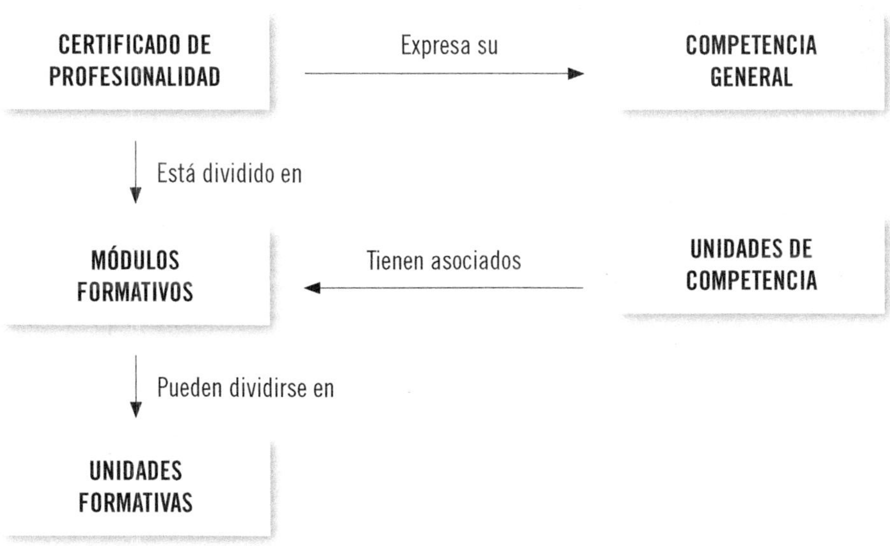

El presente manual desarrolla la Unidad Formativa **UF1845: Acceso a datos en aplicaciones web del entorno servidor,**

perteneciente al Módulo Formativo **MF0492_3: Programación web en el entorno servidor,**

asociado a la unidad de competencia **UC0492_3: Desarrollar elementos de software en el entorno servidor,**

del Certificado de Profesionalidad **Desarrollo de aplicaciones con tecnologías web.**

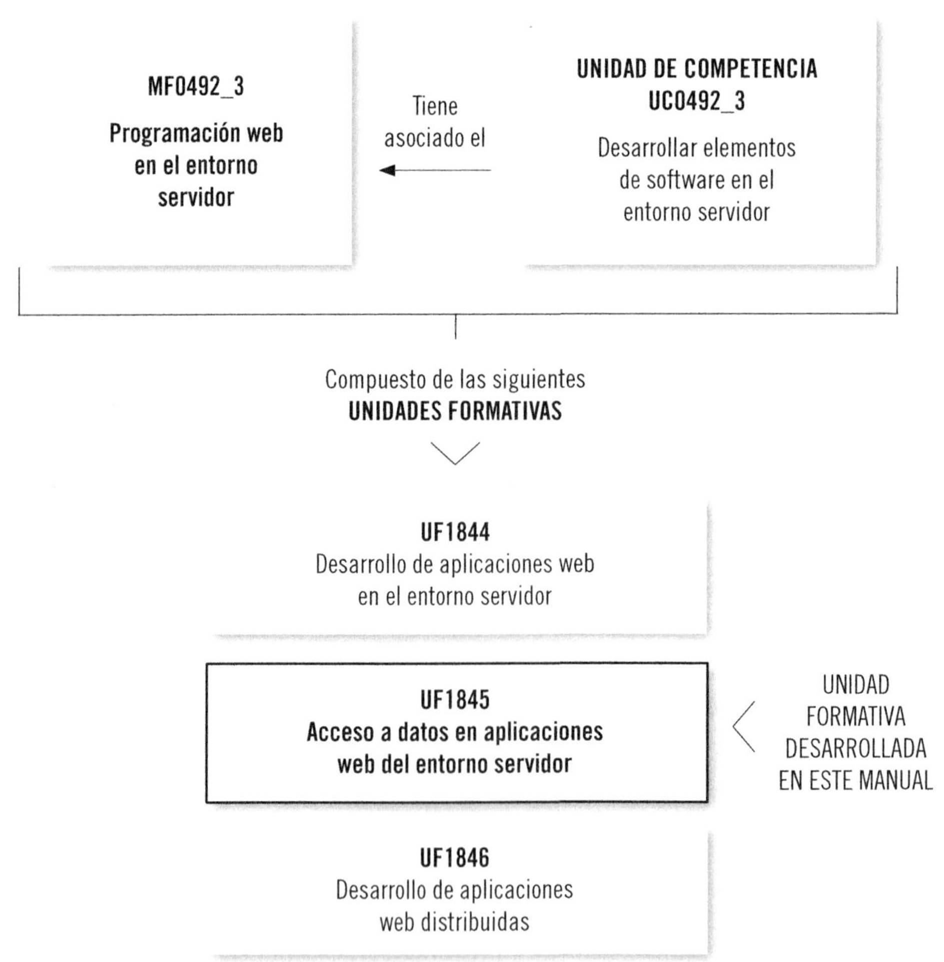

FICHA DE CERTIFICADO DE PROFESIONALIDAD

(IFCD0210) DESARROLLO DE APLICACIONES CON TECNOLOGÍAS WEB (R. D. 1531/2011, de 31 de octubre modificado por el R. D. 628/2013, de 2 de agosto)

COMPETENCIA GENERAL: Desarrollar documentos y componentes software que constituyan aplicaciones informáticas en entornos distribuidos utilizando tecnologías web, partiendo de un diseño técnico ya elaborado, realizando, además, la verificación, documentación e implantación de los mismos.

Cualificación profesional de referencia	Unidades de competencia		Ocupaciones o puestos de trabajo relacionados:
IFC154_3 DESARROLLO DE APLICACIONES CON TECNOLOGÍAS WEB (R. D. 1087/2005, de 16 de septiembre)	UC0491_3	Desarrollar elementos de software en el entorno cliente.	• 3820.1017 Programadores de aplicaciones informáticas. • 3814.1010 Técnicos de la web. • Programador web. • Programador multimedia.
	UC0492_3	Desarrollar elementos de software en el entorno servidor.	
	UC0493_3	Implementar, verificar y documentar aplicaciones web en entornos internet, intranet y extranet.	

Correspondencia con el Catálogo Modular de Formación Profesional

Módulos certificado	Unidades formativas	Horas
MF0491_3: Programación web en el entorno cliente	UF1841: Elaboración de documentos web mediante lenguajes de marcas	60
	UF1842: Desarrollo y reutilización de componentes software y multimedia mediante lenguajes de guión	90
	UF1843: Aplicación de técnicas de usabilidad y accesibilidad en el entorno cliente	30
MF0492_3: Programación web en el entorno servidor	UF1844: Desarrollo de aplicaciones web en el entorno servidor	90
	UF1845: Acceso a datos en aplicaciones web del entorno servidor	90
	UF1846: Desarrollo de aplicaciones web distribuidas	60
MF0493_3: Implantación de aplicaciones web en entornos internet, intranet y extranet		90
MP0391: Módulo de prácticas profesionales no laborales		80

Índice

Capítulo 1

Modelos de datos

Contenido

1. Introducción
2. Concepto de dato. Ciclo de vida de los datos
3. Definición de un modelo conceptual
4. El modelo relacional
5. Construcción del modelo lógico de datos
6. El modelo físico de datos. Ficheros de datos
7. Transformación de un modelo lógico en un modelo físico de datos
8. Herramientas para la realización de modelos de datos
9. Resumen

1. Introducción

El objetivo de un modelo de datos es representar un problema de la vida real de forma que pueda ser resuelto por una aplicación informática.

Para ello, debe comprenderse qué es un dato y cómo realizar modelos de datos.

Un dato es un valor que no contiene información por sí sola. Es el entorno el que le da valor. Para eso se introducen los modelos de datos, para relacionar e identificar los datos entre sí.

El objetivo de este capítulo consiste en convertir una serie de requisitos de una aplicación a un modelo lógico que pueda ser implementado en cualquier sistema gestor de bases de datos o cualquier otro soporte físico. Normalmente, este trabajo será realizado por un analista informático, el cual pasará su trabajo a los administradores de bases de datos y programadores informáticos para que implementen el problema.

El primer paso del analista consiste en dibujar un diagrama entidad/relación para representar de forma visual el problema a resolver. A continuación, convertirá ese diagrama en un esquema relacional, el cual deberá estar normalizado para asegurarse de que no dará problemas en el futuro.

Este esquema relacional normalizado recibe el nombre de "modelo lógico de datos". Es esto lo que se debe enviar a los administradores de bases de datos y programadores para que implementen de forma real en su aplicación.

Todo esto constituye un proceso complejo porque requiere de inteligencia y experiencia. Hacer un modelo lógico de datos sencillo y que sirva para un volumen de datos pequeño es casi trivial. Lo complicado es hacer modelos lógicos complejos y que nunca den problemas en el futuro, que acepten ampliaciones y no provoquen fallos de rendimiento cuando el número de usuarios o datos aumente.

2. Concepto de dato. Ciclo de vida de los datos

Un dato es un valor. Un dato es la unidad mínima con la que trabaja un sistema de información. No se debe confundir "sistema informático" con "sistema de información". En un sistema informático la unidad mínima es un bit (un uno o un cero); el sistema de información se coloca en una capa superior.

Piense en un dato como en un valor: el número 23 o el texto "hola" son perfectos ejemplos de qué es un dato.

Un **dato no contiene información.** Es simplemente un valor. Para que contenga información, para que sea de utilidad, **un dato debe ser procesado.**

Proceso que convierte un dato en información

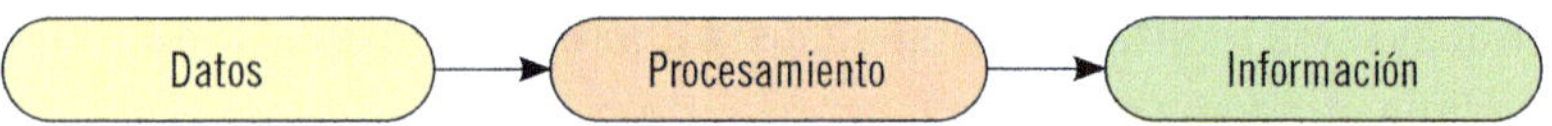

Si ve una hoja en la que aparece el número 23, no tendrá utilidad para usted. En cambio, si en esa hoja aparece escrito "Carlos tiene 23 años", sí puede ser de utilidad.

En este caso se ha procesado el dato "23" para especificar en qué consiste y dar información al usuario.

El ciclo de vida de un dato es el siguiente:

- **Creación del dato.** Estos datos pueden ser creados manualmente por un usuario o automáticamente de forma informática en base a un evento o suceso. El modelo de datos se encargará de definir la manera en la que esos datos serán almacenados y si son aceptados o no.

- **Manipulación.** Si los datos sufren modificaciones, el modelo de datos definirá la manera en la que se podrán mantener esos datos actualizados. El concepto "manipulación" incluye la consulta de datos para su uso.
- **Destrucción.** Debe ser posible destruir esos datos cuando deja de ser necesario su almacenamiento.

2.1. Tipos de datos

Como ya se ha visto anteriormente, un dato se coloca una capa por encima del sistema informático, por lo tanto, no se trata simplemente de "unos y ceros". El número de tipos de datos es infinito, puesto que es un concepto abierto. Es el programador o el sistema el que limita qué tipos de datos utilizará.

Un dato puede ser desde el número 99 hasta un componente informático que defina el comportamiento de un programa, pasando por una cadena de caracteres que contenga la palabra "hola"; es decir, puede almacenarse cualquier dato, solo el sistema que se utilice pondrá límites.

Una vez explicado que un dato **puede ser cualquier cosa,** en los siguientes apartados se verá cómo se pueden agrupar esos datos para ser utilizados en un modelo de datos.

2.2. Básicos

Los tipos básicos de datos son los tipos elementales que un modelo de datos manejará. No pueden ser descompuestos en datos de un nivel inferior. No son datos que contienen más datos en su interior.

Algunos tipos de dato básicos son:

- **Números enteros:** simplemente un número sin decimales, por ejemplo, 100, 99, -30.
- **Caracteres:** por ejemplo, la palabra "hola".
- **Números con decimales:** por ejemplo, 29'30, 3'1416.
- **Datos booleanos:** *true/false,* verdadero/falso.

Son datos aislados, no guardan relación con otros datos por sí mismos. Recuerde que un dato puede ser cualquier cosa, pero un dato básico se caracteriza porque no puede ser descompuesto en otros datos y porque no tiene relación con otros datos, como sí pueden tenerla los registros y los datos dinámicos.

2.3. Registros

Los registros son un conjunto de datos formando una estructura. Dentro de un registro puede haber datos que, a su vez, formen otras estructuras.

Un registro podría contener la información siguiente:

- Nombre: Carlos
- Edad: 42 años
- Nacionalidad: Española

El nombre de cada elemento tiene el nombre de **campo.**

Dentro de un registro puede haber un campo que sea otra estructura. El registro del ejemplo podría tener otro campo llamado "Hijos" que contuviera, a su vez, otras personas dentro.

Aplicado al campo de las bases de datos, un registro es una fila de una tabla de datos en la que todos sus elementos siguen la misma estructura.

Nota

En una base de datos, un registro no puede tener registros dentro, aunque de forma conceptual sí.

Lo importante de un registro es que es un dato que contiene campos y que siempre sigue la misma estructura.

2.4. Dinámicos

La diferencia entre los tipos de datos dinámicos y los registros es que los registros tienen una serie de campos que son fijos. Los datos dinámicos pueden variar los campos que contienen para adaptarse a las necesidades del momento.

Actividades

1. Identifique el tipo de dato:

- 30
- {nombre: "Oliver", apellido: "Twist"}
- 01010100111011

---

3. Definición de un modelo conceptual

Un modelo conceptual es un modelo utilizado para representar cosas. Un modelo de datos no es más que **un modelo conceptual** utilizado para **representar los datos** utilizados por una aplicación informática.

El concepto de "modelo conceptual" es muy amplio y puede utilizarse para cualquier cosa imaginable. Es simplemente una representación gráfica de algún problema o situación. Puede representar flujos de información, jerarquías, relaciones, etc. Este capítulo se concentrará en los modelos de datos, puesto que son los más importantes de cara al uso de bases de datos.

A continuación, se muestran distintos ejemplos de modelos conceptuales.

Ejemplo de modelo jerárquico

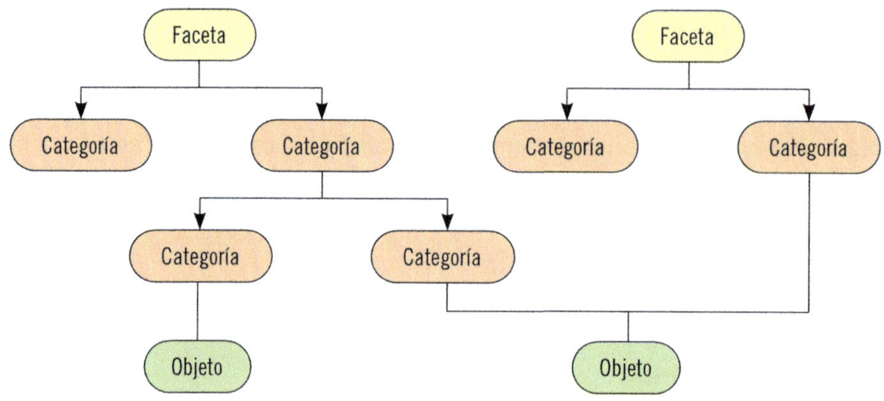

Ejemplo de diagrama de flujo

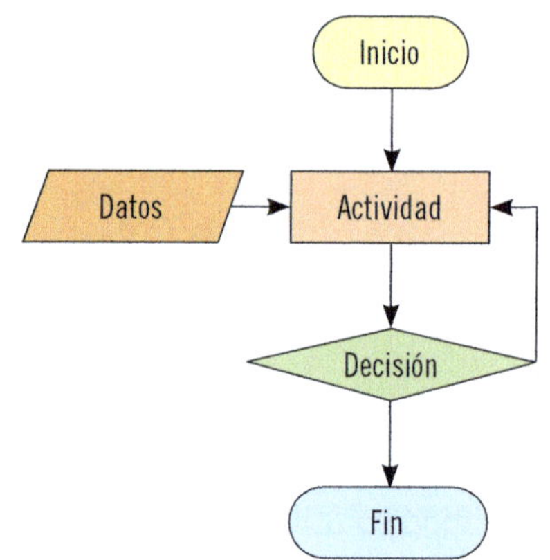

Ejemplo de modelo entidad/relación

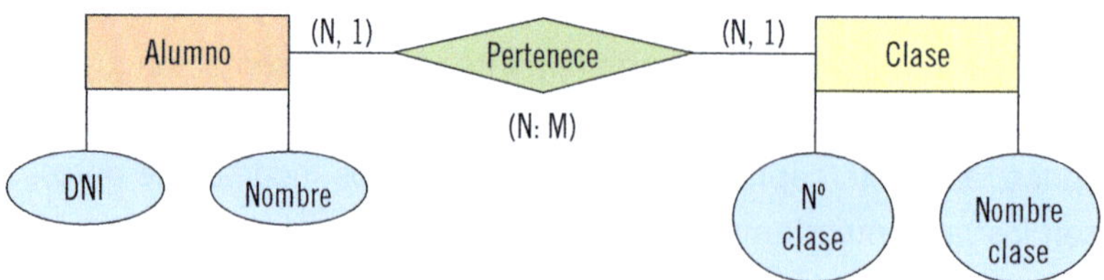

Un **modelo de datos** es una capa que se coloca encima del sistema de información y del sistema informático para gestionar los datos utilizados en un problema de forma aislada.

Las capas inferiores se encargan de que los datos se guarden en el lugar físico correcto, de que no se pierda información, de que su gestión sea eficiente, etc. Todo este comportamiento será transparente al modelo de datos, el cual solamente se encargará de definir las necesidades de un problema concreto.

Una vez explicada su utilidad, hay que definir exactamente en qué consiste. Un modelo de datos es una **representación de objetos junto a sus propiedades y relaciones entre ellos.** Se utiliza típicamente para describir problemas del mundo real, para definir qué datos debe almacenar una aplicación y cómo se relacionan entre sí.

Nota

Un modelo de datos es útil para una aplicación que gestione los empleados de una empresa. Puede especificar la relación entre empleados, departamentos, empleados que son supervisores de otros empleados, etc. El modelo definirá qué información necesita la aplicación para funcionar y proporcionará las herramientas al usuario para almacenarla.

Además de definir qué se almacenará, también definirá restricciones para decidir qué datos serán aceptables o no, condiciones de integridad, cómo se relaciona cada objeto con los demás y qué operaciones se pueden efectuar con ellos.

Un modelo de datos se divide en dos partes, dos sublenguajes:

- **Lenguaje de definición de datos (DDL *Data Definition Language*):** lenguaje que se utiliza para escribir específicamente cómo serán los datos a almacenar en la base de datos y las condiciones que deben cumplir para ser aceptados. Además de definir relaciones entre objetos.

- **Lenguaje de Manipulación de Datos (DML *Data Manipulation Language):*** lenguaje utilizado para manipular esos datos (leerlos, añadir nuevos datos, modificarlos, borrarlos).

El modelo de datos que se utilizará mayoritariamente en este libro será el **modelo relacional,** que es el más utilizado en sistemas gestores de bases de datos. En este capítulo se tratará la parte de la definición de datos.

3.1. Patrones

Los patrones son soluciones a situaciones comunes que se producen a la hora de modelar datos.

Desde que se utilizan los modelos de datos se han creado miles de ellos por empresas y personas de todo el mundo. Por ello se han analizado miles de escenarios diferentes y aplicado muchas soluciones diferentes a los mismos problemas. Gracias a la experiencia adquirida durante varios años utilizando modelos de datos, se han podido determinar patrones para resolver las situaciones más comunes. Los patrones determinan cómo actuar ante diferentes situaciones, proporcionando la solución más eficiente y extendida.

En los siguientes apartados titulados "Modelo Relacional" y "Construcción del modelo lógico de datos" se aplicarán patrones a la hora de crear modelos de Entidad/Relación.

3.2. Modelos genéricos

Al igual que los patrones, los modelos genéricos ofrecen soluciones a problemas comunes. Mientras que los patrones simplemente ayudan a resolver situaciones concretas, los modelos genéricos proporcionan un modelo de datos completo que cubre la mayoría de los requisitos de un problema.

En lugar de diseñar un modelo desde cero, se utiliza un modelo de datos genérico y se modifica para que se adapte a nuestro problema.

Por ejemplo, en un blog de Internet, siempre se contará con entradas, comentarios, escritores y categorías. En vez de estudiar en profundidad cada elemento y sus relaciones, puede usarse un modelo genérico que incluya todos los elementos necesarios y adaptarlo si es que hace falta.

Utilizar patrones y modelos genéricos siempre es positivo porque son técnicas desarrolladas ampliamente gracias a la experiencia adquirida durante años de ingenieros de todo el mundo, por lo que son ideas probadas y eficientes. No obstante, los requisitos de la aplicación siempre deben ir por delante de la utilización de componentes genéricos.

4. El modelo relacional

El modelo relacional es un modelo de datos utilizado para representar datos interrelacionados.

Es el modelo más utilizado en las aplicaciones de procesamiento de datos porque es muy potente al representar los datos. Fue desarrollado por Edgar Frank Codd en 1970, miembro de IBM. Está basado en el concepto de que la estructura básica es la "relación". Los datos se almacenan en relaciones (tablas) y estas, a su vez, se relacionan con otras tablas.

Piense en una "relación" como en un tipo de objeto. Estos datos se almacenarán en tablas y se relacionarán con otras tablas.

Para el modelo relacional suele utilizarse una representación gráfica de cada objeto y sus relaciones. De esta manera el administrador de base de datos podrá crear fácilmente la base de datos siguiendo las indicaciones creadas por el analista informático.

La representación gráfica utilizada para representar modelos relacionales son los **diagramas de entidad/relación.** Estos diagramas nos permiten leer un modelo de datos de forma visual.

Los diagramas entidad/relación no cumplen el modelo relacional a rajatabla. Habrá que realizar una serie de transformaciones para que así sea. Estos diagramas se utilizan únicamente con fines informativos para poder entender cómo implementar ese modelo de datos. El modelo relacional sí se utiliza para el almacenamiento físico de los datos.

A lo largo de este apartado se explicará el modelo relacional junto a cómo se representa cada elemento mediante diagramas de entidad/relación.

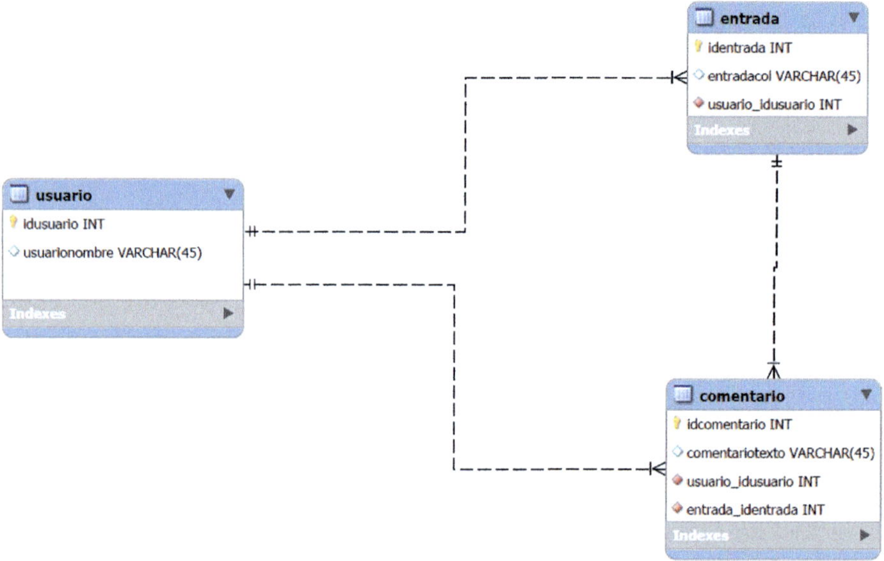

Ejemplo de un modelo entidad/relación realizado con MySQL Workbench

4.1. Descripción

El modelo relacional está basado en el modelo relacional matemático. Su objetivo es separar el almacenamiento físico y otras características propias del sistema informático de la propia lógica de los datos.

Nota

De esta manera, el usuario del modelo de datos simplemente debe preocuparse de los datos que va a utilizar su aplicación, no de cómo se organizarán internamente.

La lista de objetivos es la siguiente:

- **Independencia física de los datos:** la manera en que los datos estén organizados en el soporte físico utilizado (disco duro, disco extraíble, memoria RAM) no debe afectar en absoluto al modelo lógico utilizado. El modelo relacional añade una capa de abstracción que se encargará de manejar los datos internamente sin que el usuario tenga que definir cómo se guardarán.
- **Independencia lógica de los datos:** si se cambia la lógica del modelo datos, esto no debe afectar al sistema informático que guarde los datos.
- **Encapsulamiento del comportamiento interno:** el sistema que implemente el modelo relacional se encargará de manejar los datos, las relaciones y las restricciones internamente para hacer sencilla al usuario su utilización. Para el usuario será sencillo manipular los datos, puesto que estarán presentados mediante tablas y relaciones.

El creador del modelo relacional fue Edgar F. Codd. Tras unos años viendo cómo se implementaba su sistema en el mercado, vio que muchos usuarios no entendieron correctamente el **concepto de relación.** La mayoría simplemente almacenaba la información en tablas, pero sin unas reglas adecuadas de **normalización** y sin especificar las relaciones entre tablas correctamente. Por eso, en 1985 estableció las famosas **12 reglas de Codd** (que en realidad son 13). Estas son las reglas que cualquier sistema que implemente el modelo relacional debe seguir:

- **Regla 0:** el sistema debe ser relacional, tanto como base de datos como sistema de gestión. Un sistema de gestión de bases de datos relacional (RDBMS por sus siglas en inglés) debe utilizar sus opciones relacionales únicamente para gestionar la base de datos.

Esta regla es la regla básica y afirma que el sistema de base de datos debe contar con un sistema que gestione las relaciones de forma eficaz y este sistema relacional solamente debe ser utilizado para gestionar la información que se encuentra en la base de datos.

- **Regla 1:** regla de información. La información de la base de datos relacional estará alojada en tablas.
- **Regla 2:** regla de acceso garantizado. Todos los datos almacenados en la base de datos deben ser accesibles. Cada registro de una tabla tendrá una **clave primaria** que será un dato único que representará a ese registro en la tabla. Cada dato será accesible, especificando el nombre de la tabla en que se encuentra y el valor de su clave primaria.
- **Regla 3:** manejo sistemático de valores nulos. El sistema debe permitir a un campo tener un valor nulo (vacío). Esto será utilizado cuando un registro no disponga de un valor conocido para un campo determinado. El sistema gestor de base de datos deberá tratar estos valores de forma especial y diferente a los demás valores. Los valores nulos son independientes del tipo de dato del campo (texto, numérico, etc.) y son tratados siempre de la misma manera.
  No es lo mismo que un campo tenga valor vacío a que sea nulo. Un campo podría contener el número 0 o una cadena de texto vacía y no sería nulo.
  Un campo nulo significa que se desconoce su contenido. En los anteriores casos sí se sabía su contenido: ningún contenido.
- **Regla 4:** catálogo disponible basado en el modelo relacional. El sistema debe proporcionar una forma de acceder al catálogo del modelo relacional (lista de tablas, campos, relaciones, etc.) utilizando el mismo lenguaje de consulta empleado para acceder a los datos. A este catálogo se le llama **diccionario de datos** y se consulta mediante SQL.
  Por ejemplo, será tan posible ver la lista de registros de una tabla como ver la lista de tablas que están presentes en la base de datos de una forma unificada.
- **Regla 5:** el sistema puede tener, a su vez, varios sistemas para comunicarse con la base de datos, pero debe haber un lenguaje unificado que:

  - Tenga una sintaxis lineal (que se lea de izquierda a derecha sin necesidad de saltos de línea).

- Pueda ser utilizado de forma interactiva para comunicarse con la base de datos manualmente y también desde otras aplicaciones.
- Soporte operaciones para definir el modelo de datos, operaciones de manipulación de datos, seguridad y restricciones de integridad además de gestión de transacciones.

Nota: el lenguaje unificado más utilizado es SQL *(Structured Query Language)*, el cual se tratará en profundidad más adelante.

- **Regla 6:** la regla de las vistas actualizables. Todas las vistas que sean teóricamente modificables deben ser modificables por el sistema.
- **Regla 7:** alto nivel en alta, modificación y borrado de datos. El sistema debe ser capaz de proporcionar datos de tablas que estén recibiendo altas, bajas o modificaciones en sus registros en ese momento. Todos los registros de la tabla deben ser accesibles en cualquier momento, no importa que se estén modificando en ese preciso instante.
- **Regla 8:** independencia física de los datos. Cambios internos en cómo están organizados físicamente los datos no deben afectar en absoluto al modelo relacional y no deben requerir cambios en la aplicación.

  Ejemplo: si se actualiza el software del Sistema Gestor de Bases de Datos, el modelo relacional debe permanecer intacto y la aplicación que utilice la base de datos no debe necesitar cambios para seguir funcionando. Actualizar desde *MySQL* 5.1 a *MySQL* 8.0 no debe causar problemas (y así es).
- **Regla 9:** independencia lógica de los datos. Cambios en el modelo de datos no deben afectar a las aplicaciones que utilice la base de datos. Esto es más difícil de conseguir que la independencia física de los datos, puesto que la lógica de los datos es definida por el usuario de la base de datos y normalmente, son requeridos cambios en el modelo de datos porque también se harán cambios en las aplicaciones que utilice la base de datos. Sin embargo, siempre se tratará de mantener la estructura de tal forma que las aplicaciones no necesiten cambios para seguir funcionando.
- **Regla 10:** independencia de integridad. Las condiciones de integridad deben ser almacenadas en el catálogo de la base de datos (diccionario de datos) y ser independientes de la aplicación que la utilice. Debe ser posible cambiar las restricciones de integridad sin que eso requiera cambios en la aplicación.

- **Regla 11:** independencia de distribución. La distribución de distintas partes de la base de datos no debe afectar al usuario de la misma. Las aplicaciones que utilicen la base de datos no deben notar cambios cuando un sistema de distribución de datos sea implementado por primera vez y tampoco cuando un sistema de distribución existente añada nuevos elementos a su red.
  Por ejemplo, en bases de datos de uso masivo es muy habitual el concepto de replicación. Esto consiste en tener la misma base de datos en múltiples servidores para dividir el trabajo, aumentando el rendimiento. Si se añaden nuevos servidores replicados, esto no debe afectar en absoluto al funcionamiento de la base de datos más que en un aumento del rendimiento.
- **Regla 12:** regla de no subversión. Si el sistema ofrece un sistema de bajo nivel para modificar datos de la base de datos, este nunca debe poder permitir que se violen las restricciones de integridad de los datos.

A continuación, se tratará cómo representar el enunciado de un problema real en diagramas de entidad/relación. Por el momento, se realizará en papel, más adelante se enseñará cómo dibujar diagramas de entidad relación con el ordenador utilizando *MySQL Workbench.*

Actividades

2. Determine si las siguientes afirmaciones entran dentro de las reglas de Codd o no:

   - Se debe contar con un sistema de copias de seguridad que se encargue de asegurar que no se pierde información en caso de fallo informático.
   - No debe ser posible violar las cláusulas de integridad bajo ningún concepto.
   - Todos los campos deben admitir contener valores nulos.
   - Debe ser posible replicar los datos en varios sistemas informáticos para aumentar el rendimiento sin que esto afecte al modelo de datos.

4.2. Entidades y tipos de entidades

Una entidad es **una cosa.** En el lenguaje natural una entidad es un sustantivo, puesto que representa una cosa.

En el modelo relacional, una entidad tendrá una serie de **atributos, una o varias claves** y se **relacionará** con otras entidades.

En un diagrama de entidad/relación, una entidad se representa mediante un rectángulo en cuyo interior estará escrito su nombre.

Al modelar un diagrama entidad/relación, lo primero que debe identificarse son las entidades del mismo. Para ello debe analizarse qué información es necesaria en la aplicación y qué se necesita para guardarla en la base de datos.

En este capítulo se mostrarán los ejemplos de diagrama entidad/relación mediante el programa informático *MySQL Workbench.* La notación es ligeramente diferente a la utilizada cuando se dibuja a mano un diagrama entidad/relación, aunque solamente cambia la forma en que se representan los atributos de cada tabla, que en vez de aparecer como círculos conectados a la entidad principal, se encuentran dentro de la propia entidad.

Las entidades pueden ser **fuertes o débiles,** dependiendo de si dependen de otras entidades para existir o no:

- **Entidad fuerte:** una entidad que tiene significado por sí mismo. No necesita de otras entidades para tener sentido.
- **Entidad débil:** una entidad que depende de otras para tener sentido. Las entidades débiles se representan por un rectángulo pero con doble línea.

Dentro de las entidades débiles es posible distinguir entre **entidades débiles por dependencia** y **por identificación.** Una entidad débil por dependencia simplemente es débil porque no tiene sentido sin otra entidad, pero tiene su identificación propia. Las entidades por identificación, además, necesitan identificarse utilizando el identificador de la entidad fuerte.

Ejemplo

Una entidad débil por dependencia es una tabla de pedidos que dependa de productos pero que tenga un ID de pedido y una débil por identificación sería, por ejemplo, una tabla de libros y otra de ediciones en la que cada edición necesite el ISBN del libro y un número correlativo de edición.

Actividades

3. Identifique las entidades en el siguiente enunciado:
   Se desea realizar una aplicación que gestione un campeonato de automovilismo. El campeonato estará compuesto de pilotos que pertenecerán a equipos. Se desea guardar la puntuación de cada piloto en cada circuito a lo largo del año.

4.3. Elementos de datos. Atributos

Cada entidad tiene una serie de atributos. Dependiendo de la notación empleada, se utiliza una representación gráfica u otra. En la notación Chen se usan círculos conectados a la entidad principal en cuyo interior está el nombre del atributo. En la notación de patas de gallo se listan directamente dentro del cuadro de cada entidad, debajo del nombre de la misma.

Normalmente, al realizar un modelo entidad/relación hay dos posibilidades: que solamente se quieran dejar claras las relaciones entre entidades o que se quiera tener un documento detallado que además contenga toda la información sobre cada entidad.

En el primer caso, solamente se listarán los atributos más representativos, los que se salen de lo normal o tienen más importancia. Normalmente, la lista completa de campos de cada tabla iría en el modelo lógico de datos o en un documento de texto aparte.

En el segundo, se listarán todos los campos de forma detallada. De tal forma que simplemente con un diagrama entidad/relación se pueda continuar con el proceso sin necesidad de más documentación.

4.4. Relaciones: tipos, subtipos, cardinalidad

Cada entidad se relacionará con otras entidades. Para ser exactos, una entidad puede relacionarse con cero o más entidades. Incluso se puede relacionar consigo misma.

Gran parte de la complejidad a la hora de dibujar un diagrama de entidad/relación recae en determinar las relaciones entre sus entidades.

Recuerde

Al modelar un diagrama entidad/relación, lo primero que debe identificarse son las entidades del mismo. Para ello debe analizarse qué información es necesaria en la aplicación y qué se necesita para guardarla en la base de datos.

Para representar las relaciones, se utilizarán líneas que unirán las distintas entidades entre sí. Hay diferentes notaciones para establecer cada tipo de relación. En este libro se explicará la notación mediante **patas de gallo.**

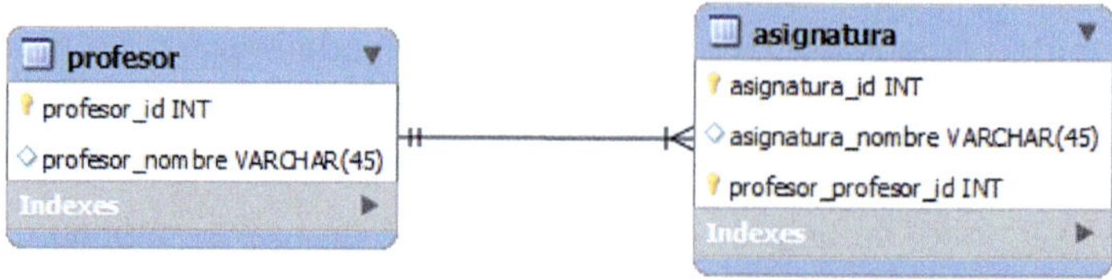

Ejemplo de notación mediante patas de gallo

En esta notación cada entidad se encuentra en un cuadrado cuyo título es el nombre de la misma. Debajo del nombre se listan los atributos. Las entidades se relacionan utilizando líneas que las conectan. Dependiendo de la notación en cada extremo de la relación, se indicará un tipo de relación u otra.

Hay otra notación bastante extendida llamada **notación de Chen** en la cual se utilizan rombos para escribir dentro un verbo que explique la relación y números en cada extremo para representar la cardinalidad. Sin embargo, el sistema de patas de gallo es más sencillo de dibujar, sobre todo cuando el número de entidades o relaciones crece. Para hacer un esbozo rápido de un par de entidades, la notación de Chen es más fácil de dibujar a mano, pero cuando hay muchas entidades y muchas relaciones, es más ordenada la notación de patas de gallo, porque se ahorra los rombos.

Una ventaja que aporta es que puede explicarse textualmente en qué consiste la relación, algo que las patas de gallo no proporcionan por sí solas.

Ejemplo de notación de Chen

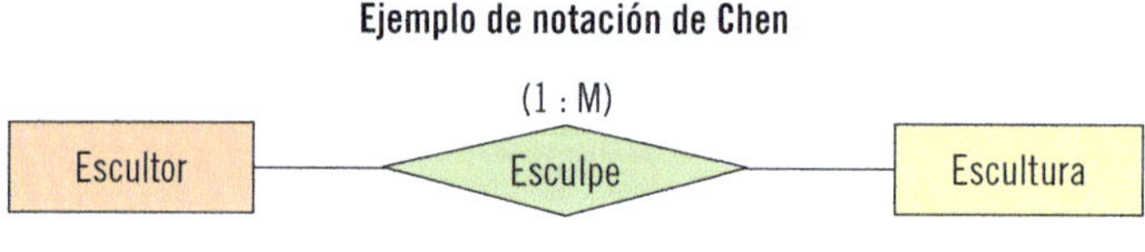

Tipos de relaciones

Lo importante de una relación es **cómo contribuye** cada entidad implicada en la relación. Hay varios tipos de relaciones y para identificar qué tipo corresponde a cada relación, hay que pensar en los datos que albergarán esas entidades y pensar cuántos habrá de cada entidad en la relación.

Una entidad puede relacionarse consigo misma, no es necesario que sean dos o más entidades diferentes. Por ejemplo, una tabla de empleados puede tener una relación consigo misma para determinar qué empleado supervisa a ese empleado. No hay ningún tipo de restricción en este tipo de relaciones, solamente presentará peculiaridades a la hora de crear las tablas de la base de datos.

Los tipos de relación son los siguientes:

- **Relación de uno a muchos (1: N):** un registro de la entidad 1 se relaciona con múltiples registros de la entidad 2. Ejemplo: una entidad "equipo" que se relaciona con la entidad "jugador". De un equipo formarán parte varios jugadores.
  Esto se representa gráficamente mediante una línea acabada en una pata de gallo. El extremo con la pata de gallo estará unido a la entidad que contendrá múltiples registros. El extremo recto irá a la tabla que contendrá solo uno.

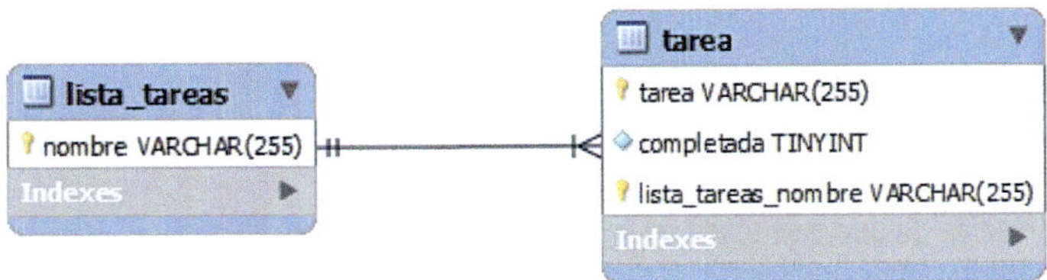

Ejemplo de relación de uno a muchos representada gráficamente

  Dentro de este apartado entrarían también las relaciones **cero a muchos,** en las que existe una relación sin que sea obligatorio que haya al menos un registro. Por ejemplo, dos entidades de "noticia" y "comentario" pueden relacionarse de cero a muchos, puesto que una noticia puede no tener comentarios.
- **Relación uno a uno (1:1):** en esta, un registro de la entidad 1 se relaciona solo con un registro de la entidad 2. Dentro de este apartado entrarían las relaciones de **cero a uno,** en las que un registro puede relacionarse con otro de la entidad 2 o no. Se representan mediante una línea con ambos extremos rectos, como en la relación de uno a muchos.

Se utilizan para **separar dos conceptos estrechamente ligados** en dos entidades diferentes. Un ejemplo puede ser una entidad de "usuario" y otra de "perfil de Twitter". En este caso la aplicación no permite que un usuario pueda tener más de uno.
También son útiles las relaciones cero a uno si quiere gestionarse, por ejemplo, el director de un departamento y la restricción es que solo un empleado puede ser el director y que un empleado solo pueda ser director de un departamento.

- **Relación de muchos a muchos (N: M):** en esta relación múltiples registros de la entidad 1 se relacionan con múltiples registros de la entidad 2. Un ejemplo de relación de muchos a muchos pueden ser las entidades "libro" y "autor". Un libro puede tener varios autores y un autor puede haber escrito muchos libros. Se representan mediante las patas de gallo en cada extremo.
Al igual que los dos tipos anteriores, es posible que uno o los dos extremos permitan no relacionarse con la otra entidad. Sería el caso de un autor que aún no haya escrito ningún libro, por ejemplo.

Sabía que...

La relación de uno a muchos es la más común y la que se encontrará más a menudo en el futuro.

La diferencia entre las relaciones 1: N y las relaciones N: M es que en las relaciones 1: N un registro de la entidad 1 se relaciona con muchos registros de la entidad 2, pero esto no sucede en el sentido contrario. Cuando varios registros de varias entidades se relacionen habrá que usar una relación de tipo N: M.

Ejemplos:

- Una relación entre productos y marcas: un producto pertenece a una sola marca y una marca tiene muchos productos. Relación 1: N.

- Una relación entre productos y categorías: un producto pertenece a varias categorías y en cada categoría hay muchos productos. Relación N: M.
- Una relación entre productos e imágenes: un producto puede tener varias imágenes pero una imagen solo pertenece a un producto. Relación 1: N.
- Relación entre productos y pedidos: un producto puede aparecer en muchos pedidos y en un pedido pueden aparecer muchos productos. Relación N: M.

Actividades

4. Identifique el tipo de relación que hay en los siguientes enunciados:

   - Aplicación que gestione usuarios y permisos. Se necesita controlar que los usuarios tengan acceso a diferentes departamentos.
   - En una aplicación de comercio electrónico hay que controlar los clientes y la lista de tarjetas de crédito que han añadido al sistema.
   - En una web de búsqueda de empleo: se desea gestionar, por un lado, a personas y, por otro lado, el currículum vítae de cada persona.

Cardinalidad

Ya se ha avanzado bastante en cuanto a la cardinalidad explicando los tipos, pero aquí se profundizará sobre ello. La cardinalidad es el **número de registros** de cada extremo de la relación **que se pueden relacionar** con los de la otra entidad. Cada extremo de la relación tiene una cardinalidad.

Según el número de registros, puede ser: cardinalidad (0,1), cardinalidad (0, N), cardinalidad (1, 1), cardinalidad (1, N) y cardinalidad (N, M).

Cardinalidad (0, 1)

Un registro de una tabla se relaciona con otro de forma opcional. Se representa mediante un círculo seguido de una línea vertical en el extremo de la relación que contenga el elemento opcional. La notación representa el 0 y el 1 de forma sencilla. En el siguiente ejemplo, un perfil de una red social puede tener una foto principal o no (si el usuario aún no la ha puesto). Solo puede tener una foto principal.

Ejemplo de cardinalidad de cero a uno

Tanto este tipo de entidades como las (1, 1) suelen combinarse en una sola entidad que englobe ambas, por lo que es normal que los ejemplos se vean un poco forzados.

Cardinalidad (0, N)

Un registro de una tabla se relaciona con varios de la otra o con ninguna. La notación es un círculo seguido de una pata de gallo. El círculo representa un cero y las patas representan que puede haber varios registros en esa entidad. En el ejemplo siguiente, un producto de una tienda online puede que tenga muchas imágenes, una o ninguna.

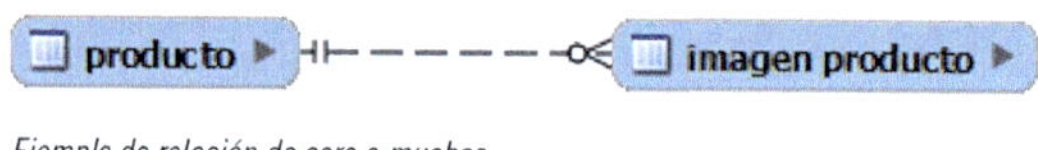

Ejemplo de relación de cero a muchos

Cardinalidad (1, 1)

Un registro de la entidad 1 se relaciona con un registro de la entidad 2. Este tipo de entidades se suele combinar en una sola entidad que tenga los atributos de ambas, pero a veces puede ser conveniente separarlas para evitar complejidades en el modelo de datos. Se dibuja mediante dos líneas verticales, imitando dos números uno.

El ejemplo siguiente podría tratarse de una entidad que guarda los datos de un cliente (nombre, dirección, teléfono) y otra que guarda los datos específicos de su tarjeta sanitaria (número, fecha de caducidad, etc.). Un cliente solo tendrá una tarjeta y será obligatoria en este ejemplo.

Ejemplo de cardinalidad de uno a uno

Cardinalidad (1, N)

Un registro de la entidad 1 se relaciona con varios registros de la entidad 2. Siempre se relacionará con, al menos, uno. Se dibuja mediante una línea vertical seguida de las patas de gallo. Esto denota el uno y el hecho de que pueden ser varios los registros involucrados.

Ejemplo de cardinalidad de uno a muchos

Ejemplo

Un ejemplo de cardinalidad 1, N es un país, que puede tener muchas ciudades, pero al menos debe tener una.

Cardinalidad (N, M)

Este es un tipo especial de cardinalidad, puesto que a la hora de modelar el diseño de tablas y crear una base de datos, se creará una **tabla de relación** que guardará las claves primarias de cada entidad para poder establecer la relación entre ambas.

En cada extremo se pondrá la cardinalidad y cada una será 0: N o 1: N, según sea aplicable.

Puede usarse el mismo ejemplo utilizado para definir este tipo de relaciones: el de libros escritos por varios autores, los cuales pueden haber escrito varios libros.

Ejemplo de cardinalidad de muchos a muchos

Actividades

5. Identifique la cardinalidad en los siguientes enunciados:

- Relación entre marcas de coche y modelos.
- Relación entre noticias y categorías.
- Relación entre usuarios y sus perfiles de *Facebook* (un usuario puede no tener perfil en *Facebook)*.
- Relación entre productos y pedidos.
- Relación entre usuarios e intentos fallidos de acceder al sistema.

6. Realice un diagrama entidad/relación que sirva para representar el siguiente problema:

- Se quieren gestionar los datos de una escuela, la cual está compuesta por profesores y alumnos. De ellos quiere saberse su nombre y apellidos. De los profesores, su titulación.
- Los alumnos van a varias clases. Cada clase tiene un nombre y la imparte un único profesor.

4.5. Claves. Tipos de claves

Cada registro debe tener una clave primaria de forma obligatoria para cumplir con el modelo relacional. Ya se ha visto que una clave primaria puede estar compuesta por uno o varios atributos, dependiendo de las necesidades de identificación que se tengan.

Una clave primaria es un valor único que no se repite y que identifica a un registro en particular. Cada atributo o conjunto de atributos que pueda servir como identificador único para los registros se llama **clave candidata.** Para que una clave candidata pueda ser utilizada como clave primaria se deben cumplir las siguientes condiciones:

- Debe identificar de forma única al registro. No debe ser posible que haya otro registro con el mismo valor.
  Ejemplos de clave primaria:
  - El DNI de una persona.
  - Asignar un ID auto numérico correlativo a cada registro.
  - El *e-mail* de un usuario registrado.
  - Código de barras de un producto.
- No se admiten valores nulos en ninguno de los atributos que la componen.

Una vez conocidas las restricciones, pueden identificarse entre los siguientes tipos de claves:

- **Superclave:** conjunto de atributos que identifica únicamente a una entidad. Si se añaden más atributos a esta superclave, esta seguirá siendo una superclave. Ejemplo: utilizar nombre, apellido1, apellido2 y fecha_nacimiento como clave primaria. Si se añade sexo a la clave, esta sigue siendo una superclave.
  Se dice conjunto de atributos pero puede ser solamente un atributo. Por ejemplo, pueden tenerse DNI, nombre, apellidos y utilizar DNI únicamente como clave primaria.
- **Clave candidata:** se parte de una superclave y se van eliminando atributos hasta que quede una clave con el menor número de atributos posibles y siga identificando únicamente al registro. Vea las siguientes claves posibles:

- (Nombre, Apellido1, Apellido2, Fecha_nacimiento, Sexo, Ciudad).
- (Nombre, Apellido1, Apellido2, Fecha_nacimiento, Sexo).
- (Nombre, Apellido1, Apellido2, Fecha_nacimiento). Esta sería la clave candidata, puesto que identifica de forma única a la entidad y tiene el menor número de campos posibles.

- **Clave primaria:** es la clave candidata elegida por el analista informático para ser utilizada de entre la lista de claves candidatas. Normalmente, se elegirá tratando de escoger la que menos campos contenga, su tipo de dato sea más fácil de manejar por el Sistema Gestor de Bases de Datos o sea más fácil de usar por la aplicación que implemente la base de datos. Siguiendo el ejemplo anterior, puede encontrarse con las claves candidatas de (DNI) y de (Nombre, Apellido1, Apellido2, Fecha_nacimiento). El analista elegiría típicamente el DNI, puesto que contiene menos campos y es más simple, pero tiene libertad de usar cualquiera de las dos, puesto que ambas son válidas.
- **Atributo único:** es un valor que no puede repetirse en un atributo de una entidad. Típicamente puede ser considerada como clave candidata a menos que admita valores nulos. Por ejemplo, puede tener una tabla de usuarios en la que se guarde el ID de perfil de Facebook y tenga que ser único, pero que no sea obligatorio que todos los usuarios lo hayan rellenado con un valor.

En un diagrama entidad/relación, el o los atributos que sirvan como clave primaria aparecerán subrayados.

Actividades

7. Determine las claves candidatas y elija la clave primaria óptima en los siguientes casos:

   - Tabla de productos. Atributos: código producto, nombre, precio, fecha creación.
   - Tabla de usuarios. Atributos: *e-mail,* nombre de usuario (único), nombre completo, fecha de nacimiento, fecha de registro.
   - Tabla de clientes. Atributos: nombre, apellidos, fecha de nacimiento, DNI.

Aplicación práctica

Se acaba de reunir con el comercial de la empresa, el cual ha estado hablando con un nuevo cliente que quiere que se desarrolle una aplicación informática que le permita gestionar las facturas de su negocio.

Lo que el comercial comenta es lo siguiente:

Cada factura tiene un número que la identifica. El número empieza en 1 y va aumentando de uno en uno para cada factura.

Se debe guardar la fecha, número de identificación del vendedor y del comprador (DNI o CIF dependiendo de si es un particular o una empresa). Además, se debe guardar el método de pago, cantidad total y porcentaje de IVA aplicado.

Cada factura está compuesta por una serie de servicios prestados. Cada servicio tiene un nombre, una fecha y un precio. Aquí el precio se almacenará sin IVA, porque esto se calculará a la hora de generar la factura completa.

Se necesita realizar un diagrama de entidad/relación de tal manera que sea posible implementar una base de datos que permita guardar estos datos siguiendo el modelo relacional.

SOLUCIÓN

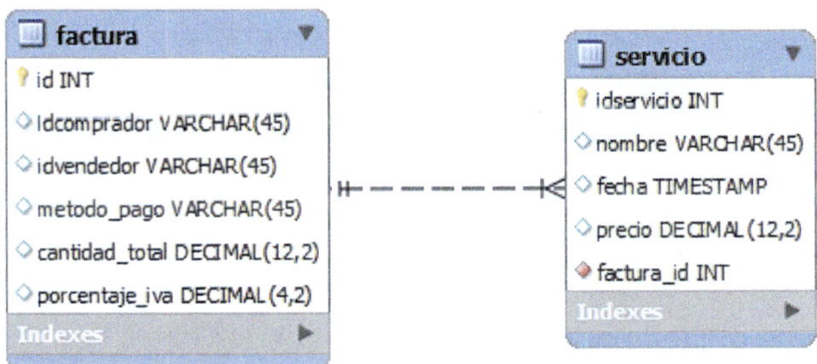

Ejemplo de cardinalidad de muchos a muchos

4.6. Normalización. Formas normales

El uso de la normalización en las bases de datos se utiliza para reducir la **redundancia** y establecer la dependencia de los atributos correctamente. El objetivo del modelo relacional es ser lo más descriptivo posible y evitar que la aplicación que lo implemente sea la que se encargue de administrar las restricciones y la integridad de los datos.

Para empezar a ilustrar qué es la normalización, se va a mostrar un ejemplo de una tabla no normalizada con una estructura realmente mala:

DNI	Nombre	Dirección	Departamento	Planta del departamento
26124A	José María Pérez	C/ Badajoz, 2	Recepción	2
26124A	José María Pérez	C/ Almería	Secretaría	3
82993W	María Vélez	C/ Cervantes, S/N	Secretaría	3

Suponiendo que se están guardando empleados, a qué departamento pertenecen y que un mismo empleado puede pertenecer a más de un departamento aparecen las siguientes anomalías:

- Hay registros duplicados. Un mismo empleado está repetido para poder reflejar que está en más de un departamento.
- La planta del departamento está repetida tantas veces como aparezcan empleados de ese departamento. La planta del departamento **depende** del departamento, no del empleado.
- Como se ve, la dirección de "José María Pérez" no es consistente. Esto se debe a que la que se encarga de que los datos sean consistentes es la aplicación que utiliza la base de datos. En este caso se ha actualizado un registro y se ha quedado el otro con el valor anterior.
- Si se modifica un registro hay que asegurarse de modificar todos los registros que se puedan ver afectados.
- Si se borra un registro tiene que saber si lo que se borra es el empleado o si lo que pasa es que ese empleado ya no pertenece a ese departamento.

Por lo tanto, los objetivos de la normalización de tablas son los siguientes:

- **Eliminar la posibilidad de anomalías al modificar los datos** (se busca que modificar un registro no afecte necesariamente a otros registros de una tabla). Tiene que asegurarse que al modificar un registro no pueda haber implicaciones en otros registros. Pueden surgir los siguientes problemas:
  - Anomalías al insertar datos: en el ejemplo anterior, si un empleado acaba de llegar y aún no ha sido asignado a un departamento, tendría que mantener esos campos como nulos; tantos campos nulos como campos dependan del departamento. En este caso son dos, pero podría haber 20 campos con información sobre el mismo.
  - Anomalías al modificar datos: puede que modificar un registro implique cambios también en otros registros, por lo que si no se modifican todos, hay inconsistencia en los datos. Habrá casos en que haya que modificar todos los registros asociados o no, dependiendo de la situación.
  - Anomalías al borrar: depende de si se quiere borrar una fila o sus datos asociados, habrá que borrar todas las filas o no. En el ejemplo anterior, dependiendo de si el objetivo es borrar a un empleado o si es desasignar un departamento habrá que borrar un número de filas u otro.

- **Minimizar el impacto en cambios en la estructura de la base de datos** de tal manera que las aplicaciones que la usen apenas se vean afectadas.
- **Hacer que el modelo de datos aporte más información** al usuario. La base de datos explica más información al que la usa. Las relaciones y las restricciones están claras. En la tabla del ejemplo se sabe que un empleado puede pertenecer a más de un departamento porque se ve un duplicado, pero de lo contrario sería imposible saberlo.
- **Facilitar las consultas a la base de datos.** Con diseños no normalizados es posible que se pierdan muchas posibilidades de consultar la información. Por lo general, una tabla normalizada permitirá utilizar todas las características del lenguaje SQL sin problemas.

Cuando una persona experimentada realiza un modelo entidad/relación de no mucha complejidad, por lo general, se encontrará ya normalizado, porque habrá tenido en cuenta los posibles problemas conforme los iba encontrando.

A grandes rasgos, la normalización consiste en asegurarse de que no hay duplicidad en los datos y de que cada registro tenga su significado completo; que cada entidad esté bien definida.

Sabía que...

A veces, en las aplicaciones con grandes exigencias de rendimiento, puede ser necesario *desnormalizar* una tabla para poder realizar accesos más rápidos a la misma. Normalmente, se busca un compromiso entre rendimiento y normalización.

En este libro no se tratarán estas técnicas, puesto que lo ideal es seguir estrictamente el modelo relacional y utilizar tablas normalizadas. Solo en contadas ocasiones es necesario denormalizar una tabla.

A continuación, se ahondará en los aspectos clave para normalizar una base de datos.

Actividades

8. ¿Por qué es negativa la duplicidad de datos?
9. ¿Cómo puede contribuir a un buen rendimiento tener una tabla normalizada?

Concepto de dependencia

Con la normalización todo se basa en la dependencia de los atributos de las entidades. **Todos los atributos deben depender únicamente de la clave primaria,** de lo contrario la tabla no está normalizada. La dependencia se representa mediante una flecha: A → B representa que el atributo B depende del atributo A.

A continuación, se explicará cada tipo de dependencia y se utilizará esa notación para ello.

Dependencia funcional

En una entidad, el atributo B tiene una dependencia funcional del conjunto de atributos A (puede ser un atributo o varios) (se escribe A → B) si y solo si para cada valor de A solo hay un posible valor de B.

Este es el nivel más básico de dependencia. Un ejemplo podría ser una tabla de usuarios en la que {usuario_id} → {usuario_fecha_creacion}. Para un usuario_id hay una y solo una fecha de creación.

Dependencia funcional completa

Un atributo B es dependiente funcional completo del conjunto de atributos A si y solo si:

- Es dependiente funcional de A.
- No es dependiente funcional de ningún subconjunto de A. {usuario_email} es dependiente funcional de {usuario_id, usuario_nombre} pero no es completamente funcional, porque también depende de {usuario_id} por separado. Si se elimina el campo {usuario_nombre} seguiría habiendo dependencia A → B.

Es sencillamente una simplificación. Es una dependencia en la que un atributo depende del mínimo número posible de atributos.

Dependencia transitiva

Suponiendo que A → B y B → C, se deduce que A → C aunque esto no sea evidente. Según la siguiente tabla:

Producto	Precio	Proveedor	Ciudad Proveedor
Pack de bolígrafos	5,99 €	José Manuel	Málaga
Paquete de folios	2,99 €	Manuela	Ciudad Real

Se deduce:

- {Producto} → {Proveedor}
- {Proveedor} → {Ciudad Proveedor}
- {Ciudad Proveedor} NO depende de {Producto}

Sin embargo, existe una dependencia transitiva, puesto que conociendo el producto, puede obtenerse la ciudad del proveedor. Esto es una dependencia transitiva. Normalmente esto se quiere evitar.

Dependencia multivaluada

A multidetermina a B si por cada valor de A existen varios valores posibles de B. No importan las demás relaciones de los demás atributos.

Las dependencias multivaluadas son en la mayoría de casos las principales responsables de datos duplicados, puesto que habrá múltiples registros para especificar cada valor de B. Se puede ver en el siguiente ejemplo:

Noticia_título	Noticia_fecha	Autor_nombre
Caso de corrupción	29/12/2023	Alberto Higueros
Caso de corrupción	29/12/2023	Rafael Humberto
Boda real	15/01/2024	María Vargas

Se aprecia que {Noticia_titulo} tiene dependencia multivaluada con {Autor_nombre} porque por cada valor de {Noticia_titulo} hay varios posibles valores de {Autor_nombre}.

Actividades

10. ¿Cuál es la prioridad máxima a la hora de normalizar tablas?
11. Cuenta con una entidad de nombre "pedido". En esa tabla aparecen un ID de pedido, fecha y hora del mismo, nombre del cliente, dirección del cliente, marca y modelo del producto junto a su número de identificación.
    Determine las dependencias entre cada atributo.

Claves

Además de las dependencias, de cara a la normalización existen otras características de los atributos que conviene destacar:

- **Superclave:** conjunto de atributos que identifica de forma única a un registro. Puede haber varias superclaves.
- **Clave candidata:** conjunto de atributos de menor tamaño que identifica de forma única a un registro. Es posible que haya varias, puesto que varias claves pueden tener el mismo número de atributos.
- **Atributo no primario:** atributo que no se incluye en ninguna clave candidata.
- **Atributo primario:** atributo que aparece dentro de alguna de las claves candidatas.
- **Clave primaria:** solo puede haber una. No es más que la clave candidata elegida por el diseñador de la base de datos.

Formas normales

Las formas normales son convenciones para asegurar que los niveles de redundancia e inconsistencia están bajo control en una base de datos. Cuanto mayor sea su nivel de normalización, menos posible será que una tabla presente problemas de ese tipo.

Las formas normales se aplican a tablas en particular. Si se dice que una base de datos está normalizada se hace referencia a que todas sus tablas están normalizadas. Aunque haya más, por ahora se verán las siguientes formas normales:

- 1FN: Primera forma normal
- 2FN: Segunda forma normal
- 3FN: Tercera forma normal
- FNBC: Forma normal de Boyce-Codd
- 4FN: Cuarta forma normal
- 5FN: Quinta forma normal

Sabía que...

Las tres primeras formas normales fueron creadas por Edgar F. Codd tras ver el uso que daban los analistas informáticos del modelo relacional. Las demás fueron añadidas años después por otras personas tras afrontar problemas aún más complejos aunque menos comunes.

Cada forma normal asume que su nivel inferior se cumple. Es decir, una tabla en 3FN quiere decir que está en 3FN, 2FN y 1FN.

Las tres primeras formas normales fueron las originales, creadas por Edgar F. Codd y son las que garantizan que las tablas tengan un nivel aceptable de normalización.

Normalmente, un diseñador de bases de datos experimentado realizará modelos de datos que automáticamente se encuentren en 3FN, puesto que conocerá los problemas más comunes y los subsanará conforme los vaya reconociendo en el enunciado del problema que quiera resolver. No obstante, cuando el modelo entidad relación tenga un tamaño considerable, siempre habrá que realizar comprobaciones, porque es muy probable que se haya colado algún caso que no esté tratado correctamente.

Los siguientes niveles de normalización se fueron añadiendo mediante la experiencia en el uso de bases de datos de todo tipo y son más específicos; resuelven problemas concretos.

A continuación, se explicará cada forma normal y después se estudiarán aplicaciones prácticas de cada una y la manera de subsanarlas.

A lo largo de las siguientes secciones por cada forma normal se utilizarán ejemplos sencillos, por lo que se pueden deducir las dependencias entre los campos fácilmente. No suelen tener dependencias no explícitas pero si las tuvieran, estarían explicadas.

1FN: Primera forma normal

Una tabla se considera en forma normal si y solo si cada atributo de esta contiene un único valor.

Esta es una propiedad básica del modelo relacional y todas las tablas tendrán atributos de valor único.

Ejemplo:

Nombre	***E-mail***
José	jose@ejemplo.com jose@gmail.com
Manu	manu@hotmail.com

No es posible tener más de un valor en el mismo campo.

2FN: Segunda forma normal

Una tabla se encuentra en 2FN si y solo si se encuentra en 1FN y todos los atributos no primarios dependen de forma completa de una clave candidata. Los atributos no primarios eran los que no pertenecían a ninguna clave candidata.

Si una tabla no tiene claves candidatas conformadas de más de un atributo, se encuentra en 2FN automáticamente, puesto que no sería posible tener este problema.

Se hace referencia a "clave candidata" puesto que, en caso de haber más de una clave candidata, esta afirmación debe cumplirse para ***todas las claves candidatas.*** Si un atributo solo depende de forma completa de algunas claves candidatas, es porque la estructura es incorrecta.

Normalmente esto no sucede, por lo que lo habitual es fijarse en la clave primaria simplemente.

A partir de la 2FN es necesario haber detectado todas las dependencias funcionales entre atributos, para ver posibles anomalías.

Ejemplo:

Autor	Libro	Autor ciudad
Manuel	Informática para amas de casa	Sevilla
Manuel	Programación web para novatos	Sevilla
José	Montaje de ordenadores	Barcelona

{Autor} no puede ser clave candidata porque no identifica de forma única a cada registro. Tendría que utilizarse {Autor, Libro} como clave candidata.

{Autor Ciudad} es un atributo no primario (no pertenece a la clave candidata) y solo depende de {Autor}.

Sabía que...

Normalmente, si una tabla no está en 2FN es porque no se han identificado las entidades del problema correctamente. No se ha diferenciado adecuadamente entre varias entidades que realmente son distintas.

Actividades

12. ¿Se encuentra la siguiente tabla en 2FN?

Marca	Modelo	Precio	Marca_país
Bosch	29AMF	50	Alemania
Bosch	123ACC	200	Alemania
Toshiba	M49BCC	100	Japón

3FN: Tercera forma normal

Una tabla se encuentra en 3FN si y solo si está en 2FN y ninguno de los atributos no primarios depende transitivamente de cada superclave de la tabla.

Se hace referencia a la superclave porque todo atributo debe depender de forma funcional completa de cualquier clave candidata o superclave de la tabla. Esto impide que haya dependencias transitivas entre ningún campo de una tabla.

Un atributo no primario es aquel que no pertenece a la clave candidata. Una dependencia transitiva se produce al deducir que A → C a través de A → B y B → C cuando la relación no es obvia por sí sola.

Lo que viene a decir es que todos los atributos de la tabla no dependen unos de otros, sino que **todos** dependen de forma completa de la clave primaria (y de cualquier clave candidata).

El problema radica en las relaciones transitivas que no dependen de la clave primaria.

Ejemplo

Campeonato	Ganador	Nacionalidad
2004 Formula One World Drivers' Championship	Michael Schumacher	Alemana
2005 Formula One World Drivers' Championship	Fernando Alonso	Española
2006 Formula One World Drivers' Championship	Fernando Alonso	Española

La clave primaria es el campeonato. El ganador depende de forma funcional del campeonato. La nacionalidad depende de ganador, por lo que hay una dependencia transitiva entre la nacionalidad y el campeonato.

Este tipo de casos se deben evitar. En el siguiente apartado se estudiará cómo se podría arreglar esto.

Actividades

13. ¿Se encuentra la siguiente tabla en 3FN?

Certamen	Ganador	Certamen_lugar_celebración
Miss España 2004	María Jesús Ruiz Garzón	Castellón
Miss España 2009	Estíbaliz Pereira Rabade	Cancún
Miss España 2011	Andrea Huisgen	Sevilla

FNBC: Forma normal de Boyce-Codd

Es una versión mejorada de la 3FN. Fue diseñada por Raymond F. Boyce junto a Edgar F. Codd para solventar algunos problemas no cubiertos por la 3FN.

Una tabla se encuentra en FNBC si y solo si se encuentra en 3FN y si cada dependencia funcional no trivial tiene una clave candidata como determinante.

Sabía que...

Esta forma normal es muy especial y solo se usa para tratar unos casos específicos que no cubre la 3FN. Muy rara vez aparecerán problemas de este tipo. Casi todos los ejemplos están forzados.

Una dependencia funcional no trivial es aquella que no se deduce automáticamente (por ejemplo, que A depende de A). Un determinante es un atributo del cual depende funcionalmente de manera completa otro atributo de la relación.

Si una tabla no tiene más de una clave candidata compuesta con atributos en común, puede deducirse automáticamente que está en FNBC, puesto que no es posible que se dé la condición.

Si existen varias claves candidatas compuestas y hay un elemento común entre ellos, la tabla no se encuentra en FNBC. Una tabla cuyas claves candidatas sean (A, B) y (B, C) no está en FNBC.

Muy raramente se producirá esto, pero hay que saber cómo identificarlo y solucionarlo. La dificultad recae en identificar las claves candidatas.

Ejemplo

Tabla para saber qué profesor imparte qué asignatura a cada alumno y que se encuentra en 3FN.

Profesor	Asignatura	Alumno
Paco	Lengua	José
Luisa	Filosofía	Marta
Rafael	Matemáticas	Luis

La dificultad recae en saber cuáles pueden ser las claves candidatas. En este caso:

- (Profesor, Asignatura).
- (Asignatura, Alumno).

No se encuentra en FNBC, puesto que no todas las dependencias no triviales dependen de forma completa de la clave candidata.

4FN: Cuarta forma normal

Una tabla está en 4FN si y solo si se encuentra en FNBC y no existen dependencias multivaluadas.

Sabía que...

Normalmente, una tabla no se encuentra en 4FN porque las relaciones entre varias entidades no han sido identificadas de forma correcta.

Las dependencias multivaluadas se daban cuando para un valor de A podía haber uno o más valores de B.

Ejemplo

Producto	Color	Talla
Calcetines tobilleros	Negro	38-40
Calcetines tobilleros	Negro	40-42
Calcetas	Blanco	40-42

Por cada valor de {Producto, Color} hay varios valores de {Talla}.

Esto es incorrecto puesto que hay duplicidad.

5FN: Quinta forma normal

Una tabla se encuentra en 5FN si y solo si se encuentra en 4FN y toda dependencia de reunión es consecuencia de las claves candidatas.

Sabía que...

Que una tabla se encuentre o no en 5FN depende de los requisitos del sistema. Una tabla por sí sola no aporta suficiente información como para saber si lo está o no.

Una dependencia de reunión se produce cuando solo unos registros de la tabla A se pueden relacionar con otros registros de la tabla B. Es decir, que no cualquier registro de A se puede relacionar con cualquier registro de B, sino que hay restricciones de por medio que no lo permiten. Por ejemplo, que no todos los empleados puedan estar asociados a coches de empresa, que sólo los directores puedan.

Esto se aplica a restricciones impuestas por los problemas del mundo real que quiera resolver la base de datos. Es decir, son restricciones en los datos que son conocidas, pero no quedan reflejadas en el modelo de datos.

Dependen del enunciado del problema planteado, por lo que en unos casos la misma tabla estará normalizada y en otros no.

Actividades

14. ¿Es posible determinar si una tabla se encuentra en 5FN simplemente fijándose en el diagrama entidad/relación?

Ejemplo

Médico	Tratamiento	Paciente	Fecha
Dr. Torreiglesias	Anestesia	Manuel	20/09/2023
Dr. Torreiglesias	Vacuna	Marcos	21/09/2023
Dra. Gómez	Radiografía	Alberto	18/09/2023
Dra. Díaz	Anestesia	María	19/09/2023

Quiere saberse qué tratamiento le ha dado cada médico a cada paciente y cuándo.

La tabla está en 4FN y todo está normalizado, pero, ¿qué ocurriría si cada doctor solo pudiera dar una serie de tratamientos y que eso estuviera reflejado en la base de datos? Tal y como está planteada la tabla ahora mismo, sería perfectamente posible que la Dra. Gómez realizara una anestesia cuando solamente puede hacer radiografías y ecografías.

Este tipo de problema solo se da en casos muy concretos en los que el problema real no queda reflejado en el modelo lógico de datos y su gestión quedaría en manos de la aplicación.

5. Construcción del modelo lógico de datos

Una vez se ha dibujado el diagrama entidad relación, se puede decir que termina la fase de **diseño conceptual.** Este diseño simplemente sirve para plasmar los requisitos de una aplicación de forma visual.

Ahora, el objetivo será pasar a la fase de **diseño lógico:** convertir esa entidad/relación en una serie de tablas y relaciones que **cumplan con el modelo relacional.**

Solamente habrá que seguir unos sencillos pasos para conseguirlo. Por lo general, cada entidad se corresponderá con una tabla y cada atributo, con una columna. Las relaciones entre entidades se convertirán o bien en columnas o en nuevas tablas.

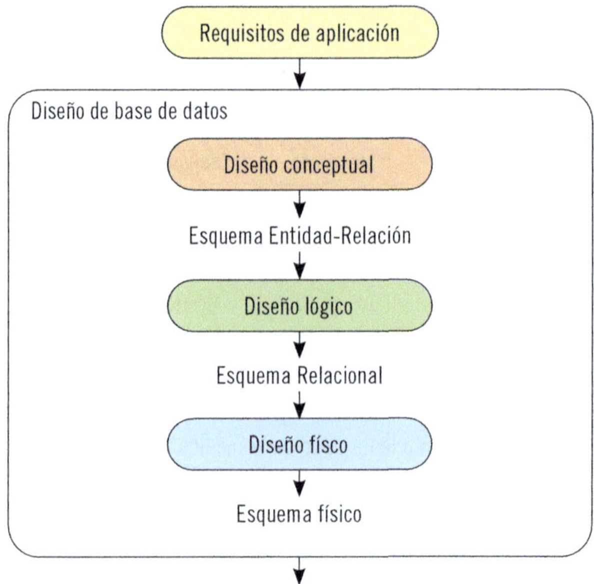

Al diseñar una base de datos se seguirá este proceso. Primero se crea un diseño conceptual, el cual se convertirá en un diseño lógico. Este diseño lógico permitirá implementar la base de datos como se desee.

El objetivo de este paso es crear un **esquema relacional,** que no es más que una representación textual explicando cada tabla con su nombre y sus columnas. Este esquema relacional se le podrá entregar a cualquier administrador de bases de datos o programador informático para que lo implemente en su SGBD o sistema de archivos.

Actividades

15. Se desea realizar una aplicación que sirva para gestionar el inventario de una tienda. Hace falta tener una tabla con todos los productos. De cada producto consta su código de barras, marca, modelo, precio, fecha de compra. Dibuje un diagrama entidad/relación que refleje esto.

5.1. Especificación de tablas

El paso fundamental en un esquema relacional es listar las tablas que una base de datos tendrá. Aquí la representación gráfica no es tan importante como en los diagramas entidad/relación. No obstante, lo normal es utilizar una sintaxis de la siguiente forma:

Nombre_de_tabla (clave_primaria, campo1, campo2)

El nombre de la tabla no debería contener espacios o caracteres especiales. Tras el nombre de la misma, entre paréntesis se listará cada columna separada por comas. La clave primaria va subrayada.

Cada tabla con sus columnas iría en una línea de texto distinta. Al convertir un diagrama entidad/relación en esquema relacional, por lo general, **cada entidad se convertirá en una tabla** del mismo nombre.

En las relaciones tipo **uno a uno** son posibles dos opciones: crear dos tablas y relacionarlas entre sí de manera estándar o crear una **superentidad** que englobe los campos de ambas y crear una sola tabla. Ambas soluciones son correctas y es cuestión del analista informático decidir qué es lo mejor.

Lo normal es unir ambas entidades en una tabla para evitar complejidad. Si las dos entidades son muy grandes por sí solas, sí puede convenir mantenerlas separadas. Un ejemplo puede ser el de dos entidades de usuarios y currículums, donde ambas tablas tendrían muchos atributos y podría ser interesante dejarlas separadas.

En las relaciones de **muchos a muchos,** se necesitará crear una tabla extra de relación entre las entidades involucradas. Siguiendo el ejercicio antes propuesto de "Determinar la cardinalidad en la relación entre noticias y categorías", en este caso la respuesta era que la cardinalidad era de muchos a muchos, puesto que una noticia puede tener muchas categorías y una categoría puede tener muchas noticias.

Se crearían las tablas noticia (noticia_id clave primaria) y categoría (categoría_id como clave primaria).

Tendría que crearse la tabla noticia_categoria (noticia_id, categoria_id clave primaria). De esta manera, al utilizar la base de datos, para saber a qué categorías pertenece una noticia, basta mirar la tabla noticia_categoria.

5.2. Definición de columnas

Por lo general, cada atributo de cada entidad se convertirá en una columna de la tabla. Debe especificarse si la columna admitirá valores nulos o no. También debe especificarse qué columnas formarán la clave primaria subrayando su nombre. No se permiten nombres de columna repetidos.

Importante

Es conveniente utilizar nombres sin símbolos extraños o espacios para así garantizar la compatibilidad con los distintos Sistemas Gestores de Bases de Datos.

Nota

Lo ideal es normalizar la notación de columnas: que todas sigan la misma estructura.

Por ejemplo, utilizar como prefijo de cada columna el nombre de la tabla, utilizar todos los nombres en singular, que la clave primaria aparezca al principio, etc.

No hay estándares fijados para esto, pero es conveniente utilizar el mismo criterio siempre.

Para crear las relaciones entre tablas, hay que crear columnas adicionales para poder identificarlas. Estas nuevas columnas recibirán el nombre de **claves foráneas** y contendrán el valor de la clave primaria de la tabla con la que se relacionan.

Esta es una regla de transformación al modelo relacional. Cuando la cardinalidad de una relación no sea N: M, habrá que crear columnas que contengan el valor de la clave primaria de la tabla referenciada. De esta manera pueden relacionarse los registros de una tabla con otra. Simplemente, habría que consultar los registros cuyo valor de la clave primaria de B sea igual que el valor de la clave foránea en A.

En una relación de uno a muchos entre productos e imágenes, tendrían que crearse las siguientes tablas:

- producto (<u>producto_id</u>, producto_nombre, producto_precio).
- imagen (<u>imagen_id</u>, imagen_url, producto_id [clave foránea de producto]).

De esta manera podrían relacionarse productos con imágenes. El valor de la clave primaria de la tabla producto pasaría a la tabla imagen. Si se quisiera obtener la lista de imágenes de un producto, tan solo habría que usar el valor de la clave primaria en la tabla de imágenes.

Se debe tener cuidado, porque hay que mirar a ambos lados de la cardinalidad. Por ejemplo, en una relación entre usuarios y comentarios donde se permitan comentarios anónimos no realizados por usuarios, aparecería una relación de 0: N en el lado de los comentarios y una de 0: 1 en el lado de los usuarios. En este caso, se llevaría la clave primaria de usuarios a la tabla de comentarios, pero debería permitir que admitiera valores nulos, puesto que no todos los comentarios estarán escritos por usuarios.

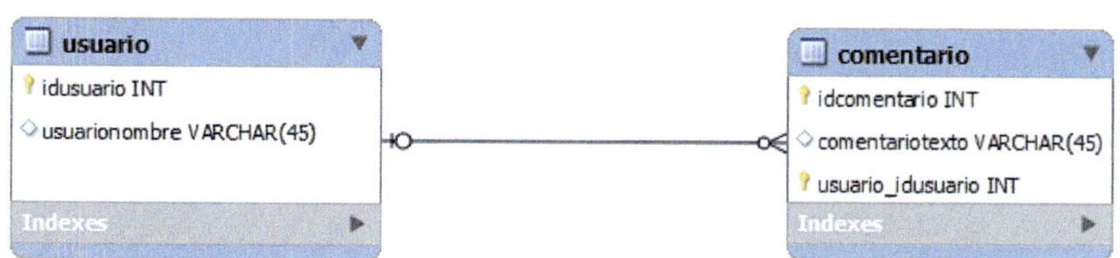

Relación entre usuarios y comentarios. La columna "usuario_idusuario" de "comentario" admitiría nulos, porque se permiten comentarios anónimos.

Recuérdese que además, las relaciones pueden ser reflexivas: una tabla puede relacionarse consigo misma. En este caso se procedería de la misma manera, añadiendo las columnas extra a la tabla. Por ejemplo:

Tabla categoría (categoria_id, categoria_nombre). Piense en un menú desplegable de navegación por categorías. Una categoría puede tener categorías hijas y categorías padre. Una categoría hija solo tiene un padre. Sería una relación de 0: N por parte de la categoría padre y de 0:1 por parte de la categoría hija.

En ese caso la tabla se quedaría como categoría (categoria_id, categoria_nombre, categoria_padre_id [permite nulos, clave foránea de categoría]). Se añade un campo con el valor de la clave primaria del otro registro que se corresponde a su categoría padre. Puesto que habrá categorías que no tengan padre, deben permitirse nulos. Dado que la clave primaria ya tiene un nombre y no pueden repetirse nombres de columna, habrá que utilizar otro que sea parecido e identifique un poco el tipo de relación que tiene.

En este caso un usuario puede haber creado otros usuarios. Un usuario puede haber sido creado por otro o no (en caso del administrador, por ejemplo). La columa usuario_creador admitiría nulos.

5.3. Especificación de claves

Ya se ha visto cómo crear las claves a partir del modelo entidad/relación. Debe especificarse la clave primaria de cada tabla, nombrar todas las claves foráneas que se encuentren y decir de dónde provienen.

No obstante, puede hacerse un pequeño resumen:

- Clave primaria: conjunto de columnas que identifican de forma única a un registro.

- Clave candidata: conjunto de columnas que podrían identificar de forma única a un registro. Puede haber más de una. No debe admitir valores nulos, de lo contrario no sería clave candidata.
- Clave única: conjunto de columnas cuyo valor no puede repetirse en otros registros. Pueden admitir valores nulos, en cuyo caso sí se permitirían varios registros cuyo valor contuviera nulos.

Al crear un esquema relacional, las columnas que contengan la clave primaria deben ir subrayadas. Las demás claves, si no son obvias, pueden ser explicadas aparte, para dejar claro que esa columna no debe tener valores duplicados, etc.

Actividades

16. Cree un esquema relacional de la siguiente entidad/relación:

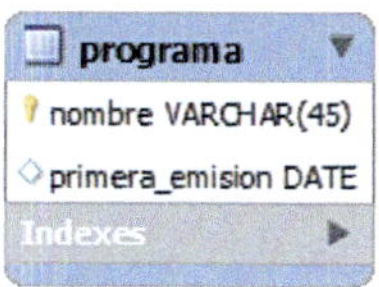

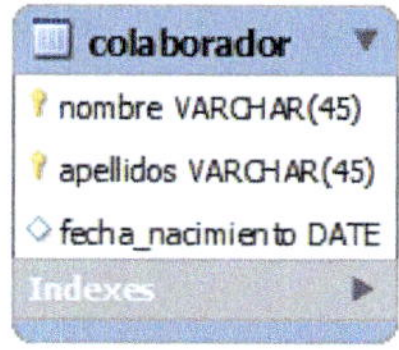

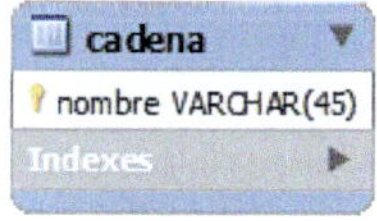

Se ha dejado el esquema sin las relaciones para que tenga más dificultad.
Un colaborador pertenece a una única cadena. Un programa pertenece a una única cadena.
Un colaborador puede colaborar en varios programas. En un programa colaboran varios colaboradores.
Cree el esquema relacional listando las tablas resultantes con sus columnas.

5.4. Conversión a formas normales. Dependencias

En el apartado anterior se explicó en qué consistían las formas normales. En este se aplicarán esos conocimientos a la hora de crear las tablas.

Primero resulta conveniente repasar las formas normales:

- 1FN: cada campo puede tener un solo valor.
- 2FN: todos los atributos no primarios dependen de forma completa de la clave candidata.
- 3FN: no hay dependencias transitivas.
- FNBC: no hay claves compuestas interpuestas.
- 4FN: no existen dependencias multivaluadas.
- 5FN: las dependencias de reunión se deducen de la clave candidata.

Ahora con una serie de ejemplos se verá cómo transformar tablas no formalizadas en tablas que cumplan las formas normales.

1FN: Primera forma normal

Esta es la forma normal más sencilla. Simplemente restringe que en un determinado campo no pueda haber más de un valor.

Por ejemplo, una tabla de clientes en las que un cliente puede tener varios números de teléfono.

Nombre	Apellidos	Teléfono
Paco	Jiménez	64213899 64984213
Luisa	Pérez	68383883 63883632

Esta tabla no puede tener varios valores para cada columna. Para arreglarlo tienen que crearse tablas que contengan la lista de valores. Quedaría así:

Tabla Clientes:

Nombre	Apellidos
Paco	Jiménez
Luisa	Pérez

Tabla Cliente_Telefono:

Nombre	Apellidos	Teléfono
Paco	Jiménez	64213899
Paco	Jiménez	64984213
Luisa	Pérez	68383883
Luisa	Pérez	63883632

Se convierten atributos multivaluados en tablas que se relacionan con la tabla original.

A veces se siente la tentación de utilizar un solo campo para almacenar varios valores añadiendo separadores, por ejemplo, una lista de teléfonos separada por comas.

Nota

Usar un solo campo para almacenar varios valores añadiendo separadores haría que la tabla no estuviera formalizada aunque en algunos casos puede llegar a ser la forma óptima.

2FN: Segunda forma normal

En este paso la preocupación se centra en los atributos que no dependen de forma completa de la clave primaria.

A partir de este paso, deben tenerse bien identificadas las dependencias funcionales entre columnas para poder proceder.

Siguiendo el ejemplo que pusimos en el anterior apartado:

Autor	Libro	Autor ciudad
Manuel	Informática para amas de casa	Sevilla
Manuel	Programación web para novatos	Sevilla
Jose	Montaje de ordenadores	Barcelona

Ahí "Autor ciudad" no dependía de forma completa de la clave, porque solo dependía de Autor y la clave es (Autor, Libro).

Para eliminar esta dependencia, se creará una tabla de Autores y se moverá el campo "Autor Ciudad" a esa tabla. Quedaría así:

Tabla Autor_Libros:

Autor	Libro
Manuel	Informática para amas de casa
Manuel	Programación web para novatos
José	Montaje de ordenadores

Tabla Autor:

Autor	Autor ciudad
Manuel	Sevilla
José	Barcelona

Ahora, si se quisiera saber la ciudad de un autor, simplemente tendrían que unirse las tablas Autor_Libros y Autor y se obtendría el valor.

Así se eliminan duplicados de la tabla principal y en caso de tener que cambiar la ciudad de un autor, solamente habría que cambiar un registro.

Actividades

17. Normalice la siguiente tabla:

Id_Ciudad	Id_País	Ciudad_nombre	Pais_nombre
300	22	México	México
301	22	Tijuana	México
111	10	Toledo	España
200	10	Murcia	España

3FN: Tercera forma normal

Aquí se intentan eliminar las dependencias transitivas entre campos que no son claves candidatas. Siguiendo el ejemplo del apartado anterior:

Campeonato	Ganador	Nacionalidad
2004 Formula One World Drivers' Championship	Michael Schumacher	Alemana
2005 Formula One World Drivers' Championship	Fernando Alonso	Española
2006 Formula One World Drivers' Championship	Fernando Alonso	Española

La Nacionalidad dependía del Ganador y ambos dependían de la clave primaria (por lo que está en 2FN).

Para solucionar el problema se haría algo similar a lo aplicado para la 2FN: crear una tabla de Ganadores y mover el campo Nacionalidad a esa tabla. Quedaría así:

Tabla Campeonatos

Campeonato	Ganador
2004 Formula One World Drivers' Championship	Michael Schumacher
2005 Formula One World Drivers' Championship	Fernando Alonso
2006 Formula One World Drivers' Championship	Fernando Alonso

Tabla Campeonato_Ganador

Ganador	Nacionalidad
Michael Schumacher	Alemana
Fernando Alonso	Española

Si se quisiera obtener la nacionalidad del ganador de un campeonato simplemente tendrían que unirse las tablas para obtener el valor.

FNBC: Forma normal de Boyce-Codd

Aquí se trata de tener cuidado con las claves candidatas múltiples que se interpusieran entre sí. Siguiendo el ejemplo del apartado anterior:

Profesor	Asignatura	Alumno
Paco	Lengua	José
Luisa	Filosofía	Marta
Rafael	Matemáticas	Luis

Las claves candidatas eran (Profesor, Asignatura) y (Asignatura, Alumno). Se ve que se interponen, por lo que no está formalizada. Para solucionarlo se crearán dos tablas:

Profesor_Asignatura

Profesor	Asignatura
Paco	Lengua
Luisa	Filosofía
Rafael	Matemáticas

Asignatura_Alumno

Asignatura	Alumno
Lengua	Jose
Filosofía	Marta
Matemáticas	Luis

Aquí lo que se busca es separar las tablas que estarían mejor organizadas por separado que en una única tabla.

Es difícil determinar que una tabla no está en FNBC a la hora de crear el modelo lógico de datos, es mucho más sencillo de apreciar cuando la tabla ya tiene datos y pueden verse. En ese caso se ve rápidamente que hay datos que no se relacionan correctamente entre sí.

En muy raros casos una tabla que está 3FN no estará en FNBC. La manera más sencilla de saber si no está en FNBC es listar las claves candidatas y si dos de ellas comparten algún campo, es que no lo está.

4FN: Cuarta forma normal

Aquí había que encargarse de eliminar dependencias multivaluadas en las tablas. El ejemplo del apartado anterior era demasiado exagerado, para mejorarlo seguramente tendrían que crearse claves primarias numéricas.

Siguiendo el ejemplo del apartado anterior:

Producto	Color	Talla
Calcetines tobilleros	Negro	38-40
Calcetines tobilleros	Negro	40-42
Calcetas	Blanco	40-42

Aquí por cada producto hay varios colores y por cada producto y color hay varias tallas. En este ejemplo, lo ideal sería asignar un valor numérico a la relación entre producto y color, porque si no, la segunda tabla acabaría quedando igual.

Tabla Producto

Producto_ID	Producto
1	Calcetines tobilleros
2	Calcetas

Tabla Producto_Color

Producto_Color_Id	Producto_Id	Color
1	1	Negro
2	2	Blanco

Tabla Producto_Color_Talla

Producto_Color_Id	Talla
1	38-40
1	40-42
2	40-42

Si no se asignara un valor numérico tampoco pasaría nada. La tabla quedaría igual que al principio, pero estaría formalizada, puesto que tendría una tabla para cada producto, otra para cada color de producto y una tabla para cada talla de color de producto.

5FN: Quinta forma normal

En esta forma normal se trataba de plasmar las restricciones del problema real a la base de datos. Es decir, que se vean las restricciones de datos implícitas en los datos, las cuales no se verían de otra manera.

Siguiendo el ejemplo del apartado anterior:

Médico	Tratamiento	Paciente	Fecha
Dr. Torreiglesias	Anestesia	Manuel	20/09/2023
Dr. Torreiglesias	Vacuna	Marcos	21/09/2023
Dra. Gómez	Radiografía	Alberto	18/09/2023
Dra. Díaz	Anestesia	María	19/09/2023

Aquí la restricción era que un médico solo podía hacer una serie de tratamientos. Para que quede reflejado simplemente habría que crear una tabla extra que relacione médicos con tratamientos, así se podrá saber qué tratamientos puede realizar cada médico.

Quedaría así:

Tabla Medico_Tratamiento

Médico	Tratamiento
Dr. Torreiglesias	Anestesia
Dr. Torreiglesias	Vacuna
Dr. Torreiglesias	Dieta
Dra. Gómez	Radiografía
Dra. Gómez	Radioterapia
Dra. Díaz	Anestesia
Dra. Díaz	Rehabilitación

Como puede apreciarse, esta tabla contiene todas las posibles combinaciones.

Importante

Hay valores que luego no se usan en la tabla, pero definen la lista de valores y pueden útiles para los nuevos registros que se añadan.

Actividades

18. Normalice la tabla que creó en la primera actividad de este apartado en la cual creó una tabla con el inventario de una tienda.

Aplicación práctica

Se acaba de reunir con un cliente, el cual le pide que le desarrolle una aplicación que le permita automatizar la gestión de su negocio.

La aplicación quiere gestionar los activos de una empresa de limpieza. La empresa cuenta con maquinaria, productos y vehículos. De la maquinaria, quiere almacenarse su número de identificación único, su marca y su modelo. Cada máquina puede o no tener una próxima fecha de calibración. Se desea saber cuál es esa fecha y además, contar con un histórico de todas las calibraciones de una máquina. Es posible que una máquina no necesite de calibraciones. De cada producto se quiere saber su nombre y su precio; de cada vehículo, su matrícula, marca y modelo y además, la fecha de la próxima inspección técnica, junto con un histórico de cada inspección, con fecha y resultado de la inspección.

Continúa en página siguiente >>

<< Viene de página anterior

Cada vehículo, además de inspecciones técnicas periódicas, puede sufrir averías, se desea contar con un histórico con la lista de revisiones y averías de un vehículo, así como con una descripción del problema, el nombre del taller, precio total y precio sin IVA y la fecha cuando se produjo la reparación.

- **Dibuje un diagrama entidad/relación que represente este problema.**
- **Transforme el diagrama en un esquema relacional.**
- **Normalice las tablas resultantes hasta 3FN.**

SOLUCIÓN

Esquema entidad/relación:

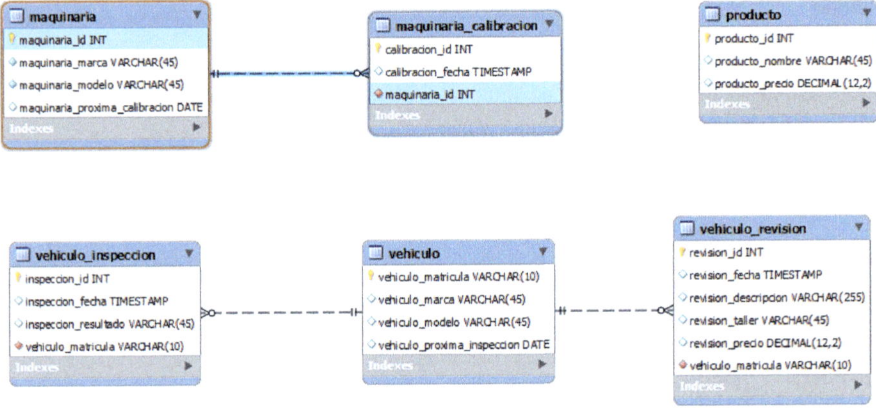

Esquema relacional:

- maquinaria (maquinaria_id, maquinaria_marca, maquinaria_modelo, maquinaria_proxima_calibracion)
- maquinaria_calibración (calibracion_id, calibracion_fecha, maquinaria_id)
- producto (producto_id, producto_nombre, producto_precio)
- vehículo (vehiculo_matricula, vehiculo_marca, vehiculo_modelo, vehiculo_proxima_inspeccion)
- vehículo_inspección (inspeccion_id, inspeccion_fecha, inspeccion_resultado, vehiculo_matricula)
- vehículo_revisión (revision_id, revision_fecha, revision_descripcion, revision_taller, revision_precio, vehiculo_matricula).

Continúa en página siguiente >>

<< Viene de página anterior

Normalización:

1. Las tablas se encuentran en 1FN porque no hay campos multivaluados.
2. Las tablas se encuentran en 2FN porque todos los atributos de las tablas dependen de forma completa de la clave primaria.
3. Las tablas se encuentran en 3FN porque no hay dependencias transitivas entre columnas.

Cabe destacar que el modelo de la maquinaria y de los vehículos puede que se encuentre desnormalizado. Tendría sentido separarlo a tablas propias solo si se prevé que se necesite información relativa a los modelos o que sea necesario hacer listados o búsquedas por modelos concretos.

---

6. El modelo físico de datos. Ficheros de datos

En este apartado se explicará qué son los ficheros de datos. El propósito que se busca con ellos es transformar un **modelo de datos** en **archivos** convencionales. Estos archivos pueden ser binarios o de texto plano, dependiendo de las necesidades.

En el apartado 7 titulado "Transformación de un modelo lógico en un modelo físico de datos" veremos cómo transformar un modelo de datos en archivos de texto plano en los que almacenar los datos del modelo.

Los ficheros de datos tienen un gran número de limitaciones de fiabilidad, concurrencia y gestión de restricciones de integridad. En los inicios de la informática eran el único medio que había de almacenar información. Con el paso de los años fueron evolucionando para cubrir más necesidades y se idearon los Sistemas Gestores de Bases de Datos, que soportan el modelo relacional de forma nativa y son más escalables.

En este capítulo se explicará cómo manejar simples ficheros de datos para utilizar un modelo de datos. Y en el siguiente capítulo explicaremos en profundidad qué son los Sistemas Gestores de Bases de Datos, qué ventajas ofrecen, sus características y cómo utilizarlos.

6.1. Descripción de los ficheros de datos

Los ficheros de datos son unos archivos cuyo propósito es almacenar los datos de un modelo de datos en archivos simples.

Los ficheros de datos pueden ser binarios o contener texto plano, las diferencias entre estos dos tipos de fichero se estudiarán más adelante. Este capítulo se centrará en los ficheros de texto plano, puesto que son más utilizados y más fáciles de utilizar y de explicar.

Se vienen utilizando desde los inicios de la informática. En 1890 la oficina del censo de los Estados Unidos utilizó un sistema de tarjetas perforadas para automatizar el control del censo de la población. Una máquina se encargaría de leer las tarjetas perforadas y dependiendo de dónde se encontraran los agujeros, se podría saber la fecha de nacimiento, nombre, apellidos, etc., de cada persona. Este se podría decir que fue el primer uso que se le dio a los ficheros de datos. Cada tarjeta se correspondía con un fichero con datos sobre cada persona.

También se han venido utilizando desde hace mucho tiempo, por ejemplo, en las consolas de videojuegos para guardar el progreso en la partida de los jugadores.

Un ejemplo de fichero de datos puede ser el siguiente:

```
Id;Nombre;Departamento;Salario
32;José Porras;Contabilidad;23000
55;Pepe Arévalo;Dirección;100000
```

Como se aprecia, la primera línea del archivo contiene el nombre de cada atributo. Cada línea siguiente contiene un registro. Cada columna está separada por un punto y coma (;).

Este fichero podría estar siendo utilizado para guardar una lista de empleados de una empresa.

Este es un sistema muy fácil de utilizar, puesto que el **formato** de los ficheros de datos **es libre.** Es el diseñador de estos el que define el formato que tendrá. En vez de puntos y comas se podrían utilizar comas o tabuladores.

Nota

En vez de tener una primera línea con los nombres de las columnas, puede omitirse y obviar qué nombre tiene cada una.

El siguiente apartado ofrecerá muchas variantes de ficheros de datos. El formato es libre, pero es aconsejable dejarse guiar por algún formato ya establecido para hacerlos estándar.

El sistema es muy sencillo y los datos pueden ser modificados con cualquier programa de edición de texto.

Cualquier usuario podría manipular ese fichero sin mucho conocimiento.

La contrapartida es que se presentan muchas restricciones:

- El formato debe permanecer intacto. Si se cambia el formato, las aplicaciones que usen el archivo dejarían de funcionar. Cambios en el fichero implican cambios en las aplicaciones que lo usen.
- Escalabilidad: puede contarse con un fichero de *log* de accesos a la aplicación. Es posible que durante los primeros cien mil accesos todo funcione perfectamente pero, ¿si hay 20 millones de accesos seguirá funcionando correctamente? Esto es algo que no se garantiza. Por un lado, el programador de la aplicación que utilice el fichero debe asegurarse de que los accesos al archivo son eficientes y de que no es necesario leer el fichero entero y colocarlo en la memoria RAM para su manipulación, de que los accesos son solo los justos y necesarios, etc.

Además, ¿qué pasaría si la aplicación que utilice ese archivo la utilizan millones de usuarios a través de Internet? ¿Será posible que miles de personas modifiquen el archivo al mismo tiempo? El administrador de sistemas tendría que asegurarse de que el archivo está siempre accesible. Llegaría un momento en que sería insostenible.

- Concurrencia: piense qué pasaría en el siguiente caso: el usuario (A) lee el archivo, a continuación el usuario (B) lee el archivo, después el usuario (A) modifica el archivo. Por último, el usuario (B) modifica el archivo. A no ser que la aplicación implementara un sistema de concurrencia propio, las modificaciones del usuario (A) se perderían por completo y serían sobrescritas por el usuario (B).
- Restricciones de integridad: la aplicación se debe encargar de que los datos mantengan la coherencia, de que no haya duplicados y de que las relaciones entre datos se mantengan. En un fichero de datos sería posible tener empleados con el mismo DNI, pedidos asociados a productos que no existen, etc. Recae en la aplicación toda la responsabilidad de que los datos sean correctos.

Aunque se han mencionado algunos de sus inconvenientes, siguen siendo útiles. No siempre un Sistema Gestor de Bases de Datos es necesario. Los ficheros pueden ser útiles en los siguientes casos, por ejemplo:

- **Transferencia de gran cantidad de información:** los ficheros de datos por lo general ocupan poco espacio y permiten transferir datos entre varias localizaciones de forma muy rápida y eficiente.
- **Comunicación entre varios sistemas diferentes:** por ejemplo, un programa escrito en Python que necesite comunicarse con otro escrito en C. O un navegador web utilizando Javascript que desee comunicarse con un servidor utilizando AJAX.
- **Gestión de datos en entornos con restricciones de rendimiento:** por ejemplo, en las consolas antiguas, cada byte de almacenamiento era valioso. La libertad al usar el formato que se desee y el pequeño tamaño de los ficheros los hacía ideales para almacenar la información.
- **Gestión de datos muy simples sencilla:** si los datos apenas tienen relaciones y son muy simples, la opción correcta puede ser tener un archivo que contenga esos datos. Por ejemplo, una libreta de direcciones se

puede almacenar en un fichero porque es muy simple, solamente contiene personas con su nombre, *e-mail,* teléfono, dirección y poco más.

6.2. Tipos de ficheros

Como ya se ha mencionado, los ficheros de datos se pueden dividir entre los ficheros de texto plano y los ficheros binarios.

Además de esa división, pueden agrupase según diferentes criterios de acuerdo con su formato.

Tipo de dato almacenado

Según el tipo de dato almacenado:

- **Binarios:** los datos se almacenan en binario. Por lo general, solo el programa que los creo será capaz de manipularlos. Ofrecen total libertad al programador, puesto que además de texto, pueden almacenar estructuras informáticas internas (como *arrays,* objetos, estructuras, variables, etc.).
- **De texto plano:** los datos se guardan en ficheros de texto. Cualquier programa de edición de texto puede abrirlos. Generalmente, cada línea corresponde a un registro. Son los más fáciles de utilizar y de manipular puesto que es sencillo ver qué contienen.

Esta unidad se centra en archivos de texto, puesto que son los más fáciles de utilizar y de explicar.

Los ficheros de texto plano pueden agruparse según diferentes criterios.

Formato de columnas

Como se vio en el ejemplo anterior, el tipo de fichero más común está compuesto por filas y columnas que se corresponden con cada registro. Hay varias maneras de definir cada columna: ancho fijo, delimitadores de columnas y lenguajes de etiquetado.

Ancho fijo

Cada columna tiene un ancho especificado. Por ejemplo, 20 caracteres. El espacio sobrante suele rellenarse con espacios (que pueden ir a la derecha o a la izquierda) o si se trata de un número, con ceros a la izquierda hasta completar el ancho. Si un dato tiene un tamaño superior, su valor será truncado.

La principal ventaja de este formato es que el rendimiento es máximo. El programa que lea el fichero simplemente tiene que contar el número de caracteres para obtener los valores; no tiene que preocuparse de nada más.

Además, si estos ficheros están comprimidos, hay técnicas de compresión muy avanzadas que detectan los espacios inútiles del archivo y reducen el tamaño final considerablemente.

Su principal inconveniente es que no son muy flexibles y no aprovechan bien el espacio en disco. Si un dato ocupa más que el ancho de columna, no se puede almacenar completo. Si un dato ocupa menos, se está desperdiciando espacio en disco con bytes inútiles. Esto se puede mejorar utilizando técnicas de compresión, pero entonces se perdería algo de velocidad de lectura.

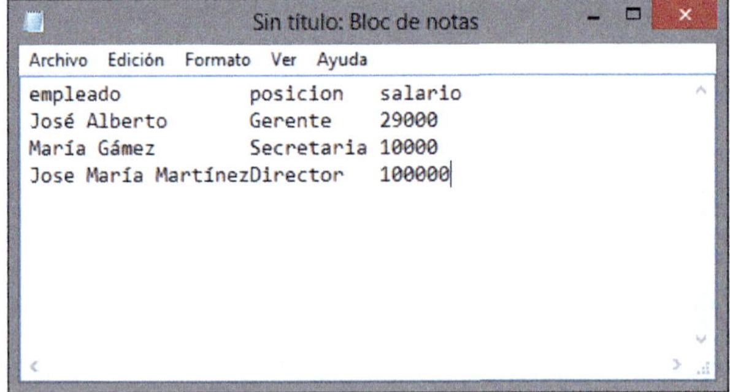

Cada columna tiene un tamaño específico. Resulta bastante fácil de leer tanto para las personas como para las computadoras, aunque tiene limitaciones de manipulación de datos.

Delimitadores de columna

Cada columna está delimitada por un carácter. Por ejemplo, una coma, un punto y coma o un tabulador.

Su ventaja es que es un sistema flexible. Cada columna puede ocupar todo el espacio que necesite y no hace falta desperdiciar espacio rellenando ceros o espacios en blanco.

Su mayor inconveniente es que son más difíciles de gestionar por la aplicación que utilice el fichero.

Debe implementar un sistema de **escape de caracteres** para asegurarse de que el carácter delimitador de columna no es interpretado incorrectamente.

Ejemplo

Piense en un fichero separado por columnas en el que un registro sea:

Nombre, aficiones, edad
Paco Pérez, televisión, fútbol, correr, 20

En este caso, la segunda columna no podría ser interpretada correctamente. Se consideraría que la edad sería "fútbol". La aplicación debe considerar los caracteres de escape para poder saber si se trata de un fin de columna o de datos dentro de la columna.

Esto se puede arreglar así:
"Paco Pérez","televisión, fútbol, correr","20"

Como se aprecia, cada columna está dentro de comillas, por lo que se sabe que lo que esté dentro de comillas debe ser considerado como dato dentro de la columna.

Otra manera puede ser la siguiente:

Paco Pérez, televisión\, fútbol\, correr, 20

Continúa en página siguiente >>

<< Viene de página anterior

Se escapa el carácter de coma poniendo una barra invertida delante. La aplicación solo considerará las comas que no estén escapadas.

Independientemente del sistema, todas estas consideraciones no son necesarias en ficheros de ancho fijo.

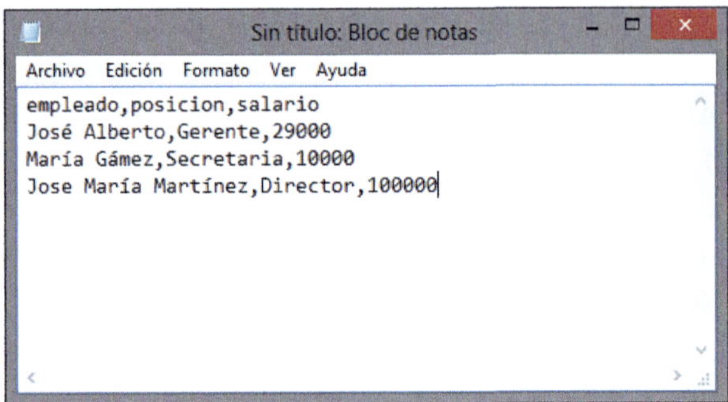

Cada columna se separa por un delimitador. Un poco más difícil de leer pero con menos limitaciones.

Lenguajes de etiquetado

Como XML, en este caso, toda una sintaxis específica es utilizada para delimitar los datos. Cada lenguaje tendrá una sintaxis muy diferente, aunque el XML es el más extendido.

Su ventaja es que siguen un estándar fijado, por lo tanto, son consistentes y pueden ser leídos desde cualquier aplicación que implemente ese protocolo.

Su desventaja es que añaden mucha complejidad a los ficheros. Tratar con ellos implica mucho más trabajo y además, los ficheros ocupan más porque requieren de caracteres extra para definir cada dato.

Además de XML hay otro lenguaje muy extendido en aplicaciones web que es el formato JSON (Java Script Object Notation). Este formato es muy simple. Es el formato que utiliza la función `eval()` de JavaScript para convertir texto en código fuente de JavaScript. Cada vez es más utilizado porque ocupa menos espacio que el XML, es más fácil de leer y es más fácil de utilizar desde JavaScript.

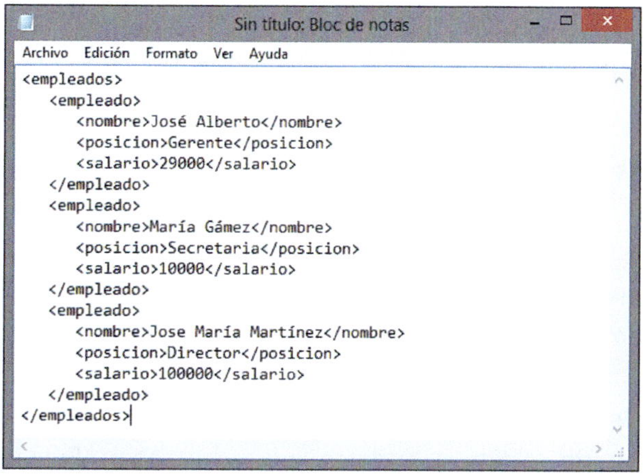

```
Sin título: Bloc de notas
Archivo  Edición  Formato  Ver  Ayuda
<empleados>
   <empleado>
      <nombre>José Alberto</nombre>
      <posicion>Gerente</posicion>
      <salario>29000</salario>
   </empleado>
   <empleado>
      <nombre>María Gámez</nombre>
      <posicion>Secretaria</posicion>
      <salario>10000</salario>
   </empleado>
   <empleado>
      <nombre>Jose María Martínez</nombre>
      <posicion>Director</posicion>
      <salario>100000</salario>
   </empleado>
</empleados>
```

Todo un sistema de etiquetas para representar los datos. Muy fácil de leer por humanos. Más complicado de leer y manipular por computadores, pero prácticamente sin restricciones.

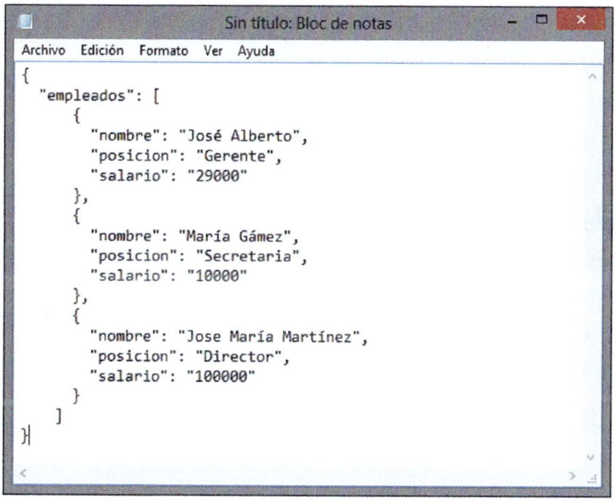

```
Sin título: Bloc de notas
Archivo  Edición  Formato  Ver  Ayuda
{
  "empleados": [
      {
        "nombre": "José Alberto",
        "posicion": "Gerente",
        "salario": "29000"
      },
      {
        "nombre": "María Gámez",
        "posicion": "Secretaria",
        "salario": "10000"
      },
      {
        "nombre": "Jose María Martínez",
        "posicion": "Director",
        "salario": "100000"
      }
    ]
}
```

Utiliza la sintaxis de código Javascript para representar los datos. Fácil de leer por personas y muy fácil de leer y manipular por aplicaciones web, sobre todo.

Nota

Hay más formatos para compartir ficheros pero no son mayoritarios. Suelen cubrir necesidades específicas de distintos programas informáticos.

6.3. Modos de acceso

El modo de acceso es lo que más puede variar el rendimiento a la hora de utilizar ficheros de datos. Pueden distinguirse entre los siguientes modos de acceso los más comunes:

- **Acceso secuencial:** se lee el archivo desde el principio hasta que se encuentra el dato o los datos que se buscaban. Funcionaría como una cinta de cassette. No es óptimo puesto que hay que leer datos que no se van a utilizar.
- **Acceso directo:** permite ir a una posición concreta del fichero directamente. Es muy rápido a la hora de obtener datos, puesto que va directo a la parte del fichero de interés.
- **Acceso indexado:** en este caso, el archivo contiene un índice que permite determinar dónde se encuentra cada fila de forma directa. Por ejemplo, un CD de audio tiene acceso indexado, porque es posible saber dónde está cada pista de audio de forma rápida.
- **Acceso por direccionamiento calculado:** se puede conocer dónde se encuentra un dato mediante cálculos informáticos. No se necesita recorrer todo el archivo, solo una parte.

Dentro del modo de acceso se pueden establecer varias diferencias:

- Si el fichero se lee directamente desde donde esté alojado (disco duro, internet, red local, *pendrive,* etc.) o si se aloja en memoria durante su utilización. Esto influirá bastante en el rendimiento puesto que los datos alojados en memoria se leen muy rápido. También se corre el riesgo de que en caso de apagón, los datos modificados que no se hayan guardado en el soporte original se pierdan.

- Si para manipular registros hay que leer el archivo entero y crear una copia que incluya esos cambios o si se pueden modificar directamente sobre el archivo físico los datos afectados.
- Si es necesario que no haya "huecos" en el fichero. Si se borra un registro, puede dejarse un hueco vacío que se rellenará más adelante si se añade uno nuevo o por el contrario, puede que haya que crear una nueva copia del archivo y mover todos los datos de debajo una línea más arriba.

6.4. Organización de ficheros

A la hora de organizar ficheros, lo ideal es hacer que cada entidad se aloje en un archivo separado. Puede crearse un archivo grande que contenga toda la información necesaria, pero aumentaría la complejidad en el manejo y el rendimiento podría caer, sobre todo si se trabaja con archivos de texto.

Piense qué pasaría si tuviera que mezclar empleados, departamentos y nóminas en un mismo archivo de texto. Tendría que diferenciar muy bien en qué parte del archivo empiezan los empleados y dónde los departamentos.

Por eso la manera óptima de organizar los ficheros de datos es según su tipo: que cada tipo de dato vaya en un archivo separado. Todos los ficheros deberían ser del mismo tipo (ancho fijo, delimitado, XML, etc.) para ser consistentes, pero cada fichero tendría columnas diferentes.

Nota

Se pueden organizar los ficheros de forma libre, no hay ninguna restricción explícita. Simplemente se debe ser consciente de cómo se van a utilizar los datos y adoptar la solución óptima.

7. Transformación de un modelo lógico en un modelo físico de datos

Ya se ha visto qué son los ficheros de datos, sus ventajas, inconvenientes y los tipos de fichero que hay. Ahora, se aprenderá a transformar un modelo lógico en un modelo físico de datos.

Tras haber dibujado el diagrama entidad/relación, haber utilizado las reglas de transformación para convertirlo en un esquema relacional y haber normalizado este esquema, se habrá obtenido el modelo lógico de datos.

Un modelo lógico es el paso anterior a la implementación del modelo relacional en un sistema informático real.

El modelo lógico listaba todas las tablas necesarias y sus columnas. Las relaciones se representaban o bien mediante tablas extra o mediante columnas extra llamadas claves foráneas.

Al pasar del modelo lógico a un modelo de ficheros físico, se deben seguir los siguientes pasos:

1. Determinar qué formato de fichero se utilizará. Una vez se tenga el modelo lógico se hará una idea de qué datos va a almacenar. Deberá utilizar el formato que mejor cumpla con las restricciones de rendimiento, accesibilidad y tamaño de la aplicación.
2. Cada tabla del modelo lógico será un archivo separado. Si el modelo lógico es realmente grande, pueden agruparse los archivos en subcarpetas. El nombre del archivo será el nombre de la tabla. Sin caracteres extraños. Los espacios se sustituirán por guiones bajos y los caracteres extraños serán eliminados del nombre.
3. Dentro de cada archivo, dependiendo del formato del fichero, podrá incluirse el nombre de las columnas en la primera línea o no. Si este es el caso, se hará en cada archivo y se tratará de que las columnas que sean clave primaria vayan al principio.
4. Toda la gestión de la integridad en las relaciones y del tipo de dato que puede alojar cada columna será responsabilidad de la aplicación que utilice los archivos, por lo que no hay que hacer nada más.

Sabía que...

Aunque no se puedan especificar las relaciones y las cláusulas de integridad de forma implícita en el fichero de datos, es posible tener un modelo que cumpla todas las formas normales.

Si se establecen correctamente las tablas, columnas y dependencias entre ellas, no debe haber ningún problema.

Aplicación práctica

Se necesita realizar una aplicación informática. Se trata de una aplicación móvil, bastante sencilla. Los requisitos son los siguientes:

- **La aplicación servirá para gestionar las listas de tareas.**
- **Una lista de tareas tiene un nombre.**
- **Una lista de tareas está compuesta por varias tareas. Cada tarea tiene un título y se desea saber cuándo una tarea está completada o no.**

Dada la simpleza y dado que utilizar un Sistema Gestor de Bases de Datos sería bastante complejo en este entorno, se ha decidido utilizar un sistema de ficheros de datos para almacenar la información.

Diseñe el modelo conceptual y el modelo lógico para, a continuación, crear una estructura de ficheros que permita a una aplicación cumplir con los requisitos iniciales.

Esto permitirá a los programadores de la aplicación poder ver de un vistazo cómo es el modelo de datos y, además, le servirá de estructura para empezar a escribir el código fuente de esta.

Continúa en página siguiente >>

<< Viene de página anterior

SOLUCIÓN

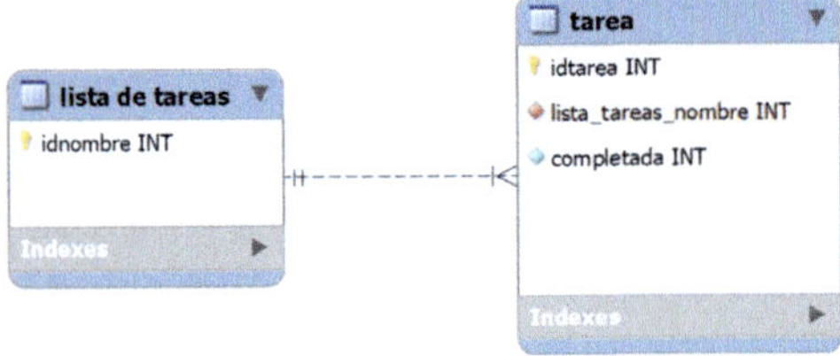

El modelo lógico sería:

Lista_tareas (nombre)
Tarea (tarea, lista_tareas_nombre, completada)

Un sistema de archivos que sirviera para esto podría ser el siguiente:

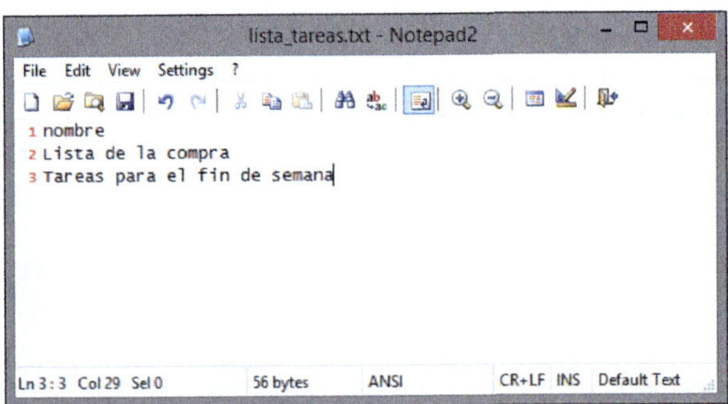

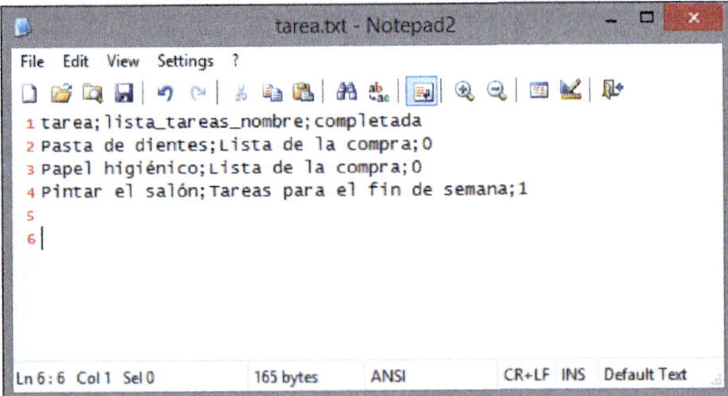

8. Herramientas para la realización de modelos de datos

Dibujar un modelo entidad/relación es una tarea bastante engorrosa porque por lo general, debe improvisarse dónde colocar cada entidad y si el modelo es muy grande, puede que no sea legible. Se requiere de mucho tiempo y cuanto más grande sea, más difícil resulta.

Hay muchas herramientas que ayudan a dibujar el modelo desde el equipo. Simplemente soltando y arrastrando entidades, relaciones y escribiendo el nombre de las columnas visualmente.

Uno de los más conocidos es *Microsoft Visio.* El problema es que es un programa de pago y que solo funciona bajo *Windows,* aunque es posiblemente el más completo.

Aquí se utilizará *MySQL WorkBench,* que es una herramienta gratuita y que además tiene versiones para *Windows, Linux* y *macOS.* Está enfocado principalmente a las bases de datos de *MySQL,* pero esto no afecta para nada al realizar modelos relacionales.

Nota

Posibles alternativas a MySQL Workbench son las siguientes:

- *Gliffy:* <https://www.gliffy.com> aplicación web gratuita para crear diagramas desde cualquier navegador.
- *Libre Office Draw:* alternativa libre a *Microsoft Visio.* Incorporado en la suite ofimática Libre Office.

Aquí se prefiere este programa porque es multiplataforma, libre, gratuito y porque dado que el libro se orientará hacia *MySQL,* con este programa puede pulsarse un botón y crear la base de datos en *MySQL* directamente desde el modelo entidad/relación.

8.1. Instalación

Se utiliza un motor de búsqueda para buscar *MySQL WorkBench* y se descarga el programa desde la web de mysql.com.

Dependiendo del sistema operativo que se utilice, se seguirán unos pasos u otros.

Para las capturas de pantalla de la aplicación en este libro se mostrará el programa funcionando en *Windows,* pero todas las opciones son muy similares en cualquier otro sistema operativo. Las capturas corresponden a la versión 8.0.CE.

Primeros pasos

El programa está en inglés. Tiene una interfaz muy intuitiva y sencilla de utilizar.

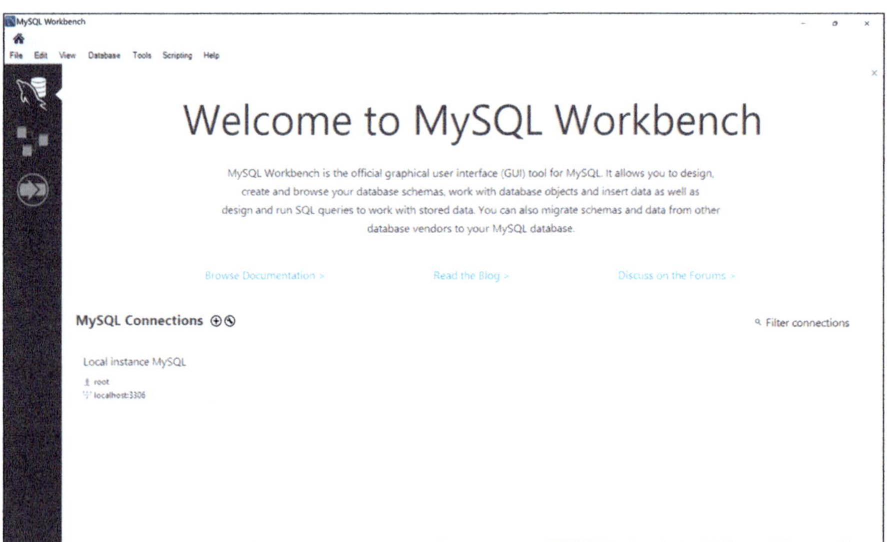

Primera vez que se inicia MySQL WorkBenc.

La sección que más interesa para este capítulo es lla que aparece en el menú lateral en la segunda opción, donde se ubica la opción correspondiente a los modelos de entidad/relación. También está accesible desde la ruta **File -> New Model.**

Para crear el primer modelo de entidad/relación se debe hacer clic en **Create New EER Model** o mediante el símbolo (+) que se encuentra dentro del apartado de modelado. La primera opción.

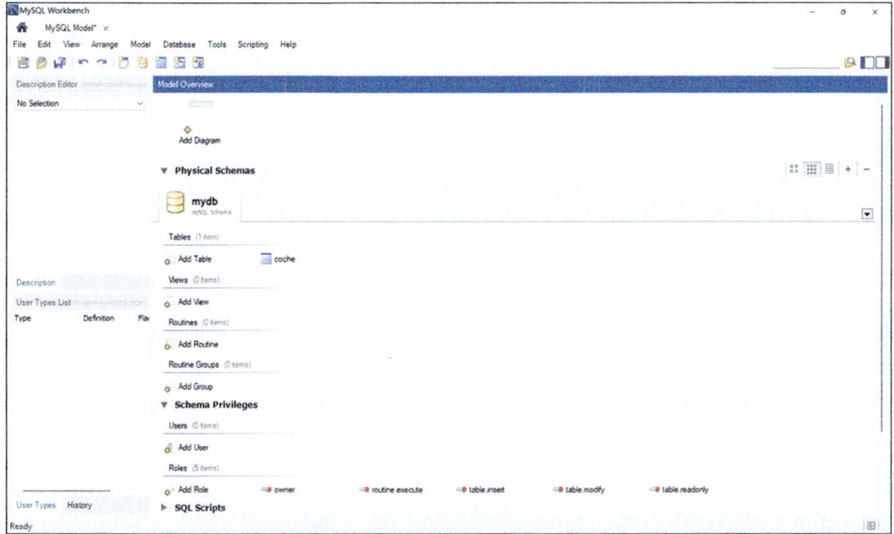

Pantalla que aparece tras hacer click en Create New EER Model.

En la pantalla que aparece una vez que se pulsa sobre la opción de crear un nuevo modelo, se deberá clicar sobre la opción que aparece en la parte superior de la pantalla Add Diagram.

Entidad/relación vacío

Ahora el programa mostrará una cuadrícula vacía. Aquí es donde se irán arrastrando y soltando tablas y relaciones.

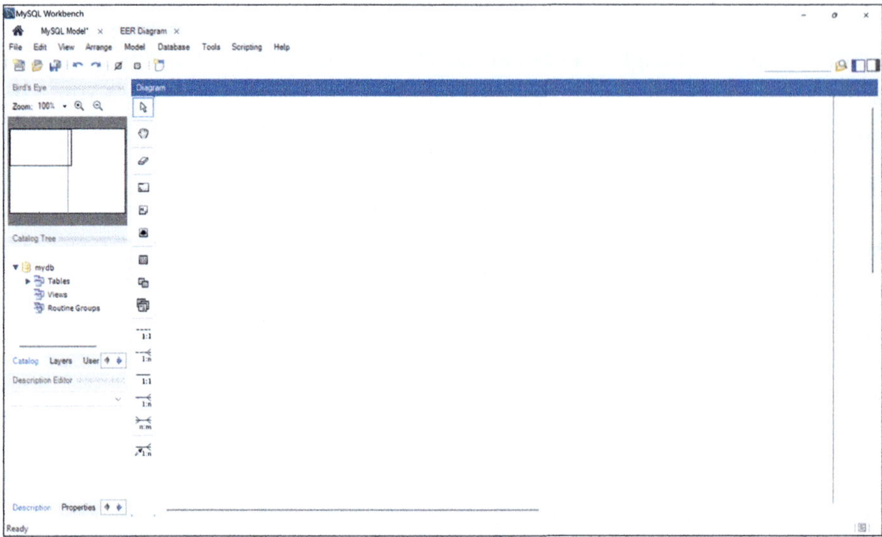

Diagrama entidad/relación vacío

En la columna de la izquierda aparecen las principales opciones para añadir tablas y relaciones.

En la sección de añadir relaciones, la diferencia entre las líneas continuas y las discontinuas es para indicar si una relación es por identificación o no. Si una relación 1: N se establece con la línea continua quiere decir que la segunda entidad es débil y necesita la clave primaria de la primera identidad para formar su propia clave.

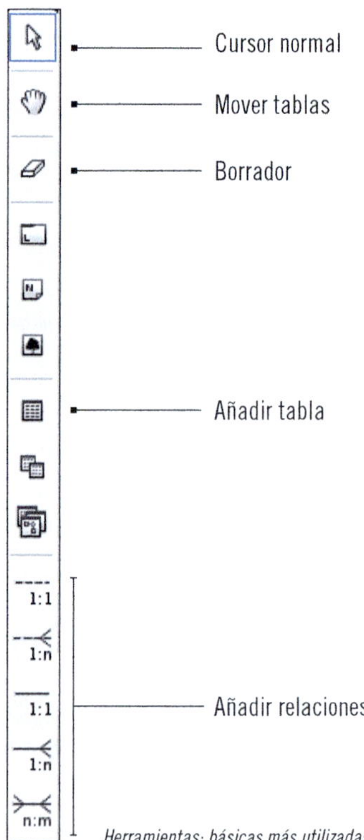

Herramientas: básicas más utilizadas

Normalmente, se utilizará siempre la línea discontinua.

Crear tablas

Para crear una tabla bastará con hacer clic en el botón de **Place a new table.** Aparecerá vacía. Al hacer doble clic sobre ella aparecerá un panel con sus propiedades.

Desde ahí, se podrá modificar el nombre de la tabla, pudiendo especificar las columnas que tiene. Igualmente es posible especificar el tipo de dato.

También se podrán elegir otras opciones:

- PK: Primary Key. Especifica si esa columna pertenece a la clave primaria o no.
- NN: Not Null. Si no admite nulos. Por defecto se admiten nulos. Debe marcarse esta opción para no permitirlos. La clave primaria no puede contener nulos.
- UQ: Unique. Si el campo es clave única o no.
- BIN, UN, ZF y AI son opciones avanzadas que no es necesario especificar aquí. Se tratarán al estudiar SQL.

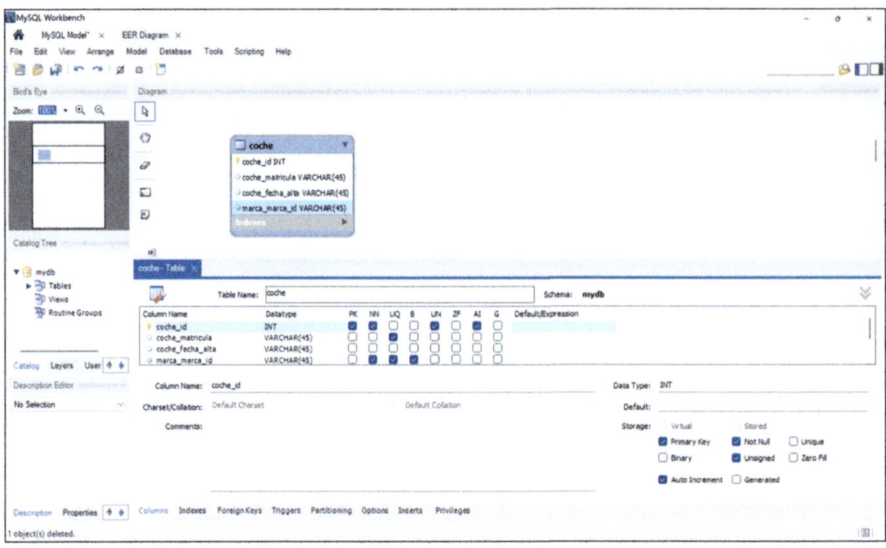

Crear una tabla

No deben incluirse aquí las claves foráneas. Las relaciones se definirán después y se crearán automáticamente.

Crear relaciones

Tras crear la tabla de coches, se creará una tabla de marcas, para relacionar entre sí.

Para ello se hará clic en el tipo de relación que se vaya a utilizar. En este caso, la 1: N discontinua.

A continuación, debe clicarse en las dos tablas que estén involucradas en la relación, pero el orden en el que se haga es muy importante. Primero debe hacerse clic en la entidad 2 y luego en la entidad 1. Es decir, en este caso primero se hará clic en "coche" y luego en "marca".

Piense que se debe hacer clic primero en la tabla que necesite una clave foránea y después, en la tabla a la que se necesite la clave foránea.

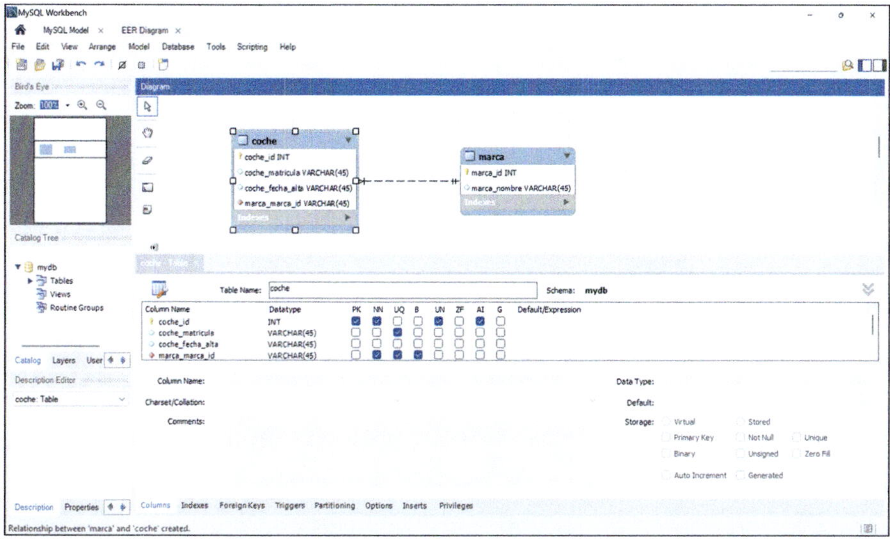

Crear una relación

Se aprecia que ya aparece la relación en pantalla. También puede que necesiten editarse las propiedades de la relación, sobre todo para definir las cardinalidades.

¿Qué pasaría si un coche pudiera tener marca o no? Sería una relación de 0: N en la cual la clave foránea debería admitir nulos.

Puede realizarse de forma manual editando la tabla "coche" y deseleccionando la opción **Not Null.** También puede hacerse doble clic en la relación para editar sus propiedades.

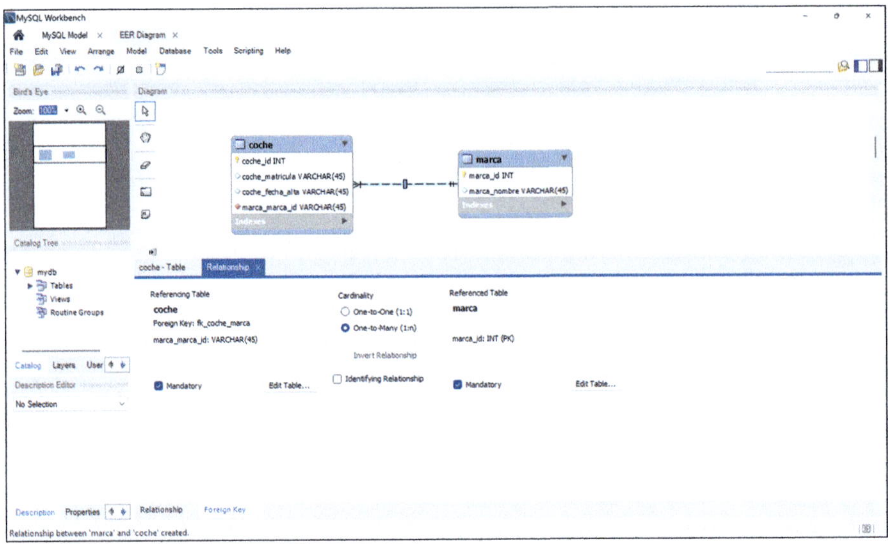

Propiedades de una relación

Pueden especificarse las propiedades de cada extremo de la relación. La opción de **Mandatory** (requerido) determina la cardinalidad mínima. Si no es requerido uno de los extremos, la relación de cardinalidad mínima será de cero. Por ejemplo, si un coche puede no tener marca, quiere decir que la referencia de marca no es requerida. En este caso, supuestamente no sería posible tener marcas si no se tienen coches de esa marca; eso también puede ser modificado.

Dentro del panel de propiedades de la relación puede cambiarse el tipo de relación, para que sea 1:1 o sea entre entidades fuertes o no.

Relaciones de muchos a muchos

Al utilizar una relación de muchos a muchos se verá que automáticamente se creará la tabla intermedia de relación. En vez de utilizar la notación de las patas de gallo en ambos extremos de la relación, se crea la tabla de relación. La tabla contendrá las claves primarias de las tablas involucradas.

Por defecto, su nombre será el nombre de la tabla, guion bajo y el nombre de la columna. El nombre de la tabla por defecto es tabla1, guion bajo, “has”, guion bajo tabla2.

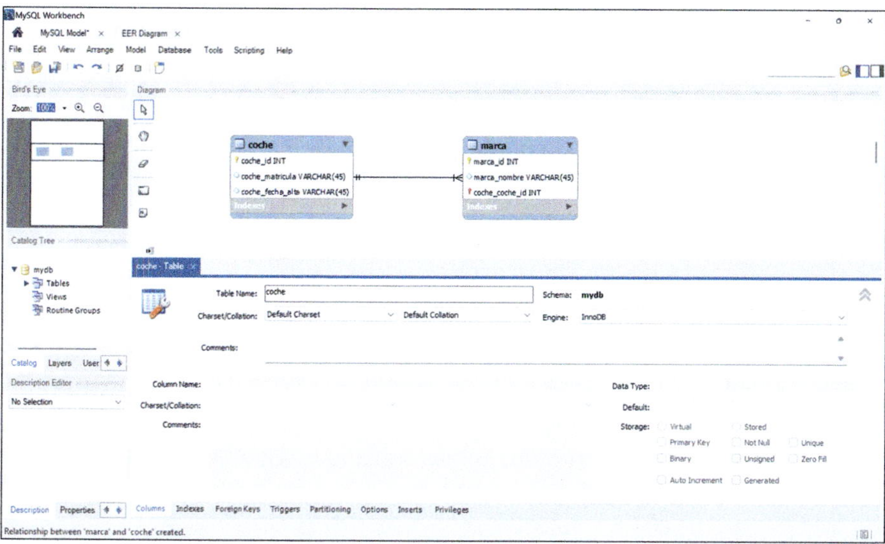

Relación de muchos a muchos

Nota

Se le puede cambiar el nombre editando la tabla.

Tras haber establecido la relación, haciendo doble clic en cada parte de la relación se establecerán las cardinalidades.

Exportar el modelo de datos

Mientras se realiza el modelo de datos debe guardarse una copia para asegurarse de no perder el trabajo realizado. Se guardará por defecto en un archivo con extensión ".mwb". Este archivo solo servirá para editar el modelo de datos. Lo normal es que cuando se haya terminado, quiera imprimirse el dibujo o guardarlo en una imagen.

Recuerde

Este archivo solo servirá para editar el modelo de datos.

Puede exportarse el dibujo en formato PNG para poderlo utilizar como una imagen normal. Para ello vaya a **File -> Export -> Export as PNG.**

Si lo que quiere es imprimirlo, lo más sencillo es generar un PDF. Para ello vaya a **File -> Print to PDF.**

Aplicación práctica

Su jefe le ha pedido que cree, utilizando *MySQL WorkBench,* un diagrama entidad/relación visual que le permita ver rápidamente cómo está diseñada su base de datos.

Esta base de datos ya está creada y lleva tiempo funcionando, pero no se hizo este diagrama en su día, y ahora es útil para poder decidir las posibles mejoras que se le puedan hacer y para servir de documentación a los programadores.

La base de datos tiene las siguientes características:

- **Cuenta con empleados, departamentos y nóminas.**
- **Cada empleado tiene un DNI, nombre, apellidos, fecha de nacimiento, estado civil, dirección, teléfono y *e-mail.***
- **Cada empleado puede tener un supervisor. Un empleado solo tiene un supervisor. Un empleado puede ser supervisor de varios empleados. Es posible que un empleado no supervise a nadie o que nadie le supervise.**
- **Cada departamento tiene un nombre y un empleado que es responsable del mismo.**
- **Los empleados forman parte de departamentos. Es posible que un empleado no pertenezca a ninguno (el jefe o alguien recién llegado, por ejemplo). Un empleado solo puede pertenecer a un departamento en un preciso instante.**

Continúa en página siguiente >>

<< Viene de página anterior

- **Una nómina contiene una fecha de inicio, fecha de fin, fecha de creación y cantidad a pagar bruta.**
- **Una nómina pertenece a un empleado. Además, se desea saber qué empleado creó esa nómina. Es decir, la nómina es para un empleado y la crea otro empleado.**

Dibuje el diagrama entidad/relación utilizando *MySQL WorkBench* y, a continuación, exporte los resultados en formato PDF.

SOLUCIÓN

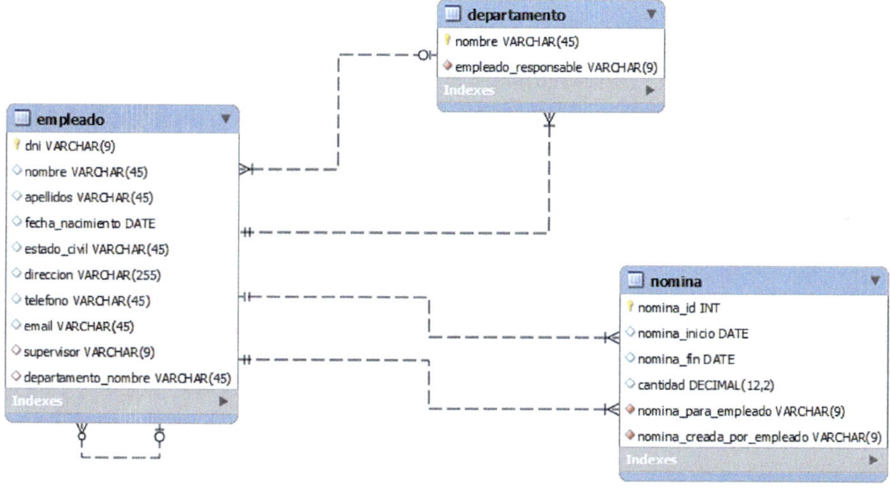

9. Resumen

Cuando conozca los requisitos de una aplicación informática, deben seguirse una serie de procedimientos para poder implementar una base de datos que permita desarrollar la aplicación deseada.

El primer paso consiste en dibujar un modelo conceptual utilizando diagramas entidad/relación. Estos serán una representación gráfica del problema a resolver. Debe identificar las entidades y las relaciones entre ellas.

Una entidad puede relacionarse con cero o con varias entidades. Puede incluso relacionarse consigo misma.

Los diagramas entidad/relación pueden ser dibujados a mano o utilizando algún *software* informático, lo cual facilitará mucho el trabajo. *MySQL WorkBench* es una buena opción para esto.

Una vez se tenga el modelo conceptual, se pasará al modelo lógico, en el cual deben seguirse una serie de reglas de transformación para convertir el diagrama entidad/relación en un esquema relacional, el cual se compone de tablas y atributos.

Este esquema relacional debe ser normalizado, para asegurarse que posteriormente, al explotar la base de datos, no aparezcan deficiencias, anomalías o problemas de rendimiento.

Para ello, se seguirán las convenciones de normalización, las seis formas normales.

Una vez hecho esto, puede considerarse completado el diseño lógico. Este diseño lógico ya está listo para ser implementado en cualquier soporte físico que se desee. Típicamente será un Sistema Gestor de Bases de Datos, pero si el modelo de datos no es muy complejo, es posible que se desee implementarlo utilizando un sencillo sistema de archivos de texto. La utilización de uno u otro dependerá de la complejidad de la aplicación y de las limitaciones técnicas que se tengan.

Ejercicios de repaso y autoevaluación

1. **De las siguientes afirmaciones, indique cuál es verdadera o falsa.**

   a. Un dato es la unidad mínima de información.

      - ☐ Verdadero
      - ☐ Falso

   b. Un modelo de datos es una representación gráfica de datos utilizados en una aplicación.

      - ☐ Verdadero
      - ☐ Falso

   c. Se dice que un campo tiene un valor nulo cuando realmente se desconoce su valor o cuando aún no se le ha dado un valor.

      - ☐ Verdadero
      - ☐ Falso

2. **¿Qué diferencia hay entre una clave primaria, una clave candidata y una superclave?**

   ____
   ____
   ____
   ____

3. **Se necesita crear una web que gestione la cartera de valores de los usuarios registrados. Las condiciones son:**

   a. Cada usuario cuenta con un nombre (único), contraseña y dirección de *e-mail* (única).
   b. Cada empresa cotizada cuenta con un identificador único y un nombre completo.
   c. Un usuario tiene una cartera, la cual está compuesta de valores.
   d. Cada valor corresponde a una empresa, un número de títulos y un valor de compra.

Se le pide que dibuje el diagrama de entidad relación que permitiría crear una base de datos que gestione esa información.

4. Se necesita ampliar una aplicación para que solo determinadas partes de la misma sean accesibles por los usuarios, dependiendo de sus permisos. Se cuenta con usuarios (nombre, contraseña, fecha de creación). La aplicación se compone de secciones (nombre de sección). Cada sección puede tener subsecciones dentro, en una estructura anidada. Se desea controlar a qué secciones puede acceder cada usuario. Cree un modelo entidad/relación que permita crear un modelo de datos que contemple este caso.

5. Cree un diagrama entidad/relación para un foro de Internet. Este es el enunciado:

   El foro se divide en subforos. Solo se permite un nivel de anidamiento. Un subforo se identifica por su nombre. Dentro de cara subforo, los usuarios (nombre, contraseña, *e-mail,* fecha creación. Nombre y *e-mail* son únicos) abren conversaciones (título, fecha creación). Una conversación tendrá varios mensajes. Siempre tendrá al menos uno (el mensaje incluido por el creador de la conversación). Un mensaje puede ser independiente o estar enviado en respuesta a otro mensaje de la misma conversación. Cada mensaje tiene un ID auto numérico generado por el sistema.

6. Dibuje el diagrama entidad/relación del siguiente problema:

- Se cuenta con países, los cuales tienen nombre y código identificativo de tres caracteres.
- Cada país tiene una serie de estados/comunidades autónomas (dependiendo del país). Se desea guardar el nombre de cada estado. Hay países sin estados, en este caso se guardaría en la base de datos un estado del mismo nombre que el país, con el fin de hacer funcionar la aplicación correctamente. Por lo que cada país tendrá al menos un estado.
- Cada estado tiene una serie de condados o provincias (dependiendo del país). De las provincias se quiere guarda su nombre y unas coordenadas GPS para saber dónde se encuentran.
- Pista: cada nombre de estado o condado no es único, porque se puede repetir en otro país. Las relaciones deben hacerse mediante entidades débiles por identificación.

7. Normalice la siguiente tabla argumentando cada paso.

Cliente	Teléfono	Área nombre	Área código	Área país
John Murphy	084988438 081288484	Cork	COR	Irlanda
Ryan Murray	074747747	Londres	LON	UK
Marisa Mayers	0748848	Londres	LON	UK

8. ¿Se encuentra la siguiente tabla normalizada? Razone la respuesta:

Torneo	Ganador	Finalista	Resultado
Indian Wells	Rafael Nadal	Juan Martín del Potro	4-6, 6-3, 6-4
Miami	Andy Murray	David Ferrer	2-6, 6-4, 7-6(1)
Montecarlo	Novak Djokovic	Rafael Nadal	6-2, 7-6(1)
Madrid	Rafael Nadal	Stanislas Wawrinka	6-2, 6-4
Roma	Rafael Nadal	Roger Federer	6-1, 6-3

9. ¿Se encuentra la siguiente tabla normalizada? Razone la respuesta:

Temporada	Jugador	Nacionalidad	Goles
2006/07	Kaká (AC Milán)	Brasil	10
2007/08	Cristiano Ronaldo (Manchester United FC)	Portugal	8
2008/09	Lionel Messi (FC Barcelona)	Argentina	9
2009/10	Lionel Messi (FC Barcelona)	Argentina	8
2010/11	Lionel Messi (FC Barcelona)	Argentina	12
2011/12	Lionel Messi (FC Barcelona)	Argentina	14
2012/13	Cristiano Ronaldo (Real Madrid CF)	Portugal	12

10. Determine las claves candidatas y la clave primaria óptima de la tabla de noticias.

Título	URL	Texto	Fecha
Carrera de atletismo	http://www.example.com/2010/carrera-atletismo.html	Una carrera de atletismo en la ciudad. Ganí Usain Bolt	27/08/2010
Concurso de tartas	http://www.example.com/2012/concurso-tartas.html	El próximo jueves tendrá lugar un concurso de tartas en la plaza del pueblo.	05/03/2012

11. Determine las claves candidatas de la siguiente tabla de piezas.

Departamento	Código	Nombre	Dimensiones	Precio neto
AUDI	023	Recambio limpiaparabrisas	40 x 5	7.99
AUDI	020	Filtro aire	20 x 15	2.99
SEAT	023	Catalizador	50 x 30	129
VW	080	Catalizador	45 x 35	150

12. Cree un fichero de datos que sirva para guardar los datos de transacciones con tarjetas de crédito. Los campos serán: ID transacción, número de tarjeta, fecha caducidad, código de seguridad (tres dígitos), cantidad y fecha. Utilice un fichero de texto delimitado por tabuladores.

13. Escriba el enunciado que habría supuesto crear este diagrama de entidad/relación:

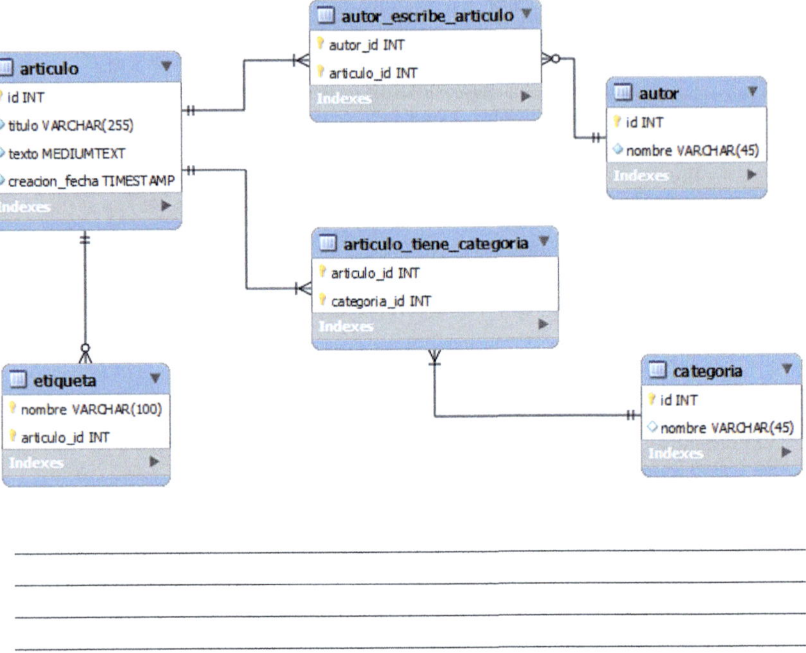

14. Escriba el enunciado que habría supuesto crear este diagrama de entidad/ relación:

Tenga en cuenta que solo se lista la clave primaria de cada entidad para que sea más sencillo. Solo es necesario que se centre en las relaciones.

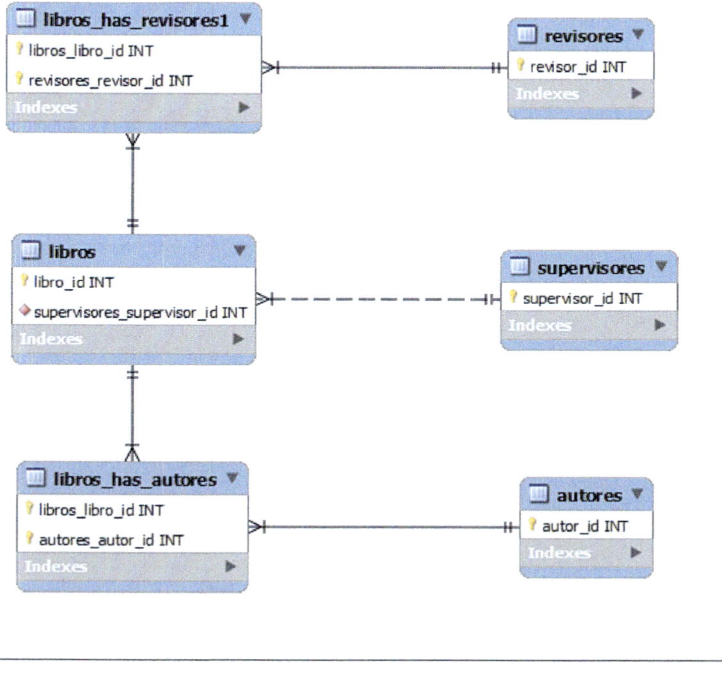

15. **Dibuje, utilizando MySQL WorkBench, el siguiente enunciado:**

Va a desarrollarse un programa de reproducción multimedia. Para ello, se cuenta con el siguiente documento explicativo:

- Hay canciones. Las cuales tienen un título, artista, álbum, duración, ruta al archivo del sistema y tamaño en bytes.
- De cada artista se quiere guardar su nombre, nacionalidad y la ruta del archivo que contiene una foto del mismo (opcional). Se desea poder distinguir si un artista es un cantante solitario o un grupo.
- De cada álbum quiere conocerse el título, el artista que lo creó y el año de lanzamiento.
- El álbum puede estar creado por un artista, pero que una de las canciones del álbum la cante otro artista. Hay una doble relación entre canciones y artistas, una a través del álbum y otra a través de la canción por sí misma.

- Se quiere que las tablas se encuentren normalizadas, por lo que las tablas de canciones, artistas y álbumes deben estar relacionadas entre sí correctamente.

Capítulo 2

Sistemas de Gestión de Bases de Datos (SGBD)

Contenido

1. Introducción
2. Definición de SGBD
3. Componentes de un SGBD. Estructura
4. Terminología de SGDB
5. Administración de un SGDB
6. Gestión de transacciones en un SGBD
7. Soluciones de SGBD
8. Criterios para la selección de SGBD comerciales
9. Instalación del SGBD *MySQL*
10. Conexión a *MySQL* desde un lenguaje de servidor
11. Resumen

1. Introducción

Ya se han visto los modelos de datos y la manera de convertir los modelos lógicos de datos en ficheros de datos. El problema de los ficheros de datos es que tienen muchas limitaciones, sobre todo relacionadas con la escalabilidad. Por eso durante años de evolución de la informática, se fue viendo que los ficheros de datos eran claramente insuficientes y que era necesario un sistema más sofisticado que se encargara de trabajar con los datos de forma unificada.

Para ello, se crearon los sistemas gestores de bases de datos (a partir de ahora se nombrarán como SGBD, por sus siglas). Los SGBD representan una evolución enorme con respecto a los ficheros de datos.

Proporcionan interfaces para permitir que cualquier programa se conecte a ellos, encapsulan el tratamiento físico de los datos, eliminando complejidad innecesaria, incluyen mecanismos de escalabilidad y están altamente optimizados.

2. Definición de SGBD

Un SGBD (o DBMS *Data Base Management System* por sus siglas en inglés) es un conjunto de programas informáticos altamente sofisticados que gestionan bases de datos y proporcionan interfaces para comunicarse con aplicaciones externas.

Un SGBD puede ser utilizado para diferentes tipos de modelos de datos. Los más habituales son los SGBD relacionales, que implementan el modelo relacional de forma nativa. Hay otros tipos de SGBD, los cuales se tratarán más adelante.

Para que un SGBD sea relacional deberá tratar de cumplir las **12 reglas de Codd** explicadas en el primer capítulo.

Importante

No todos los SGBD cumplen rigurosamente todos los puntos.

Básicamente, lo que se busca en un SGBD con respecto a un sistema de ficheros es lo siguiente:

- **Separación entre el modelo de datos y las aplicaciones que lo utilicen:** si se modifican los datos no deberían rescribirse las aplicaciones que utilicen esa base de datos.
- **Eliminación de redundancia e inconsistencia:** dado que todos los datos se encuentran centralizados, es posible no tener que copiar lo mismo en varios sitios. Además, como hay una interfaz única para modificar los datos, no es posible que varios programas los modifiquen de forma distinta.
- **Seguridad:** es posible limitar el acceso de los usuarios a solo ciertas partes de la base de datos. Proporciona todo un sistema de permisos para controlar qué puede hacer cada usuario.
- **Concurrencia:** es difícil hacer que un sistema de ficheros permita modificaciones concurrentes (simultáneas) y es fácil obtener copias inconsistentes de los datos. Un SGBD cuenta con una serie de herramientas para gestionar todo esto de forma transparente.
- **Integridad:** un SGBD es capaz de gestionar las restricciones de un modelo relacional de forma nativa, por lo que no es necesario que cada aplicación que use esos datos tenga que implementarlo a su manera. Esto elimina la posibilidad de que se incumplan las reglas de integridad y elimina complejidad a los programas que utilicen la base de datos.
- **Encapsulamiento del tratamiento físico de los datos:** es el SGBD el que se encarga de saber dónde guardar cada byte en el disco duro. El administrador de bases de datos (DBA por sus siglas en inglés) solo se encarga de definir el modelo de datos y trabaja desde un nivel superior. No necesita saber cómo se guardan los ficheros internamente para utilizarlos.

Este libro se centrará en los SGBD relacionales. Hay otros tipos de SGBD, aunque los que más relevancia tienen son los que implementan el modelo relacional de forma nativa.

Esquema de un SGBD

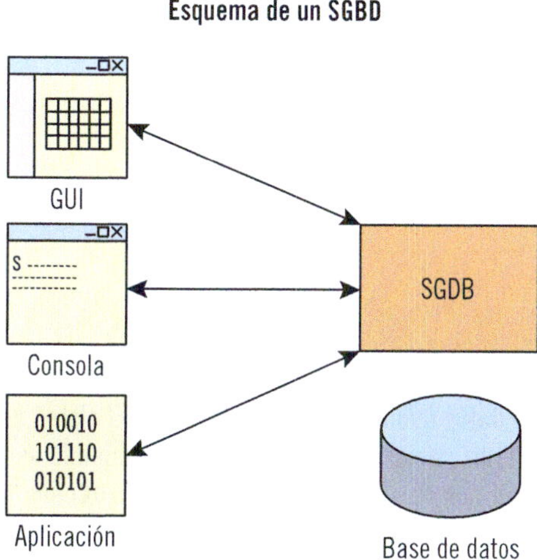

Un SGBD debe implementar las siguientes características:

- **Lenguaje de definición de datos (DDL *Data Definition Language*):** sistema que permita crear la bases de datos, sus tablas, tipos de datos, restricciones, etc. Además, debe proporcionar una manera de acceder al diccionario de datos (siguiendo la regla 4 de Codd).
- **Lenguaje de manipulación de datos (DML *Data Manipulation Language*):** sistema para que mediante consultas se puedan manipular los datos (siguiendo la regla 5 de Codd).
- **Gestión de permisos (DCL *Data Control Language*):** debe contar con mecanismos de seguridad que controlen qué permisos tiene cada usuario de la base de datos.
- **Gestión de restricciones de integridad:** debe gestionar las restricciones de los datos de forma inherente. No debe ser posible manipular datos incorrectamente de forma que se pierda la coherencia de los mismos.
- **Gestión de concurrencia:** sistema complejo que permita que varios usuarios manipulen la base de datos de forma simultánea sin corromper la base de datos y manteniendo el rendimiento.

- **Gestión de copias de seguridad:** debe ser posible recuperar la base de datos en caso de fallo en el sistema.

A continuación, se verá con más profundidad cada elemento de un SGBD, cómo se gestiona el almacenamiento físico de los archivos, el mecanismo de consultas, etc.

Ejemplo

Ejemplos de SGBD:

- *MySQL:* bases de datos relacionales, *software* libre. El sistema libre más utilizado del mundo y el que utilizaremos en este libro. Es libre cuando se utiliza en proyectos de software libre, de lo contrario habría que pedir permiso o comprar una licencia especial.
- *Oracle Database:* sistema de pago ampliamente utilizado en el mundo empresarial. Fue pionero en su época. Dispone de versiones gratuitas muy limitadas en funcionalidad.
- *SQL Server:* sistema de pago creado por Microsoft. Hace competencia a Oracle.
- MariaDB: sistema de gestión de bases de datos basado en MySQL de licencia libre. Su creador es el mismo que el de MySQL, Michael Widenius (Monty). Destaca su alta compatibilidad don MySQL en lo que se refiere a órdenes, interfaces, bibliotecas y APIs. Se puede cambiar de un servidor MySQL a otro que utilice MariaDB sin ningún tipo de problema.

Actividades

1. Busque los tres principales sistemas gestores de bases de datos relacionales que son *software* libre.
2. En su opinión, ¿cuáles son las tres principales ventajas de un SGBD con respecto a un sistema de ficheros de datos?

3. Componentes de un SGBD. Estructura

Un SGBD consiste en una serie de programas informáticos de alta complejidad y sofisticación. Cada SGBD contará con un número de subprogramas distinto para cumplir con necesidades específicas, aunque todos tienen un denominador común y es que poseen un sistema que gestiona el almacenamiento físico de los datos; otro que comunica las consultas realizadas por los usuarios de la base de datos con el gestor de almacenamiento; y un diccionario de datos que permite a los usuarios saber qué tablas hay, las cláusulas de integridad declaradas, qué columnas tiene cada tabla, etc.

Recuerde

Con esos tres sistemas el programador podrá explotar una base de datos de forma adecuada.

3.1. Gestión de almacenamiento

Los datos que maneja un SGBD son almacenados físicamente en el soporte físico que utilice (disco duro, unidad externa, etc.). El administrador de bases de datos define el modelo de datos y es el SGBD el que se ocupa de guardar esos datos físicamente. Para ello, cuenta con un componente informático de alta complejidad que se encarga de ello.

Las principales funciones de un gestor de almacenamiento son:

- Convertir consultas del usuario en operaciones lógicas en el sistema de archivos físico.
- Controlar el búfer de la memoria principal, es decir, gestionar la memoria RAM del sistema para mejorar el rendimiento.
- Asegurarse de que las restricciones de integridad se cumplen.
- Sincronizar acciones simultáneas de varios usuarios.
- Controlar los sistemas de copia de seguridad y recuperación.

Actividades

3. Busque información sobre los distintos motores de almacenamiento de *MySQL*. Sobre todo *MyISAM* e *InnoDB*.

3.2. Gestión de consultas

El usuario se comunica con la base de datos mediante consultas, generalmente consultas de SQL, el estándar.

El SGBD se encargará de leer esas consultas, compilarlas y comunicarse con el motor de almacenamiento para manipular los datos deseados.

Las consultas son convertidas a código ejecutable por el ordenador y, además, son optimizadas para que sean lo más rápidas posible.

La gestión de consultas sigue estos pasos:

1. El usuario envía una consulta al servidor.
2. El servidor comprueba la sintaxis básica de la consulta para comprobar que sea correcta. En caso de no serlo, devuelve un error.
3. Después de cerciorarse de que la sintaxis es correcta, se hacen comprobaciones generales que no requieran de mucho esfuerzo para la base de datos, como ver que las columnas y tablas especificadas existen, que los tipos de datos son correctos, etc. En caso de haber un problema, se devuelve un error.
4. Con la sintaxis correcta y los datos coherentes, se pasa el proceso al **optimizador de consultas,** que es una pieza de *software* altamente sofisticada que busca la manera más rápida de satisfacer esa consulta. Cada SGBD tiene un optimizador diferente y lo que uno puede hacer muy rápido, es posible que otro lo haga más lento.
5. El SGBD, con el método más óptimo ya escogido, va al sistema de almacenamiento y ejecuta la consulta.

6. Con la consulta ejecutada, se devuelven los datos al usuario o un error, en caso de que haya un problema.

Es posible que entre el paso 1 y el paso 2 se interponga una **caché,** que es un sistema que guarda los resultados de las últimas consultas realizadas para que se ejecuten más rápido. Cada SGBD tiene sistemas de caché diferentes, pero todos tienen un propósito común: evitar ejecutar la consulta en sí y retornar los resultados directamente.

Cada SGBD soporta unas consultas diferentes. Todas suelen utilizar el SQL, aunque con sus peculiaridades, por eso cada SGBD tiene un motor de consultas diferente.

Procesamiento de una consulta de SQL

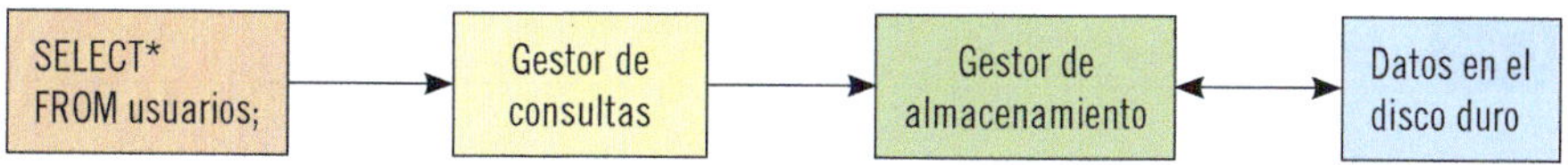

Recuerde

Las consultas son convertidas a código ejecutable por el ordenador y, además, son optimizadas para que sean lo más rápidas posible.

Actividades

4. ¿Quién actúa antes, el optimizador de consultas o el gestor de almacenamiento?
5. Todos los gestores de almacenamiento funcionan igual, ¿lo único que cambia es la manera en que guardan los datos en el disco duro? Razone la respuesta.

3.3. Motor de reglas

El SGBD debe proporcionar un sistema que permita explorar las bases de datos y sus características. Un SGBD se compone de bases de datos que, a su vez, tienen tablas con columnas. Si el SGBD no contara con un sistema para explorar la lista de elementos, solo la persona que creó las bases de datos conocería sus características.

Para eso existe el motor de reglas o diccionario de datos, que es una interfaz entre el SGBD y el programador con la lista de propiedades de cada base de datos. De esta manera cualquier usuario puede saber qué tareas puede llevar a cabo con la base de datos.

Importante

El motor de consultas se conectará a este diccionario para evaluar que las consultas sean correctas.

Un diccionario de datos debe proporcionar la siguiente información:

- Lista de bases de datos del sistema.
- Para cada base de datos, la lista de tablas que la contienen y sus propiedades.
- Para cada tabla, la lista de columnas con sus propiedades.
- Lista de restricciones de integridad y relaciones que hay entre las tablas.
- Listado de índices de cada tabla.
- Lista de usuarios y sus permisos.
- Listado de procedimientos almacenados, *triggers* y eventos.
- Cada SGBD tendrá información extra particular, como pueden ser estadísticas, registros de acceso, etc. Depende de lo que cada SGBD implemente.

La manera de acceder a esta información es mediante consultas de SQL tradicionales, por lo que el diccionario de datos es tratado de forma parecida a una base de datos convencional. Normalmente, el SGBD crea una base de datos especial con esta información. Cada tipo de dato está guardado en una tabla o vista.

Es tarea del usuario de la base de datos conocer la manera de acceder a estos datos en el SGBD que esté utilizando. Las diferencias entre uno y otro son grandes y apenas comparten elementos en común.

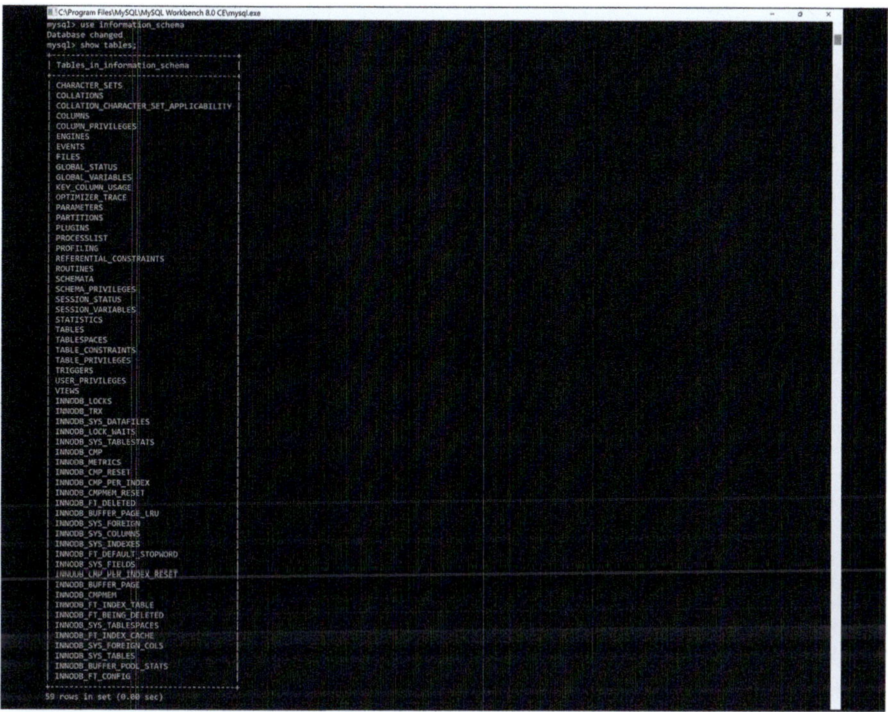

Ejemplo de diccionario de datos de MySQL

Ejemplo

En *MySQL* se accede al diccionario de datos mediante una base de datos especial llamada *information_schema*. Ahí se encuentran alrededor de 37 tablas con distinta información relativa a la base de datos.

4. Terminología de SGDB

A continuación, se muestra una lista de palabras comunes aplicables a los SGBD y su significado:

- **Transacción:** conjunto de consultas que se envían a la base de datos y que se ejecutan en conjunto. Si una falla, ninguna se ejecuta.
- **SQL *(Standard Query Language)*:** lenguaje para ejecutar consultas en la base de datos.
- **Diccionario de datos:** sección accesible de una base de datos en la que se encuentra la definición del modelo de datos: lista de tablas, lista de columnas, usuarios del sistema y sus permisos, lista de restricciones, etc.
- **DBA *(Data Base Administrator)*:** administrador de bases de datos, es la persona que se encarga de instalar y mantener la base de datos.
- **ACID *(Atomicity, Consistency, Isolation, Durability)*:** siglas en inglés de atomicidad, consistencia, aislamiento y durabilidad. Son las características básicas de un sistema de transacciones.
- **Cascada:** cuando cambios en una clave primaria afectan a las claves foráneas que la referencian en otras tablas.
- **Servidor:** sistema informático en el que se encuentra instalado el SGBD. Puede ser un solo equipo o varios, si el sistema es distribuido.
- **Cliente:** aplicación informática que se conecta a la base de datos y la manipula.
- **Concurrencia:** habilidad que tiene un SGBD para gestionar a varios usuarios que se conectan simultáneamente a la base de datos y realizan operaciones sobre los mismos objetos.

- **Conexión:** sesión de un usuario conectado al SGBD. Una conexión solo puede realizar una consulta en un momento determinado, aunque un mismo usuario se puede conectar al mismo servidor de forma simultánea varias veces.
- **Consistencia:** cumplimiento de las restricciones de integridad. Tener claro que la copia de los datos es coherente. El SGBD debe encargarse de que siempre haya consistencia y que en caso de no haberla, sea por culpa de un uso malintencionado del usuario y no porque el SGBD falló.
- **DDL *(Database Definition Language):*** conjunto de consultas e instrucciones que permiten al DBA crear una base datos con sus tablas, columnas y restricciones.
- **DML *(Database Manipulation Language):*** conjunto de consultas e instrucciones que permiten al DBA y a los usuarios de la base de datos manipular una base de datos.
- **DCL *(Database Control Language):*** conjunto de consultas e instrucciones que permiten al DBA gestionar los usuarios y los permisos que estos tienen para acceder a cada parte de la base de datos.
- ***Lock* (bloqueo):** cuando un usuario accede a los datos y bloquea el acceso a los mismos a los demás usuarios.
- **Índice:** una manera de acceder de forma más rápida a los datos, creando para ello una especie de diccionario mediante el cual es posible averiguar en qué lugar físico se encuentra cada dato rápidamente sin tener que rastrear una tabla completa.
- **Consulta:** sentencia que se envía al SGBD especificando qué se quiere hacer.
- **Escalabilidad:** virtud que tiene un SGBD de permitir ampliar sus capacidades, tanto de tamaño como de acceso a medida que vaya creciendo. La mayoría de las bases de datos funcionan bien cuando 5 usuarios las utilizan simultáneamente. Pocas funcionan bien cuando 100 usuarios la utilizan.

Actividades

6. ¿Qué diferencia hay entre la escalabilidad y la concurrencia?

5. Administración de un SGDB

Los SGBD proporcionan herramientas de alto nivel para gestionar un modelo de datos. Es necesario contar con una o varias personas que conozcan a fondo el SGBD en cuestión y se encarguen de administrarlos correctamente, para eso están los DBA *(Data Base Administrators,* por sus siglas en inglés, administradores de bases de datos).

Comúnmente, en aplicaciones sencillas con pocos requisitos, el mismo programador será el que se encargue de gestionar la base de datos. En organizaciones más grandes es común contar con uno o varios DBA que se encarguen de que la base de datos se mantenga activa las 24 horas del día, de optimizarla y de que los clientes del servidor de bases de datos la utilicen de forma correcta.

Quién se encarga de cada parte implicada en una aplicación informática

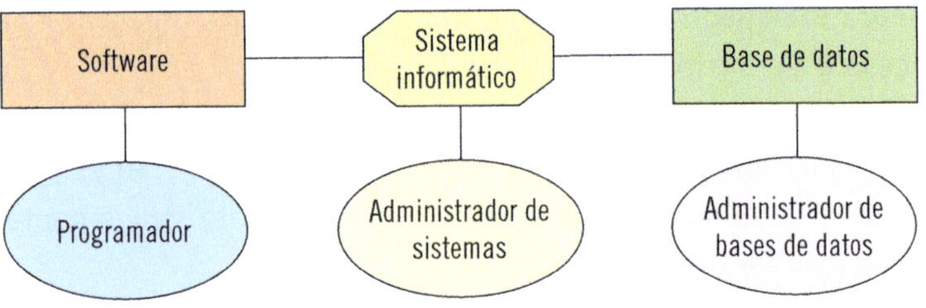

5.1. El papel del DBA

Un DBA (administrador de bases datos) es el responsable máximo de que la base de datos se comporte de forma eficiente, de que no se pierdan datos y de que los usuarios utilicen la base de datos de forma correcta.

Es un puesto de gran responsabilidad si la base de datos contiene datos críticos o requiere de altos requisitos de disponibilidad. Es, además el único usuario que posee todos los permisos disponibles para gestionar la base de datos sin restricciones, por lo que se encargará de crear a los demás usuarios.

Piense en el DBA como en el usuario que tiene acceso *root* al sistema. Puede haber varios DBA, aunque hay que mantener el número lo más bajo posible, porque es un puesto de alta responsabilidad y lo ideal es que lo gestione el menor número de personas posible.

La lista de habilidades con las que un DBA debe contar es:

- Amplio conocimiento de la teoría de bases de datos: reglas de Codd, modelo relacional, etc.
- Amplio conocimiento del diseño de base de datos: creación de modelos entidad/relación, etc.
- Experiencia trabajando con el SGBD: si se trabaja con Microsoft SQL Server, debe tener experiencia de haber trabajado con ese sistema.
- Conocimiento completo del SQL, el lenguaje de consultas para comunicarse con la base de datos: cada SGBD cuenta con sus particularidades dentro del SQL, el DBA debe conocer el *dialecto* de SQL que utilice el SGBD que vaya a administrar.
- Buenas habilidades comunicativas: el DBA debe proporcionar documentación a los programadores además de explicarles la forma óptima de acceder a la base de datos.
- Conocimiento general sobre computación distribuida, de sistemas operativos y de sistemas de almacenamientos de archivos.

Entre sus obligaciones destacan las siguientes:

- Instalar y actualizar el servidor de bases de datos cuando sea necesario, escogiendo la versión óptima para cada necesidad.
- Planificar las necesidades de almacenamiento futuras, asignando el espacio suficiente para que la aplicación funcione en el futuro.
- Modificar la estructura de la base de datos si los programadores requieren cambios en la misma. El DBA debe escoger la manera en la que, cumpliendo con los requisitos del programador se obtenga la solución más óptima y eficiente para la base de datos.
- Gestión de permisos de usuarios. Además de monitorizar el uso que hacen los usuarios de la base de datos para detectar posibles anomalías y comunicárselas a los programadores.

- Monitorizar la base de datos y optimizarla. Si el DBA detecta que algunos accesos son ineficientes, deberá buscar la manera de que sean eficientes.
- Planificación de copias de seguridad y de recuperación de las mismas en caso de fallo en el sistema.
- Gestión de datos archivados. El DBA puede requerir archivar algunos datos que no van a ser utilizados por la aplicación pero que hay que guardar en caso de que hagan falta en el futuro para generar informes, por ejemplo.

Tareas principales del DBA

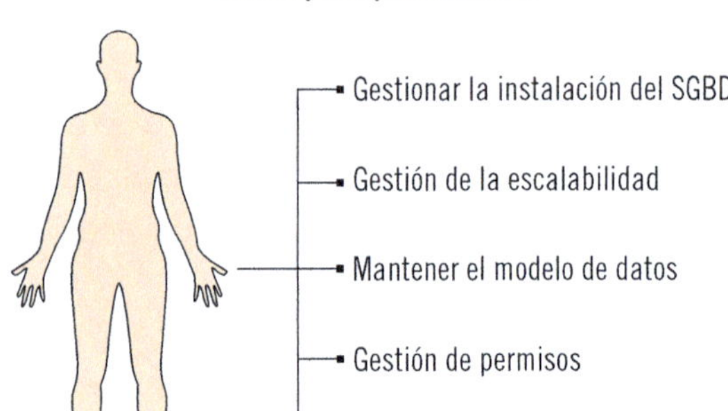

Actividades

7. ¿Un DBA es un puesto de trabajo que puede abarcar desde una preocupación más para un programador normal hasta un puesto a jornada completa y alta responsabilidad en una empresa? Razone su respuesta.

5.2. Gestión de índices

¿Qué es un índice? Aplicado a las bases de datos, un índice es un sistema informático que se encarga de *averiguar* dónde se encuentra un dato sin necesidad de recorrer todos los demás datos para encontrarlo. Piense en una biblioteca en la que los libros se encuentran ordenados por género y dentro de cada género, por fecha de publicación.

Si se quiere obtener un libro escrito en 2023 en el género de ciencia ficción simplemente se tendría que mirar el índice para ver en qué estantería se encuentra ese libro. Esto ahorraría mucho trabajo porque no habría que ir libro a libro viendo si es el que se busca.

Dentro del estante de libros escritos en 2023 de ciencia ficción se encontrarán varios libros, pero solamente habrá que recorrer unos pocos. No más de 100 seguramente.

Imagine que los libros se encontraran ordenados por género y título ordenado alfabéticamente. En ese caso podría acudirse a la sección de ciencia ficción y realizar una búsqueda más exacta, se ahorraría aún más tiempo, porque no tendrían que revisarse varios libros, se iría directamente.

Aplicado a las bases de datos el concepto es el mismo: se crea un sistema que permita saber dónde van a estar los datos sin tener que ir uno a uno. Es el DBA el que se encarga de indexar una tabla.

Recuerde

Puede haber varios DBA, aunque hay que mantener el número lo más bajo posible, porque es un puesto de alta responsabilidad y lo ideal es que lo gestione el menor número de personas posible.

Un índice puede estar compuesto por una o varias columnas.

El número de posibles valores que un índice puede contener se llama **cardinalidad.** Esto determina el número de comprobaciones que hará falta realizar para encontrar un dato concreto. En el ejemplo anterior, cuando se indexaba por año, la cardinalidad era mucho más baja que cuando se ordenaba por nombre.

Es el DBA el que debe elegir la combinación óptima que permita los accesos más rápidos. La máxima al crear índices es que **aumente la velocidad al buscar datos** pero **disminuye significativamente la velocidad al modificarlos,** puesto que hay que regenerar el índice de tal manera que siga estando actualizado.

En el ejemplo de la biblioteca todos los libros se encuentran en estanterías. En un sistema informático esto es mucho más complejo y los datos ni siquiera necesitan estar ordenados físicamente en el disco duro.

Lo importante es contar con un sistema que permita determinar dónde se encuentra un dato sin necesidad de buscar uno a uno.

Diferentes SGBD proporcionan diferentes tipos de índices y se gestionan internamente de forma diferente.

Lo que es común a todos es que el índice más importante es **la clave primaria.** La clave primaria siempre se encuentra indexada. Como se ha apuntado, cada SGBD gestiona los índices de forma diferente, en algunos casos incluso los datos se ordenan físicamente según el valor de la clave primaria de forma correlativa, por lo que acceder a un dato sabiendo su clave primaria es la manera más rápida posible de hacerlo.

Cabe destacar que es posible indexar por el valor completo de un campo o agrupar. Es decir, si hay un campo nombre, pueden indexarse solamente los primeros 3 caracteres. De esta manera se obtiene un acceso bastante rápido sin perjudicar demasiado la gestión del índice.

A continuación, se muestra un ejemplo de cómo un índice podría ayudar a buscar datos en una tabla:

Cliente	Empresa	Ciudad	Fecha alta
José	ACME	Ciudad Real	2023-05-20
Marcos	ACME	Málaga	2023-05-10
Luis	ACME	Valencia	2021-05-10
Margarita	Toys Harris Ltd.	Málaga	2022-12-20
María	Toys Harris Ltd.	Málaga	2021-01-08
José María	Toys Harris Ltd.	Madrid	2020-09-20

Suponiendo que el único índice se encuentra en {Cliente} (la clave primaria).

- Se quiere acceder a todos los clientes de la empresa ACME:
  - Se necesitaría hacer un escaneo completo de la tabla. Se escanearían 6 registros y solo se devolverían 3.
  - Si se añadiera un índice en {Empresa} podrían devolverse los 3 registros directamente.
- Se quiere acceder a todos los clientes de "Toys Harris Ltd." que sean de Málaga.
  - Si se contara con el índice en {Empresa}, se podría ir a los tres registros que son de esa empresa y luego filtrar. Se escanearían 3 registros y se devolverían 2.
  - Si se creara un índice en {Empresa, Ciudad} se podría ir directamente a los registros de nuestro interés.

Este es un ejemplo con una tabla diminuta, no se apreciaría rendimiento alguno al utilizar índices, pero con tablas de millones de registros o que ocupen muchos megabytes de almacenamiento en disco, la diferencia sería enorme.

El DBA debe conocer cómo va a ser utilizada su base de datos, decidir qué índices son necesarios y crearlos. Deberá, además, decidir la cardinalidad de los mismos para encontrar el equilibrio entre el rendimiento de consulta y el rendimiento de modificación.

Ejemplo de estructura de un índice B-Tree. Cuando se indexan varias columnas, se va creando un árbol con las posibles combinaciones

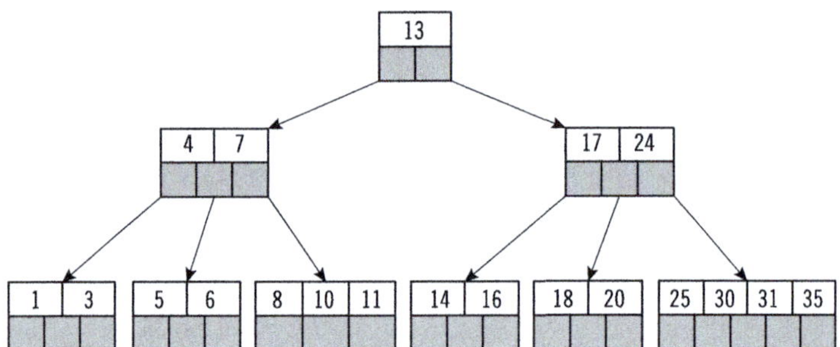

Actividades

8. ¿Qué efecto se busca con un índice?

5.3. Seguridad

El DBA debe encargarse de que la base de datos sea utilizada únicamente por los usuarios que él espera. Además, debe asegurarse de que esos usuarios realizan solamente las operaciones que se supone que deben realizar.

Ejemplo

No debe ser posible que un usuario ajeno a la empresa se conecte a la base de datos y se dedique a borrar tablas.

Entre las operaciones de seguridad que el DBA deberá manejar destacan las siguientes:

- Asegurarse de que solo los usuarios correctos se pueden conectar a la base de datos: el DBA creará los usuarios necesarios y solo ellos se podrán conectar. No serán aceptados usuarios anónimos.
- Asegurarse de que solo los clientes correctos se pueden conectar: para ello se podrá utilizar una gestión por IP para determinar si ese cliente está autorizado o no.
- Asegurarse de que los usuarios solo realizan las operaciones que pueden hacer: para eso dará o quitará permisos a determinados usuarios para acceder a unas u otras tablas.
- Evitar que *malware* acceda a la base de datos corrompiéndola o sustrayendo información privilegiada.
- Encargarse de que un aumento inesperado en el uso de la base de datos no haga que esta deje de estar disponible. Para ello podrá necesitar establecer límites en el número de conexiones por cada usuario o tener preparado una manera de escalar los recursos informáticos para satisfacer la demanda de trabajo.
- Estar preparado para que en caso de accidente o fallo informático, la base de datos sigue estando accesible al público.
- Comprobar que no es posible corromper los datos o crear inconsistencias en los mismos. Para ello, es posible que se necesiten establecer nuevas restricciones de integridad o eliminar permisos a determinados usuarios.

Además de estos puntos, es posible que sean necesarios otros métodos más complejos como la encriptación de datos sensibles o de mejorar los métodos de autenticación que por defecto proporciona el SGBD para hacer comprobaciones extra.

El terreno de la encriptación es bastante amplio, pero el DBA debe tener algunos conocimientos básicos del mismo. Por ejemplo, el DBA nunca debe permitir que la contraseña de un usuario se guarde como texto en una tabla, deberá estar encriptada.

Hay otros métodos más complicados para evitar que los datos sean visibles. Por ejemplo, es posible encriptar los datos de una tarjeta de crédito de tal manera que solo puedan verse si se sabe la contraseña del usuario que la posee (posible para una web de casa de apuestas online, por ejemplo).

El DBA deberá, con los requisitos de la aplicación en la mano, decidir los requisitos de encriptación y seguridad que sean necesarios.

Nota

No es lo mismo crear una base de datos para un blog de astronomía que una base de datos de un bróker *online* que permita comprar y vender acciones en tiempo real.

Actividades

9. Determine si la siguiente frase es verdadera o falsa y argumente su respuesta: "lo importante al empezar a implementar una base de datos es que funcione correctamente y que el modelo de datos esté correcto. La seguridad debe ser tenida en cuenta más adelante, cuando el sistema ya se esté empezando a utilizarse".

5.4. Respaldos y replicación de bases de datos

Los respaldos y la replicación son conceptos **estrechamente ligados.** Los respaldos no son más que copias de seguridad de los datos. La replicación consiste en duplicar los datos de la base de datos en varios sistemas informáticos de tal manera que haya redundancia de datos, lo cual aumenta la seguridad —si algo se pierde, está en otro sitio también— y la velocidad —si un servidor está ocupado, puede actuar otro—.

Están estrechamente ligados porque una manera muy segura de hacer copias de seguridad es tener un servidor de copia de seguridad que esté replicado con el servidor de bases de datos principal.

La replicación solo es necesaria cuando los accesos a la base de datos sean masivos o se prevea que lo sean a corto plazo. Las copias de seguridad, en cambio, deben estar presentes desde el minuto uno.

Respaldos

El DBA debe encargarse de que haya copias de seguridad más o menos actualizadas en el caso de fallo del sistema. Además, tendrá que establecer el protocolo a la hora de recuperar esas copias de seguridad para garantizar que es posible utilizarlas.

Dentro del mundo de las bases de datos existen varios tipos de copias de seguridad:

- **Copias exactas:** se realiza una copia desde cero de toda la base de datos. Es la más sencilla de hacer y recuperar en caso de que el volumen de datos sea pequeño.
- **Copias incrementales:** partiendo de una copia de seguridad, se le añaden solamente los cambios producidos desde la última copia. Así se ahorra espacio en disco por no necesitar de dos copias, aunque añade más trabajo a la hora de restaurar. A medida que se hacen más copias incrementales, se van añadiendo los cambios encima. De esta manera puede restaurarse hasta el punto que se quiera.
- **Copias diferenciales:** partiendo de una copia de seguridad exacta, se le añaden solamente los cambios producidos desde la última copia. La diferencia con las incrementales es que no se pueden añadir nuevos cambios a la misma copia de seguridad.
- **Copia en espejo continua:** cada cambio en la base de datos se va replicando automáticamente en otro servidor que actúa como un espejo. En caso de fallo, simplemente tendría que usarse el servidor espejo temporalmente mientras se arregla al servidor principal.

El DBA deberá decidir qué tipo de copia de seguridad es el óptimo en cada momento.

Dentro de las copias de seguridad completas hay varios formatos:

- **SQL:** la copia se guarda en formato SQL. Simplemente lanzando esas consultas en la base de datos puede crearse todo desde cero.
- **Texto:** cada tabla se guarda en un fichero de texto separado. El rendimiento es máximo, pero es engorroso de recuperar y mantener.
- **Binarias:** las tablas se guardan tal cual se almacenan físicamente en el disco duro. El rendimiento es total, pero es fácil que queden corruptas. Si se actualiza el SGBD pueden dejar de funcionar, no son muy portables, etc.
- **Otros formatos:** a veces lo que se pretende es exportar la base de datos para utilizarla en otro sistema o por si se quiere realizar una migración. Por ejemplo, pasar de una base de datos en *MySQL* a una en *Oracle.*

Siempre hay que recordar que es tan importante realizar una copia de seguridad como saber que luego se podrá utilizar para lo que se desea.

Recuerde

Los tipos de copias de seguridad son: exactas, incrementales, diferenciales y en espejo continua. Las copias completas pueden presentarse en distintos formatos como SQL, texto, binarias y otros formatos.

Aplicación práctica

Se encuentra administrando la base de datos de un instituto. Actualmente no se realizan copias de seguridad de ningún tipo. Solamente se hacen de vez en cuando manualmente.

La base de datos ocupa unos 10 MB en total. Solamente se modifica en horario lectivo, durante la noche el servidor se encuentra prácticamente inactivo.

La copia de seguridad se restauraría solamente en caso de desastre informático. No suele ser habitual que se utilicen.

Escoja y explique el método de copia de seguridad más apropiado para este entorno.

SOLUCIÓN

Una copia exacta sería la opción correcta. Se programaría para que se ejecutara a medianoche, por ejemplo. Es fácil de hacer, es portable y no daría problemas. Lo máximo que se podría perder serían los datos de las últimas 24 horas.

Esta copia podría almacenarse en la nube o en algún servidor externo a fin de evitar que se pierda en caso de accidente.

Replicación

Cuando una base de datos tiene altísimos requisitos de almacenamiento o de acceso rápido a la misma, aparecen dos opciones:

a. Ampliar el equipo donde se encuentra: añadirle más RAM, más disco duro, mejorar la conexión de red, etc. A esto se le llama escalado vertical porque va desde abajo arriba. El ordenador amplía su *hardware* para mejorar su rendimiento.
b. Añadir nuevos equipos iguales y dividir el trabajo entre ellos. Este es el escalado horizontal.

Podrá imaginar que la opción a) tiene multitud de limitaciones, además de que el número de ordenadores que pueden conectarse es infinito, ampliar un equipo sí es algo finito. Por ejemplo, el supercomputador más potente actualmente es el Tianhe-2, creado por el laboratorio Nacional Oak Ridge, que tiene la posibilidad de realizar más de 1.000.000.000.000.000.000 operaciones por segundo. Sin embargo, Google utiliza un sistema distribuido de equipos que en total tiene más potencia, y son mucho más fácil es de mantener.

Siempre hay un punto en el cual deja de compensar ampliar un equipo y empieza a compensar utilizar una red distribuida. Hay que tener en cuenta que ampliar un equipo es mucho más sencillo en los primeros pasos. Por ejemplo, si la base de datos es muy grande y el disco duro es de solo 250 GB, se añade otro de 1 TB y es posible seguir utilizándose durante varios años más.

Nota

La ventaja además es que no hay que realizar apenas tareas de administración del sistema, porque todo sigue igual que antes pero con más capacidad.

Donde es más difícil escalar verticalmente es cuando lo que se convierte en un cuello de botella son los accesos a la base de datos. Cuando el almacenamiento es lo que escasea, aumentar el disco es sencillo; cuando el problema es que algunas consultas son lentas, es fácil determinar qué pasa y arreglarlo, pero cuando lo que se necesita es que, por ejemplo, 20.000 usuarios puedan hacer apuestas en directo por un partido de fútbol, la cosa cambia.

Casos que resuelve la replicación:

- **Distribución de datos:** es útil para mantener los datos en otra localización geográfica.
  Por ejemplo, tener dos copias una en Estados Unidos y otra en Singapur para reducir los tiempos de latencia en la red, aumentando con ello el rendimiento.

- **Balanceo de carga:** es útil para dividir el trabajo entre varios servidores. Un cliente envía una consulta al servidor principal, esta pasa por el balanceador de carga y le envía la consulta al servidor que se encuentre menos ocupado en ese momento.
- **Copias de seguridad:** como se vio anteriormente, es posible crear una copia de seguridad instantánea en otro servidor para prevenir posibles fallos.
- **Alta disponibilidad y recuperación de fallos:** si uno de los servidores falla, no pasa nada porque se pueden utilizar los demás. Simplemente, habría una pequeña reducción de rendimiento durante el tiempo en el que los administradores de sistemas arreglan el servidor averiado.

Al replicar los datos, múltiples servidores pueden satisfacer una petición, por lo que se balancea la carga y aumenta la fiabilidad

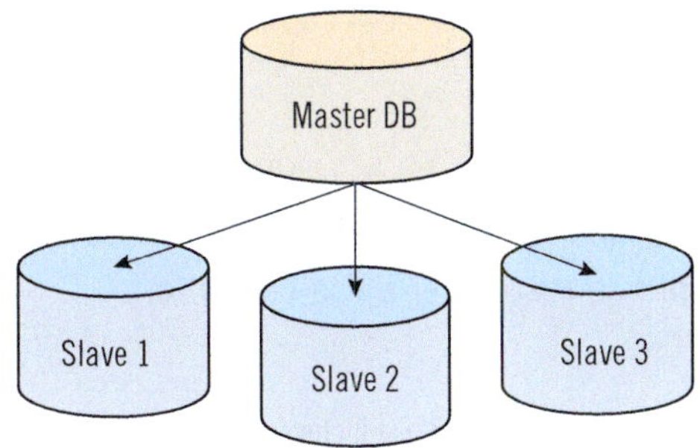

Un sistema de replicación funciona así:

a. El servidor maestro recibe una modificación y la guarda en un fichero de *log*.
b. El servidor esclavo copia el fichero de *log* del maestro.
c. El servidor esclavo ejecuta los cambios que se hicieron en el maestro.

Dependiendo de las necesidades, pueden encontrarse varios problemas o casos de uso. Por ejemplo, ¿qué pasa si se reciben tantas modificaciones que el servidor maestro se colapsa? En ese caso se necesitaría un sistema multi-maestro en el que varios servidores puedan recibir modificaciones. Ese es un sistema realmente complejo y difícil de manejar, aunque raramente es necesario.

¿Qué pasa en el tiempo que transcurre entre que el maestro recibe la modificación y todos los clientes la aplican? Dependiendo de las necesidades, ese lapso puede ir desde unos minutos a pocos milisegundos.

Lo más importante es que el sistema de replicación mantenga siempre una copia consistente de los datos, que tanto en el maestro como en todos los esclavos haya la misma información.

Importante

Puede haber un pequeño retraso, pero la consistencia debe existir siempre.

Este sistema aumenta mucho el rendimiento al consultar la base de datos, porque varios esclavos tienen una copia de la base de datos, por lo que cualquiera de ellos puede responder a esa consulta.

Esquema de replicación que incluye maestro-esclavo y maestro-maestro

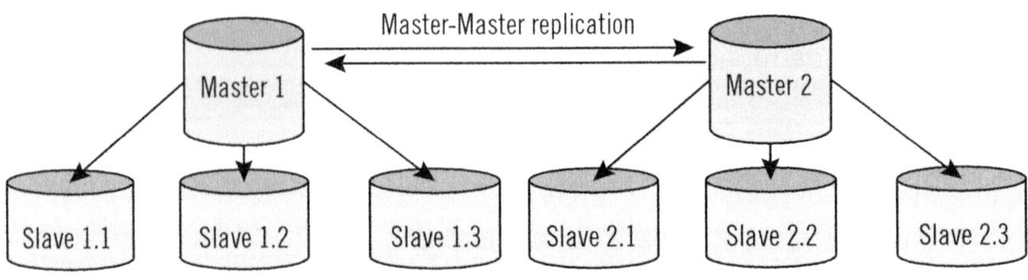

El DBA deberá determinar si un sistema de replicación es necesario o no y de implementarlo en caso afirmativo. La replicación será totalmente transparente a los usuarios de la aplicación y a los programadores de la misma.

Importante

Usando un sistema de replicación, es imposible saber qué esclavo ejecutó la operación.

Además, el DBA deberá medir el *delay* (retraso) de replicación para saber exactamente cuánto puede tardarse en tener todos los esclavos replicados. Este es un dato muy importante para la empresa y determinará en gran medida las limitaciones de la aplicación.

6. Gestión de transacciones en un SGBD

Uno de los principales objetivos de un SGBD es la fiabilidad, estar seguros de que cada dato es guardado donde debe, que no hay inconsistencia y que no se corrompen los datos.

Una de las herramientas que más ayudan a evitar la corrupción de datos son las transacciones, un sistema que agrupa operaciones de tal forma que se asegura que se cumplen en su totalidad.

Piense qué pasaría en el siguiente caso: un bróker online en el cual es posible comprar y vender acciones. Al vender una acción, el proceso comienza vendiendo el valor en el mercado, a continuación se abona esa cantidad en la cuenta corriente del vendedor. ¿Qué pasa si entre que se vende el valor y se guarda la cantidad se va la corriente eléctrica? Se perdería todo ese dinero en el limbo y requeriría mucho trabajo manual saber que hay una cantidad que se le debe al cliente.

Para esto se inventaron las transacciones, para asegurarse de que las operaciones solo se ejecutan si son completas.

6.1. Definición de transacción

¿Qué es una transacción? Una transacción es un conjunto de operaciones dependientes las unas de las otras que se ejecutan en una base de datos. Para que una transacción se ejecute es necesario que todas las operaciones que la componen se ejecuten satisfactoriamente. Si hay un fallo en mitad del proceso, la base de datos no guardará ningún cambio y será como si no hubiera pasado nada. No se deja nada a medio hacer.

Es el programador de la aplicación el que se encarga de agrupar las consultas en transacciones según las necesidades de la misma. El DBA puede asesorar, pero no es su responsabilidad.

El programador se encarga de realizar una serie de consultas y, a continuación, hará *Commit* (confirmar cambios) y es ahí cuando los cambios se aplicarán físicamente en la base de datos. El programador podrá también hacer *Rollback* (restablecer cambios) para dejar todo como estaba y descartar la transacción en caso de que algo falle o alguna condición no se cumpla.

La mayoría de SGDB cuentan con un sistema de transacciones integrado que les permite realizar todas estas operaciones mediante el SQL. Hay veces en las que las transacciones no se utilizan por defecto pero están permitidas, para ello hay que especificar cuándo se necesitan y cuándo no.

Ejemplo

En *MySQL*, la opción *Autocommit* está activada en la configuración por defecto. Cada vez que se haga una consulta de manipulación de datos se hará un *Commit* inmediatamente después, a no ser que se indique lo contrario.

Lo que se busca en un sistema transaccional es que cumpla con las cuatro reglas ACID (por sus siglas en inglés):

- ***Atomicity* (atomicidad):** cada transacción debe ejecutarse completamente o de lo contrario no ejecutarse en absoluto. Si una parte de la transacción falla, todo falla y los datos no se ven afectados.
- ***Consistency* (consistencia):** esta propiedad garantiza que cualquier transacción llevará a la base de datos desde un estado correcto hasta otro estado correcto, es decir, que la base de datos no contendrá errores tras aplicar una transacción. No permitirá violar restricciones de integridad.
- ***Isolation* (aislamiento):** esta propiedad garantiza que varias ejecuciones simultáneas de transacciones serán tratadas correctamente. Esta es una propiedad esencial de cara a la concurrencia de una base de datos.
- ***Durability* (durabilidad):** cuando una transacción se envía (se hace *Commit),* esos datos se guardarán de forma permanente en el soporte físico que utilice el SGBD. No importa que se vaya la corriente eléctrica o haya un fallo del sistema, los datos se deben guardar y si no se puede garantizar que todos han sido guardados, se dará por inválida la transacción y será ignorada.

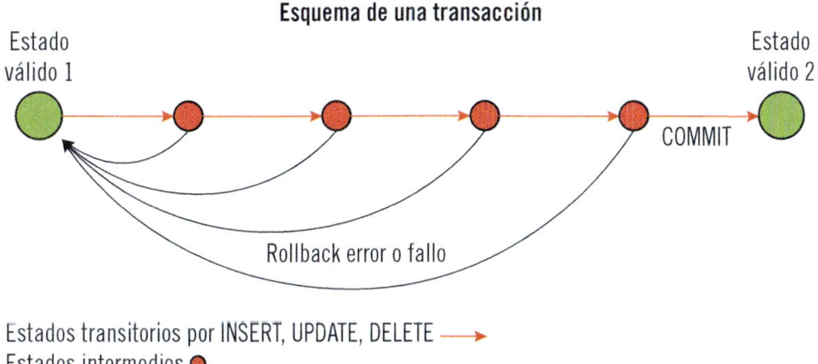

Se pasa de un estado válido a otro estado válido. En cualquier momento, si hay un fallo o se hace ROLLBACK, se vuelve al estado inicial. Entre una operación y otra, se dice que la transacción se encuentra en "estado de transición", que es cuando los cambios todavía no se han producido.

Actividades

10. ¿Qué es lo más importante de una transacción: la fiabilidad o la velocidad?

6.2. Componentes de un sistema de transacciones

Un sistema de transacciones debe proporcionar un número de componentes que aseguren que el proceso funcione correctamente. Cada componente corresponde a una pieza de software altamente compleja con miles de líneas de código y que sería prácticamente imposible de implementar mediante un sistema de ficheros de datos simple:

- **Sistema de bloqueos:** dos transacciones pueden necesitar acceder a una misma porción de una base de datos simultáneamente. En este caso, la primera transacción debe bloquear esa porción para asegurarse de que no se pierden los cambios. La segunda transacción deberá esperar a que la primera termine para poder ejecutar los cambios. La gestión de bloqueos es realmente compleja y es común que una base de datos caiga debido a un problema en la gestión de los mismos, de tal manera que una tabla quede inutilizada temporalmente porque se han recibido muchos bloqueos.
  Cada SGBD implementa unos tipos de bloqueos diferentes, unos más eficientes y otros menos. Como resumen puede identificarse entre:

  - **Bloqueos a nivel de tabla:** cuando una transacción modifica una tabla, esta queda bloqueada hasta que la transacción termine. Las demás transacciones tendrán que esperar a que termine. Estos bloqueos son muy ineficientes en la gestión de la concurrencia, aunque bastante fáciles de implementar. Crea grandes cuellos de botella si una tabla recibe modificaciones muy frecuentes.
  - **Bloqueos a nivel de fila:** cuando una transacción modifica una tabla, solo las filas afectadas por la modificación son bloqueadas. Si las demás transacciones van a hacer operaciones en la misma tabla pero que afectan a otros registros, estos cambios serán admitidos en tiempo real. Solo en el caso de que dos transacciones intenten modificar las mismas filas al mismo tiempo se producirá un cuello de botella.
    Estos bloqueos son muy eficientes aunque son difíciles de implementar. Requieren de un *software* complejísimo para funcionar.

Esquema del bloqueo de un recurso

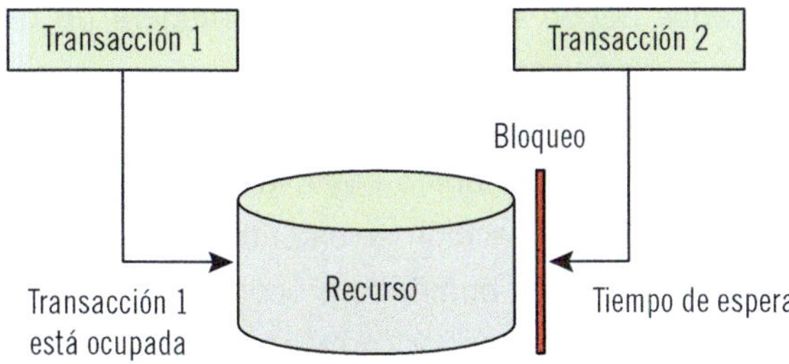

- **Sistema de *rollback:*** sistema que permite volver atrás en caso de que una transacción falle o se cancele. El sistema deberá crear una imagen del estado de la base de datos antes de que la transacción se produjera. En caso de fallo, esta debe ser utilizada automáticamente.
- **Sistema de *rollforward:*** una de las reglas de los SGBD era que en caso de error informático, nada debía ocurrir, que la copia de los datos debía permanecer siempre intacta. Este sistema lo que hace es guardar la lista de transacciones a medida que se van realizando. En caso de fallo, se recuperará una copia de seguridad, pero esta copia solo contendrá los cambios efectuados en el momento en que se hizo. El sistema de rollforward guarda todas las transacciones realizadas, por lo que será posible que, partiendo del estado inicial de la copia de seguridad, se ejecuten todas las transacciones realizadas hasta el momento del fallo informático. De esta manera no se perderán datos.

6.3. Tipos de protocolos de control de la concurrencia

Hay varias maneras de gestionar un sistema concurrente, según las necesidades. Cada SGBD concurrente suele contar con uno o varios de estos sistemas:

- **Sistema de bloqueos:** cuando una transacción modifica una porción de los datos, estos quedan bloqueados. Si otra transacción modifica esa misma porción de datos, tendrá que esperar a que la primera los libere. Hay posibles cuellos de botella si muchas transacciones tratan de modificar los mismos datos durante mucho tiempo. Es posible implementar sistemas que eviten bloqueos mediante otros sistemas de concurrencia, aunque todos deben implementar una manera de detectar cuándo se puede leer o modificar un objeto.

- **Sistema de *timestamps* (marcas de tiempo):** a cada transacción se le asigna un identificador único cuyo valor representa el momento en el tiempo en que la transacción se ejecuta. Puede ser la hora del sistema o un identificador auto numérico proporcionado por el SGBD. Lo importante es que un valor superior corresponde a un momento de tiempo que ocurre después de un valor inferior.

  Cada objeto en la base de datos tiene un *timestamp* de lectura y otro de escritura.

  En caso de leer un objeto:

  - Si una transacción empezó antes del *timestamp* de escritura del objeto, significa que algo ha cambiado desde que se inició la transacción, por lo que la transacción debe ser cancelada o reiniciada.
  - Si una transacción empezó después del *timestamp* de escritura, todo está correcto por lo que se puede leer el objeto y estará actualizado. Se actualizará el *timestamp* de lectura del objeto con el valor del *timestamp* de la transacción.

  En caso de escribir un objeto:

  - Si la transacción empezó antes del *timestamp* de lectura del objeto, significa que otra transacción ha leído esos datos. No se puede permitir que se guarde nada porque entonces la otra transacción tendrá una copia inválida de los datos. La transacción debe ser reiniciada.
  - Si la transacción empezó antes del *timestamp* de escritura del objeto significa que algo cambió en el objeto desde que la transacción empezó. En ese caso, la transacción no ejecuta la modificación y continúa como si nada.
  - Si no ocurre ninguno de los casos anteriores, el objeto se modifica y se le asigna a su *timestamp* de escritura el valor del *timestamp* de la transacción.

  Este caso está pensado para evitar bloqueos, aunque añade complejidad e invalida muchas transacciones. En realidad, hay un bloqueo, pero es prácticamente instantáneo, que es el tiempo que transcurre mientras el *timestamp* de un objeto está siendo modificado.

- **Gráfico de precedencia:** aquí se evitan bloqueos mediante un sistema de precedencia. Cada transacción se considera un nodo. Cada nodo tiene un orden de precedencia. El nodo 1 necesita esperar que el nodo 2 termine de escribir para poder leer.
  De esa manera, cuando múltiples transacciones acceden a un objeto, se va creando un orden que se deberá seguir para que cada transacción se ejecute correctamente y con la copia de los datos correcta.
  Este es un sistema muy complejo desde el punto de vista informático. Se genera un orden en las operaciones y es importante que el sistema que controle la concurrencia se asegure de que no haya bucles infinitos.

Hay más métodos de control de la concurrencia, pero se han visto los tres más comunes. El método más común es el de los bloqueos.

Nota

Normalmente, la parte de software del SGBD que maneja la concurrencia es una de las más complejas y la que marca la diferencia entre un sistema u otro.

Actividades

11. Investigue el método que implementa *MySQL* para gestionar la concurrencia (en particular con su motor de datos llamado InnoDB).

6.4. Recuperación de transacciones

Si una transacción falla, es importante que haya un mecanismo que permita devolver a la base de datos al estado en que se encontraba antes. Este es un concepto muy importante porque una transacción siempre debe pasar desde un estado válido de la base de datos a otro estado válido. Si hubo operaciones erróneas, es posible que la base de datos quedara en un estado no válido.

Cuando una transacción es reiniciada *(rollback)* las demás transacciones concurrentes deben ser reiniciadas también.

Importante

Una transacción fallida puede hacer que otras transacciones fallen también.

Aplicación práctica

Le llega una incidencia que dice que la aplicación informática de la empresa va muy lenta.

Está confirmado que no es un problema de la aplicación, sino un cuello de botella producido por la base de datos.

La aplicación es consultada por muchos usuarios, pero las modificaciones de datos son poco usuales y van rápidas. Lo que va lento es la consulta de datos.

¿Cuáles serían las 5 primeras cosas que comprobaría para tratar de identificar y solucionar el problema?

Continúa en página siguiente >>

<< Viene de página anterior

SOLUCIÓN

Ver que las tablas se encuentran normalizadas y que no hay ningún fallo de diseño en el modelo de datos.

Ver si la utilización de un índice mejoraría la velocidad de las consultas.

Comprobar si el sistema informático en el que el SGBD se encuentra no está saturado por otras aplicaciones.

Ver si el SGBD no se encuentra optimizado: no está utilizando toda la memoria que podría, etc.

Ver sí sería posible ampliar las capacidades del sistema informático fácilmente: añadir más RAM, discos duros más rápidos, etc. En caso contrario, habría que pensar en implementar un sistema de replicación.

---

7. Soluciones de SGBD

Soluciones de SGBD existen muchas, tantas como necesidades específicas se puedan tener. Los SGBD relacionales son los más extendidos, sin embargo, hay otras necesidades en las que otros tipos de SGBD pueden ser requeridos, como cuando es necesario almacenar componentes complejos como objetos en 3D, trabajo con datos matemáticos o relaciones entre componentes informáticos en vez de con datos. También es posible que todo un sistema relacional sea demasiado complejo para resolver un problema concreto y se usen otras herramientas más sencillas y, posiblemente, más eficientes.

En los siguientes apartados se estudiarán algunas peculiaridades de estos SGBD no tan usuales y para qué pueden ser utilizados.

7.1. Distribuidas

En este caso, es posible que el SGBD relacional además tenga opciones para distribuir los datos entre diversos servidores.

En este tipo de sistema lo que se busca es la capacidad de escalar horizontalmente el sistema de tal manera que la misma copia de la base de datos se guarde en varios sistemas informáticos separados.

Los grandes SGBD relacionales del mercado *(Oracle, MySQL, Microsoft SQL Server)* ya proporcionan métodos para distribuir una base de datos entre varios servidores esclavos.

7.2. Orientadas a objetos

Hay veces en las que lo que se quiere guardar va más allá de datos estructurados simples. No se precisa una tabla de usuarios con su nombre, e-mail y contraseña, sino que hace falta guardar una colección de modelos en tres dimensiones que se relacionen entre ellos y que tengan un comportamiento u otro dependiendo de cada registro.

En ese caso habrá que utilizar un sistema de base de datos orientado a objetos. Ya no habrá tablas y registros, sino clases y objetos.

Cada entidad formará una clase y cada registro tendrá unas propiedades y unos métodos (acciones). Cada clase puede heredar propiedades y métodos de una clase superior.

Las bases de datos orientadas a objetos son productos complejos y que requieren mucho conocimiento. Suelen ser utilizadas en grandes aplicaciones matemáticas, de modelación de objetos en 3D, etc.

Poseen numerosas ventajas cuando se realiza un trabajo intenso con objetos, pero presentan problemas en casos realmente menos complejos. Por lo general, un SGBD relacional es más rápido, más fiable y más fácil de usar.

7.3. Orientadas a datos estructurados (XML)

Es posible utilizar bases de datos basadas en el estándar XML. Esto es útil generalmente para bases de datos orientadas a documentos.

Ejemplo

Si se cuenta con una lista de patentes de Estados Unidos, es posible que simplemente con una base de datos basada en XML sea suficiente.

Están a medio camino entre un SGBD y un sistema de ficheros de datos. Añaden una capa de complejidad encima por tratarse del almacenamiento físico de los datos, de tal manera que el usuario solo debe trabajar con datos XML.

7.4. Almacenes de datos (*data warehouses*)

Son un tipo de base de datos especial que se utiliza solamente para guardar datos. Estos datos tan solo se leerán ocasionalmente para realizar informes, para consultar datos anteriores o para tratar de recuperar información perdida mediante otro medio.

La particularidad de este sistema es que no permite ni modificación ni borrado de datos; solo guardado y lectura.

Nota

Este sistema está optimizado para que las inserciones de datos tengan un rendimiento máximo.

Se utilizan para guardar históricos de cambios, registros de operaciones realizadas, etc., que puedan ser necesarios en el futuro para realizar informes a largo plazo, por motivos de auditoría o para recuperar desastres informáticos.

Estas bases de datos pueden ser utilizadas en conjunto con otra base de datos relacional que guarde la información que cambia frecuentemente o encontrarse aisladas.

Se suelen utilizar para centralizar el guardado de históricos de cambios de varias aplicaciones de una misma empresa en un lugar común, para poder así realizar informes unificados.

Pueden tener tratamiento de relaciones y de inviolabilidad de restricciones, pero no están enfocadas hacia ello, su principal cometido es la gran escalabilidad en tamaño, velocidad de escritura y simplicidad.

Actividades

12. Busque un sistema SGBD orientado a objetos, otro en XML y un data *warehouse.*

8. Criterios para la selección de SGBD comerciales

La elección de un SGBD u otro constituye una de las decisiones empresariales más importantes que se pueden llevar a cabo en el apartado técnico de una empresa porque limitará mucho las decisiones futuras.

En el siguiente capítulo se tratará en mayor profundidad el SGBD *MySQL,* por las razones siguientes:

- **Gratis para aplicaciones no comerciales:** la versión Community Edition es de uso libre y gratuito siempre y cuando se respete la licencia GPL.
- **Es código abierto:** Es posible acceder al código fuente del proyecto y realizar modificaciones.
- **Ampliamente utilizado:** es el SGBD código abierto más utilizado y está situado entre los más usados en general.

- **Estándar en programación web:** dado que el libro se centra en acceso a datos desde aplicaciones web y *MySQL* es lo más utilizado en ese ámbito, es quizás lo más apropiado.
- **Multiplataforma:** funciona en todos los sistemas operativos del mercado. Por ejemplo, si se tratara de *Microsoft SQL Server* solo podría usarse desde *Microsoft Windows.*

Este sistema gestor de bases de datos es utilizado por los grandes de Internet: Google, Facebook, Yahoo, Wikipedia y Youtube lo utilizan, por poner solo unos cuantos ejemplos.

Nota

No obstante, no siempre *MySQL* es la mejor opción para todo, a la hora de escoger un SGBD u otro hay que fijarse en características concretas que los diferencian.

Este libro se centra en SGBD relacionales, dado que son los más utilizados.

Lo habitual es elegir entre un sistema libre o un sistema de pago con soporte técnico en primer lugar. A partir de ahí, se escogerá el que tenga las características que se necesiten.

Normalmente, la determinación de usar uno u otro vendrá de la mano de estos factores:

- **Rendimiento:** que para el uso que le se le va a dar, la velocidad sea la máxima posible.
- **Escalabilidad:** relacionada con la anterior. Saber cómo de sencillo será escalar la base de datos de tal forma que admita más usuarios y más datos.
- **Interpretación del modelo relacional:** unos SGBD manejan unas restricciones de integridad que otros no. Por ejemplo, en Oracle es posible es-

pecificar que un valor numérico no sobrepase el número 20. En *MySQL* eso no es posible.

- **Interpretación del estándar SQL:** cada SGBD utiliza el modelo SQL y lo adapta para poder añadir nuevas funcionalidades. Quizá haya un conjunto de funcionalidades que un SGDB tiene y que se precisen.
  Ejemplo: en Oracle puede utilizar el operador INTERSECT y en *MySQL* no, pero *MySQL* proporciona la utilidad INSERT ON DUPLICATE KEY UPDATE que Oracle no tiene.
- **Soporte técnico:** hay veces en que el soporte técnico de una gran empresa es lo que determina el uso de un sistema u otro. En un sistema propietario creado por Microsoft, IBM u Oracle es posible contar con un soporte técnico que se encargue de solucionar los problemas en persona. En un sistema código abierto como *MySQL* o *Postgre SQL* habrá que leer documentaciones online y arreglarlo nosotros mismos o contratar a un DBA experimentado (a menos que se haya contratado soporte técnico en el caso de *MySQL).*
- **Coste:** este puede ser también el factor decisivo. Una instalación de MS SQL Server varía de precio según el uso que se le vaya a dar, aunque nunca valdrá menos que unos cientos de dólares. En los sistemas de pago además, suelen cobrar por cada característica que se le quiera añadir. El paquete completo costaría miles de dólares al mes.

Nota

INTERSECT consiste en combinar dos consultas SQL de tal forma que solo se utilicen los registros que satisfacen ambas consultas.

INSERT ON DUPLICATE KEY UPDATE consiste en realizar una operación de inserción de datos y, en caso de existir ya ese registro, realizar una modificación. Es muy útil para contadores, por ejemplo. Puede organizarse en una tabla (fecha, visitas); la primera visita del día crearía un registro, las siguientes aumentarían en uno el contador.

A continuación, se listarán algunos de los SGBD relacionales más comunes, citando para qué suelen servir:

- ***MySQL:*** sistema libre y gratuito para uso no comercial. Ampliamente utilizado en programación web. Utilizado por millones de webs en todo el mundo.
- ***PostgreSQL:*** sistema libre y gratuito. Su principal cometido es ser una alternativa a *MySQL*. Por lo general, es más lento que *MySQL*, pero incorpora más capacidades de gestión de integridad y escalabilidad.
- ***SQLite:*** es libre también. Su principal característica es que se guarda en un archivo único y es portable de un lugar a otro. Es útil para aplicaciones informáticas de escritorio o en dispositivos móviles (es el estándar en Android).
- ***Oracle Database:*** uno de los sistemas más potentes aunque es de pago. Suele utilizarse en aplicaciones empresariales importantes. Su precio varía según el uso que se le vaya a dar y las características que se necesiten.
- ***MS SQL Server:*** producto de Microsoft que hace la competencia a *Oracle Database*. Útil sobre todo en entornos en los que se suele trabajar con herramientas de Microsoft *(Windows, .NET Framework, Windows Server,* etc.).
- ***IBM DB2:*** producto de IBM para gestionar bases de datos relacionales. Su utilización es similar a la de *Oracle Database.*

Hay otros productos pero o bien son menos conocidos o ya no se utilizan mucho.

Puesto	SGBD	Modelo de datos	Puntuación
1.	Oracle	SGBD relacional	1232.64
2.	MySQL	SGBD relacional	1172.46
3.	Microsoft SQL Server	SGBD relacional	920.09
4.	PostgreSQL	SGBD relacional	617.90
5.	MongoDB	Catálogo de documentos	436.61
6.	Redis	Valores / Claves	168.13

Continúa en página siguiente >>

<< Viene de página anterior

Puesto	SGBD	Modelo de datos	Puntuación
7.	IBM Db2	SGBD relacional	143.02
8.	Elasticsearch	Motor de búsqueda	141.63
9.	SQLite	SGBD relacional	133.86
10.	Microsoft Access	SGBD relacional	131.17

Clasificación general de los SGBD más populares según el estudio realizado por https://db-engines.com/en/ranking mensualmente.

Aplicación práctica

Se encuentra en una reunión en la empresa. Se quiere decidir qué SGBD utilizar a partir de ahora, debido a que se va a informatizar gran parte de la empresa. Usted es el miembro de la reunión con mayores conocimientos informáticos y deberá decidir qué sistema utilizar.

La empresa es un almacén de piezas de electrodomésticos. Al día se procesan alrededor de 10.000 pedidos. Los requisitos que se han podido identificar son:

- **Es fundamental que no se pierda ningún pedido, porque de lo contrario se perderá mucho dinero.**
- **La empresa cuenta con recursos económicos para afrontar estos cambios, aunque no sobra el dinero.**
- **Actualmente todos los ordenadores utilizan sistemas Linux.**
- **Es necesario tener un buen soporte técnico en caso de que haya problemas. No pueden permitirse tener a un empleado dedicado a ello, prefieren llamar a un técnico cuando algo falle.**

¿Qué SGBD utilizaría y por qué?

SOLUCIÓN

Oracle Database, porque cumple con todos los requisitos. Es altamente fiable, cuenta con soporte especializado y funciona en *Linux*, mientras que *Microsoft SQL* Server no. Técnicamente cualquier *SGBD* podría haber sido utilizado a excepción de *SQLite*, pero *Oracle Database* sería la opción que menos problemas daría.

Actividades

13. Investigue en Internet el precio para desplegar una base de datos mediante *Oracle Database* y *Microsoft SQL Server.*
14. Busque *Oracle, SQL Server* y *MySQL* en un portal de búsqueda de trabajo online para hacerse una idea de cómo está el mercado actualmente.

9. Instalación del SGBD *MySQL*

A continuación, se tratará el SGBD *MySQL.* Es uno de los más utilizados en programación web y es código abierto.

Dependiendo del sistema en que se trabaje, se tendrá que instalar de una manera u otra. Desde sistemas *Linux* se puede utilizar "apt-get install mysql" o "yum install mysql" desde línea de comandos.

Nota

Muchas instalaciones de *Linux* incorporan por defecto el SGBD MySQL.

Desde *Windows* se puede descargar un instalador desde <https://www.mysql.com/downloads/>. Desde ahí, habrá que seleccionar "MySQL Community", que es la opción libre más utilizada y después hay que seguir los pasos del instalador.

Una vez se haya instalado *MySQL,* será posible conectarse a él desde el cliente por línea de comandos. Desde *Linux* es más sencillo, desde la línea de comandos se teclea "mysql –uroot" y ya se lleva a cabo la conexión.

Desde *Windows*, el instalador de *MySQL* habrá creado un acceso directo a la consola de *MySQL*. Haciendo doble clic se abrirá.

```
C:\Program Files\MySQL\MySQL Workbench 8.0 CE\mysql.exe
Welcome to the MySQL monitor.  Commands end with ; or \g.
Your MySQL connection id is 28
Server version: 5.6.19-log MySQL Community Server (GPL)

Copyright (c) 2000, 2023, Oracle and/or its affiliates.

Oracle is a registered trademark of Oracle Corporation and/or its
affiliates. Other names may be trademarks of their respective
owners.

Type 'help;' or '\h' for help. Type '\c' to clear the current input statement.

mysql>
```

Al abrirla se muestra la de versión de *MySQL* y la información sobre los términos de la licencia. En el cursor de la consola identificado por mysql> es donde se deben introducir las consultas de SQL.

A lo largo del manual se insertan capturas de pantalla de la consola de *MySQL* desde *Windows*, pero el comportamiento es idéntico en cualquier sistema.

Importante

Asegúrese de ser capaz de conectarse al cliente de *MySQL* por línea de comandos para poder realizar los ejercicios y seguir los ejemplos del próximo capítulo, porque se utilizará *MySQL* en ellos.

10. Conexión a *MySQL* desde un lenguaje de servidor

Una de las características más interesantes de los SGBD es que proporcionan interfaces mediante las cuales es posible comunicarse con ellos desde prácticamente cualquier plataforma.

La manera más común de comunicarse con un SGBD es mediante un lenguaje de programación. Aquí se estudiará cómo conectarse a *MySQL* utilizando el lenguaje de servidor PHP. La combinación de PHP+*MySQL* es una de las más habituales en lo que a desarrollo web se refiere.

PHP cuenta con el conjunto de funciones para conectarse con *MySQL* de forma nativa, no es necesario instalar ninguna librería o conector como sí podría ser necesario en Java o .NET.

Los pasos a seguir cuando se comunica con un SGBD suelen ser los siguientes:

1. Conectarse al SGBD. Se establece la ruta donde está el servidor, el usuario y la contraseña y se realiza la conexión.
2. Un SGBD está compuesto por múltiples bases de datos. En el segundo paso se selecciona a qué base de datos se desea conectar.
3. Enviar una consulta SQL al servidor utilizando la conexión que se ha abierto.
4. Recibir los datos que el SGBD devuelve para esa consulta. Puede devolver un *resultset* (lista de filas y columnas) o un número (para indicar éxito/error).

Ahora se mostrará un ejemplo muy básico de cómo conectarse mediante PHP a un *MySQL*. Para ello, primero, abra la consola de *MySQL* y ejecute las siguientes consultas de SQL, ello le permitirá probar con una base de datos ya creada:

```sql
CREATE DATABASE prueba_php;
USE prueba_php;

CREATE TABLE provincias (
  id_provincia smallint(6) DEFAULT NULL,
  provincia varchar(30) DEFAULT NULL
) ENGINE=InnoDB;

INSERT INTO provincias (id_provincia, provincia)
VALUES
(2,'Albacete'), (3,'Alicante/Alacant'), (4,'Almería'), (1,'Araba/Álava'), (33,'Asturias'),
(5,'Ávila'), (6,'Badajoz'), (7,'Balears, Illes'), (8,'Barcelona'), (48,'Bizkaia'),
(9,'Burgos'), (10,'Cáceres'), (11,'Cádiz'), (39,'Cantabria'), (12,'Castellón/Castelló'),
(51,'Ceuta'), (13,'Ciudad Real'), (14,'Córdoba'), (15,'Coruña, A'), (16,'Cuenca'),
(20,'Gipuzkoa'), (17,'Girona'), (18,'Granada'), (19,'Guadalajara'), (21,'Huelva'),
(22,'Huesca'), (23,'Jaén'), (24,'León'), (27,'Lugo'), (25,'Lleida'), (28,'Madrid'),
(29,'Málaga'), (52,'Melilla'), (30,'Murcia'), (31,'Navarra'), (32,'Ourense'),
(34,'Palencia'), (35,'Palmas, Las'), (36,'Pontevedra'), (26,'Rioja, La'),
(37,'Salamanca'), (38,'Santa Cruz de Tenerife'), (40,'Segovia'), (41,'Sevilla'),
(42,'Soria'), (43,'Tarragona'), (44,'Teruel'), (45,'Toledo'), (46,'Valencia/València'),
(47,'Valladolid'), (49,'Zamora'), (50,'Zaragoza');
```

Ahora, hay que conectarse a la base de datos "prueba_php", la cual se encuentra en la máquina local *(localhost):*

```php
<?php
// conectarse a mysql
$conexion = mysql_connect("localhost", "root", "");

// seleccionar la base de datos
mysql_select_db("prueba_php", $conexion);

// enviamos una consulta al servidor
$sql = "SELECT id_provincia, provincia FROM provincias";
$resultados = mysql_query($sql, $conexion);

// recorremos cada resultado
echo "<ul>";
while ($fila = mysql_fetch_assoc($resultados))
{
    echo "<li>" . $fila["provincia"] . "</li>";
}
echo "</ul>";

mysql_close($conexion);

```

En los comentarios del código se explica cada paso, pero se añadirá una explicación más detallada:

- Primero se crea un objeto de conexión. Mysql_connect recibe el nombre del servidor *(localhost,* una dirección IP o una URL), luego el nombre de usuario y, por último, la contraseña. En una instalación por defecto de *MySQL,* la única cuenta que hay es *root.* Si se poseen otros datos, deben cambiarse ahí.

- Luego, se selecciona la base de datos que va a utilizarse. El segundo parámetro es el objeto de conexión aplicable. Es posible tener más de una conexión abierta al mismo tiempo, por eso es necesario especificarla.
- A continuación, se crea una cadena de texto con la consulta SQL que se quiere lanzar. Se hace así para que en caso de que falle la consulta, se pueda recurrir a *$sql,* verla de primera mano y probarla.
- Luego con "mysql_query" se envía la consulta al servidor, la cual devuelve un *resultset* en la variable *$resultados.*
- Hay varias formas de recorrer los resultados de una consulta. Una de las más sencillas es utilizando "mysql_fetch_row", la cual va recorriendo el *resultset* como un cursor, devolviendo el valor de la fila actual y moviendo el cursor hacía la siguiente fila.
- La variable *$fila,* en cada iteracción del bucle contendrá un *array* asociativo cuyos índices tienen el nombre de cada columna devuelta por *MySQL.*
- **Siempre debe cerrarse la conexión** antes de que termine el *script.* PHP trataría de hacerlo automáticamente, pero se corre el riesgo de que esto no sea así y se acabe colapsando la base de datos si hay muchas conexiones abiertas de usuarios que no están haciendo nada. Para ello, se utiliza "mysql_close".

Se ha visto un ejemplo básico de cómo conectarse. Sin embargo, tan pronto como la aplicación crezca, este código será inmanejable y puede suceder que se encuentre con más de una conexión al mismo tiempo y teniendo que copiar y pegar mucho código.

Para ello, lo habitual es crear una **clase de conexión a base de datos,** la cual contendrá la conexión actual y una serie de métodos para comunicarse con ella más fácilmente.

Una clase sencilla de ese estilo podría ser la siguiente:

```php
<?php
class Db {
    public $conexion;

    function __construct()
    {
        $this->conexion = mysql_connect("localhost", "root", "");
        mysql_select_db("prueba_php", $this->conexion);
    }
    function __destruct()
    {
        mysql_close($this->conexion);
    }
    function consulta($sql)
    {
        $resultados = mysql_query($sql, $this->conexion);

        $salida = array();
        while ($fila = mysql_fetch_assoc($resultados))
        {
            $salida[] = $fila;
        }
        return $salida;
    }
    function insercion($sql)
    {
        if (mysql_query($sql, $this->conexion))
        {
            return mysql_insert_id($this->conexion);
        }

        return NULL;
    }
    function modificacion($sql)
    {
        mysql_query($sql, $this->conexion);
        return mysql_affected_rows($this->conexion);
    }
    function borrado($sql)
    {
        mysql_query($sql, $this->conexion);
        return mysql_affected_rows($this->conexion);
    }
    function error()
    {
        return mysql_error($conexion);
    }
}
```

Para utilizar esta clase, simplemente habría que hacer algo como:

```php
$db = new Db();

$filas = $db->consulta("SELECT provincia FROM provincias WHERE LENGTH(provincia) > 5");

// recorremos cada resultado
echo "<ul>";
foreach ($filas as $fila)
{
    echo "<li>" . $fila["provincia"] . "</li>";
}
echo "</ul>";
```

La clase de conexión es útil cuando se quiere empezar a utilizar *MySQL* con PHP, pero tiene mucho margen de mejora.

10.1. Consultas SQL que contienen información introducida por el usuario

Una de las reglas básicas en programación informática es **"nunca te fíes de la entrada del usuario",** siempre puede haber algún usuario malicioso o despistado que haga que tu programa deje de funcionar y sea inseguro.

Es muy habitual que las consultas de SQL lanzadas desde PHP contengan datos que dependan de la situación en que se encuentre (ese es el fin de las páginas web dinámicas).

Ejemplo

Crear un buscador en el que el usuario introduzca una palabra y devuelva las provincias que se parezcan.

Suponiendo que se tiene un formulario que apunta al siguiente *script* de PHP, mandando un parámetro GET llamado "búsqueda":

```
$sql = "SELECT provincia FROM provincias WHERE provincia LIKE '%".$_GET["busqueda"]."%'";
$filas = $db->consulta($sql);
```

Ahí se indagan provincias que contengan lo que el usuario haya buscado. Pueden surgir los siguientes problemas:

- **SQL invalidada.** El usuario busca algo que contiene una comilla simple: la consulta quedaría algo así como: *SELECT provincia FROM provincias WHERE provincia LIKE '%'malaga'%'* lo cual tiene una sintaxis inválida.

- **SQL *Injection*.** Este es uno de los problemas de seguridad más comunes en programación web y ocurre por despiste o desconocimiento de los programadores de la web. Consiste en que el usuario es capaz de modificar los parámetros de tal forma que *jueguen* con el resultado de la consulta. Por ejemplo, un usuario podría buscar "cuenca' OR provincia LIKE ' " y hacer que la consulta quedara como *SELECT provincia FROM provincias WHERE provincia LIKE '%cuenca' OR provincia LIKE '%'* lo cual devolvería todos los resultados. Es un ejemplo muy básico, pero cuando aprenda el estándar SQL verá que se pueden hacer otras cosas mucho más potentes.

Ante estos casos, deben observarse las siguientes precauciones:

- Cuando una consulta contiene texto de dudosa procedencia (el usuario), debe aplicarse la función "mysql_real_escape_string()" sobre ellas, la cual convertirá comillas y eliminará cualquier posibilidad de ataque malintencionado.
- Si lo que se va a utilizar es un número, puede interesar hacer *casting* de la variable para forzar el tipo de dato que se quiere, de tal forma que si el valor es inválido, se utilice un cero o algún otro valor que sí sea seguro.

11. Resumen

Un SGBD es un conjunto de aplicaciones informáticas altamente complejas que sirven para facilitar las tareas de mantenimiento de los datos de una aplicación. Proporciona un sistema fiable y escalable en el que guardar los datos.

Son una evolución de los ficheros de datos, pero con gestión de restricciones de integridad, opciones de concurrencia, transacciones y lenguajes propios para comunicarse con ellos.

Con los SGBD surge una nueva figura que es la del DBA (administrador de bases de datos): una persona especializada y con experiencia trabajando con el SGBD que utilice la empresa. El DBA se encargará de crear las bases de datos, administrarlas y de asegurarse de que son escalables.

Dos aspectos básicos de los SGBD son las transacciones y la concurrencia. Una transacción es un conjunto de operaciones que se envían a la base de datos y que se gestionan como una sola. La concurrencia es la habilidad que tiene un SGBD para manejar transacciones simultáneas que trabajen sobre los mismos datos.

Elegir un SGBD es una decisión técnica de gran transcendencia en una empresa. Determinará la manera de escalar la base de datos, su rendimiento y la manera de usarla. Siempre hay que saber por qué se elige un sistema u otro.

Ejercicios de repaso y autoevaluación

1. De los siguientes nombres, indique cuál es un SGBD.

a. XML
b. MySQL
c. Oracle
d. Oracle Database

2. Un SGBD es un conjunto de programas cuyo propósito es gestionar bases de datos relacionales.

☐ Verdadero
☐ Falso

3. ¿Qué diferencia hay entre el gestor de almacenamiento y el gestor de consultas de un SGBD?

____
____
____
____

4. Seleccione cuáles de las siguientes aptitudes debe tener un DBA.

a. Amplio conocimiento sobre redes informáticas.
b. Capacidad de comunicarse tanto con personas de perfil técnico como con personas no técnicas.
c. Conocimiento del modelo relacional y sobre normalización.
d. Conocimiento de algún lenguaje de programación.

5. ¿Qué se busca al crear un índice en una tabla?

a. Evitar accesos repetitivos.
b. Determinar la ubicación de un dato sin tener que leer los demás.
c. Colocar los datos más utilizados en memoria para un acceso más rápido.
d. Todas las respuestas anteriores son correctas.

6. **¿Qué es la cardinalidad de un índice?**

   a. El número de pasos que debe dar el motor de almacenamiento para determinar dónde se encuentra un dato físicamente.
   b. El número de valores distintos por los cuales agrupa los datos que contiene.
   c. El tamaño que ocupa un índice en el soporte físico que se utilice (normalmente, un disco duro).
   d. Las opciones a y b son correctas.

7. **¿Cuál de las siguientes situaciones supondría un riesgo en la seguridad de un SGBD y, por lo tanto, debe estar cubierta por el DBA?**

   a. Borrado accidental de una tabla.
   b. Un servidor de base de datos recibiendo un volumen de peticiones inesperado.
   c. Un usuario leyendo datos de una tabla que se supone que es privada.
   d. Todas las opciones son correctas.

8. **Tanto la creación como la restauración de copias de seguridad es responsabilidad del DBA.**

   ☐ Verdadero
   ☐ Falso

9. **¿Qué es más importante?**

   a. Que las copias de seguridad sean fáciles de recuperar.
   b. Que las copias de seguridad se efectúen con mucha frecuencia.
   c. Que las copias de seguridad se guarden en un soporte físico distinto al que utiliza el SGBD.

10. **¿En qué consiste la replicación?**

    ____
    ____
    ____
    ____

11. **Los sistemas de replicación solo están disponibles en SGBD de alto rendimiento y de pago.**

    - ☐ Verdadero
    - ☐ Falso

12. **¿Por qué son útiles las transacciones?**

    ____

    ____

13. **¿Cuál de estas situaciones puede suponer un problema serio de rendimiento en un SGBD?**

    a. Ausencia de índices.
    b. Muchas transacciones bloqueadas
    c. Muchos usuarios leyendo datos al mismo tiempo.
    d. Todas las respuestas anteriores son correctas.

14. **A la hora de escoger un SGBD hay que centrarse en su precio y su rendimiento:**

    - ☐ Verdadero
    - ☐ Falso

15. **¿Es cierto que, normalmente, cuando se escoge un SGBD no hay vuelta atrás y por eso es importante seleccionarlo correctamente desde el principio?**

    a. Sí hay vuelta atrás, pero dependiendo de cuándo se haga el cambio puede requerir un costoso periodo de migración.
    b. Sí hay vuelta atrás y es muy sencillo cambiarlo, porque todos utilizan SQL, que es estándar. Simplemente habría que cambiar los datos de conexión a la base de datos.
    c. No hay vuelta atrás. Habría que hacerlo todo desde cero. Todos los SGBD utilizan SQL, pero los dialectos de este lenguaje son tan diferentes que no es viable una migración.
    d. Hay vuelta atrás, pero no compensa. Cuando se escoge un SGBD, se puede decir que es una decisión definitiva.

Capítulo 3

Lenguajes de gestión de bases de datos. El estándar SQL

Contenido

1. Introducción

Ya se ha visto en qué consiste el modelo relacional y qué aportan los sistemas gestores de bases de datos. En este capítulo se aplicarán todos estos conocimientos de forma práctica.

Los SGBD deben permitir ser manipulados mediante un sistema de consultas. En los SGBD relacionales el sistema utilizado es el SQL *(Structured Query Language* o Lenguaje estructurado de consultas, en español).

Mediante este lenguaje es posible realizar todo tipo de operaciones: crear tablas, añadir registros a esas tablas, modificarlos, eliminarlos, leer datos de varias tablas simultáneamente, etc.

Es **necesario tener destreza** en el manejo del SQL puesto que resulta fundamental para **interactuar** eficientemente **con las bases de datos.** Cada SGBD utiliza una versión ampliada del SQL estándar con el fin de añadir más opciones o atajos a opciones existentes. Como este manual está eminentemente enfocado a MySQL, primero se explicarán los elementos estándar y luego, las particularidades de MySQL.

2. Descripción del estándar SQL

SQL *(Structured Query Language* o lenguaje estructurado de consultas) es un lenguaje estándar que sirve para comunicarse con fuentes de datos (normalmente, bases de datos relacionales).

Sus orígenes se remontan a finales de los años 70. Fue creado originalmente por IBM, pero Oracle lo implementó por primera vez en un programa comercial. Al principio se llamaba SEQUEL *(Structured English Query Language).*

En el año 1986 fue estandarizado por el ANSI (Instituto Nacional Estadounidense de Estándares). A esta versión inicial se le llama SQL1 o SQL-86 (por el año de creación). En el primer estándar ya se incluyen la mayoría de los elementos tratados en este libro.

Nota

Más adelante se fueron añadiendo nuevos tipos de datos, soporte para procedimientos almacenados, etc., pero la sintaxis se mantuvo.

Un ejemplo de una consulta de SQL puede ser la siguiente:

```
SELECT id, nombre, precio
FROM productos
WHERE fecha_alta >= '2013-01-01'
ORDER BY fecha_alta DESC;
```

Aquí se estaría devolviendo una tabla parecida a la siguiente:

Id	Nombre	Precio
3939	Plancha a vapor	49.95 €
6996	Batidora de varillas	12.99 €
4040	Tostadora	15 €

Lo que se pide son los campos id, nombre y precio de la tabla de productos que hayan sido introducidos después del 1 de enero de 2023 ordenados por orden cronológico, el más reciente primero y el más antiguo, después.

El SQL es un **lenguaje bastante natural** sobre todo para angloparlantes porque se asemeja mucho al lenguaje hablado. Se lee de izquierda a derecha y está estructurado por secciones (delimitadas por palabras clave como SELECT, FROM, WHERE). Las consultas **siempre terminan en punto y coma** (;) indicando el final de las mismas.

En este libro se escriben las palabras clave siempre en mayúscula y los nombres de campos y tablas en minúscula. De esta manera, lo que esté en minúscula quiere decir que ha sido definido por el DBA y lo que está en mayúscula significa que es una característica del SGBD o del SQL en general.

Se enfocará SQL hacia el SGBD *MySQL,* puesto que es **el más utilizado en desarrollo de aplicaciones web.** El SQL estándar por sí mismo no tiene sentido completo.

Nota

Lo importante de SQL es la sintaxis que propone, que es lo que se mantiene entre todos los SGBD.

Además, el SQL define una serie de funciones y tipos de datos comunes con el fin de facilitar la compatibilidad entre distintos SGBD, pero para tener una aplicación eficiente siempre será necesario usar funciones y tipos de datos que no están incluidos en el estándar.

Esto no quiere decir que mediante un SQL estándar no se pueda explotar una base de datos. Simplemente, se estarán desaprovechando muchas funcionalidades del SGBD empleado, aunque es bueno conocer los elementos comunes de cara a hacer aplicaciones compatibles con varios sistemas.

3. Creación de bases de datos

Un SGBD debe proporcionar tres lenguajes: **el DDL, DCL y el DML.** En este apartado se estudiará el DDL, el **lenguaje de definición de datos.** Este lenguaje se utiliza para crear bases de datos, sus tablas con sus columnas e índices y las claves foráneas que existan.

Todo ello se hace utilizando el lenguaje de SQL. Cada SGBD tiene una serie de tipos de datos adicionales para tratar con datos especiales (como puntos geográficos, datos binarios) o de cara a simplificar las cosas.

Lo **primero** que siempre se precisa es **crear una base de datos.** En esa base de datos es donde se crearán las tablas que vayan a utilizarse. Para ello, se usará la sentencia CREATE DATABASE seguida del nombre que se vaya a utilizar.

```
CREATE DATABASE tienda;
```

Importante

En *MySQL* no es posible editar el nombre de una base de datos creada, por lo que siempre habrá que tener esto en cuenta.

También hay que saber que no es recomendable utilizar nombres de base de datos con caracteres especiales. Deben eliminarse acentos, espacios y demás. Lo ideal son nombres en minúsculas con las palabras separadas por guiones bajos.

Como ya se ha indicado, editar el nombre de una base de datos no es posible; solo es posible eliminarla. Para ello, se utilizaría DROP DATABASE.

```
DROP DATABASE tienda;
```

No ejecute la sentencia de borrado; cree la base de datos "tienda" puesto que es la que se utilizará a partir de ahora a lo largo del libro.

Borrar bases de datos es una tarea muy arriesgada y hay que pensarlo dos veces antes de hacerlo porque no se pide confirmación y no hay vuelta atrás una vez se efectúa.

Las bases de datos **no tienen propiedades** por sí solas, solamente un nombre.

Nota

MySQL tiene algunas propiedades extra como la colación por defecto (la manera de gestionar acentos y caracteres especiales) pero eso no pertenece al estándar y son características avanzadas del sistema.

Una vez creada la base de datos, hay que indicar al sistema que quiere usarse. Esto quiere decir que el SGBD sabrá que cuando se creen tablas o se realicen consultas, la base de datos a utilizar será esa. Para ello, se utilizará la sentencia USE (solo para *MySQL).*

```
USE tienda;
```

USE hace que la base de datos actual sea sobre la que se ejecuten las instrucciones indicadas. A partir de ese momento *MySQL* realizará todas las acciones sobre esa es la base de datos

3.1. Creación de tablas. Tipos de datos

Una vez la base de datos está creada, lo que hay que hacer es **crear las tablas** y definir sus columnas. Para cada columna se debe especificar el **tipo de dato** que va a contener. Los tipos suelen ser números, texto, fechas, etc. A continuación, se muestra la lista de tipos de dato estándar:

Tipo	Uso
CHAR(N)	Cadena de caracteres de ancho fijo (de longitud N). Si sobran caracteres se rellenan con espacios.
VARCHAR(N)	Cadena de caracteres de ancho variable con una longitud máxima de N.
NCHAR(N)	Igual que CHAR pero con soporte de caracteres internacionales (no muy extendido)
NVARCHAR(N)	Igual que VARCHAR pero con soporte de caracteres internacionales (no muy extendido)
BIT(N)	Array de bits. Se guardan datos en binario. Muy poco extendido.
INTEGER	Número entero (sin decimales).
FLOAT, REAL, DOUBLE PRECISION	Números con decimales.
NUMERIC (precisión, escala) o DECIMAL (precisión, escala)	Números con precisión específica. DECIMAL (12, 3) significa un número de 12 cifras cuyas 3 últimas son decimales.
DATE	Una fecha.
TIME	Una hora.
TIMETZ	Una hora pero con detalles sobre la zona horaria usada.
TIMESTAMP	Una fecha junto a una hora.
TIMETSAMPTZ	Una fecha junto a una hora y con información sobre la zona horaria.

Estos son los tipos de dato estándar. *MySQL* implementa estos tipos y además incluye algunos extra.

A continuación, se tratarán los tipos de datos de *MySQL.*

Particularidades en tipos de datos de texto

Se admiten los tipos de datos TINYTEXT/MEDIUMTEXT/TEXT/LONGTEXT cuya longitud depende de su **tamaño en bytes** (no del número de caracteres). Son útiles para almacenar textos amplios (texto de noticias, descripciones, entradas de blog, etc.). Lo habitual es utilizar MEDIUMTEXT.

Se añaden los tipos de datos ENUM y SET. ENUM es una **enumeración de posibles valores** que puede contener un campo. Si se intenta añadir un valor que no está en esa enumeración, se devolverá un error. El tipo de dato SET es parecido, pero permite que se añadan **combinaciones entre los valores enumerados.** Es decir, un SET ('1', '2', '3') permitiría un valor que fuera "12", pero un ENUM ('1', '2', '3') no lo permitiría.

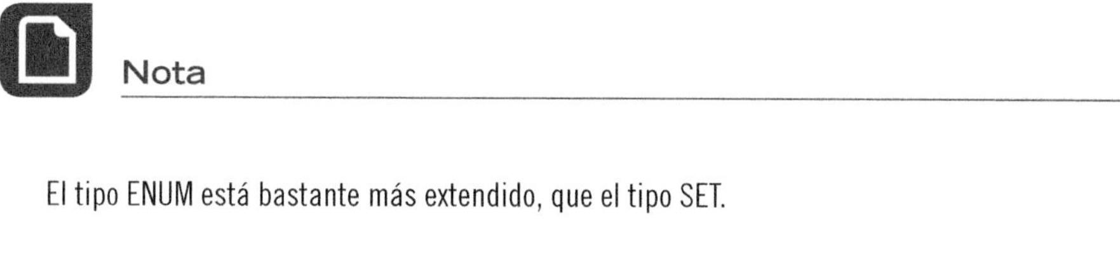

El tipo ENUM está bastante más extendido, que el tipo SET.

Particularidades de los tipos de dato numéricos

Los números enteros se descomponen según su tamaño en TINYINT, SMALLINT, MEDIUMINT, INT y BIGINT. Esto se hace para **aumentar la eficiencia,** puesto que los tipos de datos más pequeños serán más fáciles de manejar por el SGBD, porque ocupan menos espacio.

Además, se permite eliminar el signo de los números mediante la palabra clave **UNSIGNED.** Así, si un número siempre incluye valores positivos (como un id auto numérico, por ejemplo), es posible quitarle el signo y tendrá una longitud máxima del doble (porque no se utilizan los valores negativos).

En la siguiente tabla se muestran los valores mínimos y máximos que puede albergar cada tipo de dato numérico:

Tipo	Valor mínimo	Valor máximo
TINYINT	-128	127
TINYINT UNSIGNED	0	255
SMALLINT	-32768	32767
SMALLINT UNSIGNED	0	65535
MEDIUMINT	-8388608	8388607
MEDIUMINT UNSIGNED	0	16777215
INT	-2147483648	2147483647
INT UNSIGNED	0	4294967295
BIGINT	-9223372036854775808	9223372036854775807
BIGINT UNSIGNED	0	18446744073709551615

Esto es útil para cualquier número que sirva de contador. Por ejemplo, los kilómetros de un vehículo siempre serán mayores o iguales a cero.

Particularidades de los tipos de dato de fecha

Se introduce el tipo de dato DATETIME. El *timestamp* guarda fechas y horas pero solo si son de después del 1 de enero de 1970. El campo DATETIME permite fechas anteriores. Esto es así porque el *timestamp* se utiliza para guardar **eventos de la aplicación** (que, por lo tanto, ocurren normalmente después de haber creado la tabla), no fechas por sí solas. Internamente, los *timestamps* se guardan con un valor numérico, calculando el número de segundos transcurridos desde el 1 de enero de 1970. Esto es así por el estándar de fechas de UNIX, el cual está ampliamente adoptado en la computación informática.

Tipos de dato binarios

Es posible que deseemos guardar datos binarios en la base de datos (como imágenes, por ejemplo). En la mayoría de los casos esto será una mala práctica que deberá evitarse, pero es bueno saber que es posible guardar datos en formato binario.

Nota

Estos datos se guardan de forma especial dentro del gestor de almacenamiento y a veces son manipulados de diferente manera.

Los tipos de datos binarios son TINYBLOB, MEDIUMBLOB, BLOB, LONG-LOB. La palabra BLOB es la abreviatura de "objeto binario grande". Su nombre depende del número de bytes que ocupan.

Creación de tablas mediante SQL

Una vez se han visto todos los tipos de datos ya pueden **crearse tablas.** Para ello, se utilizará la siguiente sintaxis:

```
CREATE TABLE producto (
  id INT UNSIGNED PRIMARY KEY,
  titulo VARCHAR(100) NOT NULL DEFAULT '',
  precio DECIMAL(12, 2) NOT NULL DEFAULT 0,
  fecha_alta TIMESTAMP DEFAULT CURRENT_TIMESTAMP
) ENGINE=InnoDB;
```

Este es el primer ejemplo sobre cómo crear una tabla. Los requisitos que se buscan son estos:

- Nombre de la tabla. En este caso "producto". No debe tener espacios ni caracteres extraños. En caso de tenerlos, se debería encerrar el nombre entre comillas invertidas `producto`.
- Cada nombre de columna separado por comas. La misma restricción de nombres se aplica. No deben tener caracteres extraños.
- Para cada columna, su tipo de dato, longitud (si se aplica), sus restricciones de integridad y su valor por defecto (opcional).

Observaciones a la hora de crear una tabla:

- **Siempre debe haber una clave primaria.** Es posible crear una tabla sin clave primaria y *MySQL* no dará ningún error, pero debe haberla. En este caso se especificará que "id" es la clave primaria, añadiendo las palabras "PRIMARY KEY" al final de la definición del campo.
- Algunos tipos de datos requieren que se especifique **su longitud** y otros no. Si un campo lo necesita y no se especifica, se recibirá un error.
- En algunos SGBD los campos por defecto admiten nulos y en otros no. En *MySQL* los campos **por defecto admiten nulos.** Si se quiere evitar que esto ocurra habrá que especificar que la columna es NOT NULL. Siempre que sea posible hay que elegir NOT NULL porque es más eficiente. Hay que utilizar los campos *nullables* solo cuando hagan falta. Para campos NOT NULL es conveniente añadir un valor por defecto para las nuevas filas. Así se evitan posibles errores al insertar datos después. Un campo *nullable* es aquel que admite nulos.
- El valor por defecto de un campo debe ser del **mismo tipo de dato** que el propio campo. Especificar DEFAULT NULL en un campo *nullable* sería redundante y no tendría sentido. Especificar DEFAULT NULL en un campo NOT NULL daría error y no podría crearse la tabla. Solo es posible especificar valores por defecto simples (números, texto o NULL). No se pueden utilizar funciones especiales. Tan solo hay una excepción para los campos de tipo *timestamp,* que admiten el valor CURRENT_TIMESTAMP, el cual contiene la fecha y hora en el momento de insertar el dato (útil para tener un campo con el dato de la fecha de creación de algo).

Consejo

Al crear tablas es bueno seguir patrones al listar las columnas. Por ejemplo, un patrón podría ser especificar la clave primaria primero, las claves foráneas después y, por último, los campos normales de la tabla.

Observaciones al crear campos de fecha

Al crear campos de tipo *timestamp* es posible utilizar la variable CURRENT_TIMESTAMP para los campos. Los campos *timestamp* tienen una **gran cantidad de restricciones** en *MySQL,* las cuales conviene conocer. Para ello primero se mostrará un ejemplo:

```
CREATE TABLE noticia (
  id INT UNSIGNED PRIMARY KEY,
  titulo VARCHAR(100) NOT NULL DEFAULT '',
  contenido MEDIUMTEXT NOT NULL DEFAULT '',
  fecha_alta TIMESTAMP NOT NULL DEFAULT '0000-00-00 00:00:00',
  fecha_modificacion TIMESTAMP NOT NULL DEFAULT CURRENT_TIMESTAMP ON UPDATE CURRENT_TIMESTAMP,
  fecha_borrado TIMESTAMP NULL
);
```

En esta tabla se quiere mantener un registro de la fecha de creación del registro, fecha de modificación y fecha de borrado (se supone que cuando el campo está a NULL es porque no se ha borrado aún).

Solo es posible tener una columna de tipo TIMESTAMP que utilice CURRENT_TIMESTAMP. Las demás deben tener un valor por defecto.

Dado que la fecha de alta no admite nulos porque siempre debe tener un valor, debe especificarse un valor por defecto. Lo ideal es 0000-00-00 00:00:00 que significa que la fecha está vacía.

Además de permitir especificar CURRENT _TIMESTAMP como el valor por defecto, *MySQL* proporciona un método extra llamado **ON UPDATE CURRENT_TIMESTAMP** que hará que el campo actualice su valor a la fecha actual cada vez que el registro en cuestión reciba una modificación.

Actividades

1. Cree una tabla de nombre "hotel". Debe tener los campos hotel_id, hotel_nombre, hotel_direccion y hotel_telefono. La clave primaria es hotel_id, es un código de tres caracteres (como ABC, 1HA, etc.). El nombre, dirección y teléfono son campos de texto. Elija la longitud que desee.

Modificar tablas

Es muy habitual tener que realizar cambios en tablas ya creadas. No siempre los requerimientos finales de las aplicaciones serán los mismos, por lo que hay que estar preparados para hacer cambios en la estructura de las tablas para amoldarse a la situación.

Para modificar tablas se utiliza la sentencia **ALTER TABLE.** Tiene un funcionamiento bastante similar a CREATE TABLE, aunque dominarlo es bastante más complejo porque hay más palabras clave a memorizar.

Añadir campos a una tabla

Para crear un campo en una tabla, se utiliza ALTER TABLE ADD COLUMN. Puede probarse creando un campo llamado "categoría" en la tabla de noticias:

```
ALTER TABLE noticia ADD COLUMN categoria VARCHAR(100) NULL AFTER contenido;
```

Se empieza con ALTER TABLE seguido del nombre de la tabla a modificar. A continuación, se especifica la operación que se quiere realizar, en este caso se desea **añadir una columna,** así que se usa ADD COLUMN. Después se pone el nombre del nuevo campo y su tipo, de igual manera que si se estuviera creando la tabla, con la misma sintaxis. Al final se tiene una opción que sirve para **posicionar la columna** en un lugar concreto. En el modelo relacional se decía que el orden de las columnas era irrelevante, pero es cierto que el orden sirve a la hora de gestionar la base de datos para verlo todo más ordenado.

Si se quiere especificar un orden, al final de la definición del campo se añade AFTER seguido del nombre de columna que debe ir delante. Esta columna debe existir, de lo contrario se obtendría error. Si no se especifica nada, el campo se añade **al final de la tabla.** No es posible utilizar la palabra BEFORE, solo se puede utilizar AFTER. Como se ha indicado, es opcional.

Modificar una columna existente

Para modificar una columna se utiliza ALTER TABLE MODIFY COLUMN. Se probará modificando el campo "categoría" que se acaba de crear para hacer que solo tenga 50 caracteres y no admita nulos:

```
ALTER TABLE noticia MODIFY COLUMN categoria VARCHAR(50) NOT NULL;
```

La sintaxis es igual que para crear una columna pero cambiando ADD por MODIFY. Es importante que la columna exista en la tabla. Puede utilizarse la palabra **AFTER** también si se quiere mover la columna de posición. Si no se especifica nada, la columna sigue en su posición original.

Eliminar una columna

Para eliminar una columna se utiliza ALTER TABLE DROP COLUMN. Se eliminará la columna "categoría":

```
ALTER TABLE noticia DROP COLUMN categoria;
```

Aquí simplemente se usa DROP COLUMN sin parámetros extra.

Renombrar una columna

Es raro tener que cambiarle el nombre a una columna, pero es posible. Puede ser útil si se produce una equivocación al crearla y quiere rectificarse rápidamente. Para eso se utiliza la palabra **CHANGE.** Es igual que MODIFY COLUMN, pero permite especificar un nuevo nombre tras el original. Se cambiará el nombre de la columna "precio" de la tabla "pieza" para que sea "precio_neto":

```
ALTER TABLE pieza CHANGE precio precio_neto DECIMAL(9, 2) NULL;
```

Consejo

A veces cuando quiere modificarse una columna, no puede hacerse de forma directa porque se perdería información. Si quiere modificarse la columna (A) pero sin hacerlo directamente para no perder información, hay que crear una columna (B) en la que se realizarían las operaciones necesarias para que los datos sean correctos. A continuación, podría borrarse la columna A y renombrar B de tal manera que tenga el nombre de A.

Se utiliza la palabra CHANGE seguida del nombre original. Tras un espacio se indicará el nuevo nombre seguido de la definición completa de la columna. Pueden introducirse cambios si se desea; podría hacerse que la columna cambiara de nombre y además, no admitiera nulos, por ejemplo.

Observaciones al modificar tablas

Modificar tablas es una tarea compleja a menos que las tablas estén vacías. Siempre hay que tener en mente que las modificaciones deben hacer que los datos existentes no se pierdan y que las aplicaciones de la base de datos, en la medida de lo posible, sigan funcionando sin cambios.

Por ejemplo, si se convierte el campo "contenido" a INT, todo el texto se va a perder.

Al crear una columna se debe asegurar que tiene un valor por defecto o de que admite nulos; de lo contrario las filas existentes tendrán datos inválidos.

Al **modificar una columna** debe asegurarse de que no se pierde información de ningún tipo.

Al **borrar una columna** se asegurará que las aplicaciones que emplean la base de datos no la están utilizando, de lo contrario, dejarán de funcionar.

Renombrado de tablas

Muy rara vez hará falta cambiar el nombre de una tabla. Puede ser útil si se produce una equivocación al crearla y se quiere rectificar justo a continuación o quizás si nos dan una base de datos diseñada pobremente y nos encargan la tarea de mejorar su estructura. Para hacerlo se utiliza ALTER TABLE RENAME. La tabla de noticias pasa a llamarse "noticias" en vez de "noticia":

```
ALTER TABLE noticia RENAME noticias;
```

Hay que considerar siempre si la tabla está siendo referenciada desde alguna aplicación que explote la base de datos antes de renombrarla.

Importante

Si se renombra una tabla que esté siendo usada por alguna aplicación, esta dejará de funcionar a no ser que se modifique su código fuente.

Borrado de tablas

Para borrar tablas se utiliza DROP TABLE. Se va a borrar la tabla "pieza", como ejemplo:

```
DROP TABLE pieza;
```

Hay que tener cuidado al borrar tablas porque no se pide confirmación y **accidentalmente** podemos **perder un montón de datos.**

3.2. Definición y creación de índices. Claves primarias y externas

Es necesario poder especificar las claves primarias, índices y atributos únicos mediante el lenguaje de definición de datos. En los anteriores ejemplos, en los cuales se creaban tablas, la columna "id" era la clave primaria. Si se quisiera crear una **clave primaria compuesta** por varias columnas esa sintaxis no habría funcionado.

Definición de la clave primaria

Cuando la clave primaria la compone un único campo lo más cómodo es añadir PRIMARY KEY **al final de la definición de la columna.** Es importante saber que los campos que componen la clave primaria deben ser **no nulos.** De lo contrario se recibirá un error.

En *MySQL* es común que la clave primaria sea un número entero auto numérico que empiece por el número 1 y vaya aumentando a medida que se crean nuevos registros. Para ello, debe utilizarse la palabra clave AUTO_INCREMENT, que hará que el propio SGBD cree el valor automáticamente. Esto solo se puede utilizar para claves primarias numéricas.

```
CREATE TABLE comentario (
  id INT UNSIGNED AUTO_INCREMENT PRIMARY KEY,
  autor VARCHAR(50) NOT NULL DEFAULT '',
  contenido MEDIUMTEXT NOT NULL DEFAULT '',
  creacion TIMESTAMP NOT NULL DEFAULT CURRENT_TIMESTAMP
);
```

Esta palabra debe ir delante de PRIMARY KEY.

Si se necesita saber el valor que *MySQL* creó, nunca debería realizarse un conteo de la tabla o hacer una consulta extra para saber el mayor valor para la columna "id". Debe utilizarse el sistema que proporciona el SGBD para obtenerlo. Esto es así porque entre que se realiza el INSERT es posible que otro usuario haya insertado un dato, por lo tanto, no sería un dato fiable. Sin embargo, si se utiliza la función de LAST_INSERT_ID() el dato será 100% fiable y devolverá el último ID generado por la conexión actual:

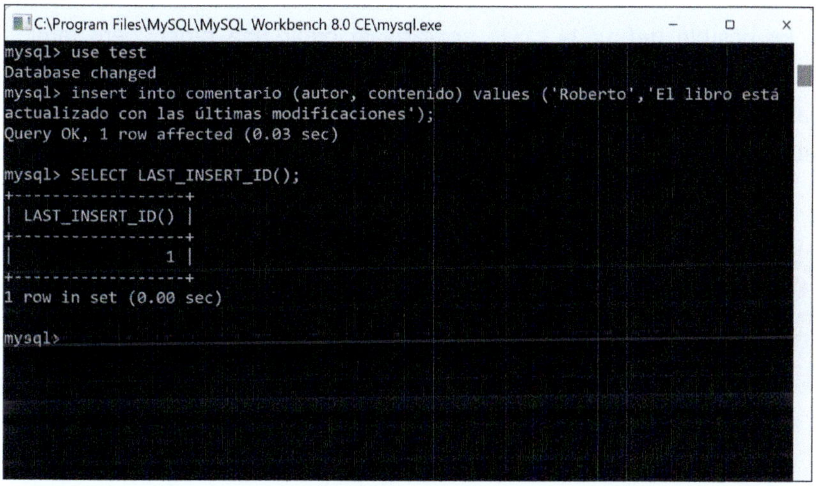

```
C:\Program Files\MySQL\MySQL Workbench 8.0 CE\mysql.exe
mysql> use test
Database changed
mysql> insert into comentario (autor, contenido) values ('Roberto','El libro está
actualizado con las últimas modificaciones');
Query OK, 1 row affected (0.03 sec)

mysql> SELECT LAST_INSERT_ID();
+------------------+
| LAST_INSERT_ID() |
+------------------+
|                1 |
+------------------+
1 row in set (0.00 sec)

mysql>
```

Claves primarias compuestas

Se han visto los casos especiales de campos numéricos que aumentan automáticamente y las claves primarias que solo están compuestas por una columna. Para crear una clave primaria compuesta por varios campos tendría que utilizarse la siguiente sintaxis:

```
CREATE TABLE pieza (
  departamento VARCHAR(50) NOT NULL,
  codigo VARCHAR(50) NOT NULL,
  precio DECIMAL(9,2) NULL,

  CONSTRAINT pieza_pk PRIMARY KEY (departamento, codigo)
);
```

Al final de la definición de columnas, se especifican las **cláusulas de integridad** especiales, cada una separada por comas (en este caso hay solo una).

Primero se añade CONSTRAINT, a continuación, el **nombre de la restricción** (sin espacios ni caracteres extraños) y luego, el tipo de restricción (PRIMARY KEY en este caso). Después entre paréntesis se listan las columnas a las que la restricción es aplicable.

Modificar la clave primaria en una tabla

Es posible definir la clave primaria al crear una tabla, pero también es posible cambiar la clave primaria de una tabla existente. Es una operación **realmente inusual,** porque si el modelo de datos es correcto, la clave primaria debería ser siempre la misma. Aun así, es posible hacerlo y se explicará cómo.

Consejo

Modificar la clave primaria es algo que prácticamente nunca necesitará hacerse a menos que se esté tratando de mejorar una base de datos mal diseñada.

Para eliminar la clave primaria de una tabla, se utilizará ALTER TABLE DROP PRIMARY KEY. Esto hará que la tabla, temporalmente, no cuente con ninguna clave primaria. Se borrará la clave primaria de la tabla pieza y se volverá a crear para ver cómo se hace:

```
ALTER TABLE pieza DROP PRIMARY KEY;

ALTER TABLE pieza ADD CONSTRAINT pieza_pk PRIMARY KEY (departamento, codigo);
```

Especificar la clave primaria es sencillo, se utilizará ALTER TABLE ADD CONSTRAINT y lo que va después es idéntico a cuando se define una tabla con CREATE TABLE.

Para borrar la clave primaria debe tenerse en cuenta que **no es posible tener una columna con atributo AUTO_INCREMENT que no sea clave primaria** (restricción de *MySQL).* Primero debería eliminarse el AUTO_INCREMENT para poder borrar la clave primaria. Ahora se hará lo mismo con la tabla "comentario", que tiene un campo AUTO_INCREMENT:

```
/* Eliminar clave primaria */
ALTER TABLE comentario MODIFY COLUMN id INT UNSIGNED;

ALTER TABLE comentario DROP PRIMARY KEY;

/* Ponerla de nuevo */
ALTER TABLE comentario ADD CONSTRAINT id PRIMARY KEY (id);

ALTER TABLE comentario MODIFY COLUMN id INT UNSIGNED AUTO_INCREMENT;
```

Creación de índices

Los índices son fundamentales para aumentar el rendimiento de la base de datos.

Hay índices normales e índices únicos. Un índice normal se utiliza simplemente para **aumentar el rendimiento** de las consultas. El índice único sirve para eso, pero además no permite que haya valores repetidos. En caso de intentar añadir un registro con un valor que ya existe se recibirá un error del SGBD.

Para índices únicos puede actuarse como con la clave primaria: añadir la palabra clave **UNIQUE** en la definición de la columna si está compuesto solo por una columna. Para índices normales esto no es posible. Vea un ejemplo:

```
CREATE TABLE cliente (
  id INT UNSIGNED AUTO_INCREMENT PRIMARY KEY,
  dni CHAR(9) NOT NULL UNIQUE,
  ciudad VARCHAR(50) NOT NULL DEFAULT '',
  fecha_nacimiento DATE NULL,

  INDEX ciudad_index (ciudad)
);
```

Para el campo único, se añade la palabra clave. Para el índice debe irse al final de la definición de columnas y añadir una nueva línea. Empieza con la palabra **INDEX,** a continuación el nombre del índice (sin espacios ni caracteres extraños) y entre paréntesis la lista de campos que lo componen.

A continuación, un ejemplo con índice único compuesto por varias columnas:

```
CREATE TABLE pieza (
  id INT UNSIGNED AUTO_INCREMENT PRIMARY KEY,
  departamento VARCHAR(50) NOT NULL,
  codigo VARCHAR(50) NOT NULL,
  precio DECIMAL(9,2) NULL,

  CONSTRAINT codigo_uq UNIQUE (departamento, codigo)
);
```

Es idéntico a crear la clave primaria múltiple pero en vez de PRIMARY KEY, se escribe UNIQUE.

Cabe destacar que los campos UNIQUE **admiten nulos** pero la PRIMARY KEY no. Si el campo UNIQUE admite nulos, estos no son considerados a la hora de comprobar si una combinación de valores está repetida. Es decir, podemos tener un campo “DNI” como UNIQUE que admita nulos. En ese caso podrá haber muchos clientes con el DNI vacío, pero ninguno que lo tenga podrá tenerlo repetido. Un índice único que no admita nulos es una clave candidata.

Modificar índices en tablas existentes

También es posible añadir, modificar y eliminar índices de tablas existentes utilizando ALTER TABLE. Elimine el índice único de la tabla "pieza" y añádalo de nuevo:

```
/* Quitar indice unico */
ALTER TABLE pieza DROP INDEX codigo_uq;

/* Añadirlo de nuevo */
ALTER TABLE pieza ADD CONSTRAINT codigo_uq UNIQUE (departamento, codigo);
```

Consejo

Normalmente cuando el modelo de datos está bien diseñado y los requisitos del sistema permanecen estables, la única modificación que se precisa sobre tablas existentes es la creación de índices para acelerar algunas consultas.

Para borrar el UNIQUE se utiliza DROP INDEX. No existe DROP CONSTRAINT en *MySQL;* hay que borrar índices. El UNIQUE es un tipo de índice, simplemente se utiliza su nombre y se borrará.

Para añadir el índice único sí se emplea ADD CONSTRAINT, con la sintaxis igual que al crear una tabla.

Para borrar un índice se utiliza exactamente lo mismo. Pruebe eliminando y creando el índice ciudad_index de la tabla índice:

```
/* Quitar indice */
ALTER TABLE cliente DROP INDEX ciudad_index;

/* Añadirlo de nuevo */
ALTER TABLE cliente ADD INDEX ciudad_index (ciudad);
```

Para eliminar el índice es igual que con un índice único. Para añadirlo se utiliza ADD INDEX seguido del nombre del índice junto a la lista de columnas entre paréntesis y separadas por comas.

Definición de claves externas

Ahora se verá cómo especificar las **relaciones entre tablas,** cómo declarar que una serie de columnas son clave foránea de otra tabla.

Al usar *MySQL* lo primero que debe saber es que para que las claves foráneas funcionen, debe utilizarse el **motor de almacenamiento InnoDB.** En muchas instalaciones el motor por defecto es MyISAM. Para forzar que las tablas sean en InnoDB, tras la definición de columnas se especificará el motor a utilizar.

Para explicar cómo crear las relaciones va a utilizarse la misma tabla mostrada en el primer ejemplo, la de productos. Se enseñará cómo forzar la utilización de InnoDB primero:

```
CREATE TABLE producto (
  id INT UNSIGNED PRIMARY KEY,
  titulo VARCHAR(100) NOT NULL DEFAULT '',
  precio DECIMAL(12, 2) NOT NULL DEFAULT 0,
  fecha_alta TIMESTAMP DEFAULT CURRENT_TIMESTAMP
) ENGINE=InnoDB;
```

Atención, porque esta especificación va detrás de los paréntesis y es una **sintaxis especial.** Si ya se había creado la tabla en el paso anterior se recibirá un error diciendo que la tabla ya existe; bórrela ejecutando DROP TABLE producto.

Ahora se va a crear una tabla de imágenes de un producto. Cada imagen pertenece a un producto, por lo que deberá tener una clave foránea apuntando al id del producto. Se efectuará así:

```
CREATE TABLE producto_imagen (
  id INT UNSIGNED PRIMARY KEY,
  producto_id INT UNSIGNED,
  ruta_imagen VARCHAR(255) NOT NULL,

  CONSTRAINT fk_producto FOREIGN KEY (producto_id) REFERENCES producto(id)
) ENGINE=InnoDB;
```

Aquí se aprecia una sintaxis más complicada que a la hora de crear claves primarias e índices únicos.

Primero se escribe **CONSTRAINT,** luego el nombre de la restricción (sin caracteres raros ni espacios). A continuación, **FOREIGN KEY** y luego, entre paréntesis la lista de columnas que la componen. Después, la palabra **REFERENCES** y luego el nombre de la tabla referenciada y entre paréntesis la lista de columnas a las que se refiere de esa tabla.

Es indispensable saber que al crear el campo de clave foránea (producto_id INT UNSIGNED) el **nombre no importa,** pero el **tipo de dato ha de ser idéntico.** No puede ser parecido ni equivalente, sino exactamente igual. Si la clave primaria de "producto" es INT UNSIGNED, no es posible que "producto_id" en "producto_imagen" sea INT (sin UNSIGNED).

Sí es posible que el campo referenciado **admita nulos.** Esto sería útil en caso de relaciones de cero a muchos. Por ejemplo, una tabla de comentarios en el que algunos comentarios hayan sido creados por usuarios registrados y otros por usuarios anónimos. En ese caso la posible clave foránea de "usuario_id" admitiría nulos, puesto que no todos los registros están enlazados a algún usuario.

Al principio es muy común encontrarse con multitud de errores al especificar claves foráneas, porque el SGBD es muy estricto en esto. Las especificaciones deben ser exactas y correctas.

```
C:\Program Files\MySQL\MySQL Workbench 8.0 CE\mysql.exe
mysql> use test;
Database changed
mysql> CREATE TABLEproducto_imagen(
    -> id INT UNSIGNED PRIMARY KEY,
    -> producto_id INT,
    -> ruta_imagen VARCHAR(255) NOT NULL,
    ->
    -> CONSTRAINT fk_producto FOREIGN KEY (producto_id) REFERENCES producto(id)
    -> ENGINE=InnoDB;
ERROR 1064 (42000): You have an error in your SQL syntax; check the manual that co
rresponds to your MySQL server version for the right syntax to use near 'TABLEprod
ucto_imagen(
id INT UNSIGNED PRIMARY KEY,
producto_id INT,
ruta_imagen ' at line 1
mysql>
```

Ejemplo de crear una clave foránea con los datos incorrectos. En este caso el producto_id no es UNSIGNED.

Nota

Con la experiencia y realizando ejercicios se logrará la habilidad suficiente para utilizarlas con soltura.

Actividades

2. Asegúrese de que la tabla hotel que creó en el anterior ejercicio es de tipo InnoDB (use ALTER TABLE hotel ENGINE=InnoDB).
3. Cree la tabla "reserva". Contiene un código de reserva (cadena de texto de 3 caracteres, clave primaria), un nombre completo de cliente, teléfono del cliente, e-mail del cliente, precio, fecha de inicio y fecha de fin. Coloque una clave foránea apuntando a la tabla "hotel". De tal forma que cada reserva se corresponda con un hotel.
   Tenga en cuenta que se utilizarán estas tablas en todos los ejercicios posteriores en este capítulo, por lo que es conveniente realizarlos.

Eliminar y añadir relaciones a tablas existentes

Como siempre, es posible realizar tareas sobre tablas ya creadas. Pruebe a eliminar y volver a crear la clave foránea de fk_producto en la tabla producto_imagen:

```
/* Quitar clave foranea */
ALTER TABLE producto_imagen DROP FOREIGN KEY fk_producto;

/* Añadirla de nuevo */
ALTER TABLE producto_imagen ADD CONSTRAINT fk_producto
  FOREIGN KEY (producto_id) REFERENCES producto(id);
```

Para borrar la clave foránea se utiliza DROP FOREIGN KEY. Para añadirla se utiliza ADD CONSTRAINT seguido de una sintaxis similar a la que se emplea al crear la tabla. Las mismas restricciones se aplican, no es posible crear una clave foránea que sea de un tipo de dato distinto.

3.3. Enlaces entre bases de datos

El concepto enlace entre bases de datos es utilizado mayoritariamente en *Oracle Database.* Consiste en compartir una tabla entre varias bases de datos.

Partiendo de una tabla que se encuentra en una base de datos (bbdd1), se desea que otra base de datos (bbdd2) pueda utilizarla también.

Para ello, en bbdd2 se crea un enlace a la bbdd1 para utilizar esa tabla. A partir de ese momento, en bbdd2 aparecerá esa tabla como si fuera suya. Cualquier modificación en ella se aplicará a ambas bases de datos.

Esto puede ser útil, por ejemplo, para una tabla de usuarios. Podría tener dos aplicaciones muy distintas entre sí pero se pretende que los usuarios registrados puedan utilizar ambas aplicaciones con la misma combinación de usuario y contraseña. Habría una única tabla de usuarios que compartirían todas las bases de datos.

En *Oracle Database* se proporcionan métodos muy avanzados para esto. Por ejemplo, puede existir un enlace entre bases de datos que se encuentren en servidores distintos.

En ***MySQL* esto no es posible.** Tendría que indagarse una manera distinta de conseguir el mismo propósito de compartir tablas. Ambas bases de datos deberían estar en el mismo servidor.

Importante

El usuario que quiera utilizar el enlace de base de datos debe tener permisos de accesos a ambas bases de datos.

Para utilizar esa tabla, simplemente debería indicarse el nombre de la base de datos delante del nombre de la tabla seguido de un punto. En el apartado de consultas se tratará cómo seleccionar tablas que se encuentren en otra base de datos.

4. Gestión de registros en tablas

Ya se ha visto cómo definir las tablas de la base de datos. Ahora se pasará a conocer cómo **manipular sus datos.** Las operaciones posibles son la inserción, modificación y borrado de registros.

Para probar, se utilizará la tabla de "producto" y la de "producto_imagen" empleadas para explicar cómo crear tablas. Si no las creó en su momento, créelas ahora.

4.1. Inserción

La inserción de datos se utiliza para añadir registros a una tabla. La sintaxis es la siguiente:

```
INSERT INTO producto
(id, titulo, precio)
VALUES
(1, 'Tabla de planchar básica', 12.99);
```

Se empieza con INSERT INTO seguido del nombre de la tabla en la que quieren añadir los registros. A continuación, entre paréntesis se **listan las columnas** de las cuales se quiere especificar su valor. Es posible que no se desee especificar todas las columnas porque se use su valor por defecto. Por ejemplo, en este caso no se desea especificar la fecha de alta del producto porque se rellena automáticamente con el valor de CURRENT_TIMESTAMP.

Después se escribe la palabra VALUES y, entre paréntesis y separado por comas, se listan los valores que se le va a dar al registro. Los valores van en orden, si la primera columna especificada es "id", el primer valor que se ponga irá a parar al id.

Importante

Si se especifica una columna pero luego no se le da valor, se recibirá un error.

Los valores de texto y de fecha deben aparecer entre comillas simples; los demás aparecen sin comillas (números, NULL, etc.). Si un valor de texto incluye comillas, deben escaparse con la barra invertida (\). Los valores de fecha deben estar escritos utilizando el formato que utilice el SGBD. En *MySQL* es algo así como 2023-01-01 01:02:02 (año, mes, día, hora, minutos y segundos).

Al hacer una inserción es posible utilizar funciones del sistema para asignar los valores. Más adelante se verán algunas de esas funciones al explicar cómo realizar consultas de datos.

Hay multitud de posibles errores y problemas al insertar datos. Por ejemplo, añadir NULL a una columna que no acepta nulos; fechas inválidas; cadenas de texto más largas de lo que permite el campo, etc. Ante esos casos cada SGBD actuará de una forma diferente. ***MySQL* es bastante "relajado"** al respecto y permite muchas incorrecciones; en vez de devolver un error es posible que deje introducir el registro pero genere una advertencia interna (la cual no afecta al cliente de la base de datos).

Hay una sintaxis extra que permite añadir varios registros de una vez, aumentando significativamente el rendimiento. Es la misma sintaxis pero con conjuntos de valores separados por coma. En el propio ejemplo se añadirá una cadena de caracteres con comillas, para ver cómo tratarlas:

```
INSERT INTO producto
(id, titulo, precio)
VALUES
(50, 'Libro de Christian O\'Donnell', 6.99),
(77, 'Máquina de coser', 100),
(99, 'Funda para el móvil', NULL);
```

Consejo

Siempre que vaya a insertar más de un registro a la vez, utilice esta sintaxis, porque aumenta el rendimiento enormemente.

Si el precio es NULL, debe especificarse, no es posible dejar ese valor vacío. Si se especifican tres columnas, todos los registros deben tener tres valores.

Actividades

4. En la tabla "hotel", inserte cuatro hoteles con los datos que desee.
5. En la tabla "reserva", cree 10 reservas para esos hoteles. Que tres de los hoteles tengan reservas pero que uno de ellos no tenga ninguna reserva.
   Se utilizarán estos datos de prueba en los siguientes ejercicios de consultas de SQL, por lo que debe asegurarse de que los datos son más o menos coherentes.

Inserción desde datos de otra tabla

Es posible que para insertar datos tengan que utilizarse datos de otras tablas. Esto es muy útil cuando se realizan tareas de mantenimiento o se quiere normalizar una tabla que tenía una estructura no ideal. Para ello, se insertarán datos a través de una sentencia SELECT que será la que obtenga los datos. De momento se explicará de forma muy básica. En los siguientes apartados se estudiará mejor la manera de utilizar las sentencias SELECT.

La sintaxis es la siguiente:

```
INSERT INTO tabla
(campo1, campo2, campo3)
SELECT elemento1, elemento2, elemento3
FROM otra_tabla;
```

En vez de utilizar VALUES, lo que se hace es añadir una consulta debajo. Primero se especifican los campos y la consulta debe tener los campos exactamente en el mismo orden. Los tipos de datos deben ser compatibles.

De esta manera se insertarán en la tabla "tabla" los resultados de la consulta realizada.

Importante

No es necesario que sean idénticos, pero deben ofrecer la posibilidad de ser utilizados.

Esto es muy útil cuando se normalizan tablas o se realizan operaciones complejas. Es mucho más rápido insertar filas utilizando una SELECT que leer los datos y volverlos a enviar al SGBD con inserciones normales.

4.2. Modificación

La modificación de datos se utiliza para cambiar datos en registros existentes. Para ello se usa la sentencia UPDATE. La sintaxis es la siguiente:

```
UPDATE producto
SET titulo='Máquina de coser SINGER', precio=120
WHERE id=77;
```

Primero, se utilizará la palabra **UPDATE** seguida del nombre de la tabla que va a modificarse. A continuación, la palabra **SET** y la lista de modificaciones que se van a realizar, separadas por comas.

En este caso se modificará el valor de "titulo" y de "precio". Para especificar los valores se deben seguir las mismas reglas que para la inserción de datos.

Por último, se utiliza la palabra **WHERE** para filtrar el o los registros que quieran modificarse. En este caso se modificará solo el producto con id 77. En el apartado de selección de datos se ampliará el uso del WHERE.

Es posible utilizar el propio valor actual del campo para calcular su nuevo valor. También es posible no utilizar la cláusula WHERE, aunque siempre hay que tener cuidado de lo que se modifica. Por ejemplo, vea la siguiente consulta que se utiliza para subir un 10 % el precio de todos los productos:

```
UPDATE producto
SET precio=precio*1.10;
```

Nota

Es posible reutilizar el valor original para realizar operaciones sobre el mismo. Lo que no es posible es utilizar operadores comunes en otros lenguajes como +=, -=, ++ para aplicar cambios directamente. Siempre debe haber un signo igual seguido del nuevo valor.

4.3. Borrado

Para borrar filas se empleará una sintaxis muy parecida a la que se usa para modificarlas, pero sin utilizar la sección SET.

```
DELETE FROM producto WHERE id=99;
```

Primero, se escribe **DELETE FROM** seguido del nombre de la tabla y luego detrás del WHERE se listan las filtraciones que se precisen.

Si quiere vaciarse una tabla es posible, simplemente, dejar la consulta sin WHERE.

Borrar filas es una tarea delicada y siempre hay que tener cuidado de lo que se coloca en el WHERE. Conviene probar primero con una consulta SELECT que lo que se está borrando es correcto.

Un error típico es lanzar sentencias DELETE FROM, olvidando el WHERE. Si se hace sobre una tabla con datos reales, se habrá vaciado la tabla y seguramente no haya vuelta atrás.

Nunca hay que tener la **más mínima prisa** al escribir una sentencia SQL de borrado de filas.

Aplicación práctica

Imagine que se encuentra en una reunión con un cliente, el cual le está explicando cómo debe ser la aplicación que quiere que usted desarrolle. Le ha explicado los siguientes puntos:

Existen platos (de comida), los cuales tienen un precio, un nombre y una serie de ingredientes (cada ingrediente tiene solo un nombre). También se desea guardar la fecha en la que el plato se introdujo en el sistema.

Existen bebidas, las cuales tienen un nombre y un precio.

Existen comandas, las cuales pueden tener varios platos y varias bebidas. Se debe guardar la fecha en que se produjo la comanda.

Cree el modelo de datos mediante el modelo entidad/relación, posteriormente normalice las tablas (si fuera necesario) y cree la base de datos en *MySQL*.

Continúa en página siguiente >>

<< Viene de página anterior

SOLUCIÓN

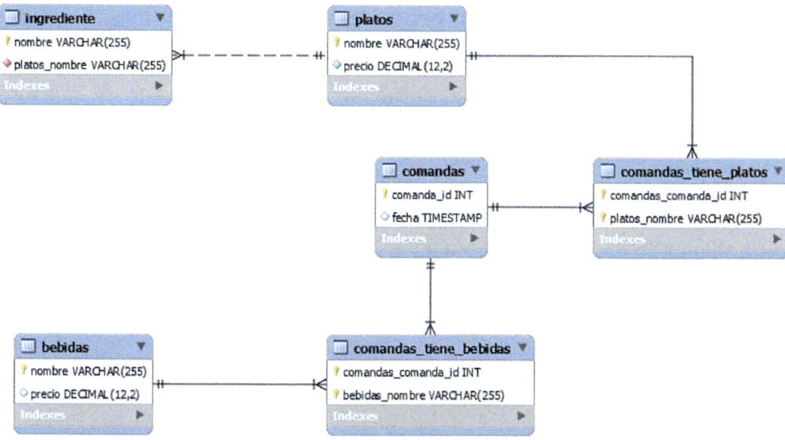

Todo el modelo de datos se encuentra normalizado. Las consultas para crear las tablas serían:

```
CREATE  TABLE IF NOT EXISTS platos (
  nombre VARCHAR(255) NOT NULL ,
  precio DECIMAL(12,2) NOT NULL ,
  PRIMARY KEY (nombre)
) ENGINE = InnoDB;

CREATE  TABLE IF NOT EXISTS ingrediente (
  nombre VARCHAR(255) NOT NULL ,
  platos_nombre VARCHAR(255) NOT NULL ,
  PRIMARY KEY (nombre) ,
  CONSTRAINT fk_ingrediente_platos1 FOREIGN KEY (platos_nombre ) REFERENCES platos (nombre )
) ENGINE = InnoDB;

CREATE  TABLE IF NOT EXISTS bebidas (
  nombre VARCHAR(255) NOT NULL ,
  precio DECIMAL(12,2) NULL ,
  PRIMARY KEY (nombre)
) ENGINE = InnoDB;

CREATE  TABLE IF NOT EXISTS comandas (
  comanda_id INT NOT NULL ,
  fecha TIMESTAMP NULL ,
  PRIMARY KEY (comanda_id)
) ENGINE = InnoDB;

CREATE  TABLE IF NOT EXISTS comandas_tiene_bebidas (
  comandas_comanda_id INT NOT NULL ,
  bebidas_nombre VARCHAR(255) NOT NULL ,
  PRIMARY KEY (comandas_comanda_id, bebidas_nombre) ,
  CONSTRAINT fk_comandas_has_bebidas_comandas1 FOREIGN KEY (comandas_comanda_id ) REFERENCES comandas (comanda_id ),
  CONSTRAINT fk_comandas_has_bebidas_bebidas1 FOREIGN KEY (bebidas_nombre ) REFERENCES bebidas (nombre )
) ENGINE = InnoDB;

CREATE  TABLE IF NOT EXISTS comandas_tiene_platos (
  comandas_comanda_id INT NOT NULL ,
  platos_nombre VARCHAR(255) NOT NULL ,
  PRIMARY KEY (comandas_comanda_id, platos_nombre) ,
  CONSTRAINT fk_comandas_has_platos_comandas1 FOREIGN KEY (comandas_comanda_id ) REFERENCES comandas (comanda_id ),
  CONSTRAINT fk_comandas_has_platos_platos1 FOREIGN KEY (platos_nombre ) REFERENCES platos (nombre )
) ENGINE = InnoDB;
```

5. Consultas

Ahora comienza el apartado más amplio del uso de SQL: las consultas de datos. Hasta ahora se ha tratado cómo crear tablas y manipular sus datos y, a continuación, se estudiará la parte más interesante que es la de consultar esos datos de tal manera que puedan ser utilizados por la aplicación o informe que se esté desarrollando.

La idea general es que se lanza una consulta (que tiene una estructura parecida a los INSERT, UPDATE y DELETE) y el SGBD **devuelve una tabla con las columnas deseadas** y las filtraciones que se hayan especificado.

Importante

En caso de no devolver resultados, el SGBD devuelve una tabla vacía o un mensaje diciendo que no hay resultados (dependiendo de la situación).

Actividades

6. Para aprender a realizar consultas se proponen dos tablas de marcas y modelos de coche. Están estudiadas para permitir realizar multitud de diferentes consultas, por lo que se puede aprender mucho con ellas:

```
CREATE TABLE marca (
  marca_id INT UNSIGNED PRIMARY KEY,
  marca_nombre VARCHAR(255) NOT NULL UNIQUE,
  marca_pais VARCHAR(50) NULL
) ENGINE=InnoDB;

CREATE TABLE modelo (
  modelo_id INT UNSIGNED PRIMARY KEY,
  marca_id INT UNSIGNED,
  modelo_nombre VARCHAR(255) NOT NULL,
  modelo_padre INT UNSIGNED NULL,
  modelo_precio DECIMAL(12, 2) NULL,
  modelo_fecha_lanzamiento DATE,

  CONSTRAINT fk_marca FOREIGN KEY (marca_id) REFERENCES marca(marca_id),
  CONSTRAINT fk_modelo_padre FOREIGN KEY (modelo_padre) REFERENCES modelo(modelo_id)
) ENGINE=InnoDB;

INSERT INTO marca
(marca_id, marca_nombre, marca_pais)
VALUES
(10, 'SEAT', 'España'),
(20, 'Renault', 'Francia'),
(30, 'Audi', 'Alemania'),
(31, 'Volkswagen', 'Alemania'),
(40, 'Ford', 'EEUU');

INSERT INTO modelo
(modelo_id, marca_id, modelo_nombre, modelo_padre, modelo_precio, modelo_fecha_lanzamiento)
VALUES
(1, 10, 'Ibiza', NULL, 15600, '2002-02-20'),
(2, 10, 'Cordoba', 1, 16000, '2002-04-01'),
(5, 20, 'Megane', NULL, 17500, '2008-09-10'),
(6, 20, 'Clio', NULL, 14000, '2012-05-23'),
(7, 20, 'Captur', 6, 15300, '2012-08-10'),
(30, 30, 'A3', NULL, 18000, '2013-07-01'),
(33, 30, 'R8', NULL, NULL, '2010-01-01');
```

Hay una tabla de marcas y otra de modelos. Las marcas tienen un ID (manual), un nombre y un país de origen.

Los modelos son de una marca, tienen un ID y un nombre. Además, pueden tener un modelo que sea el originario, por ejemplo, el Seat Córdoba procede del Seat Ibiza y el Renault Captur procede del Renault Clío. Se tiene su precio (que puede ser desconocido) y una fecha de lanzamiento.

Créelas a mano en su base de datos para poder seguir los ejemplos y ejercicios de esta sección.

5.1. Estructura general de una consulta

A continuación, se mostrará una consulta con bastantes elementos para después analizarla:

```
SELECT marca.marca_id, marca_nombre, COUNT(*) AS total_modelos
FROM marca
INNER JOIN modelo ON modelo.marca_id = marca.marca_id
WHERE marca_pais IS NOT NULL
GROUP BY marca.marca_id, marca_nombre
HAVING COUNT(*) >= 1
ORDER BY total_modelos DESC;
```

Nota

Además de los elementos aquí mostrados, *MySQL* cuenta con la sección LIMIT que sirve para limitar el número de filas devueltas. No es una palabra estándar. Se explicará en detalle más adelante.

Y estos son los resultados que se obtendrían:

```
C:\Program Files\MySQL\MySQL Workbench 8.0 CE\mysql.exe
mysql> SELECT marca.marca_id, marca_nombre, COUNT(*) AS total_modelos
    -> FROM marca
    -> INNER JOIN modelo ON modelo.marca_id = marca.marca_id
    -> WHERE marca_pais IS NOT NULL
    -> GROUP BY marca.marca_id, marca_nombre
    -> HAVING COUNT(*) >= 1
    -> ORDER BY total_modelos DESC;
+----------+--------------+---------------+
| marca_id | marca_nombre | total_modelos |
+----------+--------------+---------------+
|       20 | RENAULT      |             3 |
|       10 | SEAT         |             2 |
|       30 | Audi         |             2 |
+----------+--------------+---------------+
3 rows in set (0.04 sec)

mysql> _
```

Lo que se busca es una lista de marcas junto al número de modelos que tienen. Solo interesan modelos cuyo país tenga un valor y las marcas que tengan más de un modelo.

Simplemente se explicará la estructura de una consulta, entrando en detalle dentro de cada sección a través de los siguientes apartados.

Lo primero es la palabra **SELECT,** a continuación se listan las filas que se quiere que el SGBD devuelva. Después hay que especificar **dónde** se encuentran esos datos. Para ello, se utiliza la palabra **FROM** y los **JOINS.** A continuación, en el WHERE se especifican las condiciones que deben cumplir las filas para ser procesadas o no. Después, se utiliza una agrupación de datos (GROUP BY) en la cual pueden exigirse condiciones extra con el HAVING. Por último, con ORDER BY se ordenan los resultados de la forma que se desee.

Las consultas **siempre terminan con punto y coma.** La sección SELECT es la única que es obligatoria (en *Oracle Database* el FROM también, pero en *MySQL* no).

Las consultas siempre se dividen en:

- Selección de las columnas
- Lista de tablas donde se encuentran esos datos
- Filtraciones sobre los registros
- Posible agrupación con posible condición
- Ordenación de los resultados

Como se aprecia en la imagen con los resultados, *MySQL* devuelve una tabla que contiene las filas deseadas. Cada cliente de la base de datos tratará esa "tabla virtual" de una forma. El cliente de *MySQL* por línea de comandos la muestra de una forma visual al usuario. Un cliente que se conecte mediante Java recibirá los datos en otro formato, por ejemplo.

El SGBD devuelve un objeto compuesto de filas y de columnas y cada cliente se encarga de hacer lo que quiera con él.

5.2. Selección de columnas. Obtención de valores únicos

Este apartado se centra en la parte que va desde el SELECT hasta el FROM. Aquí es donde se **seleccionan las columnas que se desea** que el SGBD devuelva. Para ello, pueden utilizarse campos de tablas, valores simples, funciones o subconsultas (se verán más adelante).

```
C:\Program Files\MySQL\MySQL Workbench 8.0 CE\mysql.exe
mysql> select marca_nombre, NOW(),10, 'Hola'
    -> from marca;
+--------------+---------------------+----+------+
| marca_nombre | NOW()               | 10 | Hola |
+--------------+---------------------+----+------+
| Audi         | 2023-05-13 17:58:44 | 10 | Hola |
| Ford         | 2023-05-13 17:58:44 | 10 | Hola |
| RENAULT      | 2023-05-13 17:58:44 | 10 | Hola |
| SEAT         | 2023-05-13 17:58:44 | 10 | Hola |
| Volkswagen   | 2023-05-13 17:58:44 | 10 | Hola |
+--------------+---------------------+----+------+
5 rows in set (0.00 sec)

mysql> _
```

Lo primero es ocuparse de un campo de la tabla marca y después, de una función del sistema (que devuelve la fecha y hora actuales). Los dos últimos campos son valores especificados manualmente.

Cada columna debe ir **separada por comas.** Si un campo seleccionado se encuentra en varias tablas (por ejemplo, varias tablas con un campo que se llame "id") deberá añadirse el nombre de la tabla delante seguido de un punto (por ejemplo, marca.marca_id).

Lo habitual es seleccionar campos de tablas y funciones que realicen cambios sobre esos valores. Utilizar valores simples es útil a la hora de hacer un INSERT SELECT únicamente.

Nota

El INSERT SELECT es el tipo de inserción en el cual se utilizan los datos devueltos por una consulta SELECT.

Si se quieren devolver todas las filas disponibles, puede utilizarse un asterisco (*) en vez de listar las columnas. Para listar todos los campos de una tabla puede utilizarse nombre_tabla.* Esto es útil en caso de utilizar uniones entre tablas, cuando se muestren datos de una sola tabla, pero es necesario unir varias tablas para filtrar los datos correctos.

Consejo

Cuando vaya a escribir una consulta utilizada por una aplicación informática, evite utilizar los asteriscos. En caso de añadir más campos a las tablas involucradas, las aplicaciones estarían pidiendo más información de la que necesitan, disminuyendo su rendimiento.

Introducir alias a los nombres de las columnas

Es posible que lo que se desee sea establecer nombres personalizados a una columna en particular. Puede ser útil si el nombre es muy complejo (porque se utilicen muchas funciones, por ejemplo) o porque hay varias columnas con el mismo nombre y quieren diferenciarse. Para ello se utilizan los "alias", que consisten en dar nombres personalizados. Por ejemplo, vea la siguiente consulta:

C:\Program Files\MySQL\MySQL Workbench 8.0 CE\mysql.exe

```
mysql> select e1.modelo_nombre AS modelo_hijo, e2.modelo_nombre AS modelo_padre
    -> from modelo e1
    -> inner join modelo e2 on e1.modelo_padre = e2.modelo_id;
+-------------+--------------+
| modelo_hijo | modelo_padre |
+-------------+--------------+
| Córdoba     | Ibiza        |
| Captur      | Clio         |
+-------------+--------------+
2 rows in set (0.00 sec)

mysql> _
```

Aquí se realiza una consulta bastante compleja porque es reflexiva, pero fíjese únicamente en la parte del SELECT. Aquí se dan nombres personalizados utilizando la palabra AS seguido del nombre personalizado.

Si se desea que el nombre personalizado tenga espacios o caracteres extraños habrá que especificar su nombre entre comillas simples. No es muy recomendable establecer nombres extraños porque normalmente lo que se busca con los alias es simplificar los nombres.

Todos los campos seleccionados pueden tener alias. No importa que sean funciones, campos reales, subconsultas o datos fijos.

Actividades

7. De la tabla "hotel", liste todos los nombres. El nombre de la columna devuelta debe ser "nombre".

Obtención de valores únicos

SQL también permite filtrar registros únicos. Esto posibilita, por ejemplo, obtener una lista de países de la tabla "marca" en la cual "Alemania" no debería aparecer repetida. Para ello, se introducirá la palabra distinct justo después de SELECT:

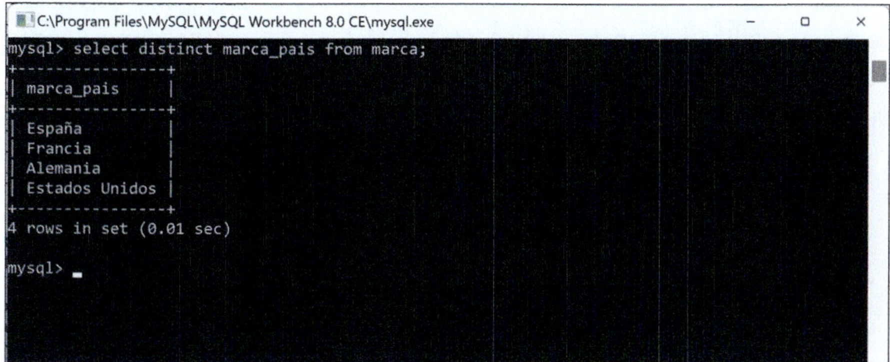

Hay que tener en cuenta una serie de observaciones que causan confusión entre los usuarios inexpertos de SQL:

- Distinct actúa **después** de ejecutarse la consulta. El SGBD primero calcula los resultados y luego va uno a uno detectando duplicados y eliminándolos. Hay que tener en cuenta esto para el rendimiento de la consulta y para saber en qué momento se ejecuta el Distinct.
- Distinct elimina **tuplas duplicadas,** es decir, elimina registros que sean idénticos en todos los campos. En este caso solo había una columna. Si se hiciera SELECT DISTINCT marca_nombre, marca_pais, se obtendría toda la tabla porque no hay ninguna marca con el mismo nombre y mismo país repetido.
- Normalmente se utiliza de manera poco frecuente y para realizar informes. Si la aplicación requiere un uso intensivo del distinct es porque las tablas seguramente no estén normalizadas u optimizadas.
- Existe una variante llamada COUNT DISTINCT, es muy diferente a lo que se está viendo ahora y será tratada en profundidad en la sección de funciones de agrupación.

Limitar filas y paginación de resultados

En estos ejemplos se trabaja con tablas pequeñas, pero es habitual tener que tratar con tablas con cientos de registros o más. En ese caso es habitual contar con paginación, de tal manera que solo se vean los primeros 10 registros, por ejemplo, y se vaya poco a poco navegando por los demás.

Cada SGBD implementa su sistema para permitir esto. En *MySQL* esto se consigue mediante la instrucción LIMIT. LIMIT no es una palabra estándar SQL, hay que tenerlo en cuenta. Siempre se coloca al final de la consulta y puede recibir dos parámetros o uno:

```
SELECT *
FROM modelo
LIMIT 2;

SELECT *
FROM modelo
LIMIT 2, 5;
```

En la primera consulta, *MySQL* devuelve los dos primeros registros únicamente. En la segunda lo que hace es colocarse en la fila número 3 y devolver 5 registros. Hay que tener en cuenta que el número de fila empieza en el número cero.

La primera versión es útil cuando simplemente se quiere obtener una lista limitada de registros, para evitar ver cientos de ellos. La segunda es útil cuando se prefiere navegar a través de los resultados.

Consejo

La utilización de LIMIT es bastante eficiente en *MySQL*. Tan pronto como se devuelven los resultados pedidos, el SGBD para de procesar información, con el consiguiente aumento en el rendimiento.

Actividades

8. Suponiendo que el sistema de reservas muestra páginas de 5 resultados por cada página, escriba la consulta que habría que utilizar para listar la segunda página de resultados.

5.3. Selección de tablas. Enlaces entre tablas

Ahora es preciso ocuparse de la parte comprendida desde el FROM hasta el WHERE. Ahí es donde se especifica **dónde se encuentran los datos** que se van a utilizar en la consulta.

Después de haber pensado qué campos se necesitan, en esta sección hay que plantearse dónde están esos campos. Para ello se listarán en el FROM las tablas en que se encuentran.

En caso de haber varias tablas involucradas, deben utilizarse uniones de tablas (JOINS). En esta sección se verán uniones simples entre tablas, donde se especifican sus condiciones de manera sencilla.

He aquí un ejemplo de utilización del FROM:

```
C:\Program Files\MySQL\MySQL Workbench 8.0 CE\mysql.exe
mysql> SELECT marca.marca_nombre, modelo.modelo_nombre
    -> FROM marca, modelo
    -> WHERE marca.marca_id = modelo.marca_id;
+--------------+---------------+
| marca_nombre | modelo_nombre |
+--------------+---------------+
| Audi         | A3            |
| Audi         | R8            |
| RENAULT      | Megane        |
| RENAULT      | Clio          |
| RENAULT      | Captur        |
| SEAT         | Ibiza         |
| SEAT         | Córdoba       |
+--------------+---------------+
7 rows in set (0.00 sec)

mysql>
```

Aquí se utilizan dos tablas: la de marcas y la de modelos. Es necesario utilizar un WHERE para especificar la relación entre las tablas, de lo contrario se obtendría un resultado que no tendría sentido. En la sección de uniones entre tablas se ahondará en este aspecto.

En el FROM deben listarse las tablas involucradas separadas por comas. Pueden añadirse alias exactamente igual que en el SELECT. Serán útiles si los nombres de las tablas son largos o si se necesita realizar una consulta reflexiva en la que la misma tabla se utilice dos veces para poder diferenciarlas.

```
C:\Program Files\MySQL\MySQL Workbench 8.0 CE\mysql.exe
mysql> SELECT marca.marca_nombre, marca.marca_pais
    -> FROM marca AS lista_de_marcas;
ERROR 1054 (42S22): Unknown column 'marca.marca_nombre' in 'field list'
mysql>
```

Importante

Si se le da un alias a una tabla ya no será posible referirse a esa tabla por su nombre original.

Aquí se da a "marca" el alias de "lista_de_marcas", ya no resulta posible referirse a esa tabla como "marca" porque no está en la lista de tablas utilizadas.

En el FROM es posible, además de tablas, especificar subconsultas que contengan los datos a utilizar, esto se verá al llegar a la sección sobre las subconsultas.

Nota

Técnicamente no es necesario utilizar la palabra AS. Simplemente con especificar un nombre tras un espacio ya se aplica el alias. Aunque por cuestiones de legibilidad, es mucho mejor utilizar la palabra AS.

Actividades

9. Escriba una consulta que muestre el nombre del hotel, el nombre del cliente, la fecha de inicio de la reserva y la fecha de fin en una tabla.

Seleccionar tablas de otra base de datos

Es posible seleccionar tablas que se encuentren en una base de datos que no sea la actual. Para ello, delante del nombre de la tabla hay que indicar el nombre de la base de datos seguido de un punto. De esta manera, se indica la ruta a seguir para saber dónde se encuentra la tabla.

Por ejemplo, si estuviéramos en una base de datos distinta y se quisieran listar todas las marcas, se haría lo siguiente:

```
SELECT * FROM tienda.marca;
```

Simplemente se indica el nombre de la base de datos delante. Así es posible realizar **enlaces entre bases de datos** que se encuentren en el mismo servidor. Para que esto funcione, el usuario debe tener **permisos para acceder a ambas bases de datos.**

5.4. Condiciones. Funciones útiles en la definición de condiciones

Ahora es el turno de la parte del WHERE, posiblemente la más amplia en contenido. Tras la palabra WHERE se listará la **lista de condiciones** que deben cumplir los datos para ser devueltos por el SGBD.

Aquí puede utilizarse toda la lógica de condiciones habitual en cualquier lenguaje de programación, aunque siguiendo la sintaxis de SQL. Es posible utilizar condiciones AND y OR, además de utilizar paréntesis para agrupar esas condiciones.

Para mostrarlo, se enseña una consulta que lista los modelos que sean de España o Francia y además valgan entre 14.000 € y 16.000 € (ambos inclusive):

```
SELECT marca.marca_nombre, modelo.modelo_nombre
FROM marca, modelo
WHERE marca.marca_id = modelo.marca_id
AND (
  marca.marca_pais = 'España'
  OR marca.marca_pais = 'Francia'
)
AND modelo_precio >= 14000
AND modelo_precio <= 16000;
```

Consejo

Al mezclar las cláusulas de filtración AND y OR, utilice paréntesis, de lo contrario la comprobación puede devolver resultados incorrectos. Puede utilizar todos los paréntesis que desee en una consulta.

Como se aprecia, pueden agruparse entre paréntesis las distintas condiciones. Utiliza el mismo método que cualquier lenguaje de programación, por lo que con un poco de experiencia se dominará sin problema.

Criterios de igualdad

Para determinar si un valor cumple una condición se utilizarán comparadores de igual (=), distinto (<>), mayor que (>), menor que (<), mayor o igual que (≥) y menor o igual que (≤). Cabe destacar que el igual utiliza un único signo igual, a diferencia de muchos lenguajes de programación que utilizan un doble signo igual. Esto es así aquí porque no hay lugar a ambigüedades y un único signo es válido. El símbolo de distinto estándar es <>, aunque la mayoría de SGBD también aceptan el común exclamación igual (!=).

Se debe utilizar AND y OR. No es posible utilizar (&&) o (||) como en otros lenguajes.

Utilidad BETWEEN

En ocasiones resulta útil comprobar si un valor se encuentra dentro de un **rango de valores.** Estos valores pueden ser numéricos, de fecha o de texto. Siguiendo un ejemplo parecido al anterior, podrían seleccionarse los modelos que valgan entre 14.000 € y 16.000 € de una manera más simplificada:

```
SELECT marca.marca_nombre, modelo.modelo_nombre
FROM marca, modelo
WHERE marca.marca_id = modelo.marca_id
AND modelo_precio BETWEEN 14000 AND 16000;
```

Los valores que se incluyan en el BETWEEN son inclusivos. Es decir, un modelo con precio 14.000 € o un modelo con precio 16.000 € pasarían la condición.

Además de valores escritos manualmente puede utilizarse el valor de otras columnas ahí; incluso pueden realizarse subconsultas.

Actividades

10. Escriba una consulta que liste las reservas cuyo precio sea mayor que 40.
11. Escriba una consulta que liste las reservas cuyo precio se encuentre entre 30 y 100.

Palabra NOT

Delante de una condición la palabra **NOT** invierte el resultado de esa condición de tal manera que si devolvía verdadero ahora devolverá falso y viceversa.

Ejemplo

Un NOT BETWEEN obliga a que el valor no se encuentre dentro de ese rango de valores.

A continuación, se muestran ejemplos de uso de esta instrucción con distintas funciones.

Utilidad IN

Esta es una simplificación cuando se quiere comprobar que un valor se encuentra dentro de una lista ya conocida de valores. Por ejemplo, obtener la lista de modelos que sean de España o Francia sería más simple de la siguiente manera:

```
SELECT marca.marca_nombre, modelo.modelo_nombre
FROM marca, modelo
WHERE marca.marca_id = modelo.marca_id
AND marca_pais IN ('España', 'Francia');
```

Dentro del IN se listan los posibles valores separados por comas. Si son cadenas de texto o fechas, deben estar entre comillas simples.

Es posible utilizar NOT IN() para devolver las filas que no cumplan esa condición. Por ejemplo, devolver todos los modelos que no sean de Francia ni de España.

Consejo

Las utilidades BETWEEN e IN simplifican mucho las consultas y las hacen mucho más legibles. Además, pueden llegar a ser más rápidas que escribir las condiciones a mano utilizando AND y OR.

Utilidad IS

A continuación, se estudiará más en profundidad el tratamiento de valores nulos, pero la función IS se utiliza para verificar si un valor es nulo o no.

La mayor peculiaridad es que la palabra **NOT** se suele incluir delante de la condición a evaluar excepto con la función IS, en la cual se añade después para que sea **más natural su lectura.**

Vea un ejemplo que muestra los modelos en los que el precio no sea nulo:

```
SELECT marca.marca_nombre, modelo.modelo_nombre
FROM marca, modelo
WHERE marca.marca_id = modelo.marca_id
AND modelo_precio IS NOT NULL;
```

Utilizar modelo_precio = NULL sería incorrecto. No se obtendría ningún resultado. La evaluación daría falso siempre para todos los registros.

Utilidad LIKE

Para búsquedas no exactas de datos puede recurrirse a la utilidad LIKE. Sirve solamente para cadenas de texto, aunque *MySQL* las soporta para fechas también —lo cual se sale del estándar—.

Lo que hace LIKE es filtrar filas cuyos valores **contengan** lo que se quiere buscar. Su sintaxis es la siguiente:

```
SELECT marca.marca_nombre, modelo.modelo_nombre
FROM marca, modelo
WHERE marca.marca_id = modelo.marca_id
AND modelo_nombre LIKE '%a%';

SELECT marca.marca_nombre, modelo.modelo_nombre
FROM marca, modelo
WHERE marca.marca_id = modelo.marca_id
AND modelo_nombre LIKE '%a';

SELECT marca.marca_nombre, modelo.modelo_nombre
FROM marca, modelo
WHERE marca.marca_id = modelo.marca_id
AND modelo_nombre LIKE 'a%';

SELECT marca.marca_nombre, modelo.modelo_nombre
FROM marca, modelo
WHERE marca.marca_id = modelo.marca_id
AND modelo_nombre LIKE 'c___';

SELECT marca.marca_nombre, modelo.modelo_nombre
FROM marca, modelo
WHERE marca.marca_id = modelo.marca_id
AND modelo_nombre LIKE '%i_';
```

Entre comillas debe especificarse la condición a buscar. Si la búsqueda incluye una comilla habrá que escaparla.

El operador % significa "lo que sea en esa posición". Desde cero a muchos caracteres. El operador _ significa "un carácter cualquiera en esa posición". Debe haber al menos un carácter.

Consejo

Trate de dominar las búsquedas del tipo '%a%' y 'a%' puesto que son las más comunes en el mundo real.

La explicación de cada consulta del ejemplo es la siguiente:

- Todos los modelos cuyo nombre contenga una "a". Esto es así porque delante y detrás pueden tener lo que sea. La única condición es que haya una a, lo demás da igual.
- Todos los modelos cuyo nombre acabe en "a". Esto es así porque delante puede haber lo que sea, pero la última letra debe ser una a, porque no hay nada después.
- Todos los modelos que empiecen por "a". Es un caso similar al anterior.
- Todos los modelos cuyo nombre empiece por "c" y tengan cuatro letras. Esto es así porque la primera letra debe ser "c" y luego debe haber exactamente tres caracteres más, los que sean.
- Modelos que acaben con la letra "i" y cualquier otra letra. Solo el Renault Clío cumple esa condición.

Cabe destacar que *MySQL* normalmente **no distingue entre mayúsculas y minúsculas** en este tipo de comprobaciones a menos que se desee explícitamente.

Es posible añadir la palabra **NOT** delante de **LIKE** para filtrar las filas que no cumplan esa condición.

Si la búsqueda incluye un guion bajo o un signo de porcentaje habrá que escaparlo. Esto se hace añadiendo un carácter de escape delante (la barra invertida).

Actividades

12. Quiere validarse que en el campo de correo electrónico de las reservas, el valor sea correcto. Para ello, escriba una consulta que liste las direcciones de e-mail que no contengan el carácter de arroba (@).

Utilización de funciones del sistema

Al igual que en el SELECT, en el WHERE es común utilizar **funciones del sistema** para realizar las comprobaciones. Las funciones disponibles las veremos en más detalle en la sección de funciones, simplemente mencionamos aquí que es posible utilizarlas sin problema.

Utilidades para filtrar resultados de subconsultas

Al utilizar subconsultas se pueden emplear más filtraciones como EXISTS, ALL, ANY y SOME, las cuales se tratarán en el apartado de subconsultas.

5.5. Significado y uso del valor null

El SGBD debe proporcionar un tratamiento específico y eficiente para los valores nulos.

Un valor nulo representa la ausencia de valor. Por ejemplo, no es lo mismo tener 0 puntos en el carné de conducir que directamente no tener carné de conducir. Uno contiene un valor vacío (0) y otro es una **ausencia de valor** (no tiene 0 puntos, simplemente no tiene carné).

No es posible hacer una comprobación simple para ver si un campo contiene NULL. Por ejemplo, de estas dos consultas solo la segunda devuelve resultados:

```
SELECT marca.marca_nombre, modelo.modelo_nombre
FROM marca, modelo
WHERE marca.marca_id = modelo.marca_id
AND modelo_precio = NULL;

SELECT marca.marca_nombre, modelo.modelo_nombre
FROM marca, modelo
WHERE marca.marca_id = modelo.marca_id
AND modelo_precio IS NULL;
```

Una comprobación en la que uno de los dos extremos tenga el valor NULL siempre dará como resultado NULL, lo cual se evalúa como falso en el WHERE.

Para comprobar que un valor sea nulo es preciso usar la utilidad IS y IS NOT.

Existe una función útil para el manejo de valores nulos llamada IFNULL (campo, valor). Lo que hace esta función es comprobar si el campo contiene un valor nulo. En caso positivo devolverá el valor que se haya especificado como segundo parámetro. Si no es nulo utilizará su valor original:

```
SELECT marca.marca_nombre, modelo.modelo_nombre, IFNULL(modelo_precio, 'N/A') AS precio
FROM marca, modelo
WHERE marca.marca_id = modelo.marca_id;
```

Los valores nulos siempre se tratan de forma especial. Si se quisieran filtrar modelos cuyo precio fuera inferior a 16.000 € el registro con precio nulo no sería devuelto a menos que se pida específicamente.

Nota

Cualquier operación con un valor nulo devolverá NULL.

NULL + 30 => NULL.

NULL = NULL => NULL

NULL < 0 => NULL

Para poder tratar con los valores de una forma controlada hay que utilizar las funciones aquí mencionadas.

5.6. Ordenación del resultado de una consulta

La última parte de una consulta simple es la ordenación de los datos. El modelo relacional no se preocupa de en qué orden se guardan los datos en la base de datos. El SGBD no mantiene un orden específico y devuelve las filas conforme las va encontrando.

Esto es útil y válido desde el punto de vista del modelo relacional, pero para los seres humanos no lo es tanto, porque queremos ver los datos de una manera legible. Para ello, se utiliza la cláusula ORDER BY, la cual permite establecer el orden en que se quiere que los resultados sean devueltos.

El ORDER BY es lo último que debe especificarse en una consulta. Puede ordenarse por más de una columna, por ejemplo, ordenar primero por apellido 1, luego por apellido 2 y luego por nombre. Para ello, se especifica cada columna seguida del tipo de orden (ascendente o descendente):

```
SELECT marca.marca_nombre, modelo.modelo_nombre, modelo_precio
FROM marca, modelo
WHERE marca.marca_id = modelo.marca_id
ORDER BY marca_nombre ASC, modelo_precio DESC;
```

ASC significa ascendente y DESC descendente. El orden por defecto es ASC. Se añade aquí para aumentar la legibilidad, pero la palabra **ASC** es en sí redundante.

Importante

Cabe destacar el tratamiento de los valores nulos. Al ordenar por una columna con nulos, los valores nulos siempre irán al final.

Aplicación práctica

Se encuentra desarrollando una aplicación informática que utiliza la siguiente tabla de nombre "ciudades" (mostramos sólo un ejemplo de los primeros registros de la misma):

ID	Nombre	CodigoPais	Distrito	Poblacion
1	Kabul	AFG	Kabol	1780000
2	Qandahar	AFG	Qandahar	237500
3	Herat	AFG	Herat	186800
4	Mazar-e-Sharif	AFG	Balkh	127800
5	Amsterdam	NLD	Noord-Holland	731200
6	Rotterdam	NLD	Zuid-Holland	593321
7	Haag	NLD	Zuid-Holland	440900
8	Utrecht	NLD	Utrecht	234323
9	Eindhoven	NLD	Noord-Brabant	201843
10	Tilburg	NLD	Noord-Brabant	193238
11	Groningen	NLD	Groningen	172701
12	Breda	NLD	Noord-Brabant	160398
13	Apeldoorn	NLD	Gelderland	153491
14	Nijmegen	NLD	Gelderland	152463
15	Enschede	NLD	Overijssel	149544
16	Haarlem	NLD	Noord-Holland	148772
17	Almere	NLD	Flevoland	142465
18	Arnhem	NLD	Gelderland	138020
19	Zaanstad	NLD	Noord-Holland	135621
20	´s-Hertogenbosch	NLD	Noord-Brabant	129170
21	Amersfoort	NLD	Utrecht	126270
22	Maastricht	NLD	Limburg	122087
23	Dordrecht	NLD	Zuid-Holland	119811
24	Leiden	NLD	Zuid-Holland	117196
25	Haarlemmermeer	NLD	Noord-Holland	110722
26	Zoetermeer	NLD	Zuid-Holland	110214
27	Emmen	NLD	Drenthe	105853
28	Zwolle	NLD	Overijssel	105819
29	Ede	NLD	Gelderland	101574
30	Delft	NLD	Zuid-Holland	95268

Continúa en página siguiente >>

<< Viene de página anterior

Por necesidades del sistema, debe sacar listados de ciudades con los siguientes parámetros:

- Ciudades con una población entre 500.000 y un millón.
- Ciudades cuyo código de país empiece por con la letra "A".
- Mostrar las 10 ciudades con más población.
- Mostrar las ciudades cuyo código de país sea "ESP" y tengan menos de 100.000 habitantes.

SOLUCIÓN

```
SELECT *
FROM ciudades
WHERE Poblacion BETWEEN 500000 AND 1000000;

SELECT *
FROM ciudades
WHERE CodigoPais LIKE 'A%';

SELECT *
FROM ciudades
ORDER BY Poblacion DESC
LIMIT 10;

SELECT *
FROM ciudades
WHERE CodigoPais = 'ESP'
AND Poblacion < 100000;
```

Actividades

13. Escriba una consulta que muestre las reservas por orden de precio: el más caro primero y el más barato después. En caso de tener igual precio, se ordenará alfabéticamente por el nombre del cliente.

6. Conversión, generación y manipulación de datos

Todos los SGBD incorporan una serie de funciones que facilitan la manipulación y consulta de los datos de la base de datos.

Nota

La lista de funciones que trae el SQL estándar es muy limitada y cada SGBD las interpreta de una manera a veces distinta.

Aquí se verán las funciones del SQL estándar más habituales y además, se tratarán algunas funciones exclusivas de *MySQL;* siempre especificando cuáles son estándar y cuáles no.

Como en cualquier lenguaje de programación, las funciones son componentes informáticos que **reciben** una cantidad de **parámetros** X y que **devuelven un resultado.** Aquí la sintaxis es la siguiente: SUBSTR (modelo_pais, 1, 2). Substr es el nombre de la función, entre paréntesis y separados por comas van los parámetros. Es posible que una función no reciba parámetros, en ese caso se abren y cierran paréntesis, por ejemplo: NOW ().

6.1. Funciones para la manipulación de cadenas de caracteres

A continuación, se explicarán las funciones más habituales utilizadas para manipular cadenas de caracteres (texto).

Concatenación

El SQL estándar especifica que debe ser posible contar con una manera de concatenar cadenas de texto (unir varias cadenas en una sola). No obstante, cada SGBD utiliza un método diferente para conseguir el mismo resultado.

En *MySQL* se cuenta con la función CONCAT(), la cual recibe un número arbitrario de parámetros (desde dos hasta el infinito) y devuelve una cadena de texto única formada por todos sus parámetros.

```
SELECT CONCAT(marca.marca_nombre, ' ', modelo.modelo_nombre)
FROM marca, modelo
WHERE marca.marca_id = modelo.marca_id;
```

En esta consulta se obtiene en una sola columna la marca y el modelo, separados por un espacio.

Función LOWER y UPPER

Estas funciones son muy sencillas y comunes a todos los SGBD. Lo que hacen es convertir una cadena completa en minúsculas (LOWER) o mayúsculas (UPPER).

Función SUBSTRING

Sirve para cortar cadenas grandes de texto, algo útil cuando solo interesa quedarse con una parte de la misma.

La sintaxis estándar utiliza FROM y FOR. *MySQL,* además, soporta otra sintaxis más sencilla en la que se suprimen esas palabras.

La idea es seleccionar el campo a utilizar, donde empezar la nueva cadena y el número de caracteres a devolver (todos si no se especifica). El lugar donde empezar a cortar es un valor numérico que **comienza en 1** y va aumentando a medida que se avanza a través de la cadena.

A continuación, se muestran las dos sintaxis. Las dos primeras consultas hacen lo mismo y las dos últimas, también.

```
SELECT SUBSTRING(marca_nombre FROM 2)
FROM marca;

SELECT SUBSTRING(marca_nombre, 2)
FROM marca;

SELECT SUBSTRING(marca_nombre FROM 1 FOR 3)
FROM marca;

SELECT SUBSTRING(marca_nombre, 1, 3)
FROM marca;
```

En las dos primeras se devuelve el nombre de la marca quitando el primer carácter. El 2 es donde se empieza, que es en el segundo carácter (porque el primero no hace falta).

En las dos segundas se obtienen las primeras tres letras del nombre de la marca. Para ello, se empieza por el primer carácter (1) y luego se obtienen 3 caracteres.

Función TRIM

Cuando los datos provienen de los usuarios es muy común que contengan espacios o saltos de línea al principio o al final de las cadenas de texto. Esto es así bien porque el propio usuario no se da cuenta (no es visible para ellos), bien porque el propio sistema añade un salto de línea (en línea de comandos es algo habitual). También es muy típico que al copiar y pegar texto de un lugar a otro, se cuele el espacio de la palabra anterior o siguiente.

Para ello, se recurre a la función TRIM, que recibe una cadena de texto y elimina espacios y saltos de línea al principio y final de la misma.

Importante

MySQL proporciona otras funciones llamadas LTRIM y RTRIM que eliminan solamente los espacios a la izquierda o derecha respectivamente.

Función LENGTH

La función LENGTH recibe una cadena de texto como parámetro y devuelve un número entero, indicando el número de caracteres que la componen.

Función REPLACE

En cada SGBD tiene una sintaxis distinta y en algunos ni siquiera está disponible. En *MySQL* se trata de una función que recibe una cadena de texto, un valor a buscar y un valor de reemplazo:

```
SELECT REPLACE(modelo_nombre, 'o', 'a')
FROM modelo;
```

Aquí se reemplazan todas a las "oes" por "aes".

Cabe destacar que en esta función que el valor esté en mayúsculas o minúsculas sí afecta, algo que no ocurre al hacer una comprobación en un LIKE o un igual.

Consejo

Todas las funciones de cadenas de texto que se han visto son muy utilizadas y es importante dominarlas. Son realmente útiles.

Aplicación práctica

Partiendo de la siguiente tabla de nombre "clientes", ejecute las siguientes consultas:

Nombre	Apellidos
JOSÉ MARÍA	PÉREZ SALAS
ALBERTO	Gómez Pérez
María	Sánchez Menéndez

Consulta que muestre todos los nombres y apellidos en mayúscula.

1. **Consulta que muestre al cliente cuyo nombre ocupe más caracteres.**
2. **Los nombres y los apellidos vienen directamente desde un formulario web. Por lo que pueden contener espacios donde no debieran. Muestre los nombres y apellidos sin espacios extra.**

SOLUCIÓN

```
SELECT UPPER(Nombre) AS Nombre, UPPER(Apellidos) AS Apellidos
FROM clientes;

SELECT * FROM clientes ORDER BY LENGTH(Nombre) DESC LIMIT 1;

SELECT TRIM(Nombre) AS Nombre, TRIM(Apellidos) AS Apellidos
FROM clientes;
```

Actividades

14. Escriba una consulta que muestre una lista de reservas. Se quiere devolver una tabla compuesta por el id de la reserva y otra columna con el nombre del cliente, pero en mayúsculas y solo los primeros 8 caracteres.
15. Escriba una consulta que devuelva la lista de nombres de hoteles. Los nombres deben estar en minúscula y no debe haber espacios. Estos deben ser reemplazados por guiones bajos.

6.2. Funciones para la manipulación de números

Existen muchas funciones matemáticas para trabajar con números. Hay tantas que aquí se tratarán las más comunes.

Si fuera necesario realizar operaciones matemáticas más complicadas siempre puede consultarse el manual del SGBD para conocerlas todas. La mayoría reciben un número o dos y devuelven otro número.

Consejo

ABS es muy útil para ordenar por proximidad de un valor numérico. Por ejemplo, para ver coches con el precio más cercano a 14.000 €, se haría ORDER BY ABS(14000 – modelo_precio) ASC; así se obtendrían los modelos ordenados por diferencia de precio, tanto por arriba como por abajo.

Función	Ejemplo	Resultado ejemplo	Explicación
ABS (numero)	ABS(12-13)	1	Devuelve el valor absoluto de un número. Convierte negativo en positivo.
CEIL/CEILING (numero_decimal)	CEIL(12.01)	13	Realiza un redondeo hacia arriba. Devuelve el número entero más cercano sin ser inferior.
FLOOR (numero_decimal)	FLOOR(12.99)	12	Redondea hacia abajo. Devuelve el número entero más cercano sin ser mayor.
GREATEST (num1, num2)	GREATEST(10,20)	20	Devuelve el valor mayor recibido por parámetros.
LEAST (num1, num2)	LEAST(10, 20)	10	Devuelve el menor número recibido por parámetros.
MOD (num1, num2)	MOD(3, 2)	1	Devuelve el resto al dividir num1 entre num2.
ROUND (num, precisión)	ROUND(1.30) ROUND(1.298, 1) ROUND(24.93, -1)	1 1.3 20	Redondea al número más cercano. Si se da un segundo parámetro redondea hasta X decimales. Si el segundo parámetro es negativo redondea X dígitos hacia la izquierda.

Actividades

16. Escriba una consulta que muestre las reservas cuyo precio se aproxime más a 40. Muestre las 3 reservas que más se acerquen.
17. Escriba una consulta que aplique un 10 % de descuento sobre el precio pagado. No se desean decimales. Si los hay, que se redondee hacia abajo.

Aplicación práctica

Partiendo de la siguiente tabla de nombre "productos", escriba las siguientes consultas SQL:

Producto	Precio
Cortacésped	202.50
Sierra eléctrica	159.99
Motosierra	252.40

1. **Consulta que devuelva el producto cuyo precio se acerque más a 210.**
2. **Consulta que devuelva los productos con su precio redondeado a la cifra entera más cercana.**
3. **Consulta que devuelva los productos cuyo precio sea divisible entre dos.**

SOLUCIÓN

```
SELECT * FROM productos ORDER BY ABS(Precio - 210) ASC LIMIT 1;

SELECT Producto, ROUND(Precio) FROM productos;

SELECT * FROM productos WHERE MOD(Precio, 2) = 0;
```

6.3. Funciones de fecha y hora

Tratar con fechas siempre es algo engorroso. Afortunadamente, SQL proporciona algunas funciones estándar que facilitan mucho la vida.

Las fechas siempre se devuelven y reciben en el formato de fechas por defecto del SGBD. En *MySQL* es YYYY-MM-DD HH:MM:SS (año, mes, día hora, minuto y segundo) por defecto (aunque se puede cambiar).

Obtener fecha y hora actuales

Hay muchas funciones para esto y muchas de ellas están duplicadas (tienen el mismo comportamiento pero distinto nombre), por lo que se mostrará un ejemplo de cada tipo:

- CURDATE() devuelve la fecha actual (sin la hora).
- CURTIME() devuelve la hora actual (sin fecha).
- NOW() devuelve la fecha y hora actuales.

Funciones que devuelven los componentes de una fecha/hora

Se cuenta con una función diferente para cada componente de una fecha (SECOND, MINUTE, HOUR, DAY, MONTH, YEAR). Reciben una fecha como parámetro y devuelven un número entero con su valor. Resulta útil, por ejemplo, para filtrar por registros introducidos durante este año.

Es posible anidar llamadas a funciones, por lo que se podría obtener la lista de modelos lanzados este mismo año de la siguiente manera:

```
SELECT marca.marca_nombre, modelo.modelo_nombre, modelo.modelo_fecha_lanzamiento
FROM marca, modelo
WHERE marca.marca_id = modelo.marca_id
AND YEAR(modelo_year_lanzamiento) = YEAR(NOW());
```

Están fuera del estándar, pero *MySQL* proporciona, además, las funciones WEEK y WEEKDAY. Dependiendo de la configuración del sistema, WEEKDAY devolverá un número del 1 al 7 o del 0 al 6. Dependiendo también de la configuración, WEEK devolverá un número entre el 0 y el 53 o del 1 al 53.

Importante

WEEKDAY retorna el número de día dentro de la semana de una fecha. WEEK retorna el número de la semana en que se encuentra una fecha.

Funciones para calcular fechas

Es muy común la generación de fechas dinámicamente. Por ejemplo, para realizar una aplicación que muestre una gráfica con la ocupación de un hotel para la semana pasada. Cada día que pase, la fecha cambiará, pero los requisitos de la aplicación serán siempre los mismos: mostrar datos de la semana pasada.

Para eso existen funciones que realizan cálculos de fecha. Casi ninguna está en el estándar de SQL, así que se explicarán las aplicables a *MySQL* directamente.

DATEDIFF()

Devuelve el número de días que hay entre dos fechas. Recibe dos fechas por parámetros y devuelve un número entero.

DATE_ADD()

Dada una fecha, añade un intervalo de tiempo a la misma. Puede sumar o restar tiempo, según las necesidades. Vea un caso de uso:

```
SELECT * FROM productos ORDER BY ABS(Precio - 210) ASC LIMIT 1;
SELECT Producto, ROUND(Precio) FROM productos;
SELECT * FROM productos WHERE MOD(Precio, 2) = 0;
```

Aquí interesa ver los modelos que se lanzaron en los últimos 4 años —sin importar en qué año nos encontremos actualmente—. Para eso se suman 4 años a la fecha de lanzamiento. Si sigue siendo superior a la actual, querrá decir que es menor a 4 años.

La sintaxis es la siguiente: el primer parámetro es la fecha que quiere manipularse. El segundo parámetro empieza con la palabra INTERVAL seguida de un número (positivo o negativo) seguido del nombre de intervalo a añadir (las opciones son MICROSECOND, SECOND, MINUTE, HOUR, DAY, WEEK, MONTH, QUARTER, YEAR). Esta palabra debe ir en singular siempre.

FROM_UNIXTIME()

Con esto se utiliza un *timestamp* de UNIX como valor de fecha. Los *timestamps* de UNIX son números enteros que representan el número de segundos transcurridos desde el 1 de enero de 1970.

Importante

Es muy común su utilización en el desarrollo de aplicaciones informáticas. Esta función recibe un número entero y devuelve una fecha válida.

UNIX_TIMESTAMP()

Es la función contraria a la anterior. Recibe una fecha válida y devuelve un número entero con el *timestamp* de UNIX.

Funciones de formateo de fechas

MySQL utiliza su formato por defecto para mostrar fechas. Este formato por defecto es muy bueno porque permite **ordenar alfabéticamente las fechas** de forma que queden ordenadas también en el tiempo. Es bueno para un programador o para una máquina, pero a ningún usuario le gusta ver una fecha así: por ejemplo, 2023-02-03 23:49:44.

Para ello se cuenta con las funciones que permiten formatear las fechas cómodamente.

DATE_FORMAT()

Recibe una fecha y un parámetro de formato y devuelve una cadena de texto con la fecha formateada. El formato es una cadena de texto con una serie de códigos que son reemplazados por su valor. Vea la lista de variables disponibles:

Variable	Descripción
%a	Día de semana abreviado (Sun..Sat)
%b	Mes abreviado (Jan..Dec)
%c	Mes, numérico (0..12)
%D	Día del mes con sufijo inglés (0th, 1st, 2nd, 3rd, ...)
%d	Día del mes numérico (00..31)
%e	Día del mes numérico (0..31)
%f	Microsegundos (000000..999999)
%H	Hora (00..23)
%h	Hora (01..12)
%I	Hora (01..12)
%i	Minutos, numérico (00..59)
%j	Día del año (001..366)
%k	Hora (0..23)
%l	Hora (1..12)
%M	Nombre mes (January..December)
%m	Mes, numérico (00..12)

Continúa en página siguiente >>

<< Viene de página anterior

Variable	Descripción
%p	AM o PM
%r	Hora, 12 horas (hh:mm:ss seguido de AM o PM)
%S	Segundos (00..59)
%s	Segundos (00..59)
%T	Hora, 24 horas (hh:mm:ss)
%U	Semana (00..53), donde domingo es el primer día de la semana
%u	Semana (00..53), donde lunes es el primer día de la semana
%V	Semana (01..53), donde domingo es el primer día de la semana; usado con %X
%v	Semana (01..53), donde lunes es el primer día de la semana; usado con %x
%W	Nombre día semana (Sunday..Saturday)
%w	Día de la semana (0=Sunday..6=Saturday)
%X	Año para la semana donde domingo es el primer día de la semana, numérico, cuatro dígitos; usado con %V
%x	Año para la semana, donde lunes es el primer día de la semana, numérico, cuatro dígitos; usado con %v
%Y	Año, numérico, cuatro dígitos
%y	Año, numérico (dos dígitos)
%%	Carácter '%' literal

Consejo

Esta función es bastante útil y potente, aunque lo habitual es tratar con las fechas en su formato original en cada aplicación de la base de datos. Sobre todo si se trata de una aplicación multi-idioma, porque *MySQL* siempre devolverá las fechas en inglés. Lo normal es hacer una consulta SQL con el formato estándar y aplicar los cambios en el cliente.

Los nombres de día y mes están en inglés. Si es necesaria una aplicación multi-idioma tal vez convenga más procesar la fecha en el cliente de la base de datos.

Ejemplo de cómo mostrar la fecha 2023-10-03 20:04:59 como 3/10/2023:

```
C:\Program Files\MySQL\MySQL Workbench 8.0 CE\mysql.exe
mysql> SELECT DATE_FORMAT ('2023-10-03 20:04:59', '%e/%c/%Y');
+--------------------------------------------+
| DATE_FORMAT ('2023-10-03 20:04:59', '%e/%c/%Y') |
+--------------------------------------------+
| 3/10/2023                                  |
+--------------------------------------------+
1 row in set (0.00 sec)

mysql>
```

Es simplemente cuestión de jugar con los posibles formatos para ver todo lo que puede hacerse con esta función.

STR_TO_DATE

Esta función es completamente inversa a DATE_FORMAT(). Recibe lo que DATE_FORMAT() devuelve y devuelve lo que DATE_FORMAT() recibe.

Importante

Su función es recibir una fecha formateada de forma especial y convertirla en una fecha *MySQL* válida.

Conversión de "Saturday, 28th of October, 2023" a *MySQL:*

```
C:\Program Files\MySQL\MySQL Workbench 8.0 CE\mysql.exe
mysql> SELECT STR_TO_DATE ('Saturday, 28th of October, 2023', '%W, %D of %M, %Y');
+---------------------------------------------------------------------+
| STR_TO_DATE ('Saturday, 28th of October, 2023', '%W, %D of %M, %Y') |
+---------------------------------------------------------------------+
| 2023-10-28                                                          |
+---------------------------------------------------------------------+
1 row in set (0.00 sec)

mysql>
```

STR_TO_DATE devuelve una fecha/hora si el formato especifica horas, minutos o segundos; de lo contrario, devuelve una fecha simple.

Tanto para esta función como para DATE_FORMAT resulta muy útil tener la tabla de formatos delante, así simplemente hay que reemplazar los valores con variables.

Actividades

18. Escriba una consulta que muestre las reservas que empiezan mañana.
19. Escriba una consulta que devuelva la lista de reservas pero cuyo formato de fechas sea día/mes/año.

Aplicación práctica

Partiendo de la siguiente tabla de nombre empleados:

Empleado	Fecha_alta
José	2013-01-01 17:40:30
María	2010-03-10 16:00:01
Rubén	2008-10-30 13:59:59
Lucía	2004-05-15 10:05:39

Escriba las consultas SQL que permitirían hacer las siguientes operaciones:

1. **Listar empleados que se dieron de alta hace menos de tres años.**
2. **Listar el nombre del empleado junto al número de años que lleva en la empresa.**
3. **Listar empleados junto a la fecha de alta en el siguiente formato: 3 de octubre de 2010, suponiendo que MySQL devuelve el número de meses en español.**

SOLUCIÓN

```
SELECT * FROM empleados WHERE Fecha_alta > DATE_ADD(NOW(), INTERVAL -3 YEAR);

SELECT Empleado, FLOOR(DATEDIFF(NOW(), Fecha_alta) / 365) FROM empleados;

SELECT Empleado, DATE_FORMAT(Fecha_alta, '%e de %M de %Y') FROM empleados;
```

6.4. Funciones de conversión de datos

Para convertir un dato de un tipo a otro se cuenta con la función CAST(). Esto es útil, por ejemplo, para extraer la parte de hora de un dato DATETIME convirtiéndolo en tipo TIME. O convertir un número UNSIGNED en un número con signo si hace falta realizar operaciones matemáticas con él que podrían dar como resultado un número negativo. Vea un par de ejemplos:

```
C:\Program Files\MySQL\MySQL Workbench 8.0 CE\mysql.exe
mysql> SELECT CAST('2023-01-01 20:00:00' AS TIME);
+-----------------------------------+
| CAST('2023-01-01 20:00:00' AS TIME) |
+-----------------------------------+
| 20:00:00                          |
+-----------------------------------+
1 row in set (0.00 sec)

mysql> SELECT CAST(marca_id AS SIGNED) -20 FROM marca;
+------------------------------+
| CAST(marca_id AS SIGNED) -20 |
+------------------------------+
|                           10 |
|                           20 |
|                            0 |
|                          -10 |
|                           11 |
+------------------------------+
5 rows in set (0.01 sec)

mysql>
```

En la primera consulta se convierte un DATETIME a TIME. En la segunda, un UNSIGNED a SIGNED. Así puede operarse con números sin signo. En la tercera, como marca_id contiene números sin signo y la resta da un valor negativo, se obtiene un error, porque no es posible realizar la operación.

7. Consultas múltiples. Uniones (joins)

La principal característica del modelo relacional es que diferentes **entidades se relacionan entre sí.** Gracias a SQL pueden realizarse uniones entre tablas para obtener, **con una sola consulta,** datos que se encuentran en **varias tablas.**

En los ejemplos anteriores ya se han utilizado bastantes uniones de tablas. Se unía la tabla de marcas con la de modelos para poder obtener el nombre de la marca en los resultados.

Siempre, en la medida de lo posible, hay que tratar de obtener la mayor cantidad de información posible con el **menor número de consultas** de SQL posible.

Un ejemplo de unión de tablas es el siguiente:

```
SELECT marca_nombre, modelo_nombre
FROM marca, modelo
WHERE marca.marca_id = modelo.marca_id;
```

Como se aprecia, se seleccionan datos de las tablas de marcas y modelos. En el WHERE se especifica la cláusula de unión para explicar mediante SQL a qué marca corresponde cada modelo.

Sin utilizar uniones podría haberse seleccionado marca_id y modelo_nombre de la tabla de modelos y, mediante el cliente de la base de datos, realizar un bucle que obtuviera el nombre para cada marca.

Importante

Es mejor utilizar una unión porque el SGBD lo hará de una manera mucho más eficiente.

7.1. Definición de producto cartesiano aplicado a tablas

Un producto cartesiano es un **concepto algebraico.** El producto cartesiano de dos relaciones consiste en una nueva relación con todas las **combinaciones de valores** posibles. Se representa mediante el símbolo × (no es exactamente una equis).

Por ejemplo, el producto cartesiano de:

A = {1, 2}
B = {3, 4}
A × B = {(1,3), (1, 4), (2, 3), (2, 4)}

Como ve, simplemente consiste en una nueva relación compuesta por todas las combinaciones entre A y B posibles.

El modelo relacional mantiene que los datos se almacenan en relaciones. Las relaciones son tablas en el SGBD. Por lo tanto, es posible realizar el producto cartesiano entre tablas.

Todo el motor de uniones entre tablas se basa en este concepto. A continuación, se muestra un ejemplo práctico de producto cartesiano entre tablas:

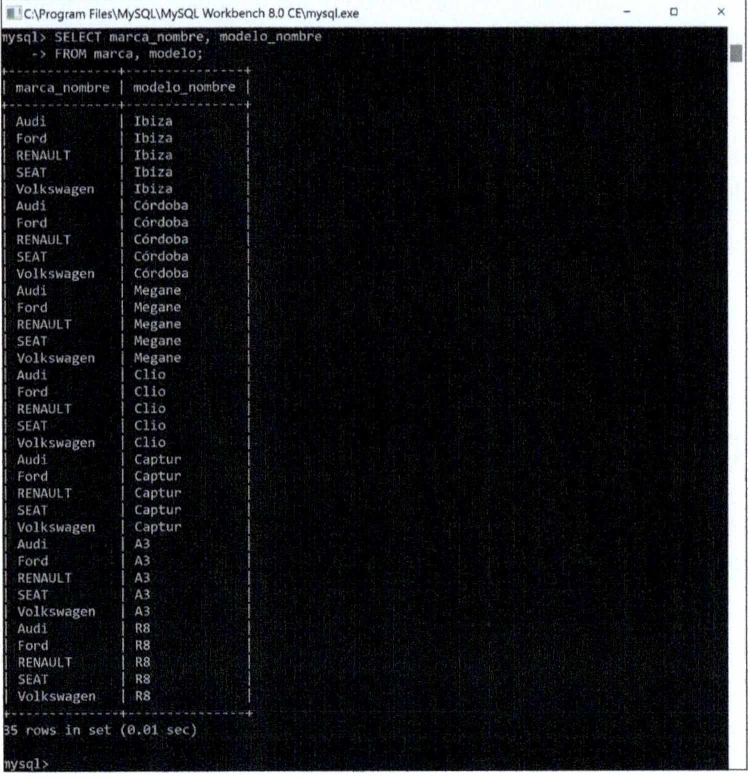

```
C:\Program Files\MySQL\MySQL Workbench 8.0 CE\mysql.exe
mysql> SELECT marca_nombre, modelo_nombre
    -> FROM marca, modelo;
+--------------+---------------+
| marca_nombre | modelo_nombre |
+--------------+---------------+
| Audi         | Ibiza         |
| Ford         | Ibiza         |
| RENAULT      | Ibiza         |
| SEAT         | Ibiza         |
| Volkswagen   | Ibiza         |
| Audi         | Córdoba       |
| Ford         | Córdoba       |
| RENAULT      | Córdoba       |
| SEAT         | Córdoba       |
| Volkswagen   | Córdoba       |
| Audi         | Megane        |
| Ford         | Megane        |
| RENAULT      | Megane        |
| SEAT         | Megane        |
| Volkswagen   | Megane        |
| Audi         | Clio          |
| Ford         | Clio          |
| RENAULT      | Clio          |
| SEAT         | Clio          |
| Volkswagen   | Clio          |
| Audi         | Captur        |
| Ford         | Captur        |
| RENAULT      | Captur        |
| SEAT         | Captur        |
| Volkswagen   | Captur        |
| Audi         | A3            |
| Ford         | A3            |
| RENAULT      | A3            |
| SEAT         | A3            |
| Volkswagen   | A3            |
| Audi         | R8            |
| Ford         | R8            |
| RENAULT      | R8            |
| SEAT         | R8            |
| Volkswagen   | R8            |
+--------------+---------------+
35 rows in set (0.01 sec)

mysql>
```

Aquí se obtienen todas las combinaciones posibles entre marcas y modelos. El resultado no tiene sentido real. Sin embargo, si en el WHERE se especifica que marca_id de la tabla "marca" sea igual a marca_id de la tabla "modelo" sí se obtendrán los resultados correctos. **Primero se realizaría el producto cartesiano y luego se filtraría para hacer que los resultados concuerden.**

Por lo general, se aplica el producto cartesiano junto a una condición en el WHERE que aporte sentido a la relación entre las tablas. No obstante, a veces puede llegar a ser útil realizar el producto cartesiano puro y duro.

Nota

Puede ser útil cuando se quieran obtener las combinaciones de valores entre dos tablas.

7.2. Uniones de tablas (joins). Tipos: inner, outer, self, equi, etc.

Ya se ha visto en qué consiste el producto cartesiano. Sirve para obtener combinaciones de valores. Junto a unas cláusulas en el WHERE pueden filtrarse los resultados de forma que tengan más sentido. Esta es una manera de realizar uniones entre tablas muy común y más eficiente a veces. No obstante, SQL proporciona una sintaxis específica y ampliada para realizar uniones.

Consejo

Casi siempre que se le pida que en una sola consulta se obtengan datos de varias tablas, necesitará hacer un JOIN. Primero debe identificar las tablas que harán falta y, a continuación, cómo relacionar los registros de todas esas tablas de forma que los resultados sean coherentes.

Los tipos de uniones por separado se mostrarán a continuación.

INNER JOIN

Este es el tipo de unión básica. Su sintaxis es la siguiente:

```
SELECT marca_nombre, modelo_nombre
FROM marca
INNER JOIN modelo ON marca.marca_id = modelo.marca_id;
```

Detrás del FROM se añaden las palabras **INNER JOIN** (sin comas), a continuación el nombre de la tabla a unir. En el ON (obligatorio) se especifica la **condición de unión.**

Como se puede ver, es muy parecido al ejemplo utilizado al realizar el producto cartesiano, pero moviendo la condición al ON en vez de al WHERE.

Es posible unir más de dos tablas. El número de tablas a unir es infinito. Cree la siguiente tabla para así poder practicar uniones entre más de dos tablas:

```
CREATE TABLE coche (
  coche_id INT UNSIGNED PRIMARY KEY,
  modelo_id INT UNSIGNED,
  coche_matricula VARCHAR(10) NOT NULL UNIQUE,
  coche_fecha_matriculacion DATE,

  CONSTRAINT fk_modelo FOREIGN KEY (modelo_id) REFERENCES modelo(modelo_id)
) ENGINE=InnoDB;

INSERT INTO coche
(coche_id, modelo_id, coche_matricula, coche_fecha_matriculacion)
VALUES
(1, 1, '505050FRA', '2004-04-13'),
(2, 6, '523698FGW', '2004-04-13'),
(3, 5, '874126WEP', '2004-04-13'),
(4, 2, '963214PQM', '2004-04-13'),
(5, 6, '852147PFD', '2004-04-13'),
(6, 7, '932855YNF', '2004-04-13'),
(7, 5, '820144MDO', '2004-04-13');
```

Ahora se va a realizar una consulta que devuelva marca, modelo y matrícula de cada coche:

```
SELECT marca_nombre, modelo_nombre, coche_matricula
FROM coche
INNER JOIN modelo ON modelo.modelo_id = coche.modelo_id
INNER JOIN marca ON marca.marca_id = modelo.marca_id;
```

El orden en el que se realizan las uniones afecta dependiendo de la situación. No importa si se coloca modelo en el FROM y coche en el INNER JOIN, pero la marca sí debe ir después de la tabla de modelo y coche, porque de lo contrario los campos aún no han sido declarados. Se llamaría al campo modelo.marca_id antes de tiempo.

OUTER JOIN

El concepto de los OUTER JOIN, junto al concepto de agrupaciones son los dos temas que más dificultad de entendimiento ofrecen a los no iniciados en el SQL.

Su idea es unir los datos de la tabla A con los datos de la tabla B, teniendo **la tabla A una prioridad mayor.** Devuelve **todos los registros de la tabla A** pero de la tabla B solo los que **cumplan la condición.** Si no cumplen la condición sus columnas devolverán un valor NULL.

En este ejemplo se ve su utilidad, donde se quieren listar todos los modelos junto a su modelo padre. Es posible que un modelo no tenga un modelo padre:

```
SELECT hijo.modelo_nombre modelo_hijo, padre.modelo_nombre AS modelo_padre
FROM modelo AS hijo
LEFT JOIN modelo AS padre ON padre.modelo_id = hijo.modelo_padre;
```

La sintaxis consiste en reemplazar la palabra INNER por LEFT o RIGHT. Cuando se utiliza LEFT quiere decir que la tabla de la izquierda (hijo) es la principal. Si se utiliza RIGHT, la tabla principal sería "padre" (y se obtendrían resultados incorrectos).

Por lo general, lo óptimo es formular las consultas de tal manera que solo se utilice LEFT JOIN, puesto que es **mucho más legible** (se lee de izquierda a derecha). Lo mejor es saber cómo funcionan los RIGHT JOIN por si aparecen en una aplicación existente, pero se debe **evitar su uso.**

Los OUTER JOIN son útiles para relaciones de cero a muchos. De especial utilidad son los OUTER JOIN junto a agrupaciones. Para ver un ejemplo de esto, se van a listar marcas junto al número de coches que tienen (coches de la tabla coche, no modelos):

```
SELECT marca.marca_nombre, COUNT(coche.coche_id) AS num_coches
FROM marca
LEFT JOIN modelo ON modelo.marca_id = marca.marca_id
LEFT JOIN coche ON coche.modelo_id = modelo.modelo_id
GROUP BY marca.marca_nombre
ORDER BY num_coches;
```

Nota

Los OUTER JOIN Permiten obtener datos de la entidad fuerte junto a los de la entidad débil (opcionalmente).

No se fije demasiado en la agrupación, pero fíjese en que también puede utilizar varios LEFT JOIN.

El orden de los LEFT JOIN es importante. Si hace un OUTER JOIN, después no podrá hacer un INNER JOIN, porque de lo contrario se invalidarían los OUTER JOIN anteriores. En este caso interesan marcas junto al número de coches. Si se quisieran marcas que tuvieran modelos (desaparecería Ford), la unión con la tabla "modelo" debería ser de tipo INNER.

Una característica de los OUTER JOIN es que permiten invertir la situación. Es decir, la idea principal es listar todos los registros de la tabla A y algunos de la tabla B. Pero mediante una filtración en el WHERE podrían listarse todos los registros de la tabla A **que no se encuentran** en B. Para ello, simplemente hay que comprobar que algún campo no nulo de B tenga un valor nulo.

Por ejemplo, listar todos los modelos que no tienen coches:

```
SELECT marca.marca_nombre, modelo.modelo_nombre
FROM marca
INNER JOIN modelo ON modelo.marca_id = marca.marca_id
LEFT JOIN coche ON coche.modelo_id = modelo.modelo_id
WHERE coche.coche_id IS NULL;
```

Si el coche_id está nulo quiere decir que el modelo no tiene correspondencia en esa tabla. Cuando veamos el apartado sobre subconsultas veremos una manera distinta de hacer esto, aunque el OUTER JOIN de este tipo es más eficiente por lo general.

Nota

Para identificar consultas que necesitan un OUTER JOIN, puede hacerlo si ve alguno de los siguientes requisitos:

- Que aparezcan ceros en el resultado de un COUNT() en un GROUP BY.
- Cuando se necesitan datos de dos tablas pero los de una tabla son opcionales.
- Cuando se piden los datos de una tabla que no tienen relación con otra tabla.

SELF JOINS

Ya se mostró antes un ejemplo de SELF JOIN aunque no se haya mencionado. Un SELF JOIN es simplemente **una unión sobre la misma tabla;** una unión reflexiva. Para referenciar una tabla más de una vez, hay que añadirles alias porque, de lo contrario, no sería posible identificar cada referencia a la tabla. Puede realizarse INNER y OUTER JOINS; el primer ejemplo de OUTER JOIN era un SELF JOIN.

Otro ejemplo puede ser más sencillo: listar modelos que son hijos de otro modelo:

```
SELECT marca.marca_nombre, hijo.modelo_nombre
FROM modelo AS hijo
INNER JOIN modelo AS padre ON padre.modelo_id = hijo.modelo_padre
INNER JOIN marca ON marca.marca_id = hijo.marca_id;
```

La sintaxis es la misma que con cualquier JOIN, simplemente debe asegurarse de utilizar alias, porque si no el SGBD devolverá un error diciendo que la tabla está duplicada.

EQUI JOIN

Todos los ejemplos aquí expuestos corresponden a uniones de tipo EQUI JOIN. Este tipo de uniones simplemente quieren decir que **la condición en el ON es de igualdad.**

Es más fácil entender en qué consisten si se explican las uniones que no son EQUI. Para ello tendría que realizarse una unión en la que la condición no sea de igualdad simple, sino que haya signos de mayor o igual o condiciones especiales. Por ejemplo, se realizará una consulta en la que muestren marcas junto al número de modelos que tienen presentados desde el 2015. Si no tienen ningún modelo, que muestre un cero:

```
SELECT marca.marca_nombre, COUNT(modelo.modelo_id) AS modelos_desde_2005
FROM marca
LEFT JOIN modelo ON modelo.marca_id = marca.marca_id
AND modelo.modelo_fecha_lanzamiento > '2005-01-01'
GROUP BY marca.marca_nombre
ORDER BY modelos_desde_2005 DESC;
```

Simplemente en la condición del JOIN se especificarán condiciones que no son de igualdad.

NATURAL JOIN

El NATURAL JOIN es una simplificación del INNER JOIN. La idea es omitir la cláusula ON del JOIN y SQL interpretará que los campos que se llamen igual en ambas tablas deberán ser utilizados para determinar las correspondencias.

```
SELECT marca.marca_nombre, modelo.modelo_nombre
FROM marca
NATURAL JOIN modelo;
```

Ambas tablas tienen un campo llamado marca_id. SQL automáticamente interpreta que modelo.marca_id debe ser igual a marca.marca_id.

Esta es una simplificación que puede ser útil para ahorrar tiempo al hacer consultas rápidas puntuales, pero no debería ser utilizada en aplicaciones permanentes, porque si se cambia la estructura de las tablas dejaría de funcionar correctamente.

Nota

Si se añadiera un campo llamado fecha_creacion a ambas tablas, la consulta dejaría de dar resultados coherentes.

Actividades

20. Realice una consulta que devuelva una tabla que muestre el nombre del hotel, el nombre de cliente, su teléfono, su correo y las fechas de inicio y fin de la reserva.

7.3. Subconsultas

En una consulta de SQL es posible anidar otras consultas de SQL dentro. Esto es útil cuando para filtrar las filas, se **necesitan los datos de otras filas** para determinar si debe ser utilizada o no.

Las subconsultas son consultas SELECT que se encuentran dentro de otra consulta SELECT entre paréntesis.

Con este ejemplo se entiende mejor:

```
SELECT marca_nombre, modelo_nombre, modelo_precio
FROM marca
INNER JOIN modelo ON modelo.marca_id = marca.marca_id
WHERE modelo_precio > (
  SELECT AVG(modelo_precio)
  FROM modelo
);
```

Aquí se están listando los modelos cuyo precio está por encima de la media. Se colocará entre paréntesis una nueva consulta dentro del WHERE.

Hay que entender el orden en el que se ejecuta esta consulta. Primero se ejecuta la subconsulta para conocer la media de precios. A continuación, el SGBD coloca ese valor como si se hubiera puesto el valor a mano. Puede decirse que la media son 16.000. Es como si se hubiera escrito a mano que el modelo_precio sea mayor que 16.000.

Comprobaciones en el WHERE

Con las subconsultas se realizan una serie de comprobaciones en el WHERE; estas se explican a continuación.

Comparaciones de valor simple

Comparaciones normales (=, >, <, <>). Es posible comprobar que el valor de una columna sea igual, mayor, menor, etc. que el valor devuelto por una subconsulta. El ejemplo anterior utiliza una comparación de este tipo.

Comparador de pertenencia

Es posible comprobar que el valor de una columna se encuentre dentro los valores devueltos por una subconsulta. Para ello, se pasa una subconsulta a la función IN().

Por ejemplo, listar las marcas que tengan modelos de más de 16.000 €:

```
SELECT *
FROM marca
WHERE marca_id IN (
  SELECT marca_id
  FROM modelo
  WHERE modelo_precio > 16000
);
```

En este caso, el SGBD primero obtiene la lista de valores de marca_id que cumplen esa condición. A continuación, los coloca en el IN().

Es posible utilizar NOT IN() si se quiere invertir la comprobación.

Comparador de existencia

Mediante EXISTS y NOT EXISTS se comprueba que la subconsulta devuelve alguna fila. Si devuelve una fila, EXISTS devuelve TRUE (pasa la comprobación).

El EXISTS tiene sentido cuando se utilizan subconsultas correlacionadas. Cuando una subconsulta es correlacionada, normalmente lo mismo que se realiza con EXISTS se puede hacer con un IN(), pero en esos casos EXISTS es más eficiente porque solamente comprueba que existan filas, no devuelve todos los resultados.

```
SELECT *
FROM marca
WHERE EXISTS (
  SELECT modelo_id
  FROM modelo
  WHERE modelo_precio > 16000
  AND modelo.marca_id = marca.marca_id
);
```

Consejo

Normalmente, cuando en el enunciado de un ejercicio se pide que el valor de alguna columna debe tener un valor que depende de otro registro, se necesitará una subconsulta.

El comparador EXISTS es una comprobación por sí sola. No hay que poner ningún nombre de columna delante.

Comparación cuantificada

Para ello, se utiliza el ANY y el ALL. Sirve para que una comprobación se cumpla con todos los valores de una subconsulta o con alguno de ellos.

Por ejemplo, listar modelos que valgan más que cualquier modelo de SEAT:

```
SELECT marca_nombre, modelo_nombre
FROM marca
INNER JOIN modelo ON modelo.marca_id = marca.marca_id
WHERE modelo_precio > ALL (
  SELECT modelo_precio
  FROM modelo
  INNER JOIN marca ON modelo.marca_id = marca.marca_id
  WHERE marca_nombre = 'SEAT'
);
```

Ahora, modelos que tengan un precio mayor que algún modelo de Renault:

```
SELECT marca_nombre, modelo_nombre
FROM marca
INNER JOIN modelo ON modelo.marca_id = marca.marca_id
WHERE modelo_precio > ANY (
  SELECT modelo_precio
  FROM modelo
  INNER JOIN marca ON modelo.marca_id = marca.marca_id
  WHERE marca_nombre = 'Renault'
);
```

Tipos de subconsulta

Dentro de las subconsultas pueden distinguirse dos tipos, según el número de filas; estas se describen a continuación.

Subconsultas que devuelven una fila

Dentro de este tipo, se encuentran las que devuelven una fila con una sola columna o las que devuelven una tupla (fila con varias columnas).

Cuando se devuelve una sola columna, pueden hacerse comparaciones directas como si se tratara de un valor escrito a mano por el usuario; comparaciones de mayor, igual, menor, distinto, etc.

Si una subconsulta devuelve más de una fila y se realizan comparaciones de este tipo, *MySQL* devolverá un error, porque es incorrecto.

Cuando se devuelve una tupla, se puede comprobar que una tupla de la SELECT principal coincida con la tupla de la subconsulta. Vea un ejemplo de cómo funcionaría:

```
SELECT *
FROM tabla1
WHERE (col1, col2) = (
  SELECT tabla2.col1, tabla2.col2
  FROM tabla2
);
```

Nota

Con este tipo de subconsultas no se pueden hacer comparaciones de mayor o menor, porque no tendría sentido.

Es simplemente para ver la sintaxis. Esto no se utiliza muy a menudo. Suele ser útil cuando las tablas tienen claves primarias compuestas por varias columnas y quiere comprobarse que el valor de la clave primaria es igual a otro.

Subconsultas que devuelven más de una fila

Estas son las subconsultas que devuelven varios resultados. Pueden no devolver ninguna fila, devolver una sola o devolver muchas.

Dentro de este tipo también se diferencia entre las que devuelven una sola columna o varias.

Cuando se devuelve una sola columna, la subconsulta se trata como una lista de valores.

Se pueden hacer comparaciones con IN(), ANY(), EXISTS() o ALL(). No es posible utilizar operadores de comparación normales como el signo igual, mayor que, etc., porque se devuelven varios resultados.

Cuando la subconsulta devuelve varias columnas, el resultado devuelto es como una tabla. Pueden hacerse comparaciones para ver si una tupla se encuentra entre los resultados. Es una sintaxis igual que la de las subconsultas que devuelven una fila con varias columnas, pero con otro tipo de comparaciones:

```
SELECT *
FROM tabla1
WHERE (col1, col2) IN (
  SELECT tabla2.col1, tabla2.col2
  FROM tabla2
);
```

Es importante diferenciar entre una subconsulta de una sola fila y una subconsulta de varias filas pero que solo devuelva una fila. Cuando una subconsulta de varias filas devuelve una sola fila, quiere decir que es una casualidad, pero es posible que en el futuro devuelva más de una.

Una subconsulta de una fila devolverá siempre una fila (o ninguna si no hay datos). Una subconsulta de varias devolverá un número de filas que dependerá de los datos que haya en las tablas.

Subconsultas correlacionadas

Una subconsulta es correlacionada cuando dentro de la subconsulta se hace **referencia a columnas y tablas utilizadas en la consulta principal.**

Es un sistema muy potente que permite hacer filtraciones verdaderamente complejas que de otra manera necesitarían de más de una consulta para ejecutarse.

Son útiles cuando se desean obtener datos que están relacionados con el registro actual de alguna manera. En los ejemplos anteriores, por ejemplo, el de modelos que valgan más de la media, no había ninguna relación entre el registro actual y la subconsulta. La subconsulta siempre devolvía los mismos resultados para cada registro.

En las subconsultas no correlacionadas, la subconsulta se ejecuta primero y los resultados que se obtienen de ella son colocados en la consulta principal, la cual se ejecutará a continuación.

En una subconsutla correlacionada este proceso cambia. Ahora la consulta principal se ejecuta y **por cada registro** evaluado se ejecuta la subconsulta.

En este ejemplo se listan los modelos que tengan un precio por encima de la media de su marca:

```
SELECT marca_nombre, modelo_nombre
FROM marca
INNER JOIN modelo ON modelo.marca_id = marca.marca_id
WHERE modelo_precio > (
  SELECT AVG(e2.modelo_precio)
  FROM modelo e2
  WHERE e2.marca_id = modelo.marca_id
);
```

En una subconsulta correlacionada es importante **utilizar alias** en las tablas de dentro de la subconsulta, de lo contrario no es posible referirse a la tabla de fuera y a la de dentro. Aquí, simplemente, en el WHERE de la subconsulta se añade la condición de que la marca del modelo que se está evaluando sea igual que la marca de la media que se está calculando.

Nota

En un enunciado de un problema, normalmente cuando aparezca la palabra "su", quiere decir que se necesita una subconsulta correlacionada. Esto es así porque suele hacer referencia a que para cada registro debe hacerse una operación concreta.

El rendimiento de una subconsulta correlacionada es muy inferior que el de una subconsulta convencional, pero es mucho más útil.

Subconsultas en el SELECT

Además de en el WHERE, pueden utilizarse subconsultas dentro de la selección de columnas, entre el SELECT y el FROM. Esto es útil cuando, en una sola consulta, se quieren obtener columnas que no están muy relacionadas con la consulta principal. Para utilizar una subconsulta en el SELECT, se coloca entre paréntesis y se le asigna un alias.

A continuación, se listarán modelos junto a la media de su marca:

```
SELECT marca_nombre, modelo_nombre, modelo_precio, (
  SELECT AVG(e2.modelo_precio)
  FROM modelo e2
  WHERE e2.marca_id = modelo.marca_id
) AS media_modelo
FROM marca
INNER JOIN modelo ON modelo.marca_id = marca.marca_id;
```

Normalmente, cuando se utiliza una subconsulta en el SELECT quiere decir que se está saltando algún paso del modelo relacional. Esto se hace para aumentar el rendimiento en una aplicación. Con una sola consulta se obtienen los datos deseados.

Nota

Cuando haya que realizar una consulta que devuelva ciertas columnas y alguna de ellas traiga verdaderos quebraderos de cabeza, normalmente se podrá obtener mediante una subconsulta.

Subconsultas en el FROM

Las subconsultas en el FROM son posiblemente el apartado más complejo del SQL. No por la dificultad de implementar, sino porque permiten resolver enunciados realmente enrevesados. Si se encuentra un enunciado que parece imposible, seguramente se pueda resolver de esta manera.

Consiste simplemente en colocar, entre paréntesis y con un alias, una subconsulta dentro del FROM como si de una tabla más se tratara. Esta tabla será calculada por el SGBD (seguramente, creando una tabla temporal con los datos) y utilizada en el resto de la consulta. Es posible colocar incluso una tabla correlacionada en el FROM.

Es muy raro encontrarse con problemas de este tipo. Normalmente, si una aplicación necesita de una consulta que contenga otra subconsulta en el FROM quiere decir que el modelo no se encuentra normalizado correctamente.

Ejemplo de una consulta que devuelve los modelos de la marca que tiene el modelo más caro:

```
SELECT marcas_mas_cara.marca_nombre, modelo_nombre
FROM (
  SELECT marca.marca_id, marca.marca_nombre
  FROM marca
  INNER JOIN modelo ON modelo.marca_id = marca.marca_id
  ORDER BY modelo_precio DESC
  LIMIT 1
) AS marcas_mas_cara
INNER JOIN modelo ON modelo.marca_id = marcas_mas_cara.marca_id;
```

7.4. Consejos y consideraciones al utilizar subconsultas

Para escribir una consulta que tenga una subconsulta, puede ser útil escribir primero la subconsulta por separado y ejecutarla, para ver si da los resultados esperados.

Si la subconsulta es correlacionada, lo que puede hacerse es, en vez de utilizar la condición de igualdad de la correlación, colocar un valor manualmente para probar que da los resultados deseados. Por ejemplo, para la consulta que devolvía modelos cuyo precio estuviera por encima de la media de su marca, podría reemplazarse modelo.marca_id por el id de una marca, como el número 20:

```
SELECT AVG(modelo_precio)
FROM modelo e2
WHERE e2.marca_id = 20;
```

Este ejemplo es muy simple, pero en una correlacionada con muchas filtraciones, puede ser útil.

Al utilizar subconsultas debe considerarse el rendimiento. Por cada fila evaluada en la tabla principal, es posible que haya que evaluar otras tantas filas para cada subconsulta, haciendo que haya una progresión geométrica en cuanto a número de filas a evaluar.

Actividades

21. Genere una consulta que muestre las reservas más baratas de su hotel.
22. Necesita una consulta que muestre las reservas cuyo precio estén por encima de la media total del año pasado.

8. Agrupaciones

Las agrupaciones son una herramienta muy potente que SQL proporciona para simplificar enormemente el proceso de obtener datos que, de lo contrario, requerirían mucho trabajo y muchas consultas para hacerlo.

Agrupar consiste en, una vez se han procesado los registros que cumplían con todas las condiciones de la consulta, realizar una operación extra sobre esos datos para contar duplicados, calcular medias, mínimos, máximos, etc.

8.1. Conceptos de agrupación de datos

Como ya se ha visto, agrupar consiste en hacer operaciones sobre los registros que cumplen las condiciones especificadas.

De forma gráfica sería así:

```
C:\Program Files\MySQL\MySQL Workbench 8.0 CE\mysql.exe
mysql> SELECT marca.marca_nombre
    -> FROM marca
    -> INNER JOIN modelo ON modelo.marca_id = marca.marca_id;
+--------------+
| marca_nombre |
+--------------+
| Audi         |
| Audi         |
| RENAULT      |
| RENAULT      |
| RENAULT      |
| SEAT         |
| SEAT         |
+--------------+
7 rows in set (0.00 sec)

mysql> SELECT marca.marca_nombre, COUNT(*)
    -> FROM marca
    -> INNER JOIN modelo ON modelo.marca_id = marca.marca_id
    -> GROUP BY marca.marca_nombre;
+--------------+----------+
| marca_nombre | COUNT(*) |
+--------------+----------+
| Audi         |        2 |
| RENAULT      |        3 |
| SEAT         |        2 |
+--------------+----------+
3 rows in set (0.00 sec)

mysql>
```

En la primera consulta se unen marcas con modelos. Como es lógico, se obtienen datos duplicados sin mucho sentido. En la segunda se ha utilizado una agrupación: marca_nombre. SQL procesará la consulta original e irá fila a fila; por cada valor diferente de marca_nombre devolverá una sola fila, además, podrá realizar cálculos extra utilizando las funciones de agregación (las cuales se verán a continuación).

Podrían haberse eliminado duplicados utilizando DISTINCT simplemente, pero entonces no hubiera sido posible contar cuántos modelos tiene cada marca, porque DISTINCT simplemente elimina duplicados. GROUP BY va fila a fila comprobando los valores y realizando todas las operaciones que se le pidan.

El GROUP BY se coloca después de todas las condiciones del WHERE. Se añade la palabra GROUP BY seguida de la columna o columnas (separadas por comas) por las que quiera agruparse.

En el SELECT solamente pueden listarse funciones de agrupación, subconsultas o columnas que se encuentren dentro del GROUP BY. Si se agrupa por marca_nombre no es posible seleccionar marca_nombre y marca_pais porque la agrupación perdería su sentido.

En *MySQL* esto es técnicamente posible, en otros SGBD se obtendría un error. En *MySQL* es posible pero el valor devuelto no tiene por qué tener sentido. En este ejemplo una marca va a ser siempre del mismo país, pero obsérvelo con atención:

Cliente_nombre	Cliente_ciudad	Cliente_direccion
Alfredo	Málaga	Alameda Principal
José	Málaga	Plaza Uncibay
Marcos	Barcelona	Vía Laietana
María	Barcelona	Ronda de Sant Pere

Si se agrupa por Cliente_ciudad y se selecciona SELECT Cliente_ciudad, Cliente_Direccion, COUNT(*), la dirección sería ilógica y no seguiría el modelo relacional en absoluto. Para Málaga podría obtenerse Alameda Principal o Plaza Uncibay, ni siquiera prever cuál de los dos aparecería. En casos en los que esto no ocurra puede ser útil, aunque no es correcto hacerlo.

Requiere bastante práctica dominar las agrupaciones porque realizan tareas complejas; es difícil a veces predecir qué haría una consulta concreta.

Cabe destacar que una consulta que utilice funciones de agregación y no tenga una agrupación **siempre devolverá una fila** de resultados como mínimo. Si se realiza COUNT(*) y no hay filas, se devolverá un cero, en vez del mensaje de que no hay resultados.

Nota

Por norma general, cuando en el enunciado de una consulta aparezcan las palabras "por cada", está dando la pista de que es posible que la manera de resolverla sea mediante una agrupación.

8.2. Funciones de agrupación

Prácticamente todo el sentido de las agrupaciones es el uso de las llamadas funciones de agregación. De lo contrario, solo servirían para poco más que eliminar duplicados.

Las funciones de agrupación tienen una sintaxis casi idéntica a las funciones de SQL normales. Solamente cambia que la función COUNT() admite un par de parámetros especiales.

Cuando una función de agrupación es utilizada, SQL **la ejecutará solo una vez por cada grupo.** Si no se especifica ningún grupo, solo se ejecutará una vez. Por ejemplo, la consulta del ejemplo anterior sin GROUP BY:

```
C:\Program Files\MySQL\MySQL Workbench 8.0 CE\mysql.exe
mysql> SELECT marca.marca_nombre, COUNT(*)
    -> FROM marca
    -> INNER JOIN modelo ON modelo.marca_id = marca.marca_id;
+--------------+----------+
| marca_nombre | COUNT(*) |
+--------------+----------+
| Audi         |        7 |
+--------------+----------+
1 row in set (0.00 sec)

mysql> _
```

La función COUNT(*) solo se ejecuta una vez por cada grupo. Solo hay un grupo en esta consulta.

Importante

SQL extrae el primer valor de marca_nombre que encuentra y hace un COUNT(*) de todo.

Esta consulta es incorrecta, pero las funciones de agrupación globales son muy útiles también. Por ejemplo, vea las siguientes consultas:

```
C:\Program Files\MySQL\MySQL Workbench 8.0 CE\mysql.exe
mysql> SELECT AVG(modelo_precio) AS media_precio
    -> FROM modelo;
+--------------+
| media_precio |
+--------------+
| 16066.666667 |
+--------------+
1 row in set (0.01 sec)

mysql> SELECT MAX(modelo_precio) AS precio_maximo, MIN(modelo_precio) AS precio_minimo
    -> FROM modelo;
+---------------+---------------+
| precio_maximo | precio_minimo |
+---------------+---------------+
|      18000.00 |      14000.00 |
+---------------+---------------+
1 row in set (0.00 sec)

mysql> _
```

Pueden obtenerse datos globales acerca de todos los datos procesados. Lo que no tiene sentido es añadir campos de tablas como se había hecho antes. Es posible añadir condiciones al WHERE, con el objetivo de hacer las operaciones solo sobre un conjunto de datos.

Las funciones de agrupación disponibles son las que se describen a continuación.

COUNT()

Esta es una función especial porque **admite parámetros especiales.**

Cuando se quiere hacer un conteo general, se añade un **asterisco** como parámetro para especificar que hay que contar **todas las filas.**

Al ver el apartado sobre los OUTER JOIN se vio que eran utilizados cuando eran utilizados junto a las agrupaciones. Pueden especificarse qué columna contar y solamente contará el **número de filas** en las que esa columna tenga un **valor no nulo.** En el ejemplo del apartado de OUTER JOIN de nuevo fíjese esta vez en la agrupación:

```
SELECT marca.marca_nombre, COUNT(coche.coche_id) AS num_coches
FROM marca
LEFT JOIN modelo ON modelo.marca_id = marca.marca_id
LEFT JOIN coche ON coche.modelo_id = modelo.modelo_id
GROUP BY marca.marca_nombre
ORDER BY num_coches;
```

Si en el COUNT() se añadiera un asterisco en vez de coche.coche_id, el resultado no sería útil. Nunca se obtendría un cero, porque siempre habría una fila para cada grupo. Si se especifica una columna dentro del COUNT (solo puede especificarse una), se contarán las veces que esa columna no contiene nulos dentro del grupo.

COUNT permite otro parámetro especial más: contar valores distintos de una determinada columna. Por ejemplo, contar distintos años de presentación de modelos:

```
SELECT COUNT(DISTINCT YEAR(modelo_fecha_lanzamiento)) AS 'distintos_años'
FROM modelo;
```

En este caso solamente cuentan valores distintos del año de fecha de lanzamiento, se obtendrían 5 filas.

Nota

En COUNT DISTINCT pueden especificarse más de una columna o expresión separada por comas.

Demás funciones de agrupación

Las demás funciones de agrupación son mucho más simples, se listan a continuación:

- SUM(): recibe una columna o expresión y devuelve la suma de sus valores. Solo es útil al trabajar con valores numéricos.
- AVG(): igual que SUM pero devuelve la media de los valores.
- MIN(): recibe una columna o expresión y devuelve el menor de sus valores dentro del grupo. Es útil para números y caracteres. Si el parámetro es una cadena de caracteres, devolverá el registro que sea menor dentro del orden alfabético.
- MAX(): igual que MIN pero devolviendo el valor máximo.

Existen otras funciones matemáticas muy poco comunes como DEV() y VARIANCE(). Cada SGBD incorpora sus funciones de agregación extra propias. No se suelen utilizar.

Actividades

23. Liste los nombres de hotel junto al número de reservas que tienen para el presente año. Si no tienen ninguna reserva, que muestre un cero.
24. Liste los nombres de hotel junto a la media de recaudación de este año.
25. Liste los nombres de hotel junto a la reserva más cara y la más barata.

8.3. Agrupación multicolumna

A la hora de agrupar, el aspecto clave es escoger **las columnas por las que agrupar.** En los ejemplos más sencillos lo habitual es agrupar por un solo campo, pero es posible **agrupar por más de uno;** cuando esto sucede, se **agrupa de izquierda a derecha.** Primero se agrupa por el primer campo, luego por el segundo y así sucesivamente.

No es posible seleccionar campos que no se encuentren dentro de la agrupación. A veces es conveniente añadir campos a la agrupación simplemente para poderlos seleccionar. Por ejemplo, se quiere elaborar una lista de marcas junto a su número de modelos y al país de la marca:

```
SELECT marca_nombre, marca_pais, COUNT(modelo.modelo_id) AS total_modelos
FROM marca
LEFT JOIN modelo ON modelo.marca_id = marca.marca_id
GROUP BY marca_nombre, marca_pais;
```

Es importante el orden porque si se agrupa primero por país no se obtendrían los resultados correctos.

Otro ejemplo puede ser una consulta que liste modelos (junto al nombre de su marca) y el número de coches matriculados:

```
SELECT marca_nombre, modelo_nombre, COUNT(coche.coche_id) AS total_coches
FROM marca
INNER JOIN modelo ON modelo.marca_id = marca.marca_id
LEFT JOIN coche ON coche.modelo_id = modelo.modelo_id
GROUP BY marca_nombre, modelo_nombre;
```

En este caso no se agrupa por más campos para poder obtener los valores; se agrupa por varios campos porque es necesario.

Como todas las agrupaciones, las múltiples requieren de práctica para ser dominadas.

Ejemplo

Puede ser útil realizar un informe que muestre el número de visitas por cada mes. No sería suficiente agrupar solo por mes. Haría falta agrupar primero por año y luego por mes, de lo contrario se obtendrían cifras no muy útiles (normalmente).

8.4. Agrupación vía expresiones

En una agrupación lo común es agrupar por columnas de alguna tabla. No es imprescindible, también puede agruparse por el resultado de una función, por el resultado de una operación matemática, etc.

Por ejemplo, número de coches presentados por año:

```
SELECT YEAR(modelo_fecha_lanzamiento) AS 'año_lanzamiento', COUNT(*)
FROM modelo
GROUP BY YEAR(modelo_fecha_lanzamiento);
```

8.5. Condiciones de filtrado de grupos

Pueden especificarse condiciones extra a la hora de agrupar gracias al potentísimo sistema llamado GROUP BY HAVING. Gracias a él puede realizarse un filtrado posterior a la agrupación para descartar filas que no interesen. Primero se hace el filtrado del WHERE, a continuación se ejecuta el GROUP BY. **HAVING va al final,** hace comprobaciones sobre los resultados del GROUP BY.

Por ejemplo, en una consulta que liste marcas junto a su número de modelos, donde solo interesan las marcas que tengan más de un modelo:

```
SELECT marca_nombre, COUNT(*)
FROM marca
INNER JOIN modelo ON modelo.marca_id = marca.marca_id
GROUP BY marca_nombre
HAVING COUNT(*) > 1;
```

Aquí no se hace un LEFT JOIN ni se cuentan solo las ocurrencias de modelo_id porque interesan marcas que tengan más de un modelo, no hace falta considerar las marcas con cero resultados.

Tras el GROUP BY, se añade la palabra HAVING seguida de las condiciones que se desean aplicar. Aquí pueden utilizarse funciones de agregación e incluso subconsultas para las comprobaciones. HAVING solo pueden añadirse comprobaciones sobre campos que son utilizados en el GROUP BY o sobre funciones de agregación. Aquí en esta consulta se comprueba que el contador es mayor que 1.

Importante

Podrían hacerse comprobaciones sobre el campo marca_nombre, pero no sobre marca_pais porque no se encuentra dentro de la agrupación.

Es posible probar con una consulta más compleja que liste las marcas cuyo precio esté por debajo de la media global de precio:

```
SELECT marca_nombre
FROM marca
INNER JOIN modelo ON modelo.marca_id = marca.marca_id
GROUP BY marca_nombre
HAVING AVG(modelo_precio) < (
  SELECT AVG(e2.modelo_precio)
  FROM modelo e2
);
```

Actividades

26. Liste los hoteles junto al número de reservas. Solo interesan los hoteles con más de 2 reservas. Ordene los resultados por número de reservas, de mayor a menor.

9. Vistas

Las vistas permiten simplificar el realizar **consultas frecuentes** y el manejo de **permisos** entre los usuarios de la base de datos. Consisten en **consultas de SQL almacenadas** en el SGBD que pueden ser utilizadas como si fueran tablas.

Es posible que un usuario tenga permiso para ver solamente modelos de marcas de Alemania, por ejemplo. La manera de gestionar permisos no permitiría definir esa regla por sí sola, sin embargo, podría crearse una vista que contuviera únicamente modelos de Alemania. A ese usuario podría quitársele el acceso a la tabla de marcas pero dárselo a la vista de modelos de Alemania.

9.1. Concepto de vista (view)

Una vista es una consulta de SQL almacenada en el SGBD. Cualquier consulta puede ser utilizada para una vista, en *MySQL* la única restricción es que en esa consulta no debe haber ninguna subselect en el FROM. En este ejemplo en el que se crea una vista con los modelos de Alemania se puede ver su sintaxis:

```
CREATE VIEW modelos_de_alemania
AS
SELECT modelo.*
FROM modelo
INNER JOIN marca ON marca.marca_id = modelo.marca_id
WHERE marca_pais = 'Alemania';
```

La sintaxis es parecida a un INSERT SELECT. Primero se empieza con CREATE VIEW seguido del nombre de la vista (sin espacios o caracteres extraños). A continuación, se utiliza la palabra AS seguida de la consulta que se va a utilizar.

La vista se creará y el nombre de los campos será **el mismo que el de los campos seleccionados** en el SELECT. En este caso solo interesan los campos de la tabla modelo, todos. Es posible que quisiéramos solo unos pocos, o cambiarles el nombre. También es posible aplicar cambios sobre los datos originales.

Al crear una vista, el **tipo de datos es idéntico al original** de la SELECT. El SGBD sabe detectar qué tipo de dato contiene cada columna y lo aplicará a la vista.

Para probar la vista, ejecute SELECT * FROM modelos_de_alemania;. Verá que la estructura es igual que la de la tabla "modelo" pero con los datos ya filtrados.

Se probará con una vista que liste marca, modelo y año de lanzamiento para ver cómo personalizar nombres de columna:

```
CREATE VIEW marca_modelo_ano
AS
SELECT marca.marca_nombre, modelo.modelo_nombre,
YEAR(modelo_fecha_lanzamiento) AS 'ano_lanzamiento'
FROM modelo
INNER JOIN marca ON marca.marca_id = modelo.marca_id;
```

Se utiliza un alias para personalizar el nombre de la columna. Si no lo hiciera, acceder a esa columna desde la VIEW sería engorroso. El tipo de dato se detecta automáticamente. *MySQL* considera al campo ano_lanzamiento como un entero de cuatro dígitos.

En la vista puede utilizarse cualquier tipo de consulta. La única restricción de *MySQL* es que no deben tener subconsultas en el FROM.

Utilizar una vista en una consulta SELECT es idéntico a utilizar una tabla normal. En el FROM de una SELECT es posible utilizar tanto tablas como vistas indistintamente.

Si se modifica un dato en la tabla original, el cambio se ve reflejado en la vista. Si en la tabla "modelo" cambia el precio del Audi R8 a 200.000 €, el cambio se verá al consultar la vista de modelos_de_alemania.

Importante

No es posible tener tablas y vistas con el mismo nombre; se obtendría un error al crearlas.

Importante

En determinadas circunstancias y SGBD, la utilización de vistas aumenta el rendimiento de la base de datos, puesto que es más fácil consultar una vista que consultar las tablas originales con un montón de filtraciones. En *MySQL* esto no es apenas relevante porque no hay un aumento en el rendimiento significativo.

9.2. Criterios para el uso de vistas

Las vistas son útiles para la **gestión de permisos,** para dar acceso a un determinado conjunto de filas concreto a una serie de usuarios.

También son útiles cuando una aplicación realiza una **consulta compleja muy frecuentemente.** De esta manera el propio SGBD almacenaría esa consulta compleja y los clientes de la base de datos accederían a esos datos de una manera mucho más sencilla.

Otro caso de uso es el que se produce cuando varias aplicaciones se conectan a la base de datos. Es posible que todas ellas tengan que hacer una consulta con gran cantidad de filtraciones complicadas. Si se crea una vista que encapsule todas esas filtraciones, además de simplificar la consulta, se asegura de que **todas las aplicaciones aplican las filtraciones correctas.**

9.3. Creación, modificación y borrado de vistas

Ya se ha estudiado la sintaxis básica para crear vistas. A continuación, se probará con una vista más que liste marcas junto a su número de modelos:

```
CREATE VIEW marcas_modelos
AS
SELECT marca_nombre, COUNT(modelo.modelo_id) AS total_modelos
FROM marca
LEFT JOIN modelo ON marca.marca_id = modelo.marca_id
GROUP BY marca_nombre;
```

Para modificar una vista hay que utilizar la sentencia ALTER VIEW. Con ella puede sustituirse la consulta utilizada. Vamos a modificar la vista marcas_modelos para no incluir ceros, solamente se quieren marcas que tengan modelos:

```
ALTER VIEW marcas_modelos
AS
SELECT marca_nombre, COUNT(*) AS total_modelos
FROM marca
INNER JOIN modelo ON marca.marca_id = modelo.marca_id
GROUP BY marca_nombre;
```

La sintaxis es idéntica a CREATE VIEW. Solamente se cambia CREATE por ALTER. La vista debe existir ya con ese nombre, de lo contrario se recibirá un error diciendo que la vista no existe.

Para borrar una vista se utiliza DROP VIEW seguido del nombre de la misma:

```
DROP VIEW marcas_modelos;
```

El nombre de la vista debe existir, de lo contrario se obtendrá un error.

También es posible ver qué consulta se utilizó para generar una vista. De esa manera pueden verse las filtraciones y las tablas que utiliza. Para ello, se utiliza SHOW CREATE VIEW seguido del nombre de la vista.

Actividades

27. Cree una vista que muestre las reservas para el presente año. Llámela "reservas_actuales".

9.4. Vistas actualizables

Ya se ha visto que las vistas se pueden **consultar de manera idéntica a tablas normales.** Pueden ser utilizadas en subconsultas o en el FROM de una SELECT sin ninguna diferencia con respecto a una tabla física.

La complicación llega cuando se quiere añadir, eliminar o modificar registros de una vista. **Hay vistas que son actualizables y vistas que no lo son.**

En las vistas actualizables es posible realizar operaciones INSERT, UPDATE y DELETE. Para que una vista sea actualizable se deben cumplir las siguientes condiciones (en cada SGBD pueden haber variaciones):

- No puede haber funciones de agregación (SUM, MAX, COUNT, etc.), ni GROUP BY, ni DISTINCT, subconsultas en el SELECT, etc.
- No puede haber uniones entre tablas.
- No se puede utilizar una vista no actualizable en el FROM de la vista (una vista que consulte datos de otra vista, la cual no sea actualizable).

Esas son las condiciones generales, para que se puedan realizar operaciones INSERT hay un par de restricciones más:

- No puede haber nombres de columna duplicados.
- Si la tabla original tiene un campo no nulo sin valor por defecto que no esté presente en la vista, no se podrán realizar inserciones. De lo contrario se estarían realizando inserciones incompletas.
- Las columnas de la vista deben ser referencias directas a columnas de la tabla principal. Si se aplican expresiones o funciones en la columna, esta no será actualizable.

Básicamente, la idea es que una vista puede ser actualizable cuando sea posible realizar esa misma modificación sobre la tabla original sin recibir errores. Por ejemplo, en la tabla de marcas_modelos, no tendría sentido modificar el campo "total_modelos" porque es un campo calculado.

Importante

En la vista de modelos_de_alemania tendría sentido modificar el precio de un modelo, por ejemplo, pero no sería posible, porque hay una unión con la tabla de marcas.

Ahora va a crearse una vista que liste modelos cuyo precio sea inferior a 18.000 €. Esta vista será actualizable porque cumple con todos los requisitos:

```
CREATE VIEW modelos_baratos
AS
SELECT *
FROM modelo
WHERE modelo_precio < 18000;
```

Pueden insertarse nuevos registros sobre modelos_baratos porque hay una **correspondencia directa con la tabla de modelos.** También se pueden insertar incluso modelos que tengan un precio mayor a 18.000 €. En ese caso el registro se insertaría en la tabla de modelos, pero no sería visible en la vista de modelos baratos.

```
INSERT modelos_baratos
(modelo_id, marca_id, modelo_nombre, modelo_precio, modelo_fecha_lanzamiento)
VALUES
(80, 31, 'Up!', 12000, '2012-07-08'),
(90, 31, 'Polo', 15400, '2008-11-25'),
(100, 31, 'Golf', 20000, '2013-02-01');
```

Pueden borrarse registros utilizando DELETE FROM. Es posible insertar filas que luego no se encuentren en la vista, pero no es posible borrar filas que no estén presentes:

```
C:\Program Files\MySQL\MySQL Workbench 8.0 CE\mysql.exe
mysql> DELETE FROM modelos_baratos WHERE modelo_id = 80;
Query OK, 1 row affected (0.01 sec)

mysql> DELETE FROM modelos_baratos WHERE modelo_id = 100;
Query OK, 0 rows affected (0.00 sec)

mysql> _
```

Como se aprecia, el primer registro es eliminado. El registro con id 100 (el Volkswagen Golf) no es eliminado.

Modificar filas significa moverse en un terreno un poco más amplio, porque es posible que **algunos campos sean actualizables y otros no.** Se creará una vista para mostrar un ejemplo:

```
CREATE VIEW modelos_recientes
AS
SELECT modelo_id, marca_id, modelo_nombre, modelo_padre,
YEAR(modelo_fecha_lanzamiento) AS year_lanzamiento
FROM modelo
WHERE modelo_fecha_lanzamiento >= DATE_ADD(CURDATE(), INTERVAL -3 YEAR);
```

En esta vista se muestran los modelos presentados en los últimos tres años. El campo modelo_precio no está disponible, por lo tanto, no es posible modificar ese campo desde la vista. El campo year_lanzamiento es un campo calculado, por lo tanto, no es posible modificarlo tampoco.

```
C:\Program Files\MySQL\MySQL Workbench 8.0 CE\mysql.exe
mysql> UPDATE modelos_recientes SET modelo_nombre = 'Clio' WHERE modelo_id = 6;
Query OK, 0 rows affected (0.00 sec)
Rows matched: 0  Changed: 0  Warnings: 0

mysql> UPDATE modelos_recientes SET modelo_precio = 14500 WHERE modelo_id = 6;
ERROR 1054 (42S22): Unknown column 'modelo_precio' in 'field list'
mysql> _
```

Como se ve, el campo modelo_nombre es plenamente modificable sin problemas. El campo modelo_precio no se encuentra en la vista, por lo que no es modificable. El campo year_lanzamiento no es un campo modificable.

Actividades

28. Pruebe a crear, modificar y eliminar registros en la tabla "reservas_actuales". Pruebe a insertar un registro con una fecha que no sea del presente año, para ver si funciona.

10. Funciones avanzadas

En esta sección se verán algunas funciones avanzadas que proporcionan los SGBD para su **administración.** Generalmente, cada SGBD proporciona un conjunto diferente de funciones avanzadas para cubrir necesidades específicas. *MySQL* soporta la mayoría de ellas, aunque no es tan destacable en este apartado como otras soluciones, como *Oracle Database.*

10.1. Restricciones. Integridad de bases de datos

El punto débil de *MySQL* posiblemente sea el manejo de restricciones y de las cláusulas de integridad. No obstante, soporta las más comunes y permite un **uso normal** de cualquier base de datos. A continuación, se listarán las restricciones posibles.

Restricciones de clave primaria y claves únicas

Cuando un campo es PRIMARY KEY o UNIQUE, no se permitirá **bajo ningún concepto** insertar una fila que tenga un valor ya repetido en un registro anterior. Si se trata de insertar una fila con un valor duplicado, el SGBD devolverá un error y rechazará la transacción. En los campos UNIQUE sí se permiten nulos; si hay varios registros con un campo UNIQUE con valor nulo no pasaría nada. Lo que no puede haber es duplicados no nulos.

Consejo

Cuando una columna no debe tener duplicados, utilice siempre la restricción UNIQUE, así se asegurará de que no haya datos inválidos en la base de datos.

Restricciones de clave foránea

Este tipo de restricciones solo las proporciona el motor InnoDB de *MySQL*. En un campo clave foránea no es posible introducir valores que no se **correspondan con un registro real** en la tabla referenciada. Por ejemplo, en la tabla "modelo" no sería posible hacer que el campo marca_id del modelo "Ibiza" tuviera de valor el número 90, porque no existe ninguna marca con ese id.

Al borrar tablas de la tabla principal también puede haber problemas. No podría borrarse la marca SEAT de la tabla "marca" sin antes borrar sus registros en la tabla de modelos porque, de lo contrario, esos registros quedarían **huérfanos.**

Para estas situaciones existen las cláusulas especiales llamadas ON UPDATE y ON DELETE, las cuales permiten que cuando un registro se modifique, las claves foráneas sean modificadas también; o que cuando un registro sea eliminado, se apliquen cambios en las claves foráneas.

ON UPDATE

Piense qué pasaría si cambiara la marca_id de SEAT desde 10 a 19. Los registros de la tabla "modelo" dejarían de estar enlazados correctamente con su marca.

Para esto, el SGBD cuenta con **tres opciones:** rechazar la modificación (comportamiento estándar), modificar automáticamente los registros de la tabla "modelo" de tal manera que estén actualizados (modificación en cascada) o dejar el campo marca_id de la tabla modelo como NULL (porque ya no tiene un valor fiable).

Para ello, a la hora de crear una tabla o de modificarla, tiene que especificarse el tipo de restricción a aplicar. Se hará que las modificaciones se realicen en cascada en la tabla de modelos:

```
ALTER TABLE modelo DROP FOREIGN KEY fk_marca;

ALTER TABLE modelo ADD CONSTRAINT fk_marca FOREIGN KEY (marca_id)
REFERENCES marca(marca_id) ON UPDATE CASCADE;
```

Ahora, si se modifica la clave primaria de la tabla marca, los registros de la tabla de modelos cambian:

```
C:\Program Files\MySQL\MySQL Workbench 8.0 CE\mysql.exe
mysql> UPDATE marca SET marca_id = 18 WHERE marca_id = 10;
Query OK, 1 row affected (0.01 sec)
Rows matched: 1  Changed: 1  Warnings: 0

mysql> SELECT marca_id, modelo_nombre FROM modelo;
+----------+---------------+
| marca_id | modelo_nombre |
+----------+---------------+
|       18 | Ibiza         |
|       18 | Córdoba       |
|       20 | Megane        |
|       20 | Clio          |
|       20 | Captur        |
|       30 | A3            |
|       30 | R8            |
|       31 | Polo          |
|       31 | Golf          |
+----------+---------------+
9 rows in set (0.00 sec)

mysql> _
```

Los valores posibles son CASCADE, NO ACTION y SET NULL. NO ACTION es el valor por defecto, es como no añadir nada. SET NULL quiere decir que cuando se modifica marca_id de la tabla "marca", los registros de la tabla "modelo" pasan a tener ese campo como NULL.

Nota

Obviamente, esto solo es posible cuando el campo admite nulos, de lo contrario no sería posible.

ON DELETE

Piense qué pasaría si borrara la marca SEAT. Los registros de la tabla "modelo" pasarían a estar huérfanos. Aquí se cuenta con las mismas opciones que en el ON UPDATE: CASCADE, NO ACTION y SET NULL.

CASCADE **borraría los registros** de las tablas que referencien a ese registro borrado. NO ACTION es la acción por defecto: rechazar el borrado. SET NULL haría que ese campo pasara a estar nulo.

Lo habitual es dejar la opción como NO ACTION o como SET NULL. **ON DELETE CASCADE puede ser peligroso** si no se hace con cuidado.

Para especificar esta opción se utiliza una sintaxis similar a la de las modificaciones. En caso de tener que especificar un ON UPDATE y un ON DELETE, el DELETE va primero. Ahora se mostrará un ejemplo haciendo que si se borra una marca, los modelos se borren también:

```
ALTER TABLE modelo DROP FOREIGN KEY fk_marca;

ALTER TABLE modelo ADD CONSTRAINT fk_marca FOREIGN KEY (marca_id) REFERENCES marca(marca_id)
ON DELETE CASCADE ON UPDATE CASCADE;
```

Aquí hay que tener cuidado. Hay una clave foránea en la tabla "coche" enlazando a la tabla de modelo. Esa clave foránea debería ser modificada también para tener un borrado en cascada. De lo contrario, solo pueden borrarse marcas que no tengan coches en esa tabla.

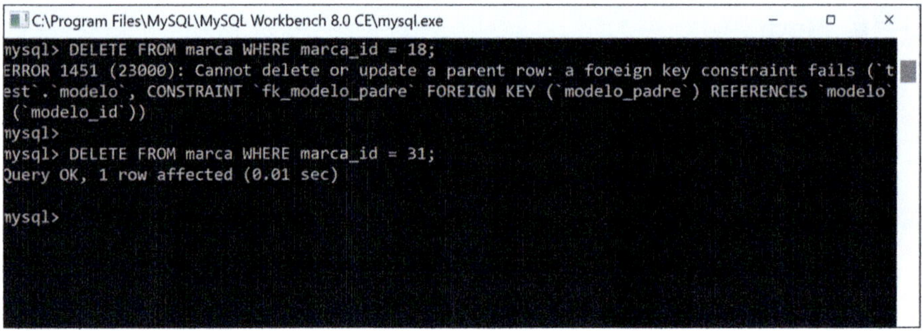

```
C:\Program Files\MySQL\MySQL Workbench 8.0 CE\mysql.exe
mysql> DELETE FROM marca WHERE marca_id = 18;
ERROR 1451 (23000): Cannot delete or update a parent row: a foreign key constraint fails (`t
est`.`modelo`, CONSTRAINT `fk_modelo_padre` FOREIGN KEY (`modelo_padre`) REFERENCES `modelo`
(`modelo_id`))
mysql>
mysql> DELETE FROM marca WHERE marca_id = 31;
Query OK, 1 row affected (0.01 sec)

mysql>
```

No podría borrarse SEAT porque tiene coches. Podría borrarse Volkswagen porque no tiene coches matriculados.

Actividades

29. No podemos permitir que se borren las reservas porque se necesitan informes de ingresos. Sin embargo, que los hoteles dejen de existir y los tengamos que borrar. Para ello, haga que la clave foránea que hay en la tabla "reserva" admita nulos.
30. Una vez la clave foránea admita nulos, haga que cuando se elimine un hotel, sus referencias pasen a tener valor NULL.
31. Pruebe a borrar un hotel y lea los resultados de la tabla "reserva".

Restricciones de tipo de dato

Otra de las restricciones que se incluyen son las de no permitir introducir **datos inválidos** en una columna. Si una columna permite números enteros no debe ser posible añadir cadenas de texto en ellas.

MySQL es especialmente permisivo en este aspecto. Permite hacer cosas que parecen muy incorrectas pero que no dan error.

Nota

En *MySQL* se puede insertar prácticamente cualquier cosa en cualquier columna. Es el propio SGBD el que hace conversiones internas para hacer que se pueda. Otros SGBD son mucho más restrictivos y no permitirían realizar la inserción.

Las restricciones básicas son estas:

- Insertar un valor NULL en un campo NOT NULL dará error y no se permite insertar el registro.

- Si una cadena de caracteres es más larga de lo que permite el campo, se cortará.
- Si un número es más grande de lo que admite el campo se almacenará el valor más grande posible.
- Si se almacena una cadena de texto que empiece por un número en un campo numérico, se introduce el número correctamente. De lo contrario se añade un cero.
- Es posible introducir fechas incorrectas en campos DATE y DATETIME. *MySQL* acepta muchos valores que no son correctos pero que puede llegar a entender. En caso de ser totalmente incorrecta, almacenaría 0000-00-00 00:00:00.
- Si no se añade valor para una columna, se intenta utilizar el valor por defecto del campo. En caso de no existir, introducirá el valor por defecto implícito del tipo de dato (0 para números, cadena vacía para texto, etc.).

MySQL se puede configurar en **modo estricto** para que no se realicen estas conversiones y solo se permitan valores 100% correctos, aunque no es lo habitual hacer eso.

Restricciones de campos ENUM y SET

En los campos de tipo ENUM todos los registros deben tener un valor comprendido entre los valores del ENUM o NULL si se permiten nulos. Si no se especifica ningún valor, el primer valor posible de ENUM será utilizado.

Si se especifica un valor incorrecto se utiliza un valor interno que se corresponde a la cadena vacía.

No es posible bajo ningún concepto contar con un valor que no esté dentro de la enumeración.

En los campos de tipo SET simplemente se ignoran los valores inválidos y solo se consideran los valores válidos.

10.2. Disparadores

Un disparador *(TRIGGER,* en inglés) es un **objeto asociado a una tabla** de base de datos que se ejecuta cuando ocurre un **evento sobre esa tabla.**

Ejemplo

Puede haber un disparador que se ejecute antes de insertar una fila para validar los datos.

Los disparadores se pueden ejecutar **antes o después** de una operación de inserción, modificación o borrado. Algunos casos en los que pueden ser útiles son los siguientes:

- Crear un histórico de operaciones de modificación de datos con fines de auditoría. Antes de modificar las filas, pueden guardarse en un histórico los datos anteriores, fecha de modificación, etc.
- Los disparadores pueden cambiar los valores antes de insertarlos o modificarlos en la tabla. Por ello, se pueden filtrar y validar los datos de la manera que se quiera.
- Como se pueden ejecutar antes de cambiar los valores, es posible asignar valores por defecto complejos a algunas columnas. En *MySQL* el valor por defecto de una columna debe ser un valor normal a excepción de las columnas con DEFAULT CURRENT_TIMESTAMP. Gracias a los disparadores podría hacerse que el valor por defecto sea calculado mediante una función o mediante operaciones matemáticas. Por ejemplo, hacer que el valor por defecto de una columna sea una cadena de caracteres aleatoria.

Va a mostrarse un ejemplo creando un disparador sobre la tabla marca que haga que los valores de marca_nombre siempre estén en mayúsculas, sin importar lo que el usuario inserte:

```
DELIMITER //

CREATE TRIGGER update_nombre_mayusculas BEFORE UPDATE ON marca
FOR EACH ROW BEGIN
  SET NEW.marca_nombre = UPPER(NEW.marca_nombre);
END
//

DELIMITER ;
```

A continuación, se explicará paso a paso la sintaxis y el funcionamiento de este código:

- Cada trigger debe tener un nombre único en la base de datos.
- Hay que explicar el concepto **delimitador.** Por defecto, cuando una sentencia acaba, termina en punto y coma. En un trigger es posible tener muchas sentencias dentro. Debe cambiarse el delimitador por defecto temporalmente para que puedan utilizarse puntos y comas dentro del código. Para ello, primero se cambia el delimitador a "//". Se utiliza un delimitador que no sea usado en absoluto en SQL. Podría ser "|" , "@" o cualquier símbolo poco común. Cuando se termina de crear el trigger, se cambia al delimitador por defecto, de lo contrario las consultas siguientes tendrían que ser finalizadas con "//" en vez de con punto y coma. Esto solo es válido para la sesión de usuario actual.
- Para crear un trigger se empieza con CREATE TRIGGER seguido del nombre (único y sin caracteres especiales). A continuación, se dice cuándo y qué evento quiere controlarse. En este caso se quiere controlar el evento que ocurre **antes** de modificar filas en la tabla "marca".
- A continuación, se añaden las palabras **FOR EACH ROW BEGIN.** Esto quiere decir que la operación se ejecuta sobre cada fila. Si se hace un UPDATE que modifique muchas filas, el trigger se ejecuta una vez por cada fila. Debe escribirse porque es el estándar. Otros SGBD soportan otros sistemas además del FOR EACH ROW.
- Entre BEGIN y END es donde se añade el código personalizado.
- Pueden utilizarse los valores anteriores y nuevos de cada columna: NEW.columna o OLD.columna. En inserciones solo se cuenta con NEW, en borrados, solo con OLD. En modificaciones, con ambos. NEW se refiere al nuevo valor y OLD al existente.

Dentro del código del trigger se introduce **código de procedimiento almacenado.** Cada SGBD soporta un conjunto de operaciones. Esto es un lenguaje de programación en sí mismo con una sintaxis inspirada en el SQL. En este libro no puede profundizarse mucho en los procedimientos almacenados. Además, en *MySQL* son muy diferentes a los de Oracle o SQL Server. Simplemente, se mostrarán unos cuantos ejemplos, pero para un uso completo haría falta un mayor estudio sobre el tema.

En este caso lo que se hace es convertir a mayúscula el valor de marca_nombre. Para ello, se utiliza SET seguido del valor a modificar. En este caso quiere modificarse el nuevo valor de marca_nombre. Se probará a modificar el nombre de SEAT para que esté en minúsculas, se comprobará que no es posible:

```
C:\Program Files\MySQL\MySQL Workbench 8.0 CE\mysql.exe
mysql> UPDATE marca SET marca_nombre = 'seat' WHERE marca_id = 18;
Query OK, 1 row affected (0.01 sec)
Rows matched: 1  Changed: 1  Warnings: 0

mysql> SELECT * FROM marca WHERE marca_id = 18;
+----------+--------------+------------+
| marca_id | marca_nombre | marca_pais |
+----------+--------------+------------+
|       18 | seat         | España     |
+----------+--------------+------------+
1 row in set (0.00 sec)

mysql>
```

Los triggers cuentan con una serie de restricciones y condiciones que pueden desaconsejar su uso. Esos inconvenientes se indican a continuación (sobre todo relacionados con *MySQL):*

- En *MySQL,* cuando se realizan modificaciones en cascada fruto de una clave foránea (ON UPDATE CASCADE), los triggers de modificación sobre la tabla **no son lanzados.** Es una restricción que está tratando de ser resuelta pero que de momento no está arreglada.
- No es posible tener más de un trigger que se ejecute en el mismo momento en la misma tabla. No es posible tener dos que se ejecuten BEFORE INSERT sobre la misma tabla. Sí es posible tener más de uno pero que se ejecuten en momentos distintos.

- Los disparadores pueden crear confusión si no están muy bien documentados. Se realizan conversiones sobre los datos, las cuales pueden no ser conocidas por los usuarios de la base de datos. Es importante explicar qué triggers hay y qué hace cada uno a cada usuario de la base de datos.
- Pueden ser fruto de problemas de rendimiento en la base de datos. Si hay que realizar muchas comprobaciones cada vez que una tabla recibe modificaciones, el rendimiento cae en picado. En vez de ejecutar una sentencia, se ejecutan por detrás un montón de ellas.
- Si están mal desarrollados pueden introducir errores en cadena que dejen inutilizada la base de datos temporalmente. Hay que ser extremadamente cuidadosos al crear un disparador y probarlo a conciencia antes de aplicarlo sobre tablas reales. Cualquier error, por pequeño que sea, afectará a los datos de una u otra manera; aspecto que siempre se debe evitar.
- Los triggers, como todos los procedimientos almacenados, utilizan una extensión de SQL que es muy poco estándar. Mientras que más del 90% de las consultas de ejemplo que se han visto a lo largo del capítulo son estándar y funcionarían en cualquier SGBD, es prácticamente imposible que un trigger funcione en cualquier SGBD simultáneamente a menos que sea extremadamente sencillo.

Consejo

Cuando cree un disparador, escriba la documentación del mismo, explicando su nombre, su comportamiento, cuándo se ejecuta y sobre qué tabla. Todos los usuarios de la base de datos deben tener acceso a esa documentación. Si desconocen su funcionamiento, es posible que no le devuelva los resultados esperados.

Antes se ha mostrado cómo hacer que sea imposible cambiar el nombre de tal manera que no esté en mayúscula. Esto solo funcionaría al modificar filas, porque solo se ha hecho para eso. Para hacer que se ejecute antes de insertar filas se tiene que crear un disparador nuevo con otro nombre pero con idéntico código dentro del BEGIN END:

```
DELIMITER //

CREATE TRIGGER inserta_nombre_mayusculas BEFORE INSERT ON marca
FOR EACH ROW BEGIN
  SET NEW.marca_nombre = UPPER(NEW.marca_nombre);
END
//

DELIMITER ;
```

Ahora es imposible crear marcas en minúsculas.

Borrar disparadores

No es posible **desactivar triggers** temporalmente en *MySQL,* solamente pueden borrarse completamente y volverse a crear más adelante. Para borrar uno se utiliza DROP TRIGGER seguido del nombre del mismo.

Validar datos con un trigger

En caso de querer validar que sea imposible introducir una marca de coche de tres caracteres o menos, no sería posible añadirla mediante un CREATE TABLE, por lo que se necesitaría un trigger que lo realizara.

Lo que se hará es borrar el trigger de "inserta_nombre_mayusculas" para darle otro nombre y que incluya esta modificación. Recuerde que no es posible tener más de un disparador que se ejecute en el mismo evento:

```
DROP TRIGGER inserta_nombre_mayusculas;

DELIMITER //

CREATE TRIGGER pre_inserta_marca BEFORE INSERT ON marca
FOR EACH ROW BEGIN
  SET NEW.marca_nombre = UPPER(NEW.marca_nombre);

  IF LENGTH(NEW.marca_nombre) <= 3 THEN
    SIGNAL SQLSTATE '45000' SET message_text =
      'No es posible crear una marca de menos de 3 caracteres';
  END IF;
END
//

DELIMITER ;
```

Para validar puede utilizarse el IF, el cual comienza con IF, seguido de la comprobación (con mismo formato que en un WHERE de una SELECT) seguido de la palabra **THEN.** Entre el THEN y el END IF es donde se añade el código que debe ejecutarse si se cumple la condición.

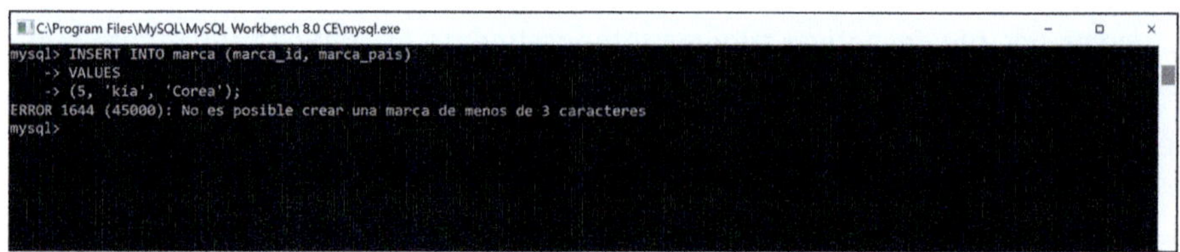

Importante

Para provocar un error hay que añadir la línea del ejemplo. En message_text puede personalizarse el mensaje mostrado al usuario. El código 45000 es siempre el mismo.

Los disparadores tienen un lenguaje propio. Aquí solamente se han visto validaciones muy básicas y modificaciones sobre las filas. Si se quiere aprender más en profundidad habría que ir al manual de cada SGBD. Aquí se trata de explicar el SQL estándar orientado hacia *MySQL* y esta es una característica muy personalizada de cada SGBD.

Actividades

32. Cree un disparador que no permita que el teléfono y el correo electrónico de los clientes se deje vacío. Debe tener al menos 5 caracteres.

10.3. Gestión de permisos en tablas

Siempre se ha mencionado que una de las grandes bondades de los SGBD era la gestión de permisos, que permitía que determinados usuarios accedieran solo a **algunas áreas de la base de datos.** En este apartado se estudiará cómo asignar permisos a los usuarios.

Cada SGBD suele permitir controlar el acceso a unas u otras secciones, aunque todas siguen una sintaxis similar. La idea es asignar permisos a usuarios para **acceder a objetos** y realizar determinadas **operaciones.** Por ejemplo, permitir que el usuario "paco" acceda a la tabla marca para realizar lecturas de datos pero que no pueda hacer modificaciones.

Gestión de usuarios

El sistema de permisos se basa en los usuarios. Son los usuarios los que tienen permisos a realizar determinadas acciones. Todo SGBD cuenta con un usuario *root* que tiene acceso a todas las secciones de la base de datos y que cuenta con la posibilidad de crear nuevos usuarios.

Es el DBA el conocedor de la contraseña del usuario *root.* Los clientes de la base de datos se conectarán mediante su usuario y contraseña. Es el DBA el que se encarga de que los usuarios tengan los permisos adecuados.

Para crear un usuario se utiliza la sentencia CREATE USER. Un usuario tiene un nombre y una contraseña. Pueden crearse usuarios sin contraseña pero está totalmente contraindicado. Así se crea un usuario de nombre "paco":

```
CREATE USER 'paco'@'localhost' IDENTIFIED BY 'mipassword';
```

Primero, se indica el nombre del usuario seguido de arroba y luego el servidor desde el cual se conectará. En *MySQL*, un usuario se compone de **un nombre y un servidor.** Puede haber más de un usuario con el mismo nombre pero con diferente servidor. Para todas las pruebas se utilizará el servidor localhost, que se refiere a la máquina actual.

La contraseña se indica entre comillas simples. Puede contener caracteres especiales y espacios.

Importante

El uso de caracteres especiales y espacios es recomendable porque aumenta la complejidad de la contraseña.

Para borrar un usuario se usa DROP USER. Vea el ejemplo pero no lo ejecute, porque se seguirán haciendo demostraciones con el usuario "paco":

```
DROP USER 'paco'@'localhost';
```

También puede ser útil cambiar de nombre a un usuario. Para ello, se utiliza RENAME USER (no ejecute la sentencia):

```
RENAME USER 'paco'@'localhost' TO 'paco2'@'localhost';
```

Primero, se especifica el nombre de usuario actual seguido de TO y después el nombre del usuario.

Es muy común también tener que reiniciar la contraseña de un usuario, bien porque la han olvidado, bien por motivos de seguridad que llevan a que se actualicen las contraseñas cada cierto tiempo. Para ello, se utiliza SET PASSWORD. Se hará que la contraseña de "paco" sea "entr4r":

```
SET PASSWORD FOR 'paco'@'localhost' = PASSWORD('entr4r');
```

La sintaxis se sale un poco de lo habitual. Empieza con SET PASSWORD FOR seguido del nombre del usuario existente. Luego, un signo igual y la asignación del valor utilizando la función PASSWORD —la cual sirve para encriptar el valor—. SET PASSWORD espera una contraseña codificada de forma segura por defecto, por lo que hay que utilizar esta función para codificarla.

Nota

Por defecto, es posible que la cuenta *root* de *MySQL* tenga una contraseña vacía. Esto no es un gran problema en una máquina local a la que nadie se conecte, pero es inaceptable en un servidor real. Puede modificar la contraseña de *root* utilizando esta misma sintaxis. Se utiliza 'root'@'localhost' como nombre de usuario.

Gestión de permisos

La gestión de permisos va englobada dentro del DCL *(Data Control Language)*, la vertiente de SQL dedicada a la gestión de permisos y usuarios.

Una vez visto cómo crear, modificar y eliminar usuarios, llega el momento de dar utilidad a esos usuarios. Todo el sistema de permisos se basa en que los usuarios tienen permiso para acceder a objetos del SGBD. En *MySQL* estos objetos pueden ser bases de datos, tablas, columnas o procedimientos almacenados.

Los permisos se aplican en cascada. Es decir, si se dan permisos de lectura en una base de datos a un usuario, por defecto ese usuario podrá leer todas las tablas de esa base de datos.

Para dar permisos se utiliza la sentencia GRANT. Para eliminar permisos se recurrirá a REVOKE. Con GRANT hay que especificar el usuario, el objeto al que se hace referencia y el tipo de permiso que se le va a dar.

Ejemplo

Se puede dar acceso de solo lectura, permitir inserciones pero no borrados, etc.

A continuación, se describen los tipos de objeto a los que se les puede dar permisos:

- Nivel global: dar permisos a un usuario para acceder a todos los objetos del SGBD. En *MYSQL* un usuario puede tener acceso a todas las bases de datos del sistema. No suele ser muy recomendable utilizar esta opción.
- Base de datos: los permisos se aplican a todos los objetos dentro de una base de datos concreta. Esta opción sí es muy habitual.
- Tablas: se aplican los permisos a tablas concretas y a todas sus columnas.
- Columnas: permisos aplicables a columnas de tablas concretas. Es útil cuando un usuario no debe poder acceder a columnas con información sensible.
- Procedimientos almacenados: permisos para crear y ejecutar procedimientos almacenados tales como disparadores, eventos, funciones, etc.

La lista de permisos que es posible dar es la siguiente:

Permiso	Significado
ALL [PRIVILEGES]	Permisos para realizar todas las acciones posibles.
ALTER	Permite modificar tablas mediante ALTER TABLE.
CREATE	Permite el uso de CREATE TABLE
CREATE USER	Permite gestionar usuarios. Crearlos, borrarlos y renombrarlos.
CREATE VIEW	Permite crear vistas con CREATE VIEW.
DELETE	Permite borrar filas de una tabla.

Continúa en página siguiente >>

<< Viene de página anterior

Permiso	Significado
DROP	Permite borrar tablas.
INSERT	Permite insertar filas en una tabla.
SELECT	Permite ver los datos de una tabla.
UPDATE	Permite modificar filas de una tabla.
USAGE	Significa que no tiene permisos. Puede conectarse pero no puede hacer nada.
GRANT OPTION	Permite propagar los permisos que un usuario tiene a otros usuarios de la bases de datos.

Nota

Se han omitido los permisos que no se utilizan normalmente.

Ya que se ha introducido el funcionamiento, se empezarán a ejecutar las primeras sentencias GRANT para probar. Se dará acceso a la base de datos "tienda" al usuario "paco". Solo tendrá permiso de leer e introducir datos, no podrá ni borrar ni modificar filas:

```
GRANT SELECT, INSERT ON tienda.* TO 'paco'@'localhost';
```

Se comienza con la palabra **GRANT,** seguida de la lista de permisos que se le van a dar separados por comas. Luego viene la palabra **ON** seguida de los objetos aplicables separados por comas (en este caso solo uno). Finalmente, se utiliza la palabra **TO** seguida del nombre de usuario.

Cuando se dan privilegios a nivel de base de datos, se utiliza su nombre seguido de punto y asterisco.

Importante

Esto quiere decir que se da acceso a la base de datos y a todas sus tablas.

Podría utilizarse *.* en caso de querer dar acceso a todas las bases de datos del sistema (incluidas las que se creen a posteriori).

Para probar estos cambios, se conectará con el usuario "paco", recordando que su contraseña es "entr4r". Existen muchas formas de conectarse a *MySQL*. Para estos ejemplos se utilizará el cliente de *MySQL* por línea de comandos, que está disponible en cualquier momento. Para utilizar un usuario específico, se invocará al comando con el parámetro user:

```
Símbolo del sistema - mysql -u root -p

C:\Program Files\MySQL\MySQL Server 8.0\bin>mysql -u root -p
Enter password: ********
Welcome to the MySQL monitor.  Commands end with ; or \g.
Your MySQL connection id is 31
Server version: 8.0.33 MySQL Community Server - GPL

Copyright (c) 2000, 2023, Oracle and/or its affiliates.

Oracle is a registered trademark of Oracle Corporation and/or its
affiliates. Other names may be trademarks of their respective
owners.

Type 'help;' or '\h' for help. Type '\c' to clear the current input statement.

mysql>
```

Se utilizará el parámetro --user= seguido del nombre de usuario. Al estar en la máquina local, se utilizará el usuario 'paco'@'localhost'. Tras el nombre, se utiliza –p. Esto hará que se pida la contraseña antes de conectar. Podría utilizarse el parámetro –password seguido de la contraseña, pero es mucho más seguro introducirla manualmente, porque en ningún momento se hace visible.

Una vez introducido el password ya se accede al sistema.

Si se intenta borrar el coche de matrícula "505050FRA", se verá que no es posible:

```
C:\Program Files\MySQL\MySQL Workbench 8.0 CE\mysql.exe
mysql> DELETE FROM coche WHERE coche_matricula = '5050FRA';
ERROR 1142 (420000): DELETE command denied to user 'paco'@'localhost' for table 'coche'
mysql>
```

MySQL devuelve un error diciendo que el comando se deniega. Esto se debe a que se carece de los permisos. Sin embargo, sí podría crearse un nuevo coche. Puede probarse introduciendo un Audi R8:

```
C:\Program Files\MySQL\MySQL Workbench 8.0 CE\mysql.exe
mysql> INSERT INTO coche (coche_id, modelo_id, coche_matricula, coche_fecha_matriculacion)
    -> VALUES
    -> (20, 33, '8552BCM', '2023-11-08');
QUERY OK, 1 row affected (0.03 sec)
mysql>
```

Esta operación sí está permitida.

Para dar permisos a nivel de tabla se utiliza una sintaxis muy similar, pero reemplazando el asterisco por el nombre de la tabla. Si se hace que el usuario sí tenga permiso para insertar y borrar filas de la tabla coche, el ejemplo que antes falló, ahora funcionaría:

```
GRANT INSERT, DELETE ON tienda.coche TO 'paco'@'localhost'
```

Hay que ejecutar esta sentencia como **root.** Si se está conectado como "paco" no es posible porque no puede darse más permisos a sí mismo.

Ahora, pruebe el ejemplo anterior estando conectados como "paco":

```
C:\Program Files\MySQL\MySQL Workbench 8.0 CE\mysql.exe
mysql> DELETE FROM coche WHERE coche_matricula = '5050FRA';
QUERY OK, 1 row affected (0.03 sec)
mysql>
```

Lo mismo que se hizo antes, ahora sí funciona.

GRANT OPTION

Es posible dar permiso a un usuario para propagar sus permisos a otros usuarios; esto hay que hacerlo de forma controlada. Un usuario puede dar permiso para realizar las mismas operaciones que él está autorizado a efectuar. Para utilizar esta opción, al final de la sentencia GRANT se utiliza la frase WITH GRANT OPTION.

Revocar permisos

Además de poder dar permisos a usuarios, es posible eliminar esos permisos. Así se elimina el permiso que se dio antes:

```
REVOKE UPDATE, DELETE ON tienda.coche FROM 'paco'@'localhost';
```

La sintaxis es similar, en vez de GRANT se usa REVOKE y en vez de la palabra **TO** se utiliza **FROM;** si se intenta eliminar un privilegio que no se tiene, se obtiene un error.

Es posible utilizar ALL PRIVILEGES o GRANT OPTION a fin de eliminar todos los privilegios o quitar la opción de dar permisos a otros usuarios sobre ese objeto concreto.

Una vez se eliminan los permisos, si hay permisos de nivel superior, se aplicarían.

Ejemplo

Si se quitan todos los privilegios sobre la tabla "coche", aún podría realizarse SELECT e INSERT, porque se tiene permiso para hacerlo en todas las tablas de la base de datos "tienda".

Actividades

33. Cree un usuario de nombre "pepe". Dele la contraseña que desee.
34. Haga que ese usuario solo pueda leer las tablas de hoteles y la vista de reservas para este año. Las demás tablas deben estar invisibles y las que estén disponibles deben ser de solo lectura.
35. Cámbiele la contraseña a ese usuario por otra distinta.

Aplicación práctica

Como administrador de bases de datos de la empresa, se le pide que gestione los permisos de los usuarios de la misma. Se tiene una base de datos con las siguientes tablas, pero sin gestión de permisos:

- **Tabla "facturas".**
- **Tabla "servicios".**
- **Tabla "factura_servicio" (cada servicio de una factura).**

Continúa en página siguiente >>

<< Viene de página anterior

Hay que gestionar los siguientes permisos:

- **Los usuarios de tipo "empleado" solo pueden leer los datos de las tres tablas, no pueden realizar modificaciones. Los usuarios de este tipo son "teresa", "paco", "Alberto" y "jose".**
- **Los usuario de tipo "comercial" pueden leer los datos de las tres tablas y además, pueden crear facturas (insertar/modificar/borrar de las tablas de facturas y factura_servicio). Los comerciales que hay son "jose_manuel", "Isabel" y "Montse".**
- **Los usuarios de tipo "contable" pueden modificar facturas y leer datos de las tres tablas, pero solo pueden modificar facturas por si hay errores, pero no pueden borrarlas o crear facturas nuevas. El único contable que hay es "pepe".**
- **Los usuarios de tipo "director" pueden modificar y leer todas las tablas. No obstante, el privilegio de crear y modificar tablas no deben tenerlo (solo pueden modificar los registros, no la estructura de las tablas). El director es "jose_maria".**

Cree las consultas SQL necesarias para crear estos permisos.

SOLUCIÓN

```
GRANT SELECT ON facturas TO 'teresa', 'paco', 'Alberto', 'jose', 'jose_manuel', 'Isabel', 'Montse', 'pepe';
GRANT SELECT ON servicios TO 'teresa', 'paco', 'Alberto', 'jose', 'jose_manuel', 'Isabel', 'Montse', 'pepe';
GRANT SELECT ON factura_servicio TO 'teresa', 'paco', 'Alberto', 'jose', 'jose_manuel', 'Isabel', 'Montse', 'pepe';

GRANT INSERT, UPDATE, DELETE ON facturas TO 'jose_manuel', 'Isabel', 'Montse';
GRANT INSERT, UPDATE, DELETE ON factura_servicio TO 'jose_manuel', 'Isabel', 'Montse';

GRANT UPDATE ON factura_servicio TO 'pepe';

GRANT INSERT, SELECT, UPDATE, DELETE ON * TO 'jose_maria';
```

10.4. Optimización de consultas

El rendimiento en una base de datos es un apartado fundamental. Si el acceso a los datos es lento, se estará creando un **cuello de botella** que lastrará a todas las aplicaciones que utilicen la base de datos.

Cuando una tabla se hace muy grande (más de 100.000 registros o más de 50MB de espacio en disco), el acceso a los datos se hace más delicado. Si se lanza una consulta que exija examinar todas las filas de la tabla, el SGBD tendrá que realizar una serie de comprobaciones por cada registro. Cuantos más datos tenga que analizar, más lento funcionará.

Consejo

Hay que tratar de aplicar los principios de optimización de consultas desde el principio cuando las escriba, pero sin obsesionarse demasiado.

Si se está desarrollando una aplicación informática, hay que asegurarse primero de que funciona y más tarde habrá tiempo de optimizarla.

Esto es así porque es conveniente agilizar el proceso de desarrollo de software y porque es mucho más fácil detectar los problemas de rendimiento cuando se producen.

En una consulta que lea una tabla enorme para generar un informe mensual, el rendimiento no es demasiado importante. Si una consulta tarda un par de minutos en ejecutarse no debería suponer ningún problema.

Se puede programar ese informe para que ese ejecute durante la madrugada; no pasaría nada, porque es una consulta muy poco frecuente.

Sin embargo, hay consultas que se ejecutan cada minuto en las que el rendimiento es crucial. Por ejemplo, en un blog se realizan decenas de consultas de SQL cada vez que se carga la portada. Debe haber una consulta que liste las entradas más recientes, que cuente el número de comentarios de cada entrada, etc.

Por eso primero se debe identificar en qué entorno se ejecutará la consulta que se está escribiendo, para aplicar una serie de optimizaciones u otras. Por lo general, en consultas poco frecuentes no debe preocuparse de ese tema. Hay que centrarse en las consultas que se ejecutarán en un uso normal de la aplicación.

Nota

Si la consulta que lista las entradas recientes tarda 30 segundos en ejecutarse, la portada tardaría mínimo 30 segundos en empezar a cargar. Se perderían muchos visitantes, el sitio sería inestable y habría muchos bloqueos en las tablas.

Tras comprobar que la consulta requiere ser rápida en cualquier circunstancia, debe pensarse en el **número de filas que se deberán leer** para poder satisfacer las condiciones especificadas en la consulta. Esto es lo que en mayor medida determina si una consulta se ejecutará rápido o no. Si una consulta solo necesita evaluar una fila para funcionar, no importa lo complejas que sean las operaciones matemáticas o la cantidad de funciones de SQL que se utilicen, porque siempre será bastante rápida por sí sola. En cambio una consulta con una subconsulta dentro, en la que se evalúen un millón de filas y en la que por cada fila se tengan que evaluar otras tantas filas de la subconsulta, seguirá una **progresión geométrica** en cuanto a tiempo de ejecución y consumo de recursos del sistema.

Básicamente, toda la gestión de la optimización se basa en tener un esquema mental del número de filas que se deberán evaluar. No se debe pensar en el número de filas a evaluar en este preciso instante de tiempo, sino **ahora y en el futuro.** Es habitual encontrarse con aplicaciones que se **vuelven cada día más lentas** y esto es debido a que cada vez tienen que trabajar con más datos y no están preparadas para ello.

Las funciones de ordenación de resultados de eliminado de duplicados mediante SELECT DISTINCT y las agrupaciones son **delicadas en cuanto al rendimiento.** Al ordenar datos primero se deben evaluar todas las filas, y una vez se tenga la lista de filas que cumplen con las condiciones, se tiene que operar sobre ellas para ordenarlas. En una eliminación de duplicados se tienen que calcular todos los resultados y, a continuación, detectar las duplicidades. En una agrupación también se tiene que leer la lista entera de filas afectadas y luego realizar la serie de operaciones requeridas.

Estas funciones pueden demandar que el SGBD cree tablas temporales internamente para poder trabajar con las filas devueltas. Normalmente, la creación de tablas temporales añade tiempo de ejecución extra a las consultas.

Lo que se utiliza para garantizar un acceso a datos rápido con los datos actuales y futuros son **los índices.**

Recuerde

Los índices, tal y como se ha visto, consisten en estructuras de datos que permiten determinar la localización de una fila sin tener que ir buscando una por una.

Cabe destacar que en *MySQL* (y por norma general) cada vez que se define una **clave foránea en una columna,** esa columna pasa a estar **indexada.** Si se quisieran listar los modelos que son de la marca SEAT, el SGBD podrá saber cuáles son esas filas sin tener que comprobarlas una a una. Utilizaría el índice para ver qué modelos tienen el marca_id 18 e iría a la tabla "modelo" para devolver los datos de cada uno. Los modelos que no tengan marca_id 18 no serían utilizados en absoluto.

Importante

Los índices únicos también se comportan como índices normales y aumentan el rendimiento cuando se filtra por su valor.

La clave primaria suele ser el **índice de mayor fuerza** en una tabla. Cuando se filtran los registros de una tabla según el valor de su clave primaria, el rendimiento suele ser inmejorable.

A la hora de optimizar una consulta hay que tratar de utilizar índices, puesto que reducen el número de filas a evaluar. El rendimiento ideal se produce cuando el **número de filas a evaluar es igual al número de filas retornadas** por el SGBD, aunque no siempre esto es posible. Se pueden ejecutar consultas óptimas que evalúen más filas de las necesarias. Vea una serie de ejemplos:

```
/* Lento. Evalúa todo: */
SELECT * FROM modelo WHERE modelo_precio > 15000;

/* Más rápido, porque evaluamos solo las filas de Renault: */
SELECT * FROM modelo WHERE marca_id = 20 AND modelo_precio > 15000;

/* Rendimiento máximo. Evaluamos lo mismo que obtenemos: */
SELECT * FROM modelo WHERE marca_id = 20;
```

Se ven ejemplos de distintas filtraciones que tendrían distinto rendimiento. En la tabla de ejemplo jamás se verían diferencias de rendimiento porque es diminuta. Hay que pensar a largo plazo en qué pasaría si la tabla tuviera miles de filas o más. En este ejemplo, si se añadiera un índice sobre la columna modelo_precio, las dos primeras consultas se convertirían en 100% óptimas porque solo se evaluarían las filas concretas.

Para conocer la manera que tiene una consulta de ejecutarse, se coloca la palabra **EXPLAIN** delante del SELECT. Cada SGBD proporciona un funcionamiento distinto para el EXPLAIN, pero su utilidad básica es la de conocer el plan de ejecución de una consulta.

Este es el plan de ejecución de la primera consulta anterior:

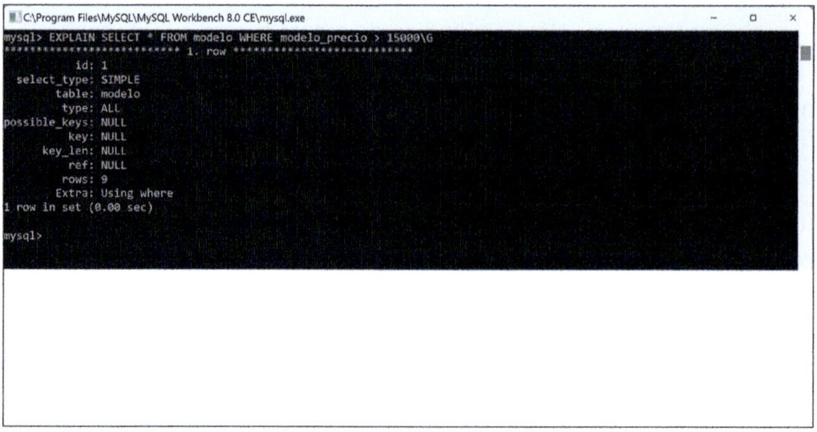

```
C:\Program Files\MySQL\MySQL Workbench 8.0 CE\mysql.exe
mysql> EXPLAIN SELECT * FROM modelo WHERE modelo_precio > 15000\G
*************************** 1. row ***************************
           id: 1
  select_type: SIMPLE
        table: modelo
         type: ALL
possible_keys: NULL
          key: NULL
      key_len: NULL
          ref: NULL
         rows: 9
        Extra: Using where
1 row in set (0.00 sec)

mysql>
```

Se ha terminado la consulta con \G en vez de con punto y coma. Esto es algo especial del cliente por línea de comandos de *MySQL*. Si se utiliza \G los resultados, en vez de en una tabla, se **muestran en vertical;** esto es útil cuando los resultados no caben en pantalla.

Debe prestarse atención sobre todo en las columnas type, rows y Extra. En el tipo se dice la manera de acceder a los datos, en este caso es ALL, que significa un chequeo completo de la tabla. En rows se indica el número de filas que debe evaluar para poder determinar qué filas devolver. En Extra se suele proporcionar información extra sobre la consulta.

Es habitual ver la frase "Using where", esto quiere decir que se evalúan el número de filas que se dice en "rows", y por cada fila, se aplica una validación simple para ver si cumple la condición o no.

Otra palabra que es habitual encontrarse es "Using temporary", que quiere decir que se necesita crear una tabla temporal para satisfacer las condiciones.

Nota

Normalmente, una consulta que revise todas las filas y además necesite una tabla temporal tendrá un rendimiento pésimo cuando haya un gran volumen de datos.

El uso de EXPLAIN es bastante avanzado y en cada SGBD funciona de una manera distinta. Es conveniente leer la documentación del mismo para aprovechar al máximo sus ventajas.

11. Resumen

SQL *(Structured Query Language)* es un lenguaje inspirado en el lenguaje natural en inglés que se utiliza para interactuar con sistemas gestores de bases de datos. Es un estándar. Todos los SGBD lo implementan y adaptan para satisfacer sus requisitos propios. Este libro se centra en el SQL orientado hacia *MySQL* porque el SQL estándar por sí solo no tiene una aplicación directa. No hay ningún sistema que lo implemente como forma única de funcionamiento.

Con el SQL puede definirse un modelo de datos, creando bases de datos con CREATE DATABASE y definiendo las tablas mediante CREATE, ALTER y DROP TABLE.

Una vez definido el modelo de datos pueden manipularse sus datos. Para ello se cuenta con las sentencias INSERT, UPDATE y DELETE, que permiten insertar, modificar y eliminar filas.

Cuando las tablas contienen información es posible lanzar consultas SELECT sobre la base de datos para obtener los datos que se deseen. Es habitual realizar uniones entre tablas y filtraciones para obtener las filas y columnas que se necesiten en la aplicación.

Además, SQL proporciona métodos más avanzados para obtener datos, como son las subconsultas, que permiten anidar unas consultas dentro de otras para aplicar filtraciones complejas u obtener datos de otras tablas. También pueden realizarse agrupaciones de datos, muy útiles para generar informes que de otra manera resultarían bastante complejos de realizar.

SQL también cuenta con una sintaxis que permite gestionar los permisos de usuarios de la base de datos, dando acceso solo a determinadas áreas de la misma.

Ejercicios de repaso y autoevaluación

1. Cree una base de datos de nombre "flota".

2. Cree tres tablas, de nombres "vehiculo", "conductor" y "vehiculo_conductor"

   Un vehículo puede ser conducido por varios conductores. Se necesita guardar la fecha en la que cada conductor empieza a conducir ese vehículo.

   La tabla vehículo cuenta con los campos matrícula (clave primaria), número de bastidor (clave única), una marca y un modelo. Además, tiene un campo con la fecha de la próxima revisión. Puede estar nula, en caso de no saberse.

   La tabla de conductores tiene los campos nombre completo, ID autonumérico, fecha de caducidad de su permiso de conducir y el nombre de su puesto en la empresa.

   La tabla vehiculo_conductor es una tabla fruto de una relación de muchos a muchos. Contiene las claves foráneas de "vehiculo" y "conductor", junto a un campo de fecha que guarda el dato de cuándo ese conductor empieza a utilizar ese vehículo. La clave primaria la forman la matrícula y el ID autonumérico de la tabla vehículo.

   Las tablas deben estar en InnoDB.

3. Modifique la tabla de vehículos y añada un índice simple que englobe las columnas de marcas y modelos. Se utilizará para agilizar las búsquedas más adelante.

4. Inserte registros de prueba en las tres tablas. Utilice sentencias INSERT extendidas (de varias filas por sentencia). Que haya al menos cuatro vehículos y cuatro conductores. Haga que no todos los conductores hayan empezado a usar algún vehículo, solo algunos.

5. Modifique el conductor cuyo valor de la clave primaria sea 1. Aumente su fecha de validez del carné de conducir en 10 años (no lo haga manualmente, sino utilizando DATE_ADD).

6. Escriba una consulta que devuelva todas las marcas de vehículo existente. Sin duplicados.

7. Escriba una consulta que muestre los conductores por orden de fecha de validez del permiso de conducir. Que muestre los 2 conductores que primero vayan a tener el permiso caducado.

8. Escriba una consulta que muestre los conductores que tengan de apellido "Gómez" (puede no haber ninguno).

9. Escriba una consulta que devuelva las columnas: matrícula, fecha de inicio de utilización del vehículo y nombre del conductor.

10. Escriba una consulta que muestre la matrícula de cada vehículo junto al número de conductores diferentes que lo han utilizado. Si nadie lo ha utilizado, que muestre un cero.

11. Escriba una consulta que muestre los datos de los vehículos que tengan que pasar la revisión antes de la media (pista: utilice DATEDIFF).

12. Escriba una consulta que muestre los datos de los vehículos que tengan que pasar la revisión antes de la media de su marca.

13. Cree una vista que contenga únicamente los vehículos que no han sido utilizados por nadie.

14. Cree un usuario de nombre 'alex' que tenga permiso para ver todas las tablas de la base de datos 'flota' pero que solo pueda ver los datos, que no pueda modificar nada.

15. Escriba una consulta que muestre los conductores cuya fecha de caducidad del carné de conducir sea mayor a 2015. A continuación, razone cómo se podría mejorar el rendimiento de la consulta en caso de que la tabla tuviera miles de registros.

Capítulo 4

Lenguajes de marcas de uso común en el lado servidor

Contenido

1. Introducción

Cuando varias aplicaciones o componentes informáticos necesitan comunicarse entre sí, han de contar con un **formato común** de tal manera que ambas partes puedan entenderse. Esas aplicaciones podrían comunicarse mediante mensajes de texto, mediante archivos binarios o cualquier formato que ambos entendieran. Lo importante es que todos los extremos conozcan el formato.

Los lenguajes de marcas se crearon para **unificar en un formato común** el intercambio de datos entre distintas aplicaciones. Consisten en ficheros de texto con un determinado formato. Su principal característica es que son legibles por computadores y por personas al mismo tiempo, cosa no muy fácil de conseguir.

Los lenguajes de marcas más conocidos son el HTML, el XML y LaTeX; este capítulo se centrará en el XML.

2. Origen e historia de los lenguajes de marcas. El estándar XML

Los lenguajes de marcas son un formato para **codificar documentos** que permite incorporar etiquetas que aportan más información sobre cada elemento. He aquí un ejemplo de documento en el lenguaje de marcado HTML para su mejor comprensión:

```
<p class="destacado">
  Los <strong>lenguaje de marcas</strong> consisten en <em>etiquetas</em> que acompañan a los datos.
  Estas etiquetas pueden indicar
</p>
<ul id="posibilidad-lista">
  <li>Diseño del elemento: cómo debe ser mostrado.</li>
  <li>Semántica: qué contiene ese dato. Cómo debe interpretarse.</li>
  <li>Identificación del lugar donde están los datos.</li>
</ul>
```

En el ejemplo, el texto se acompaña de etiquetas que determinan su diseño. Lo primera etiqueta <p> indica que ese texto forma un párrafo. Dentro hay palabras en negrita (strong) y en cursiva (em). Después hay una lista no ordenada (ul) compuesta por elementos (cada li).

Las etiquetas (por lo general) deben ser abiertas y cerradas para indicar cuándo acaban. Las etiquetas pueden contener atributos. Los **saltos de línea no son tenidos en cuenta** al leerse el documento, si todo estuviera en una sola línea funcionaría igual. Solo son añadidos para que resulten más **fáciles de leer.**

Estos lenguajes nacieron en IBM con el lenguaje GML (*Generalized Markup Language* / Lenguaje de marcas generalizado) en la década de los años 60. Este lenguaje se utilizaba para formatear texto. Fue evolucionando hasta el SGML, que era una versión estandarizada de GML lanzada en 1986.

A principios de la década de los 90, Tim Berners-Lee creó HTML, que era una aplicación práctica del SGML. HTML es el lenguaje usado por muchas de las páginas web de Internet y utiliza un lenguaje de marcado.

Nota

Todas las páginas web utilizan o bien HTML o XHTML (los cuales son parecidos pero no son iguales).

Más tarde, en 1998 se publicó la versión 1.0 de XML *(Extensible Markup Language* / Lenguaje de marcado extensible), que es otra interpretación de SGML pero con una sintaxis más parecida a HTML. Este formato se utiliza para el **intercambio de información** entre distintos programas informáticos. Está muy enfocado a Internet y servicios web. Sus principales propósitos son la simplicidad, la legibilidad y su soporte para caracteres Unicode (texto en lenguajes de todo el mundo).

XML se ha ido haciendo muy popular y se utiliza para cientos de escenarios diferentes. Por ejemplo, para XHTML, el cual es una evolución de HTML que utiliza las características de XML para producir documentos en HTML. También se utiliza para los documentos de *Open Office,* para protocolos de comunicación (chat) como XMPP, etc.

Actividades

1. Busque en Internet ejemplos de cómo es la sintaxis de SGML.

3. Características de XML

El XML es un lenguaje de marcado basado en documentos de texto con un determinado formato. Su principal característica es la legibilidad.

Sabía que...

Se pensó para compartir datos de forma estructurada, aunque ha ido evolucionando hasta permitir bases de datos basadas en XML, hojas de cálculo, documentos de texto, etc.

Un documento XML se compone de elementos y estos elementos pueden contener atributos, texto u otros elementos. Una característica de XML es que no se permiten errores de sintaxis en un documento de XML, debe ser 100% correcto para poder ser procesado, cosa que no suele ocurrir con HTML, por ejemplo.

3.1. El DOM

El DOM *(Document Object Model /* Modelo de objetos del documento) es una interfaz que permite comunicarse con documentos HTML y XML mediante **orientación a objetos.**

Los documentos XML son árboles anidados, con elementos que pueden contener a su vez otros elementos. Cada elemento puede tener una serie de atributos y puede albergar otros elementos también.

El DOM permite acceder y **manipular documentos** XML o HTML desde un lenguaje de programación. Es muy habitual utilizar la interfaz del DOM mediante Javascript para modificar los contenidos de una página HTML de forma dinámica. También es utilizado para leer documentos XML mediante un lenguaje que podría ser Java o PHP, por ejemplo.

Nota

El DOM permite recorrer cada objeto del documento de forma recursiva, permite seleccionar todas las etiquetas de un mismo nombre o seleccionar un elemento según su atributo "id".

En el apartado de "Programación de análisis XML mediante lenguajes en servidor" veremos cómo, utilizando el DOM y PHP, podremos leer un documento XML de forma dinámica.

El DOM se basa en dos elementos: "Window" y "Document". "Window" se relaciona con el navegador del usuario, "Document" es el documento HTML/XML que se está manipulando.

Aquí se ve un ejemplo de cómo se procesa el DOM. Se va anidando y agrupando conceptos. Todo va englobado dentro de "Document" y "Window".

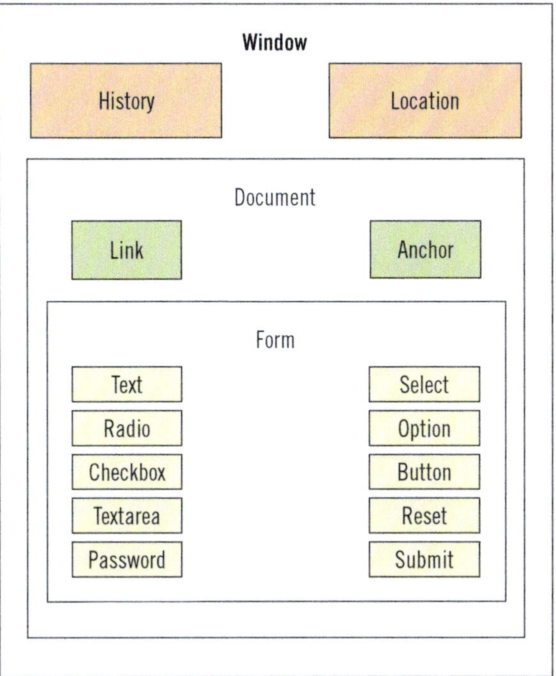

Actividades

2. Haga una lista de cinco aplicaciones o librerías que soporten el modelo del DOM.

3.2. Partes de un documento XML: marcas, elementos, atributos, etc.

Un documento XML se compone de etiquetas (marcas) que delimitan cada elemento. Una etiqueta puede tener atributos o no. Toda etiqueta abierta debe ser cerrada posteriormente.

Aquí se muestra un ejemplo de documento XML para explicar cada parte:

```xml
<?xml version="1.0" encoding="utf-8" ?>
<!-- Comentario dentro de XML -->

<contactos>
  <contacto>
    <nombre>Jose María</nombre>
    <telefono tipo="movil">888-444-222</telefono>
  </contacto>

  <contacto>
    <nombre>Laura</nombre>
    <telefono tipo="fijo">888-111-000</telefono>
  </contacto>

  <contacto>
    <nombre>Pepe</nombre>
    <telefono tipo="movil">888-123-444</telefono>
  </contacto>

</contactos>
```

La primera línea especifica la versión de XML y la codificación de caracteres del documento. Si se introducen caracteres especiales y acentos, debe utilizarse utf-8. Esta línea es opcional, pero si se encuentra presente, debe estar en la primera línea del documento, el cual debe empezar directamente con esta declaración. Esta etiqueta es especial y es diferente a las definidas por el usuario y no es necesario cerrarla.

Nota

No es correcto que el documento empiece con espacios o saltos de línea. Debe empezar exactamente con los caracteres <?xml

A continuación, se ha introducido un comentario de XML para que se vea cómo se utilizan. Los comentarios pueden ser útiles para añadir pequeñas aclaraciones sobre el documento. Empiezan por "<!--" seguido de un **espacio** y terminan en un espacio seguido de "-->". Los espacios son importantes, porque de lo contrario no se está aplicando el comentario.

Todo documento XML **debe contener un elemento principal** que englobe los demás. En este caso, es el elemento **<contactos>.** Todas las etiquetas deben ser cerradas. Las etiquetas se abren mediante **<nombre_etiqueta>** y se cierran mediante **</nombre_etiqueta>.** También es posible que una etiqueta se cierre a sí misma, en caso de que no tenga contenido, solo atributos. En ese caso, se utilizaría **<nombre_etiqueta />.**

Sabía que...

Al elemento principal también se le suele llamar "elemento raíz".

Pueden contener atributos, que se especificarán en la etiqueta de apertura únicamente. Los atributos se colocan separados por espacios, siguiendo la estructura de nombre="valor" (el valor va siempre entre comillas). Los atributos siempre son de tipo texto. Cuando se abre una etiqueta, su etiqueta de cierre debe tener exactamente el mismo tipo de letra mayúsculas/minúsculas que la etiqueta de apertura.

Los nombres de etiqueta deben empezar siempre con una letra. No pueden empezar con un número o carácter especial.

Dentro de este elemento principal pueden colocarse nuevos elementos. Es posible **anidar las etiquetas** todo lo que se quiera.

Para diferenciar, pueden distinguirse las partes de un documento XML de la siguiente manera:

- **Marcas: <contacto>** sería una marca (o etiqueta). Todo lo que vaya entre menor que y mayor que.
- **Elementos:** un elemento es lo que se encuentra entre un conjunto de marcas. Este es el elemento "contacto".

```
<contacto>
  <nombre>Jose María</nombre>
  <telefono tipo="movil">888-444-222</telefono>
</contacto>
```

- *Atributos:* tipo="móvil" sería un atributo de la marca **<teléfono>. Todo atributo debe tener un valor y este debe ir entre comillas.**

Los saltos de línea no son tenidos en cuenta en el documento. Cuando se añaden espacios, **solo el primer espacio** es tenido en cuenta. Si se quisiera añadir más de un espacio explícitamente tendría que utilizarse el **carácter de espacio** ( ). El formato XML sí distingue entre minúsculas y mayúsculas, así que hay que asegurarse de que todas las etiquetas utilizan el mismo tipo de letra.

Dentro del contenido de una etiqueta **no es posible utilizar los caracteres** de menor que o mayor que, porque de lo contrario el intérprete podría pensar que se trata del cierre de una etiqueta. Para ello, habría que utilizar los caracteres especiales de < y > para < y > respectivamente (su nombre es una abreviatura de less than y greater than).

No obstante, es muy común que en un documento XML se añadan etiquetas que contengan texto en HTML o texto que no pueda convertirse, para ello se utilizan las secciones CDATA, que permiten utilizar cualquier carácter en una etiqueta. Las secciones CDATA se utilizan de la siguiente manera:

```
<?xml version="1.0" encoding="utf-8" ?>
<entradas>
  <entrada>
    <titulo>Entrada con HTML</titulo>
    <contenido><![CDATA[<p>Este contenido contiene <strong>etiquetas</strong></p>]]></contenido>
  </entrada>

</entradas>
```

Entre los segundos corchetes puede incluirse el texto que se quiera, sin restricciones.

Actividades

3. Cree un documento XML que almacene una lista de recetas de cocina. Cada receta tiene un nombre y una descripción de texto (la cual puede contener HTML dentro).

Aplicación práctica

Se le ha enviado esta tabla en formato Excel:

Horas	L	M	X	J	V
8:30 9:30	Sociales	Informática	Gimnasia	Sociales	Ética
9:30 10:30	Matemáticas B	Religión	Sociales	Tecnolog.	Gimnasia
10:30 11:30	Francés	Lengua	Lengua	Francés	Física y Q.
11:30	Recreo	Recreo	Recreo	Recreo	Recreo
12 a 13	Ética	Matemát. B	Francés	Tutoría	Matemát. B
13 a 13:50	Lengua	Inglés 2º Id	Física y Q.	Inglés 2º Id	Francés
14 a 14:45	Tecnología	Física y Q.	Tecnolog.	Informática	Lengua

Escriba un documento XML que permita compartir esa información con cualquier servicio web.

SOLUCIÓN

Continúa en página siguiente >>

<< Viene de página anterior

```
<horario>
  <dia>
    <nombre>Lunes</nombre>
    <horas>
      <hora valor="8:30 a 9:30">Sociales</hora>
      <hora valor="9:30 a 10:30">Matemáticas B</hora>
      <hora valor="10:30 a 11:30">Francés</hora>
      <hora valor="11:30 a 12:00">Recreo</hora>
      <hora valor="12:00 a 13:00">Ética</hora>
      <hora valor="13:00 a 13:50">Lengua</hora>
      <hora valor="14:00 a 14:45">Tecnología</hora>
    </horas>
  </dia>
  <dia>
    <nombre>Martes</nombre>
    <horas>
      <hora valor="8:30 a 9:30">Informática</hora>
      <hora valor="9:30 a 10:30">Religión</hora>
      <hora valor="10:30 a 11:30">Lengua</hora>
      <hora valor="11:30 a 12:00">Recreo</hora>
      <hora valor="12:00 a 13:00">Matematicas B</hora>
      <hora valor="13:00 a 13:50">Inglés 2º Idioma</hora>
      <hora valor="14:00 a 14:45">Física y Química</hora>
    </horas>
  </dia>
  <dia>
    <nombre>Miércoles</nombre>
    <horas>
      <hora valor="8:30 a 9:30">Gimnasia</hora>
      <hora valor="9:30 a 10:30">Sociales</hora>
      <hora valor="10:30 a 11:30">Lengua</hora>
      <hora valor="11:30 a 12:00">Recreo</hora>
      <hora valor="12:00 a 13:00">Francés</hora>
      <hora valor="13:00 a 13:50">Física y Química</hora>
      <hora valor="14:00 a 14:45">Tecnología</hora>
    </horas>
  </dia>
```

```
  <dia>
    <nombre>Jueves</nombre>
    <horas>
      <hora valor="8:30 a 9:30">Sociales</hora>
      <hora valor="9:30 a 10:30">Tecnología</hora>
      <hora valor="10:30 a 11:30">Francés</hora>
      <hora valor="11:30 a 12:00">Recreo</hora>
      <hora valor="12:00 a 13:00">Tutoria</hora>
      <hora valor="13:00 a 13:50">Inglés 2º Idioma</hora>
      <hora valor="14:00 a 14:45">Informática</hora>
    </horas>
  </dia>
  <dia>
    <nombre>Viernes</nombre>
    <horas>
      <hora valor="8:30 a 9:30">Ética</hora>
      <hora valor="9:30 a 10:30">Gimnasia</hora>
      <hora valor="10:30 a 11:30">Física y Química</hora>
      <hora valor="11:30 a 12:00">Recreo</hora>
      <hora valor="12:00 a 13:00">Matematicas B</hora>
      <hora valor="13:00 a 13:50">Francés</hora>
      <hora valor="14:00 a 14:45">Lengua</hora>
    </horas>
  </dia>
</horario>
```

3.3. Sintaxis y semántica de documentos XML: documentos válidos y bien formados

Como se ha mencionado anteriormente, todo documento XML debe ser válido y no contener errores de sintaxis, de lo contrario no podrá ser procesado. Aquí se irán estudiando técnicas para asegurar que los documentos XML no contengan incorrecciones.

Para ello, debe comprobarse que no hay comillas sin cerrar, etiquetas sin cerrar, caracteres sin escapar, etiquetas no anidadas correctamente, etc.

Importante

XML proporciona una gran libertad al programador para definir las etiquetas que se quieran, lo cual abre la puerta a todo tipo de posibles errores.

Para validar documentos de XML pueden utilizarse servicios *online* como <https://www.xmlvalidation.com> o <https://www.w3schools.com/xml/xml_validator.asp>, ahí puede pegarse una cadena de texto en formato XML y analizará si contiene errores o no.

El W3C

El W3C *(World Wide Web Consortium)* es un consorcio que trabaja en el desarrollo de estándares para la *World Wide Web* (páginas y servicios web).

El estándar XML está regulado por el W3C, que es el organismo que propone cambios y documenta todas las características.

Cuando un estándar recibe la categoría de **"Recomendación W3C"** quiere decir que ya ha sido ampliamente probado tanto práctica como conceptualmente. El W3C lo propone como estándar y recomienda su uso.

El estándar XML está considerado "Recomendación W3C" y todos los documentos que cumplan la especificación XML de W3C deberían ser 100 % válidos y legibles desde cualquier plataforma.

Casi todos los estándares tratados en este libro han recibido esta categoría por parte del W3C y su uso se encuentra ampliamente extendido.

Actividades

4. Busque la lista de estándares que han recibido la calificación de "Recomendación W3C".

Semántica en XML

Existe un movimiento que quiere que la web sea semántica. La idea es que cada etiqueta **aporte un significado extra,** aparte de su valor; que los documentos sean legibles por una aplicación informática de tal forma que entienda cómo tratar cada dato en cada situación.

Esto se hace para buscar una web que sea **accesible para todo el mundo,** que sea posible procesar un documento en el navegador del ordenador sobremesa, desde el móvil de última generación o desde un lector para ciegos, por ejemplo.

Vea un ejemplo sencillo de dos etiquetas que pueden servir para lo mismo:

```
<span style="font-weight:bold;">Estoy en negrita</span>
<strong>Estoy en negrita</strong>
```

La primera etiqueta **<span>** simplemente indica que el texto está en negrita. La segunda, **<strong>,** indica que esa frase tiene un **peso mayor.** El navegador hará que se vea en negrita como comportamiento estándar, pero además, sabrá que esa frase es importante.

Un lector para personas con discapacidad visual podrá leer esa palabra de forma diferente. Un buscador de Internet, cuando procese ese documento, sabrá que esas palabras tienen más importancia que las demás, etc.

La idea es que se introduzcan metadatos o convenciones de nombre estándar que aporten más información sobre cada elemento. En este caso, la convención es que **strong** significa "palabras importantes".

Los espacios de nombres (*namespaces*)

Es posible que dos etiquetas tengan un mismo nombre pero que tengan una **semántica** diferente. Para ello, existen los espacios de nombres, que permiten delimitar a qué se refiere cada conjunto de etiquetas.

Para incluir un espacio de nombres, se utiliza el atributo xmlns en la etiqueta que lo empleará. Todas las etiquetas que estén dentro de esa etiqueta padre heredarán ese espacio de nombres. Puede utilizarse el atributo xmlns junto a un prefijo si quiere añadir un prefijo delante del nombre de cada elemento.

```
<?xml version="1.0" encoding="UTF-8"?>
<estilos xmlns="http://www.misitio.com/espacio_de_nombres">
  <estilo>
    <nombre>Fuerte</nombre>
    <color negrita="true">Rojo</color>
  </estilo>
  <estilo>
    <nombre>Claro</nombre>
    <color>Verde</color>
  </estilo>
</estilos>

<?xml version="1.0" encoding="UTF-8"?>
<estilos xmlns:prefijo="http://www.misitio.com/espacio_de_nombres">
  <prefijo:estilo>
    <prefijo:nombre>Fuerte</nombre>
    <prefijo:color negrita="true">Rojo</color>
  </estilo>
  <prefijo:estilo>
    <prefijo:nombre>Claro</nombre>
    <prefijo:color>Verde</color>
  </estilo>
</estilos>
```

Nota

Esto es útil cuando se mezclan dos espacios de nombres que contienen etiquetas del mismo nombre.

En el primer ejemplo, simplemente se señala que se está utilizando ese espacio de nombres dentro de la etiqueta **<estilos>.** En el segundo, se utiliza el espacio de nombres pero se le añade un prefijo delante, de tal manera, que **al abrir** cada etiqueta, debe indicarse su nombre con el prefijo seguido de dos puntos primero, de lo contrario no se estará utilizando el espacio de nombres correctamente.

Lo habitual es utilizar espacios de nombres creados por el W3C o por otro tipo de estándar. Crear un espacio de nombres para uno mismo no es algo que se suela necesitar. Es más habitual utilizar documentos DTD o XSD.

Estos documentos se suelen utilizar para **aportar semántica.** Al enlazar a un espacio de nombres, cualquier aplicación que procese el documento puede saber **a qué se refiere cada etiqueta.**

Actividades

5. ¿Cuál es el namespace utilizado en documentos XML de formato KML (Google Earth)?

4. Estructura de XML

Los documentos XML deben estar bien estructurados, esta es la principal restricción. Todo documento XML debe contener **una** y solo una etiqueta padre **principal.** Dentro de esa etiqueta es donde se anidarán las demás etiquetas.

```
<?xml version="1.0" encoding="utf-8" ?>
<entradas>
  <entrada>
    <titulo>Entrada con HTML</titulo>
    <contenido><![CDATA[<p>Este contenido contiene <strong>etiquetas</strong></p>]]>
  </entrada>
  </contenido>
</entradas>
```

Nota

La anidación de los elementos debe ser correcta. Toda etiqueta que se encuentre dentro de otra debe ser cerrada antes de cerrar su etiqueta padre.

Ahí se aprecia que **<entrada>** es cerrada antes de que se cierre **<contenido>,** lo cual es incorrecto.

Todas las etiquetas que se abran deben ser **cerradas dentro del nivel de anidación en que fueron abiertas.**

La tabulación y los saltos de línea son añadidos en los ejemplos para aumentar significativamente la legibilidad de los documentos XML, pero son prescindibles.

Es habitual encontrarse documentos XML en los que todo se encuentra en una línea para ahorrar espacio. Esto no supone ningún problema a la hora de procesar estos documentos. Su única desventaja es que pierden la legibilidad por parte de los programadores.

Actividades

6. Arregle el siguiente documento XML de tal manera que no contenga errores:

```
<elemento requerido evento=si>El signo > significa "mayor que"</Elemento>
<elemento>Este elemento es más sencillo.
```

4.1. Esquemas XML: DTD y XML Schema

Los documentos XML permiten **total libertad** al programador, que puede añadir tantas etiquetas como quiera con el nombre que haga falta. Esto presenta una gran ventaja porque se puede progresar muy rápidamente, pero por otra parte, no hay validaciones que determinen qué elementos deben encontrarse en un documento, lo cual es un problema cuando se trabaja en grandes organizaciones o cuando se trabaja con estándares de XML.

Las definiciones DTD y los XML Schemas se crearon para listar las **restricciones y estructura** de los datos con los que se trabaja. Puede elegirse qué etiquetas deben aparecer; qué nombre deben tener; su estructura de anidación; los atributos que deben tener y el tipo de dato que deben contener.

De esta manera, si junto a un documento XML se adjunta su definición DTD o su XML Schema, cualquier programador que vaya a hacer uso de ese documento, podrá hacerlo de una forma mucho más fiable, porque no solo tendrá que fiarse de los datos que se encuentren actualmente en el documento XML, sino que sabrá todas las restricciones de estos, por lo que podrá adaptarse a cualquier versión de ese documento sin problemas, sin importar los datos que contenga.

Las definiciones DTD y los XML Schema son dos sistemas diferentes que se utilizan con el mismo propósito: especificar las restricciones en la estructura y la sintaxis de los documentos XML.

Nota

DTD tiene más limitaciones. XML Schema es una evolución que cubre más casos.

Normalmente, el documento XML enlazará a su definición de restricciones. En DTD es posible especificar todas las restricciones dentro del documento XML, pero lo habitual es tener las restricciones en un archivo aparte y enlazar a este desde XML.

DTD

Sirve para definir la estructura de un documento XML. Su principal fin es definir la estructura de los datos para poder utilizar una estructura común y tener una consistencia entre todos los documentos XML que utilicen la misma DTD.

Esto permite que todos los documentos XML que utilicen la misma DTD sigan un mismo proceso de validación.

La idea de un documento DTD es listar los nombres de etiqueta que se van a utilizar, junto a sus posibles atributos. Además, es posible especificar qué elementos pueden ir anidados dentro de ese elemento principal, para asegurar que la anidación es correcta.

Para enlazar un documento DTD dentro de un documento XML, se utiliza la etiqueta especial DOCTYPE:

```
<?xml version="1.0" encoding="utf-8" ?>
<!DOCTYPE entradas SYSTEM "entradas.dtd">

<entradas>
  <entrada>
    <titulo>Entrada con HTML</titulo>
    <contenido><![CDATA[<p>Este contenido contiene <strong>etiquetas</strong></p>]]></contenido>
  </entrada>
</entradas>
```

Tras la definición de la versión de XML, se utiliza la etiqueta <!DOCTYPE seguida del nombre del elemento principal sobre el que se aplica la DTD (en este caso, **<entradas>).** A continuación viene la palabra **SYSTEM** seguida del nombre del archivo en el que se encuentra la dtd, entre comillas.

La palabra **SYSTEM** se utiliza cuando el fichero se encuentra en el ordenador local en que se encuentra el documento XML. Es posible utilizar la palabra **PUBLIC** cuando el fichero se encuentre en Internet. Entonces, "entre paréntesis" se incluiría la URL donde se encuentra el archivo dtd.

El archivo entradas.dtd contendría algo así como:

```
<!ELEMENT entradas (entrada)>
<!ELEMENT entrada (titulo,fecha_publicacion?,contenido)>
<!ELEMENT titulo (#PCDATA)>
<!ELEMENT contenido (#PCDATA)
```

La sintaxis es un poco compleja, pero fácil de entender. Por cada línea y etiqueta **<!ELEMENT** se especifica cada etiqueta que contendrá el documento XML.

La etiqueta padre es **entradas,** entre paréntesis aparecen las etiquetas hijo que puede tener. Si puede tener más de una, irán separadas por comas. Si una etiqueta puede tener una etiqueta hija pero opcionalmente, su nombre irá seguido de un signo de interrogación.

Si una etiqueta no tiene más elementos hijos y contiene texto, se utilizará la palabra **#PCDATA** para indicar que esa etiqueta debe contener texto simple.

Además de utilizar archivos externos para la DTD, puede incrustarse la DTD dentro del XML de la siguiente manera:

```
<?xml version="1.0" encoding="UTF-8">
<!DOCTYPE entradas [
  <!ELEMENT entradas (entrada)>
  <!ELEMENT entrada (titulo,fecha_publicacion?,contenido)>
  <!ELEMENT titulo (#PCDATA)>
  <!ELEMENT contenido (#PCDATA)
]>

<entradas>
  <entrada>
    <titulo>Entrada con HTML</titulo>
    <contenido><![CDATA[<p>Este contenido contiene <strong>etiquetas</strong></p>]]></contenido>
  </entrada>
</entradas>
```

Nota

Esto puede ser útil cuando la DTD no es compartida entre varios documentos, por lo que no compensa crear un archivo externo.

Un documento DTD está compuesto por líneas que definen el comportamiento de cada etiqueta posible en un documento XML. Cada línea contiene la definición de una etiqueta en particular.

Cada línea empieza con **<!ELEMENT** seguido del nombre de la etiqueta y termina con un símbolo >. Esta etiqueta no debe cerrarse, porque un documento DTD no sigue la sintaxis de XML.

Tras el nombre de etiqueta, entre paréntesis se lista el nombre de los elementos que esa etiqueta puede contener dentro. Si no va a contener etiquetas dentro, o sea, solo va a **contener texto,** se utiliza #PCDATA. En las declaraciones de etiquetas DTD siempre se usa PCDATA en vez de CDATA.

Cuando una etiqueta debe estar siempre vacía, en vez de listar las propiedades entre paréntesis, se utiliza la palabra clave **EMPTY.**

Cuando una etiqueta puede tener etiquetas dentro, dependiendo de cómo se ponga su nombre, puede indicarse una cosa u otra:

- Nombre de la etiqueta sin más (por ejemplo, <!ELEMENT **etiqueta** (hijo1)>: Debe haber una etiqueta <hijo1> dentro de **<etiqueta>.** Una exactamente, no vale que tenga más de una.
- Nombre seguido de signo más (<!ELEMENT **etiqueta** (hijo+)>): La etiqueta <etiqueta> puede tener varias etiquetas **<hijo>** dentro, una mínimo.
- Nombre seguido de asterisco (<!ELEMENT **etiqueta** (hijo*)>): La etiqueta **<etiqueta>** puede tener desde cero hasta muchas etiquetas **<hijo>.**
- Nombre seguido de pregunta (<!ELEMENT **etiqueta** (hijo1?)>: Puede haber una etiqueta **<hijo1>** dentro de **<etiqueta>;** es opcional.
- Dos nombres separados por barra vertical (<!ELEMENT **etiqueta** (hijo1|hijo2)>): la etiqueta **<etiqueta>** debe tener dentro una etiqueta que se llame o **<hijo1>** o **<hijo2>.**

Definir la lista de atributos utilizando DTD

Además de especificar qué etiquetas deben aparecer y qué pueden contener, es posible especificar qué atributos puede tener cada etiqueta y **qué valores** deben contener.

Para ello, se utilizan las etiquetas **<!ATTLIST.** A continuación se muestran varios ejemplos listando los atributos que puede tener la etiqueta producto:

```
<!ATTLIST producto precio CDATA #REQUIRED>
<!ATTLIST producto moneda (euro|libra|dolar) "euro">
<!ATTLIST producto descuento #IMPLIED>
<!ATTLIST producto tienda #FIXED "mitienda">
```

Para cada atributo se utiliza una etiqueta. Primero se pone ATTLIST, seguido del nombre de la etiqueta que contendrá el atributo. Luego se indica el nombre del atributo seguido de su tipo.

Su tipo puede ser CDATA (texto), una enumeración de posibles valores (como el segundo ejemplo) o ID (un atributo de valor único en todo el documento); hay otros tipos pero son menos utilizados.

Tras el tipo de dato, puede señalarse si es **requerido o no** y darle un **valor por defecto.**

Tras el tipo de dato, si se utiliza #REQUIRED significa que el atributo debe estar presente y tener un valor obligatoriamente. #IMPLIED significa que el atributo es opcional. #FIXED significa que el elemento tiene un atributo implícito de valor ya prefijado en la DTD. Si el usuario añade este atributo al XML, el procesador de XML deberá devolver un error.

Tras las restricciones, se le puede dar el valor por defecto del atributo, entre comillas.

Nota

No es posible darle un valor por defecto a un atributo #REQUIRED.

Actividades

7. Busque cuál es el DTD del estándar XHTML 1.0 Strict y lea sus restricciones.

XML Schema

XML Schema se creó para poder definir restricciones de datos mucho más complejas. XML Schema aporta muchas más características, pero las características de DTD son más que suficientes para la mayoría, por eso sigue siendo más popular que XML Schema.

La especificación de los XML Schema ocupa más de cien páginas (<http://www.w3.org/TR/xmlschema-0/>) y es criticada por su complejidad. Aquí se tratarán sus características básicas para conocer qué aporta con respecto a DTD.

Para enlazar a una especificación de XML Schema desde un documento XML se utiliza lo siguiente:

```
<?xml version="1.0" encoding="utf-8" ?>

<entradas xmlns:xsi="http://www.w3.org/2001/XMLSchema-instance"
       xsi:noNamespaceSchemaLocation="entradas.xsd">
  <entrada>
    <titulo>Entrada con HTML</titulo>
    <contenido><![CDATA[<p>Este contenido contiene <strong>etiquetas</strong></p>]]></contenido>
  </entrada>
</entradas>
```

Dentro de la etiqueta padre se incluirían dos atributos, uno llamado xmlns:xsi con la URL de la especificación de XML Schema que va a utilizarse y otro llamado xsi:noNamespaceSchemaLocation con la localización del archivo con las definiciones de XML. Estos archivos suelen tener la extensión "xsd" (por XML Schema Definition).

Dentro de este archivo los contenidos serían similares a estos:

```
<?xml version="1.0" encoding="utf-8"?>
<xs:schema elementFormDefault="qualified" xmlns:xs="http://www.w3.org/2001/XMLSchema">
  <xs:element name="entrada">
    <xs:complexType>
      <xs:sequence>
        <xs:element name="titulo" type="xs:string" />
        <xs:element name="fecha_publicacion" type="xs:date" minOccurs="0" />
        <xs:element name="contenido" type="xs:string" />
      </xs:sequence>
    </xs:complexType>
  </xs:element>
</xs:schema>
```

La sintaxis es XML válido, a diferencia de los documentos DTD. Aquí hay que copiar el formato del ejemplo y tener en cuenta los atributos “name”, que determinan el nombre de cada etiqueta soportada. Cada etiqueta puede contener otras etiquetas dentro, que se añadirían utilizando xs:complexType y xs:sequence.

Cada etiqueta puede contener un tipo de dato. Si una etiqueta es opcional puede utilizarse el atributo minOccurs para ponerlo a cero (por defecto es 1).

4.2. Hojas de estilo XML: el estándar XSLT y XSL

XSLT es un sistema mediante el cual, mezclando un documento XML y un documento XSL, se genera otro documento en un **formato distinto.** Lo más habitual es utilizarlo para generar documentos XHTML, aunque sería posible generar otro tipo de documentos (PDF, texto, LaTeX, etc.).

Esto es útil para la creación de plantillas. Por ejemplo, un documento XML contiene los datos de una página web y un documento XSL contiene la estructura del XHTML que se va a generar. Mediante un proceso, podrían introducirse los datos del XML dentro de la plantilla y generar la página web.

El XML sería como este:

```
<?xml version="1.0" encoding="utf-8" ?>
<?xml-stylesheet type="text/xsl" href="entradas-plantilla.xsl"?>
<entradas>
  <entrada>
    <titulo>Entrada más reciente</titulo>
    <contenido><![CDATA[<p>Este contenido contiene <strong>etiquetas</strong></p>]]></contenido>
  </entrada>
    <entrada>
    <titulo>Primera entrada</titulo>
    <contenido><![CDATA[<p>Esta es la primera entrada</p>]]></contenido>
  </entrada>
</entradas>
```

Se han incluido dos entradas para que se entienda mejor. Para enlazar a la hoja de estilos se utiliza **<?xml-stylesheet.** En href debe especificarse la ruta para acceder al archivo.

```
<?xml version="1.0" encoding="utf-8"?>
<xsl:stylesheet version="1.0" xmlns:xsl="http://www.w3.org/1999/XSL/Transform">

<xsl:template match="/">
  <html>
  <head>
    <title>Lista de entradas</title>
  </head>
  <body>
  <h1>Lista de entradas</h1>
    <ul>
      <xsl:for-each select="entradas/entrada">
      <li>
        <h3><xsl:value-of select="titulo"/></h3>
        <xsl:value-of select="contenido" disable-output-escaping="yes" />
      </li>
      </xsl:for-each>
    </ul>
  </body>
  </html>
</xsl:template>
</xsl:stylesheet>
```

El documento XSLT sigue esta estructura. Dentro de xsl:template se incluyen los contenidos de la plantilla. Pueden incluirse bucles mediante xls:for-each. Los valores que se quieran reemplazar por los valores del documento XML, se incluyen mediante xls:value-of. El atributo select contiene el nombre de la etiqueta que tiene el valor. El atributo disable-output-escaping se utiliza cuando el valor puede contener HTML y se desea que se muestre tal cual.

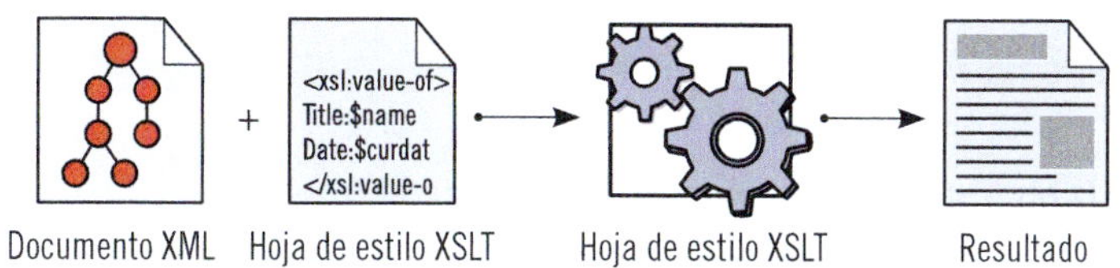

La manera de acceder a las etiquetas del XML es la que facilita XPath. Más adelante se verá cómo utilizar XPath.

Por un lado se encuentran los documentos XML, por otro, la hoja de estilos XSL. **XSLT es el proceso que transforma** ambos documentos en otro documento de un tipo diferente.

Este proceso lo hace una aplicación informática o una librería de software siguiendo el estándar de XSL.

Ejemplo

Cualquier navegador web moderno es capaz de mostrar un documento XML que enlace a una XSL.

Por lo general, no hay que preocuparse de cómo se hace la conversión del XSL. Lo habitual es contar con un programa o una librería que lo haga. Es necesario ocuparse únicamente de que el documento XML esté bien formado y que el documento XSL sea válido.

Actividades

8. Investigue algo sobre el procesador XLST de PHP.

4.3. Enlaces: XLL

XLL (XML *Linking Language* o lenguaje de enlazado XML) es un lenguaje de marcado que sirve para crear enlaces internos y externos en documentos XML. Estos enlaces pueden ser otros documentos, imágenes o URL de Internet.

En HTML, la manera de enlazar es simplemente mediante la etiqueta **<a>.** En XML esto no funciona así, cualquier etiqueta puede funcionar como enlace. Para determinar que una etiqueta es un enlace, se utilizan los atributos xlink:type y xlink:href, para determinar el tipo de enlace y el lugar al que apuntan.

Para utilizar los XLinks debe declararse su espacio de nombres en la etiqueta principal del documento XML. He aquí un ejemplo:

```
<?xml version="1.0" encoding="utf-8" ?>
<enlaces xmlns:xlink="http://www.w3.org/1999/xlink">
  <enlace xlink:type="simple" xlink:href="http://www.google.es">Portada de Google</enlace>
  <enlace xlink:type="simple" xlink:href="http://es.wikipedia.org">Wikipedia en Español</enlace>
</enlaces>
```

Para declarar el espacio de nombres simplemente debe copiarse el atributo xmlns:xlink tal cual se muestra en el ejemplo.

Sabía que...

En este ejemplo hemos creado un enlace simple. Es posible crear enlaces más complejos pero no lo veremos en este libro puesto que es un tema muy amplio y apenas tiene uso. Para una explicación más detallada habría que irse a la especificación oficial del estándar <https://www.w3.org/TR/xlink/>.

4.4. Agentes de usuario: XUA

XUA (XML *User Agents* / Agentes de usuario XML) es una iniciativa que trata de conseguir cada navegador web indique de forma explícita el conjunto de instrucciones de XML que soporta.

No hay nada que deba hacerse al respecto de XUA, es simplemente un estándar en el que se está trabajando para asegurarse de que todas las plataformas utilicen XML de forma correcta.

5. Estándares basados en XML

En los apartados anteriores se han visto complementos para documentos XML, para definir su estructura y sintaxis, para aplicarle estilos, para que enlacen a otros documentos, etc.

En este apartado se estudiarán estándares basados en XML. Son documentos con **sintaxis de XML que tienen una estructura determinada.** Normalmente, los estándares de XML tienen, bien su propio documento DTD bien su espacio de nombres que debe enlazarse a nuestro XML para declarar que se está utilizando.

Al ser XML tan flexible, hay muchos estándares utilizados para distintos propósitos, como pueden ser la creación de páginas web (XHTML); firmas electrónicas; fuentes de noticias (RSS); hojas de cálculo (ODS); imágenes vectorizadas (SVG), etc.

Actividades

9. Busque ejemplos para conocer cómo es el estándar SVG.

5.1. Presentación de página: XHTML

XHTML es una derivación de HTML que utiliza XML para su sintaxis. En vez de usar HTML directamente, se emplea XHTML, que es HTML con una sintaxis de XML válido.

Sus principales características son las siguientes:

- Se pueden utilizar espacios de nombres de XML.
- En un documento HTML se permiten muchas incorrecciones sintácticas. Un documento XML debe ser 100 % válido para ser procesado, por lo tanto, es más fácil de leer.
- XML es un formato muy extendido. Puede hacerse uso de herramientas pensadas específicamente para XML.

Las diferencias con el HTML convencional son las siguientes:

- El documento debe empezar con la declaración de la versión de xml (<?xml version="1.0" encoding="utf-8" ?>).
- Debe utilizarse una declaración DTD que determine la versión.
- Toda etiqueta abierta debe ser cerrada. En HTML era correcto emplear **
** para un salto de línea. En XHTML hay que utilizar **
** o **
</br>** para especificar cuándo acaba la etiqueta.
- Los valores de los atributos de las etiquetas deben ir siempre entre comillas.
- Los nombres de las etiquetas y los atributos deben ir siempre en minúsculas para unificar criterios.
- Todo atributo debe tener un valor siempre. No es posible hacer algo como **<input type="text" readonly />.**
- Cuando se añaden recursos como hojas de estilo o código Javascript incrustado en el HTML, ha de utilizarse la etiqueta **CDATA.**

```
<?xml version="1.0" encoding="UTF-8"?>
<!DOCTYPE html PUBLIC "-//W3C//DTD XHTML 1.0 Strict//EN"
  "http://www.w3.org/TR/xhtml1/DTD/xhtml1-strict.dtd">
<html xmlns="http://www.w3.org/1999/xhtml" xml:lang="es">
   <head>
     <title>XHTML de ejemplo</title>
     <script type="application/javascript">
     <![CDATA[
     function init() {
        alert("Página cargada");
     }
     ]]>
     </script>
   </head>
   <body onload="init()">
     <p>Ejemplo de página <br />Compatible con XHTML</p>
   </body>
</html>
```

Ahí se aprecia un ejemplo de XHTML. Como se ve, la sintaxis es XML 100% válido. Se utiliza la primera línea para especificar la versión de XML y la codificación de caracteres y el DOCTYPE, para especificar el DTD.

Nota

Cualquier programador que conozca XML podría aprender XHTML fácilmente. Y cualquier programador que conozca HTML tendría que simplemente aprender las restricciones de XML para empezar a utilizarlo.

Actividades

10. Busque información sobre el validador de XHTML creado por el W3C.

5.2. Selección de elementos XML: Xpath y XQuery

XML tiene dos estándares diseñados para localizar elementos concretos dentro de un documento XML. Son útiles para leer estos documentos de forma sencilla. Los estándares son el XPath y el XQuery. XPath es la sintaxis básica para referirse a elementos de un documento XML. XQuery es un lenguaje de programación más complejo construido sobre la base de XPath que permite realizar tareas más avanzadas, como mezclar varios documentos XML en uno o realizar filtraciones complejas.

XPath

XPath (abreviación de XML *Path Language)* sirve para **localizar información dentro de un documento** XML. Selecciona y hace referencia a los elementos de un documento XML.

Para todos los ejemplos y explicaciones de XPath se utilizará el siguiente documento XML:

```
<?xml version="1.0" encoding="UTF-8"?>
<productos>
  <producto activo="si">
    <titulo>Limpiador de madera</titulo>
    <precio moneda="eur">2.99</precio>
  </producto>
  <producto activo="si">
    <titulo>Friegasuelos</titulo>
    <precio moneda="eur">1.50</precio>
  </producto>
  <producto>
    <titulo>Bayeta de microfibra</titulo>
    <precio moneda="gbp">1</precio>
  </producto>
</productos>
```

Nota

El documento de especificación completo se encuentra en <https://www.w3.org/TR/xpath20/>.

Al ser leídos, los documentos XML son procesados por un parser (analizador) de XML, que construye todo el **árbol de nodos** (siguiendo un modelo como el del DOM).

Este árbol comienza en el elemento raíz, el cual va recorriendo cada elemento que hay dentro hasta que llega a los nodos vacíos o a los que contienen solo texto.

Árbol generado al procesar un documento XML

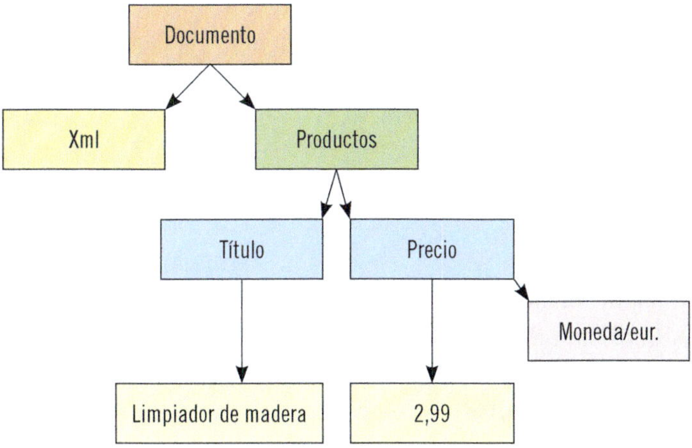

El parser va procesando los elementos y detectando nodos. Los cuatro tipos de nodo más habituales son estos:

- El **nodo raíz:** se corresponde al documento XML en general. Solo hay un nodo raíz. No debe confundirse con el elemento raíz. El elemento raíz en nuestro XML de ejemplo sería "productos". El nodo raíz está por encima de él.
- **Nodos elemento:** cualquier elemento del documento es un nodo elemento. Cualquier etiqueta XML se corresponde a un nodo elemento.
- **Nodos de texto:** cuando un nodo no tiene hijos pero tiene texto, tiene un hijo que es un nodo de texto. Un nodo de texto no tiene hijos, solamente está compuesto por los caracteres del texto.
- **Nodos atributo:** un elemento puede tener una serie de atributos. Estos atributos son procesados como nodos. Los nodos atributo no son hijos

del elemento que los contiene, sino que están a su mismo nivel, son accesorios al mismo. Un nodo atributo tiene un nombre, un valor y un espacio de nombres aplicable (si se da el caso).

XPath es un **lenguaje de expresiones,** no un lenguaje estándar. La comunicación con él se efectúa mediante instrucciones simples, como si de una consola de comandos se tratase.

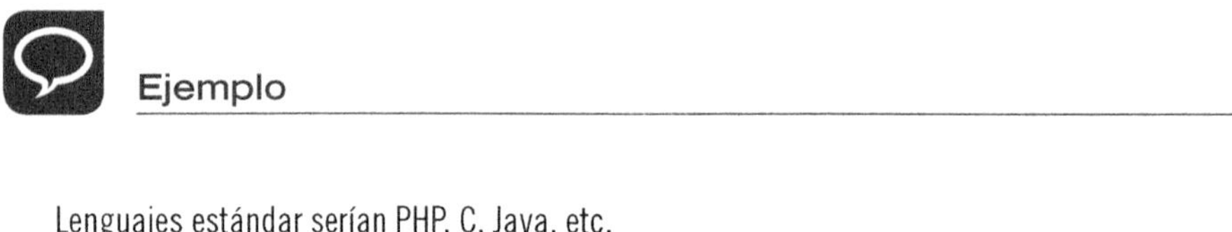

Lenguajes estándar serían PHP, C, Java, etc.

La principal función de XPath son las **"location paths"** (caminos de localización). Consisten en expresiones con la "ruta" para acceder a una serie de nodos. Estas rutas son parecidas a las de un sistema UNIX. Por ejemplo, esta sería una expresión XPath:

```
/productos/producto
```

La sintaxis y el concepto son parecidos, pero aquí se está trabajando con árboles que pueden contener elementos del mismo nombre; en un sistema de ficheros no es posible tener dos carpetas o archivos del mismo nombre en el mismo sitio.

Aquí lo que se estaría haciendo es colocarse en el nodo raíz —que solo puede tener un elemento—; a continuación, se buscan **todos** los elementos de tipo "productos" (en este caso solo puede haber uno, pero podrían ser varios si el documento estuviera mal formado) y después, se buscan todos los elementos "producto" que se encuentren dentro de elementos "productos". Por cada elemento "productos" se buscan los elementos "producto".

Para utilizar XPath se precisa un **testador de XPath,** que es una herramienta que recibe como parámetros un documento XML, una instrucción XPath y devuelve los resultados que se corresponden con la *location path.* La herramienta que se utilizará es <https://www.freeformatter.com/xpath-tester.html>, la cual se encuentra online, por lo que no hay que descargar ningún programa.

En XML Input se pega el documento XML que va a utilizarse o se selecciona la URL del documento (si este se encuentra publicado en internet).

Importante

En XPath expression es donde se introduce la expresión XPath que se quiere evaluar. En XPath Result aparecen los resultados.

Predicados

Los predicados en XPath son **filtraciones,** como el WHERE de SQL. Se seleccionarán todos los productos que se encuentran activos:

```
/productos/producto[@activo="si"]
```

XPath result:

```
Element='<producto activo="si">
  <titulo>Limpiador de madera</titulo>
  <precio moneda="eur">2.99</precio>
</producto>'
Element='<producto activo="si">
  <titulo>Friegasuelos</titulo>
  <precio moneda="eur">1.50</precio>
</producto>'
```

Los predicados son la ruta de los elementos *(location path),* junto a posibles filtraciones por atributo. Las filtraciones por atributo se especifican entre corchetes. El nombre del atributo va precedido del prefijo @. El valor debe ir entre comillas porque los atributos de XML siempre son de tipo texto. Se pueden hacer múltiples filtraciones de atributo para un mismo elemento, poniendo unos corchetes detrás de otros.

Es posible indicar instrucciones como **/productos/producto[@activo]** que simplemente filtran los productos que tengan atributo "activo" (dando igual su valor).

Además del signo igual, puede utilizarse mayor que, menor que y distinto que. También es posible filtrar por el ID de un elemento. Los ID deben estar declarados en la DTD, de lo contrario no funcionan. La idea de los ID es que un elemento puede tener un identificador único a lo largo de todo el documento.

```
id("producto_299")/titulo
```

Nota

Para filtrar por el elemento que tenga un ID específico, se utiliza la función id().

Suponiendo que nuestro documento tuviera un atributo ID por cada producto, esto seleccionaría sus títulos.

Location paths

Se han visto rutas sencillas, en las que se selecciona toda la ruta para llegar a esos elementos, pero a veces puede interesar saltar pasos o seleccionar elementos sin saber su nombre exacto, sino su lugar en el árbol:

- **Selectores descendentes** (selecciona todos los elementos que desciendan de un elemento recursivamente):

```
//producto
```

Se quieren todos los productos, no importa qué elementos padre tengan encima.

```
/productos//titulo
```

Se quieren todos los títulos de productos.

- **Selectores padre.** Son difíciles de entender porque dan un paso atrás al seleccionar. Requieren mucha práctica. Sirven para hacer filtraciones sobre elementos hijo pero cuando solo se quiere seleccionar el elemento padre.

```
//producto/precio[@moneda="eur"]/..
```

Todos los productos cuyo precio esté en euros. Primero parece que se selecciona solo el elemento "precio", pero con los dos puntos se vuelve un paso atrás, de tal manera que solo se seleccionan los elementos "producto".

```
//producto[@activo="si"]/precio[@moneda="eur"]/../titulo/text()
```

Otro ejemplo más complejo, que devuelve el título de los productos que estén activos y cuyo precio esté en euros. Primero se filtra precio, luego se sube un nivel en el árbol y se vuelve al elemento título para obtener su texto.

Selectores

Los selectores son el último extremo de la *location path.* Son el elemento final, lo que se quiere ver; son como el SELECT de SQL. Pueden seleccionarse nodos elemento, nodos atributo o nodos de texto.

Estos son varios ejemplos:

- Seleccionar todos los productos (devuelve un árbol de nodos):

```
/productos/producto
```

También es posible utilizar un asterisco, si se quieren seleccionar todas las etiquetas que haya sin importar su nombre:

```
/productos/*
```

- Selecciona todo lo que cuelgue de <productos>, sin importar cómo se llame.
- Seleccionar todos los atributos "moneda" de productos activos:

```
/productos/producto[@activo="si"]/precio/@moneda
```

Seleccionar todos los nombres de producto:

```
/productos/producto[@activo="si"]/titulo/text()
```

Cuando se seleccionan atributos, su nombre tiene el prefijo arroba. Cuando se quiere ver el texto, se utiliza la función text().

Cuando se trabaja con nodos elemento, además, es posible utilizar algunas funciones especiales para ser más específicos con **qué es lo que se selecciona:**

- Posición del elemento:

```
//producto[position()=2]
```

o bien:

```
//producto[2]
```

Devuelve el segundo producto. El índice empieza en el número 1. El nodo cero no existe.

- Último elemento:

```
//producto[last()]
```

Devuelve el último producto.

Es posible realizar algunas operaciones matemáticas sencillas con estas funciones:

```
//producto[not(position()=last())]
```

Productos que no sean el último.

```
//producto[(position() mod 2) != 0]
```

Devuelve un producto sí un producto no. O lo que es lo mismo, productos ubicados en posiciones impares.

Aplicación práctica

Imagine que está trabajando en una aplicación que accede a los contenidos de un documento XML utilizando una aplicación escrita en C#. Cuenta con el siguiente documento:

```
<resultados>
  <pelicula puntuacion="9">
    <titulo>Cadena perpetua</titulo>
    <año>1994</año>
  </pelicula>
  <pelicula puntuacion="9">
    <titulo traduccion_literal="si">El padrino</titulo>
    <año>1972</año>
  </pelicula>
  <pelicula puntuacion="8">
    <titulo traduccion_literal="si">Pulp Fiction</titulo>
    <año>1994</año>
  </pelicula>
  <pelicula puntuacion="8">
    <titulo>El bueno, el feo y el malo</titulo>
    <año>1966</año>
  </pelicula>
  <pelicula puntuacion="8">
    <titulo traduccion_literal="si">El caballero oscuro</titulo>
    <año>2008</año>
  </pelicula>
</resultados>
```

Se necesitan las expresiones XPath para poder acceder a los siguientes nodos:

1. **Expresión para obtener las dos primeras películas cuya puntuación sea ocho.**
2. **Expresión para obtener el año de publicación de todas las películas.**
3. **Expresión para obtener todos los elementos "película" cuyo título sea una traducción literal.**

SOLUCIÓN

1. //pelicula[@puntuacion="8"][position() <= 2]
2. //año/text()
3. //pelicula/titulo[@traduccion_literal="si"]/..

XQuery

XQuery es a XML lo que SQL es a un SGBD. Permite seleccionar qué datos interesan de una serie de documentos XML y qué condiciones deben cumplir para ser incluidos. Está construido sobre la base de XPath. La manera de referirse a cada elemento del árbol de nodos es mediante expresiones XPath.

Con XQuery pueden combinarse varios documentos XML para hacer lo que en SQL sería un JOIN.

Nota

Pueden ordenarse los resultados y aplicar filtraciones sobre los mismos (para devolver solo los que interesen).

Normalmente, cuando hay que procesar uno o varios documentos XML, lo que se hará será leerlos utilizando algún lenguaje de programación, utilizando librerías que implementen el DOM o que lean el XML de otra manera. Los documentos XML se leerán y todas las filtraciones se harán a mano, para ir descartando y manipulando los datos. Esto resulta útil cuando se quieren hacer pequeñas filtraciones u operaciones sencillas, porque se tardará menos tiempo en hacerlas y no supondrán mayor problema.

XPath sirve para realizar estas modificaciones sobre **grandes volúmenes de datos** y cuando las filtraciones son complejas y requieren de mucho trabajo de programación. Al leer los documentos XML se suelen encontrar dos grandes problemas: hacer **uniones entre varios documentos** y el **espacio en memoria,** porque normalmente habrá que volcar los documentos completos para poder trabajar con ellos. XQuery proporciona una interfaz más sencilla para comunicarse con documentos XML de forma unificada y más eficiente.

Para utilizar XQuery se necesitará una herramienta que la soporte. Esta es una característica muy avanzada de XML y poco extendida. Hay poco software que lo soporte de forma sencilla y la mayoría es software de pago. Kernow es una opción gratuita (y libre) que puede emplearse. En la pestaña de **XQuery Sandbox** se podrán probar las consultas que se realicen.

Nota

Kernow se puede descargar desde <https://sourceforge.net/projects/kernowforsaxon/>. Tras 100 usos pide que se haga una donación, pero es opcional. Es simplemente para animar a los usuarios a donar.

XQuery utiliza un conjunto de expresiones llamadas **FLOWR** (se pronuncia como *flower):*

- FOR: itera sobre los elementos de una expresión escrita en XPath.
- LET: declara variables.
- WHERE: filtra los resultados.
- ORDER BY: ordena los resultados.
- RETURN: genera los resultados, después de haberse filtrado y ordenado.

La sintaxis XQuery consiste en una mezcla de expresiones FLOWR, código XML y expresiones XPath. Dominar este lenguaje requiere mucho conocimiento, simplemente aquí se ha mencionado en qué consiste y para qué sirve.

5.3. Firma electrónica: XML-Signature y Xades

XML Signature (Firma XML) define una sintaxis XML utilizada para firmas electrónicas. Se utiliza para firmar un documento de tal forma que se pueda garantizar su autenticidad.

Para firmar, se utiliza la etiqueta **<Signature>,** la cual albergará toda la información de la firma.

Hay tres maneras de firmar:

- Firma envoltorio *(enveloped):* el código de firma se encuentra dentro del documento XML que se quiere firmar.
- Firma envolvente *(enveloping):* la información XML que se quiere firmar está dentro del código de la firma.
- Firma independiente *(detached):* el código de firma se refiere a un documento XML distinto al actual.

Para firmar un documento es necesario contar con la clave privada de firma.

Aquí hay un ejemplo de documento con firma envoltorio:

```
<?xml version="1.0"?>
<pedidos>
  <pedido>
    <id>939999</id>
    <total>29.88</total>
  </pedido>

  <Signature xmlns="http://www.w3.org/2000/09/xmldsig#">
  <SignedInfo>
   <CanonicalizationMethod Algorithm="http://www.w3.org/TR/2001/REC-xml-c14n-20010315"/>
    <SignatureMethod Algorithm="http://www.w3.org/2000/09/xmldsig#rsa-sha1"/>
     <Reference URI="">
      <Transforms>
       <Transform Algorithm="http://www.w3.org/2000/09/xmldsig#enveloped-signature"/>
      </Transforms>
      <DigestMethod Algorithm="http://www.w3.org/2000/09/xmldsig#sha1"/>
      <DigestValue>V0ilDen0qBzCslw7EkJfhW013/I=</DigestValue>
     </Reference>
  </SignedInfo>
  <SignatureValue>ZxS85XSwIVfbmjjF3I...</SignatureValue>
   <KeyInfo>
    <KeyValue>
     <RSAKeyValue>
      <Modulus>
        0SsRwFq8qy6gHmSMc3JuvXTgpByqgUpKl78G06EqXvu+8P6b1gI9KrNSKI3LfUAd
        H0AiuH49hl/KCPybe2u+Dqwg2syyVG9gVVGONZXSGJuWBREjQ7Ba683WIubkQuQ2
        r10jgx+7SBUyTqjzm05gmwiasyrXC9kDMCLPx7K3k3s=
   </Modulus>
   <Exponent>
   AQAB
   </Exponent>
   </RSAKeyValue>
    </KeyValue>
   </KeyInfo>
  </Signature>
</pedidos>
```

El documento principal es **<pedidos>,** pero en **<Signature>** se introduce la información sobre la firma.

No se entrará en más detalles, solamente se ilustra el concepto con un ejemplo, puesto que el tema de la firma con XML es muy amplio. La especificación completa del W3C tiene una longitud cercana a las 100 páginas para explicarla en profundidad.

Nota

La especificación completa del W3C se encuentra en <https://www.w3.org/TR/xmldsig-core/>.

XADES

XADES son las siglas de XML *Advanced Electronic Signatures* (firma electrónica avanzada XML). No es más que un conjunto de extensiones al estándar XML Encryption confeccionado para adecuarse a un uso como firma electrónica.

Define una serie de campos extra que lo hace más apto para ser utilizado como firma electrónica.

5.4. Cifrado: XML-Encryption

Cuando se envía **información sensible** —como números de tarjeta de crédito o datos personales confidenciales—, es común recurrir a técnicas de cifrado de datos, de tal manera que sea muy difícil o directamente imposible leer esos datos por parte de alguien inesperado.

El cifrado siempre suele ir de la mano de los conceptos **clave privada y clave pública.** Una clave privada consiste en unos datos que el emisor y receptor nunca publicarán y siempre mantendrán en secreto. La clave pública consiste en unos datos que se pueden compartir. Es al **mezclar la clave privada con la pública** cuando se pueden descifrar los datos que se cifraron.

El método más habitual para utilizar en XML consiste en el cifrado mediante la clave pública. El receptor de la información difunde su clave pública. El emisor lee esa clave pública, cifra su mensaje utilizando esa clave pública y la envía al receptor. El receptor podrá descifrar el mensaje utilizando su clave privada.

Solo el receptor que tenga la clave pública utilizada al enviar el mensaje podrá leer el mensaje.

Los mensajes se cifran utilizando una utilidad de cifrado que debe estar instalada, tanto en el emisor como en el receptor.

Para utilizarla, por un lado estará el archivo XML original (sin cifrar) y por otro lado, una **plantilla XML de cifrado,** la cual tendrá una forma similar a la siguiente:

```
<?xml version="1.0" encoding="UTF-8"?>
<!--
XML Security Library example: Original XML
 doc file before encryption (encrypt3 example).
-->
<EncryptedData
  xmlns="http://www.w3.org/2001/04/xmlenc#"
  Type="http://www.w3.org/2001/04/xmlenc#Element">
 <EncryptionMethod Algorithm="http://www.w3.org/2001/04/xmlenc#tripledes-cbc"/>
 <KeyInfo xmlns="http://www.w3.org/2000/09/xmldsig#">
  <EncryptedKey xmlns="http://www.w3.org/2001/04/xmlenc#">
   <EncryptionMethod Algorithm="http://www.w3.org/2001/04/xmlenc#rsa-1_5"/>
   <KeyInfo xmlns="http://www.w3.org/2000/09/xmldsig#">
    <KeyName/>
   </KeyInfo>
   <CipherData>
    <CipherValue/>
   </CipherData>
  </EncryptedKey>
 </KeyInfo>
 <CipherData>
  <CipherValue/>
 </CipherData>
</EncryptedData>
```

Después, se utilizará una utilidad como por ejemplo el comando **xmlsec** (XML Security Library), el cual permite cifrar y descifrar documentos XML.

5.5. Otros estándares de uso común

XML se utiliza en muchos estándares relacionados con el **desarrollo web.** Otros estándares de uso habitual en programación web son las fuentes de noticias y los mapas de sitio, los cuales se estudiarán a continuación.

RSS (Fuentes de noticias)

Los RSS *(Really Simple Sindication /* Suscripción realmente sencilla) son **fuentes de datos** que genera un sitio web (un blog o un periódico, por ejemplo) con la lista de últimas publicaciones del sitio.

Cualquier usuario que conozca la URL de ese RSS podrá añadirla a su **lector de feeds** y recibir las últimas actualizaciones ahí. Es útil porque un mismo usuario puede seguir decenas de blogs y páginas distintas y leer todas las últimas actualizaciones desde un mismo sitio. También puede recibir alertas cuando un sitio haya publicado algo nuevo, de tal manera que reciba las actualizaciones al momento.

Para que un sitio web pueda ofrecer un RSS, tiene que tener un archivo XML público que esté enlazado desde su HTML, diciendo que esa es la fuente de noticias disponible para el sitio.

Los RSS deben tener una estructura como la siguiente:

```
<?xml version="1.0" encoding="UTF-8" ?>
<rss version="2.0">
<channel>
 <title>Noticias de mi sitio</title>
 <description>Las últimas noticias de mi página web</description>
 <link>http://www.mipagina.com</link>

 <item>
  <title>Última entrada</title>
  <description>El contenido va aquí.</description>
  <link>http://www.mipagina.com/entrada3.html</link>
  <pubDate>Mon, 26 Nov 2013 17:15:00 +0000 </pubDate>
 </item>

 <item>
  <title>Penúltima entrada</title>
  <description>El contenido va aquí.</description>
  <link>http://www.mipagina.com/entrada2.html</link>
  <pubDate>Mon, 20 Nov 2013 12:03:00 +0000 </pubDate>
 </item>

</channel>
</rss>
```

Primero, en **<channel>** se indica el nombre, descripción y URL de la página web.

Seguidamente, en cada **<item>** se indican las últimas entradas. Las más recientes deben ir más arriba. Por cada una, se incluye un título, una descripción, la URL específica para ese elemento y la fecha de publicación. Las fechas se ponen siempre en el formato RFC 2822.

Sabía que...

Al formatear una fecha utilizando PHP, la palabra de formato a utilizar es "r" (<https://www.php.net/manual/es/function.date.php>).

El lector de *feeds* leerá el XML y detectará las entradas que no han sido leídas.

Cada elemento puede contener más propiedades, pero por ahora bastará con las imprescindibles.

En la página web debe añadirse una etiqueta **<link>** para enlazar la fuente de *feeds* con la página:

```
<link href='https://www.mipagina.com/rss.xml' rel='alternate' type='application/rss+xml' title='Sortea2.com RSS Feed'/>
```

Actividades

11. Busque y lea el RSS del periódico El País.

XML Sitemaps (Mapas de sitio)

Cuando se tiene una página web pública, normalmente interesa que los **buscadores la indexen** para que así aparezca en los resultados de búsqueda y se obtengan más visitas. Los buscadores tienen sistemas muy potentes para tratar de descubrir las URL de un sitio, pero no siempre es fácil y es posible que se le escapen algunas.

Para eso existen los XML Sitemaps, para crear un **archivo en el que se listen todas las URL** de nuestro sitio y que los buscadores puedan leerlo.

El formato es el siguiente:

```
<?xml version="1.0" encoding="UTF-8"?>
<urlset xmlns="http://www.sitemaps.org/schemas/sitemap/0.9">
  <url>
    <loc>http://www.misitio.com/pagina1.html</loc>
    <lastmod>2013-11-25</lastmod>
    <changefreq>weekly</changefreq>
    <priority>0.6</priority>
  </url>
  <url>
    <loc>http://www.misitio.com/pagina2.html</loc>
    <lastmod>2013-10-28</lastmod>
    <changefreq>monthly</changefreq>
    <priority>0.7</priority>
  </url>
</urlset>
```

El elemento principal es el **<urlset>,** el cual debe utilizar el espacio de nombres que se muestra en el ejemplo.

Dentro, en cada **<url>** se lista una URL de nuestro sitio. Solo el elemento **<loc>** es obligatorio. En **<lastmod>** se introduce la fecha de última modificación, en formato año-mes-día. En **<changefreq>** es posible introducir always, hourly, daily, weekly, monthly, yearly o never; dependiendo de la frecuencia con que se actualice la página. En **<priority>** debe indicarse la importancia de la página del 0 al 1. No vale de nada decir que todas las URL tienen importancia 1 porque entonces los buscadores ignorarán ese valor.

Si el sitemap se encuentra en <http://www.misitio.com/sitemap.xml> los propios buscadores probarán para ver si está y lo utilizarán. De lo contrario, debe añadirse una referencia al archivo robots.txt, la palabra **Sitemap** seguida de un espacio y la URL del sitemap. Por ejemplo:

```
Sitemap http://www.misitio.com/sitemap.xml
```

El fichero robots.txt se localiza en el directorio raíz utilizado por el dominio. Deberá estar visible desde <http://www.misitio.com/robots.txt> para que sea utilizado.

Sabía que...

El fichero robots.txt se utiliza para dar instrucciones a motores de búsqueda y otros servicios web sobre qué páginas pueden rastrear y cuáles no.

Actividades

12. Escriba un documento XML con un sitemap ficticio que incluya las URL de una página web de anuncios clasificados.

6. Análisis XML

En esta se verán aplicaciones e interfaces para comunicarse con documentos en formato XML. Lo positivo de que XML esté tan extendido y que se utilice tanto, es que hay una gran comunidad de desarrolladores creando utilidades y herramientas que utilizan este estándar.

Importante

Hay gran cantidad de herramientas online gratuitas (muchas de ellas libres también) que pueden ayudar en el día a día al trabajar con XML.

6.1. Herramientas y utilidades de análisis

Aquí se mostrarán diversas aplicaciones y servicios web que pueden ayudar a trabajar con los documentos XML.

Validar documentos XML

La primera herramienta que se va a ver es una sencilla y sirve para validar documentos XML. Si no se obtienen errores, puede estar seguro de que el documento **podrá ser leído desde cualquier plataforma.**

Hay que tener en cuenta que cuando se valida un documento, solamente se podrá ver si lo que se ha enviado es correcto en este preciso instante. Normalmente, se generan los documentos XML dinámicamente, por lo que su contenido puede variar con el tiempo. Es posible que en el futuro, el contenido de un elemento contenga el carácter "<" o algo así y ya no sea un documento válido. Un validador muy útil es el de https://www.w3schools.com/xml/xml_validator.asp.

Ahí se puede pegar un documento xml en el cuadro de texto o indicar la URL de un documento existente que esté en Internet. Ese validador es muy simple, porque da la responsabilidad de la validación al navegador del usuario, por lo que cada navegador da mensajes de error distintos y en el idioma del usuario.

Ahora se probará a validar este documento, el cual es incorrecto:

```
<?xml version="1.0" ?>
<vehiculos>
  <coche>
    <matricula>1234ADR</matricula>
  </coche>
  <moto>
    <matricula>2345AAA</matricula>
  </moto>
```

Los resultados que aparecen en Firefox son estos:

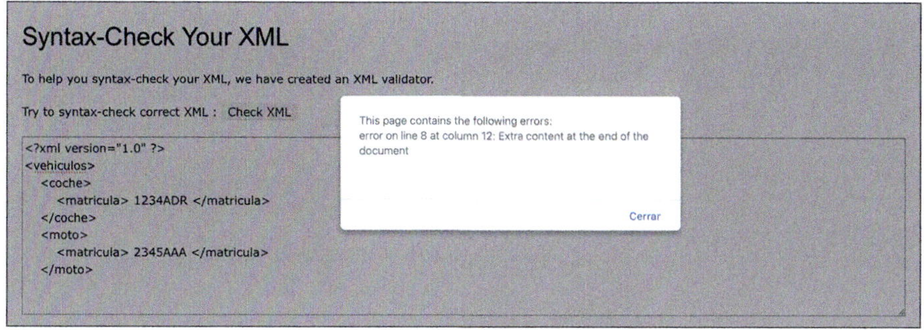

Indica que falta algo detrás de **</moto>,** lo cual es cierto, porque se ha dejado la etiqueta **<vehículos>** sin cerrar.

Actividades

13. Utilice esta herramienta para probar que los anteriores ejercicios que ha realizado a lo largo del capítulo tenían una sintaxis correcta.

Inspector visual de XML

XML sigue una estructura de árboles anidados unos dentro de otros. Esta es una estructura muy fácil de representar gráficamente, sin código XML.

Se utilizará el servicio *online* <https://xmlgrid.net> para subir un documento XML y poder manipularlo gráficamente, sin necesidad de tocar ninguna línea de XML.

Para probar, se utilizará el siguiente documento XML:

```xml
<?xml version="1.0" encoding="UTF-8"?>
<productos>
  <producto>
    <nombre>Filetes de añojo de primera</nombre>
    <precio>€5.95</precio>
    <descripcion>Peso aproximado: 400g.</descripcion>
  </producto>
  <producto>
    <nombre>Filete de salmón salvaje</nombre>
    <precio>€7.95</precio>
    <descripcion>Con piel. Peso aproximado de la unidad: 600g.</descripcion>
  </producto>
  <producto>
    <nombre>Aceite de Oliva. Garrafa 5l.</nombre>
    <precio>€8.95</precio>
    <descripcion>Aceite de Oliva Virgen Extra.</descripcion>
  </producto>
  <producto>
    <nombre>Lomo de atún</nombre>
    <precio>€4.50</precio>
    <descripcion>Fresco. Peso aproximado, 300g.</descripcion>
  </producto>
  <producto>
    <nombre>Solomillo de cerdo</nombre>
    <precio>€6.95</precio>
    <descripcion>Peso aproximado: 500g.</descripcion>
  </producto>
</productos>
```

Debe copiarse este XML en el cuadro de texto que aparece en la portada de su web. También es posible guardar el documento localmente y subirlo utilizando la opción **Open File:**

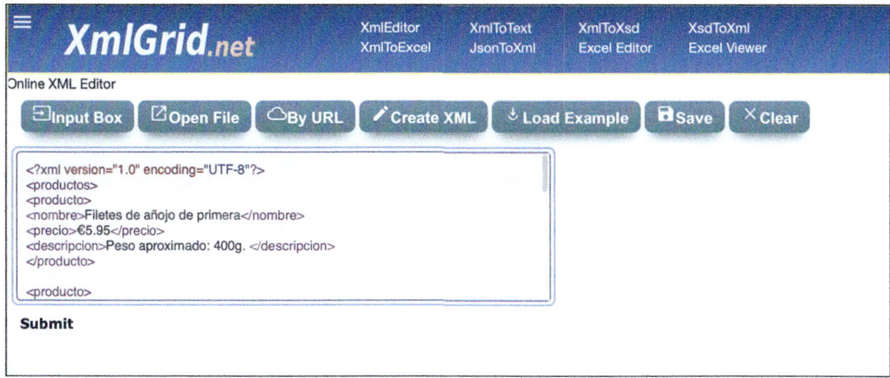

Una vez seleccionado el documento, se presiona **Submit.** Ahí se verá el árbol de nuestro XML. Si se hace clic en las flechas, se desplegarán los elementos que hay en ese árbol:

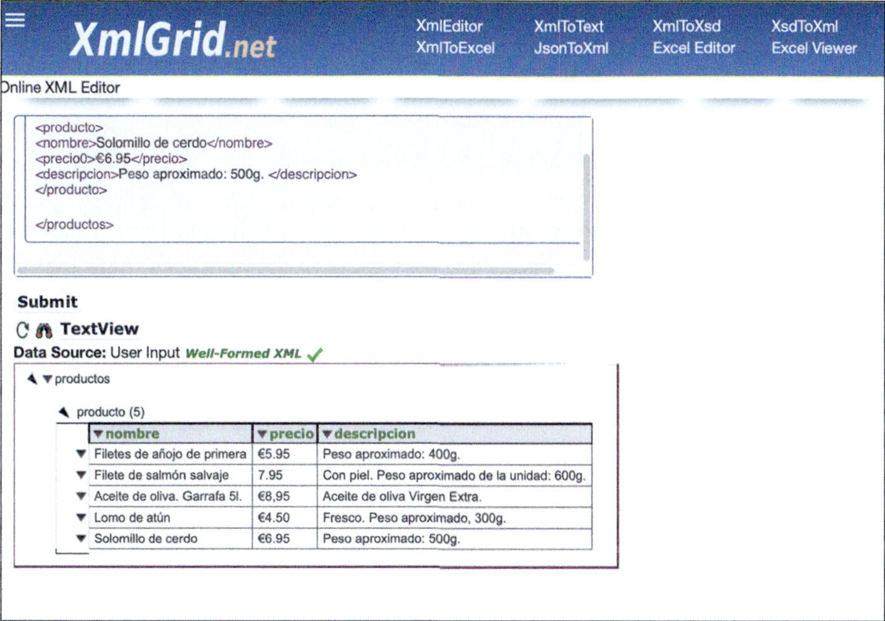

Ahí aparecen los datos en formato de tabla, lo cual es mucho más fácil de leer. Es posible hacer clic en cualquier elemento y seleccionar **Show XPath** para ver la ruta XPath para cada elemento.

Importante

También puede cambiarse el nombre o valor de cualquier elemento.

Puede alternarse entre la vista de un documento XML normal y la de árbol utilizando los botones **TextView** y **GridView** respectivamente.

Cuando se haya terminado de realizar modificaciones, lo ideal es irse a la **TextView** y copiar el XML resultante.

Limpiador de XML

Como se vio anteriormente, los saltos de línea en XML son prescindibles. Los saltos de línea y los espacios solo son útiles para los humanos, para leer la información más rápidamente.

Si se trabaja con un documento XML que se encuentra formateado de forma poco legible, se puede utilizar un servicio online llamado <https://www.freeformatter.com/xml-formatter.html> el cual recibe un documento XML y lo devuelve formateado de forma 100 % correcta.

Este servicio permite pegar un documento o especificar la URL de un documento publicado en Internet. Ahora se probará con el documento del ejemplo anterior pero muy mal formateado:

```
<?xml version="1.0" encoding="UTF-8"?> <productos> <producto> <nombre>Filetes de añojo de primera</nombre> <precio>
€5.95</precio> <descripcion>Peso aproximado: 400g.</descripcion> </producto> <producto> <nombre>Filete de salmón salvaje
</nombre> <precio>€7.95</precio> <descripcion>Con piel. Peso aproximado de la unidad: 600g.</descripcion> </producto>
<producto> <nombre>Aceite de Oliva. Garrafa 5l.</nombre> <precio>€8.95</precio> <descripcion>Aceite de Oliva Virgen
Extra.</descripcion> </producto> <producto> <nombre>Lomo de atún</nombre> <precio>€4.50</precio> <descripcion>Fresco.
Peso aproximado, 300g.</descripcion> </producto> <producto> <nombre>Solomillo de cerdo</nombre> <precio>€6.95</precio>
<descripcion>Peso aproximado: 500g.</descripcion> </producto> </productos>
```

Si se pega esto en su servicio web, podrá formatearse y obtener una versión mucho más fácil de leer:

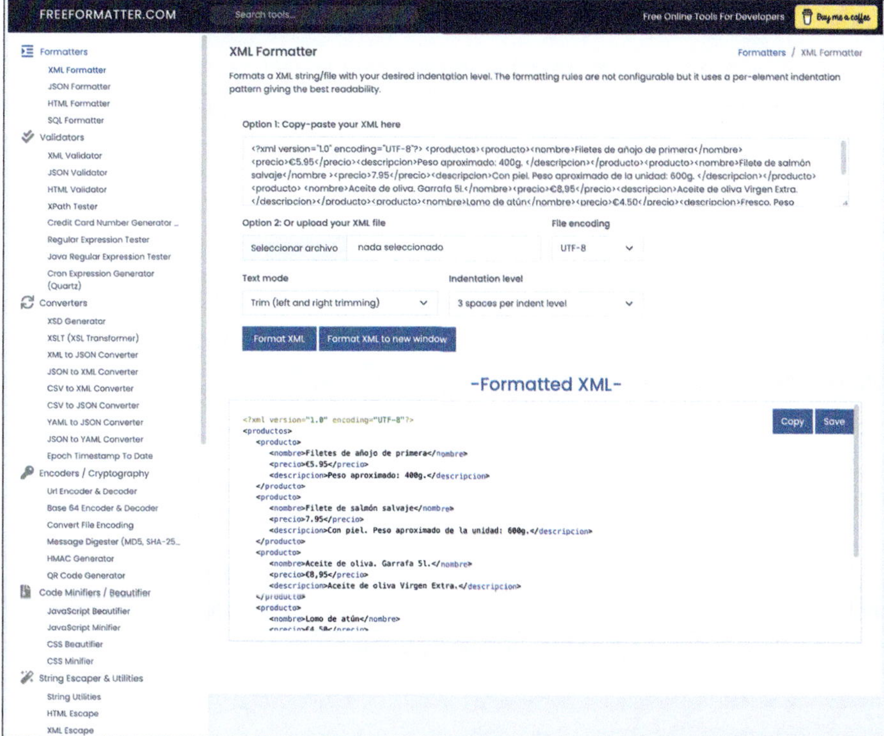

O bien se verán los resultados dentro de la misma pantalla (como se muestra en la captura) o bien se marcará **Yes** el campo de **Force output to new window,** el cual abrirá una nueva pestaña del navegador con el documento XML que generado.

Importante

Este servicio es útil cuando se trata con algún documento XML creado por terceros, cuando se carece de documentación o cuando se necesita acceder visualmente al documento.

6.2. Programación de análisis XML mediante lenguajes en servidor

Aquí se enseñará cómo crear y leer documentos XML mediante el lenguaje de servidor PHP, que es uno de los más habituales en lo que a programación web se refiere.

Creación de documentos XML de forma simple

Para crear un documento XML lo más sencillo es simplemente crear un **documento de texto** con las etiquetas escritas en él, como si de una cadena de texto cualquiera se tratase.

Normalmente crear un documento XML es lo más sencillo de hacer, lo complejo suele ser leer documentos creados por terceros.

Ahora se mostrará un archivo PHP que genera un documento XML válido con entradas RSS. Se supone que las entradas vienen desde una variable llamada $entradas que se ha calculado más arriba:

```
<?php
echo '<?xml version="1.0" encoding="UTF-8"?>';
echo '<rss version="2.0">';
echo '<channel>';
echo '<title>Mi Blog - Últimas entradas</title>';
echo '<link>http://miblog.com</link>';
echo '<description>Mi blog sobre moda</description>';
echo '<language>es</language>';

foreach ($entradas as $entrada)
{
    echo '<item>';
    echo '<title><![CDATA['.$entrada["titulo"].']]></title>';
    echo '<link>'.$entrada["url"].'</link>';
    echo '<pubDate>'.$entrada["fecha"].'</pubDate>';
    echo '<description><![CDATA['.$entrada["contenido"].']]></description>';
    echo '</item>';
}

echo '</channel>';
echo '</rss>';
```

El título y la descripción pueden contener datos que hagan el XML inválido, por lo que van dentro de una cláusula CDATA.

En este ejemplo ningún elemento tiene un atributo. Pero en caso de tenerlo, puede que interese utilizar la función addslashes() de PHP si su valor depende de una variable de PHP, para escapar las comillas que pudiera tener y para asegurar que no invalida nuestro XML.

Esta es la manera más sencilla de crear documentos XML, porque se ve directamente cómo va a quedar el documento, por lo que es más rápido. El problema es que hay que tener en cuenta que cualquier dato que sea dinámico debe ser tratado con el **máximo cuidado,** porque puede contener un valor que haga que el XML deje de ser válido. Otro problema es que la responsabilidad de que la estructura sea correcta depende 100% del programador.

Importante

Si se le olvida cerrar una comilla o etiqueta, el documento será inválido.

Más adelante se verá otra manera de crear estos documentos.

Actividades

14. Cree un documento XML mediante PHP que liste los productos de una tienda. Cada producto tiene un nombre, un precio y una descripción. El precio tiene un atributo que indica la moneda en que se encuentra. Los datos vienen de un array llamado $productos.

Leer documentos XML con PHP

Anteriormente, se explicó en qué consistía el **DOM.** Era una interfaz que permitía comunicarse con documentos XML de una forma orientada a objetos. PHP soporta nativamente un conjunto de clases que implementan el DOM, de tal manera que pueden leerse documentos HTML y XML sin necesidad de librerías externas.

Nota

La documentación completa sobre estas clases se puede encontrar en <https://www.php.net/manual/es/language.functions.php>.

Para probar, se utilizará este documento, el cual se leerá desde PHP. Es una respuesta real de la API de Google, la cual devuelve información sobre una dirección postal:

```xml
<?xml version="1.0" encoding="UTF-8"?>
<GeocodeResponse>
 <status>OK</status>
 <result>
  <formatted_address>Plaza de Callao, 28013 Madrid, España</formatted_address>
  <address_component>
   <long_name>Plaza de Callao</long_name>
   <short_name>Plaza de Callao</short_name>
  </address_component>
  <address_component>
   <long_name>Madrid</long_name>
   <short_name>Madrid</short_name>
   <type>locality</type>
   <type>political</type>
  </address_component>
  <address_component>
   <long_name>Madrid</long_name>
   <short_name>M</short_name>
   <type>administrative_area_level_2</type>
   <type>political</type>
  </address_component>
  <address_component>
   <long_name>Comunidad de Madrid</long_name>
   <short_name>Comunidad de Madrid</short_name>
   <type>administrative_area_level_1</type>
   <type>political</type>
  </address_component>
  <address_component>
   <long_name>España</long_name>
   <short_name>ES</short_name>
   <type>country</type>
   <type>political</type>
  </address_component>
  <address_component>
   <long_name>28013</long_name>
   <short_name>28013</short_name>
   <type>postal_code</type>
  </address_component>
  <geometry>
   <location>
    <lat>40.4200236</lat>
    <lng>-3.7058124</lng>
   </location>
   <location_type>APPROXIMATE</location_type>
   <viewport>
    <southwest>
     <lat>40.4115284</lat>
     <lng>-3.7218198</lng>
    </southwest>
    <northeast>
     <lat>40.4285178</lat>
     <lng>-3.6898050</lng>
    </northeast>
   </viewport>
  </geometry>
 </result>
</GeocodeResponse>
```

Como puede apreciarse, devuelve la lista de componentes de la dirección, junto con información sobre en qué consiste ese componente. Al final también aporta coordenadas sobre el lugar, lo cual es muy útil.

Ahora se creará un script de PHP que muestre primero la dirección formateada, después la lista de elementos separada por comas. Luego pondrá las coordenadas en la forma ($latitud, $longitud):

Se supone que se ha leído el archivo en forma de texto y que dicho texto se encuentra en la variable $xml:

```
<?php
$dom = new DOMDocument();
$dom->loadXML($xml);

$result = $dom->getElementsByTagName('result')->item(0);

$formatted_address = $result->getElementsByTagName('formatted_address')->item(0);

echo '<h1>' . $formatted_address->nodeValue . '</h1>';

$array_componentes = array();
foreach ($result->getElementsByTagName('address_component') as $address_component)
{
    $long_name = $address_component->getElementsByTagName('long_name')->item(0);

    $array_componentes[] = $long_name->nodeValue;
}

echo '<h2>' . implode(', ', $array_componentes) . '</h2>';

$location = $result->getElementsByTagName("location")->item(0);

$lat = $location->getElementsByTagName("lat")->item(0);
$lng = $location->getElementsByTagName("lng")->item(0);

echo '<h3>(' . $lat->nodeValue . ', ' . $lng->nodeValue . ')</h3>';
```

Primero se crea un objeto de la clase DOMDocument, que representará el documento que se va a leer. A continuación, se llama al método loadXML con un parámetro que es la cadena de texto en formato XML que se utilizará.

El método loadXML espera un XML 100% válido y si encuentra cualquier tipo de deficiencia, devolverá muchos mensajes de error. Si hay que trabajar con documentos formateados de forma ligeramente incorrecta, puede interesar cargar el XML utilizando @dom->loadXML, que esconderá todas las advertencias y tratará de leer el XML como pueda.

Importante

Además del método loadXML, existe el método loadHTML, si se prefiere trabajar con HTML en vez de XML.

Una vez se ha cargado el XML, en el objeto $dom podrá hacerse pleno uso de la interfaz DOM para acceder a todos los elementos del documento.

La manera de acceder de forma directa a los elementos es mediante los métodos getElementsByTagName y getElementById. El primero devuelve un objeto de tipo DOMNodeList y el segundo, uno de tipo DOMElement.

Un objeto DOMNodeList contiene una lista de elementos (nodos) y uno de tipo DOMElement contiene un elemento en particular.

Lo habitual es recorrer nodos hasta dar con el DOMElement deseado.

Con $dom->getElementsByTagName('result') se obtiene una lista de etiquetas con nombre **result.** En este caso solo hay una y en caso de que hubiera varias, solo se desea trabajar con la primera, por lo que puede encadenarse el método item(), el cual devuelve el DOMElement cuyo índice sea el parámetro recibido.

En este caso, se selecciona el elemento número cero, que es el primero (se empieza en cero).

Un objeto de tipo DOMNodeList puede ser recorrido de forma muy similar a un objeto de tipo DOMDocument, podrá volver a usarse getElementsByTagName sobre él.

Estos objetos son iterables, por lo que es posible utilizarlos en un bucle *foreach.* En cada iteración, la variable de iteración contendrá el DOMElement actual.

Cada DOMElement puede tener una serie de atributos y un valor general (que es el contenido de la etiqueta). Para obtener su valor se utiliza la propiedad nodeValue. Para acceder a un atributo, se emplea el método getAttribute, pasando por parámetro el nombre del atributo deseado.

Es posible hacer un uso mucho más complejo, pero solo queremos ver un ejemplo de un uso real (y útil) del conjunto de clases del DOM para PHP.

Crear documentos XML utilizando las clases DOM de PHP

Antes se estudió cómo crear documentos XML de forma sencilla, tratándolos como texto normal. Ahora se creará un documento utilizando **orientación a objetos** y sin necesidad de escribir una sola línea de código XML.

Esto aporta la ventaja de ser un método más **potente y fiable,** con la contrapartida de que cae mucho el **rendimiento** y que pierde un poco de flexibilidad, porque no se dispone de tanta libertad.

Se mostrará cómo construir un documento XML utilizando el DOM, es decir, creando elementos, anidando nodos dentro y dando valor a sus atributos. Para probar, se creará el sitemap de una página web:

```
<?php
$urls = array(
    "http://www.misitio.com" => 1,
    "http://www.misitio.com/pagina1.html" => 0.7,
    "http://www.misitio.com/otra_pagina.html" => 0.5,
    "http://www.misitio.com/pagina3.html" => 0.6,
    "http://www.misitio.com/registro.php" => 0.4,
    "http://www.misitio.com/login.php" => 0.4,
);

$dom = new DOMDocument("1.0");
$dom->encoding = "utf-8";

$padre = $dom->createElement("urlset");
$padre->setAttribute("xmlns", "http://www.sitemaps.org/schemas/sitemaps/0.9");

foreach ($urls as $url => $prioridad)
{
    $url_elemento = $dom->createElement("url");

    $loc_elemento = $dom->createElement("loc");
    $texto = $dom->createTextNode($url);
    $loc_elemento->appendChild($texto);

    $priority_elemento = $dom->createElement("priority");
    $texto = $dom->createTextNode($prioridad);
    $priority_elemento->appendChild($texto);

    $url_elemento->appendChild($loc_elemento);
    $url_elemento->appendChild($priority_elemento);

    $padre->appendChild($url_elemento);
}

$dom->appendChild($padre);

header('Content-Type: application/xml; charset=utf-8');
echo $dom->saveXML();
```

Primero, se parte de un *array* asociativo con las URL y su prioridad. Esto está puesto "a mano"; lo normal es que esa lista viniera de una base de datos o se leyera de algún sitio.

Después, se crea un objeto de la clase DOMDocument vacío. En este ejemplo, se especifica que sea de la versión 1.0 y que tenga el encoding UTF-8.

Luego, en vez de utilizar loadXML, se crearán elementos y se adjuntarán al documento.

Al principio, si no se añade ninguna etiqueta, el documento contendrá solamente <?xml version="1.0" encoding="utf-8"?>. Primero habrá que crear la etiqueta padre, que tiene que tener de nombre **urlset.** Para ello, se emplea el método createElement(). El parámetro que recibe es el nombre de la etiqueta.

Este método devuelve un objeto de la clase DOMElement. Ahora, si se quiere manipular este elemento, habrá que referirse a él por medio de este objeto que se acaba de crear.

Hay que darle el espacio de nombres que haga que sea un sitemap, por lo que se usará el método setAttribute. Su primer parámetro es el nombre del atributo y el segundo es su valor.

Tenga en cuenta que se ha creado el elemento pero **todavía no se ha incluido al documento.** Simplemente se ha creado una referencia a él, pero para que se incluya al documento hay que utilizar el método appendChild() del elemento al que se quiera incluir. Hasta que no se hace $dom->appendChild($padre), el elemento no es incluido al documento.

Antes de incluirlo, se recorre el *array* de URL, para crear cada elemento de **<url>.**

Primero se crea el elemento **<url>.** A continuación, se crean los elementos **<loc>** y **<priority>.** Los sitemaps permiten más etiquetas, pero se han utilizado solo estas dos, recuerde que solo **<loc>** es obligatoria.

Las etiquetas **<loc>** y **<priority>** contienen texto, en vez de otras etiquetas, por lo que debe crearse un nodo de tipo texto, utilizando $dom->createTextNode() pasando el texto a utilizar como parámetro.

Primero se crea la etiqueta **<loc>,** luego se crea el nodo de texto que utiliza **<loc>,** después se añade ese nodo a **<loc>** y por último, se añade **<loc>** a **<url>.**

Los nodos de texto suelen causar bastante confusión. Se crea un nodo de texto y luego se añade a la etiqueta principal. **No es posible** utilizar el mismo método que al leer los documentos, cuando bastaba con llamar al atributo nodeValue para obtener el texto.

Una vez se tiene el elemento **<url>** completo, se añade al elemento padre (urlset).

Cabe destacar que se utiliza la programación orientada a objetos, por lo que no es necesario que los elementos se añadan cuando ya han sido completados. Aquí se realiza como convención y para que sea más legible, pero podrían crearse los elementos, utilizar appendChild y después definir su contenido y propiedades.

Cuando se termina de crear el documento, se añade una cabecera HTTP expresando que el contenido que se muestra es de tipo XML.

Para convertir el objeto $dom en XML válido, se utiliza el método saveXML(), el cual devuelve una cadena de texto en formato XML.

Esta manera de manipular documentos XML aporta también la ventaja de que es posible **leer un documento XML y manipularlo in situ.** No siempre se van a crear documentos XML desde cero, sino que es posible que haya que leer un XML para generar otro.

Nota

Esto es posible porque puede utilizarse loadXML() y luego seguir manipulando ese documento igual que como se ha visto aquí.

Actividades

15. Cree el mismo documento RSS que se vio en el apartado de "Creación de documentos XML de forma simple" pero utilizando el conjunto de clases del DOM.

Aplicación práctica

Cree el siguiente documento XML utilizando las clases del DOM que PHP proporciona:

```xml
<?xml version="1.0" encoding="UTF-8"?>
<productos>
  <producto activo="si">
    <titulo>Limpiador de madera</titulo>
    <precio moneda="eur">2.99</precio>
  </producto>
  <producto activo="si">
    <titulo>Friegasuelos</titulo>
    <precio moneda="eur">1.50</precio>
  </producto>
  <producto>
    <titulo>Bayeta de microfibra</titulo>
    <precio moneda="gbp">1</precio>
  </producto>
</productos>
```

SOLUCIÓN

```php
<?php
$productos = array(
    array("titulo" => "Limpiador de madera", "activo" => "si", "precio" => 2.99, "moneda" => "eur"),
    array("titulo" => "Friegasuelos", "activo" => "si", "precio" => 1.50, "moneda" => "eur"),
    array("titulo" => "Bayeta de microfibra", "activo" => NULL, "precio" => 1, "moneda" => "gbp"),
);

$dom = new DOMDocument("1.0");
$dom->encoding = "utf-8";

$padre = $dom->createElement("productos");

foreach ($productos as $producto)
{
    $producto_elemento = $dom->createElement("producto");

    if ($producto["activo"] !== NULL)
    {
        $producto_elemento->setAttribute("activo", $producto["activo"]);
    }

    $titulo_elemento = $dom->createElement("titulo");
    $texto = $dom->createTextNode($producto["titulo"]);
    $titulo_elemento->appendChild($texto);

    $precio_elemento = $dom->createElement("precio");
    $texto = $dom->createTextNode($producto["precio"]);
    $precio_elemento->appendChild($texto);
    $precio_elemento->setAttribute("moneda", $producto["moneda"]);

    $producto_elemento->appendChild($titulo_elemento);
    $producto_elemento->appendChild($precio_elemento);

    $padre->appendChild($producto_elemento);
}

$dom->appendChild($padre);

header("Content-Type: application/xml; charset=utf-8");
echo $dom->saveXML();
```

7. Uso de XML en el intercambio de información

Como se ha ido viendo, el principal motivo por el que se desarrolló XML era para compartir información entre diversas plataformas. Esto es así porque el formato está muy bien estructurado, se comparte en formato de texto convencional y es muy fácil de leer.

Está implementado en multitud de protocolos que son de uso diario en programación. En este apartado se verán algunos de ellos.

Codificación de parámetros

Es común utilizar XML para comunicar diversas aplicaciones informáticas. Cuando una aplicación o servicio necesita comunicarse con otro, deben compartir un formato común que les permita entenderse.

XML se puede utilizar para enviar la lista de parámetros que una aplicación debe procesar.

Por ejemplo, un navegador que utilice AJAX, puede comunicarse con el servidor web mandando la lista de parámetros utilizando XML. A lo largo de este apartado veremos diversos protocolos basados en XML que envían los parámetros utilizando XML.

Ficheros de configuración basados en XML

Como ya se ha visto, una de las principales ventajas de XML es que resulta fácil de leer por humanos y por computadores. Por ello, es ideal para crear ficheros de configuración, porque el usuario puede entenderlos fácilmente y manipularlos sin apenas riesgo.

Son muchas las aplicaciones informáticas que utilizan XML para sus ficheros de configuración. Por ejemplo, al desarrollar aplicaciones utilizando el entorno .NET de Microsoft o al realizar configuraciones en aplicaciones de Android, se utiliza el formato XML.

Nota

Además, XML utiliza una estructura de anidamiento, lo cual es de ayuda para agrupar distintos parámetros o para establecer jerarquías.

AJAX

AJAX significa *Asynchronous JavaScript And XML* (JavaScript y XML asíncrono). Se utiliza en programación web en miles de páginas web distintas. Sirve para poder interactuar con el servidor web sin necesidad de recargar la página.

En sus inicios, AJAX siempre se utilizaba junto a XML, pero en la actualidad se utiliza también junto a JSON, por lo que la equis de AJAX no tiene tanto sentido ahora.

El protocolo AJAX consiste en enviar una serie de parámetros GET o POST a través de Javascript. El servidor recibe esos parámetros y devuelve contenido en formato XML con los datos que necesita el cliente en ese momento. Javascript recibe ese XML, lo lee y utiliza sus datos de la forma en que haga falta.

API

Una API *(Application Programming Interface /* Interfaz de programación de aplicaciones) es un servicio que permite que un programa se conecte a una fuente de datos externa.

Existen API para muchas cosas, por ejemplo una API de Google Maps en la que se envía una dirección en formato texto y Google devuelve unas coordenadas de GPS exactas.

Podría cargarse esta URL:

<https://goo.gl/maps/1tk4goBkPgkZuLas6>

Ese está solicitando información sobre la dirección "1600 Amphitheatre Parkway, Mountain View, CA" y Google ofrece multitud de datos sobre la dirección exacta, las coordenadas, etc., en formato XML.

Nota

Podría crearse un pequeño programa que procesara ese XML y utilizara esos datos para algo, como se vio antes con PHP.

Actividades

16. ¿Por qué se utiliza XML para intercambiar información entre diversas aplicaciones?

XML-RPC

XML-RPC significa Protocolo de Llamada a Procedimientos. Sirve para utilizar XML y HTTP para **comunicar dos programas distintos.** Fue desarrollado originalmente para Microsoft en 1998.

Sirve para que un programa llame a otro y decirle qué debe hacer. El programa (a) manda un mensaje XML al programa (b). Este lee qué es necesario hacer, lo realiza y manda una respuesta XML a (a) explicando los resultados.

Es un sistema fuertemente tipado y pensado para aplicaciones bastante fiables.

Nota

XML-RCP puede ser utilizado en API que requieran de mucha seguridad o gran complejidad.

SOAP

SOAP significa *Simple Object Access Protocol* (Protocolo Simple de Acceso a Objetos). Fue creado como evolución de XML-RPC. Es más extensible y se creó para suplir las limitaciones que XML-RPC tenía al trabajar con clases y objetos.

Está aprobado por el W3C y se utiliza para aplicaciones en las que un alto nivel de fiabilidad sea un requisito.

8. Resumen

Los lenguajes de marcado permiten compartir información entre diversos sistemas utilizando documentos de texto que, además de ser fáciles de leer por computadores, son fáciles de leer por humanos.

Los lenguajes de marcado por excelencia son HTML y XML. Este capítulo se ha centrado en XML. Sus grandes bazas son el soporte de caracteres internacionales, su gran difusión y legibilidad.

XML consiste en etiquetas que se colocan entre signos de menor que y mayor que (<>), las cuales pueden contener otras etiquetas dentro o bien contener valores textuales. Cada etiqueta puede tener una serie de atributos. Toda etiqueta abierta debe ser cerrada.

XML está pensado para ser utilizado en servicios de la World Wide Web, como pueden ser las páginas web o servicios web.

El W3C es el órgano que regula la especificación oficial de XML y de la mayoría de sus estándares. Algunos de los estándares más usados son los de las plantillas DTD para restringir qué elementos deben aparecer en un documento XML y cómo. También son comunes las XLST (hojas de estilos de XML), que permiten transformar un documento XML simple en otro documento como un documento HTML, LaTeX, etc. Cualquier documento cuyo formato interno sea texto.

XML proporciona diversos estándares para comunicarse con sus documentos como el DOM, XPath y XQuery. Todos ellos son estándares que buscan reflejar el árbol de nodos.

Dada la gran difusión de XML existen muchas utilidades que pueden ayudar para trabajar con documentos en este formato. Se cuenta con validadores, editores visuales, formateadores, etc.

Una manera muy habitual de leer y manipular documentos XML es mediante **lenguajes de servidor** como PHP o JSP. Es posible crear documentos XML dinámicamente cuyos contenidos provengan de diversas fuentes de datos como una base de datos o una API. También es posible leer documentos ya creados de tal forma que puedan utilizarse como una fuente de datos más.

Ejercicios de repaso y autoevaluación

1. **¿De qué lenguaje proviene el XML?**

    a. Del SGML
    b. Del HTML
    c. Del XHTML

2. **Determine si las siguientes afirmaciones son verdaderas o falsas:**

    El DOM es un API que permite manipular documentos HTML y XML.

    ☐ Verdadero
    ☐ Falso

    Solo es necesario cerrar una etiqueta abierta cuando esta tiene contenido dentro.

    ☐ Verdadero
    ☐ Falso

    Los únicos atributos cuyo valor va entre comillas son los que contienen texto. No es necesario utilizar comillas para valores numéricos o booleanos.

    ☐ Verdadero
    ☐ Falso

    El fin de la web semántica es que cada elemento aporte información entendible por aplicaciones informáticas, además de por humanos.

    ☐ Verdadero
    ☐ Falso

3. **¿Qué ocurre si el contenido de una etiqueta contiene caracteres especiales como > o <?**

    a. No pasa nada.
    b. Es posible escapar esos caracteres utilizando > y <.
    c. Puede encerrarse todo el contenido entre las etiquetas CDATA.
    d. No es posible almacenar esa información.

---

4. **¿Cuál es el papel del W3C con respecto al XML?**

5. **¿Por qué XML está tan extendido y se utiliza en tantos ámbitos distintos?**

6. **¿Qué es el siguiente documento?**

```
<!ELEMENT noticia (descripcion)>
<!ELEMENT descripcion (#CDATA)>
<!ELEMENT url (#CDATA)>
```

   a. Una declaración DTD
   b. Un documento XML Schema
   c. Una hoja de estilos XML (XSL).

7. **Las hojas de estilos son útiles principalmente porque...**

   a. ... permiten dar un diseño más vistoso al leer un documento XML.
   b. ... permiten especificar qué elementos deben aparecer en un documento XML junto a la lista de restricciones.
   c. ... permiten convertir un documento XML a otro formato.

8. **¿Qué ventajas aporta XHTML con respecto a HTML?**

---

9. XPath se utiliza para...

a. ... manipular documentos XML
b. ... seleccionar uno o varios elementos de un documento XML.
c. Es una alternativa al DOM.

10. Dado el siguiente documento, escriba las expresiones XPath que solucionarían cada caso:

```
<?xml version="1.0" encoding="UTF-8"?>
<!DOCTYPE entradas [
  <!ELEMENT libros (libro)>
  <!ELEMENT libro (titulo,autor)>
  <!ELEMENT titulo (#PCDATA)>
  <!ELEMENT autor (nombre,apellidos?)>
  <!ELEMENT nombre (#PCDATA)>
  <!ELEMENT apellidos (#PCDATA)>
]>
<libros>
  <libro codigo="120">
    <titulo>Desarrollo de aplicaciones web</titulo>
    <autor>
      <nombre>Juan</nombre>
      <apellidos>Pérez</apellidos>
    </autor>
  </libro>
  <libro codigo="88">
    <titulo>Programación orientada a Objetos</titulo>
    <autor extranjero="si">
      <nombre>John</nombre>
      <apellidos>McRoberts</apellidos>
    </autor>
  </libro>
  <libro codigo="200">
    <titulo>Programación en entorno del cliente</titulo>
    <autor extranjero="si">
      <nombre>Philip</nombre>
      <apellidos>Stewart</apellidos>
    </autor>
  </libro>
</libros>
```

a. Acceda al título del libro cuyo código sea 88.
b. Acceda al segundo libro de la lista.
c. Acceda a los libros cuyo autor sea extranjero.

11. **¿Qué propósito tiene el lenguaje XQuery?**

12. **Los estándares de XML Signature y XML Encryption requieren herramientas externas para ser generados:**

    ☐ Verdadero
    ☐ Falso

13. **El estándar RSS se utiliza para...**

    a. ... proporcionar una fuente de información actualizada con enlaces a un sitio web.
    b. ... contener las últimas noticias de un periódico.
    c. ... compartir el contenido de un sitio web utilizando un formato único, de tal forma que pueda ser utilizado en cualquier otra plataforma.
    d. Todas las respuestas anteriores son correctas.

14. **¿Los documentos XML se pueden crear y leer desde cualquier lenguaje de programación del entorno del servidor?**

    a. Sí, todos suelen contar con librerías que permiten trabajar con estos documentos.
    b. Sí, pero es común que haya que pasar el texto a mano para separar la información de tal manera que sea usable.
    c. No. Solo PHP y JSP cuentan con librerías para esto.

15. **¿Para qué sirve AJAX?**

Bibliografía

Monografías

- ÁVILA JIMÉNEZ; J. L.: UF2215. *Herramientas de los sistemas gestores de bases de datos. Pasarelas y medios de conexión.* Antequera: IC Editorial, 2018.
- BOTROS, S. y TINLEY, J.: *High Performance MySQL: Proven Strategies for Running MySQL at Scale.* California: O'Reilly Media, 2023.
- CABEZAS GRANADO, L. M.; GONZÁLEZ LOZANO, F. J.: Curso de PHP 8 y MySQL *8: manual imprescindible.* Madrid: Editorial Anaya Multimedia, 2021.
- D'ANDREA, E.: MySQL 8: *Lenguaje y diseño de bases de datos.* Michigan: Editorial Independently Published, 2021.
- DUBOIS, P., HINZ, S. y PEDERSEN C.: *MySQL 5.0. Certification Study Guide. MySQL AB.* MYSQL Press, 2006.
- RAMOS, M. J., RAMOS, A. y MONTERO, F.: *Sistemas gestores de bases de datos.* Madrid: Editorial Mc Graw Hill. 2006.
- SCHWARTZ, Baron [et al.]: *High Performance MySQL.* California: O'Reilly, 2008.

Textos electrónicos, bases de datos y programas informáticos

- Guía de instalación de MySQL Community server 8.0, de: <https://gieta.etsisi.upm.es/wp-content/uploads/2020/02/GuiaInstalacion_MySql_Community_8.0.19.pdf>.
- Introducción a XML Signature y XML Encryption por Philippe Camacho, de: <https://users.dcc.uchile.cl/~pcamacho/tutorial/web/xmlsec/xmlsec.html>
- Manual básico de MySQL, de: <https://www.rafaelsantos.es/web/images/documentos/mysql/manual_mysql.pdf>.
- Manual de comandos para SQL, de: <https://www.cartagena99.com/recursos/alumnos/apuntes/210927124637-Manual%20MySQL.pdf>.
- Manuales de W3Schools, de: <http://www.w3schools.com>.
- MySQL 8.0 Reference Manual, de: <https://dev.mysql.com/doc/refman/8.0/en/>.
- MySQL Manual de usuario en PDF español, de: <https://manualesytutoriales.com/manual-mysql-pdf/>.
- Taller de MySQL, de: <https://desarrolloweb.com/manuales/taller-mysql.html>.